新编21世纪公共管理系列教材
—— 行政管理、公共事业管理系列 ——

现代市政学

主　编　王佃利
副主编　楼苏萍　王玉龙

第五版·数字教材版

Municipal Management
An Introduction

中国人民大学出版社
·北京·

内容简介

由山东大学王佃利教授主编的《现代市政学》一书，是一部研究市政学的概论性教材，致力于介绍市政学研究的范式特征和理论框架，探讨并回应城市发展中的公共问题，总结城市发展与城市治理的知识体系和发展规律。自 2004 年首次出版以来，本书先后被评为第二届山东省高等学校优秀教材、2020 年山东省高等教育优秀教材，成为一部广受好评的市政学经典教材。

本书以习近平新时代中国特色社会主义思想为指导，将城市治理放在国家治理体系和治理能力现代化的大背景下，聚焦当前城市治理的理论创新和实践发展，旨在对城市治理创新的理论基础进行全面梳理，对城市治理实践的中国特色进行系统总结。与上一版相比，本书新增了市政与城市政治理论、市政与城市经济理论、市政与城市公共服务理论三章，并对市政体制与市政创新、城市规划管理、城市财政管理、城市环境管理、城市社会保障管理、管理城市未来等章节进行了大幅修订，对全书涉及的数据、政策、管理体制及各章的知识专栏、关键术语、复习思考题、延伸阅读材料等内容进行了系统更新，以更好地反映市政学领域的理论进展和实践变化。

本书配有丰富的配套教学资源。中国人民大学出版社通过旗下的人大芸窗（www.rdyc.cn）数字教材平台为读者提供本书的数字教材、PPT 课件、学习指导、知识点解析、延伸阅读、案例分析、复习思考题及参考答案，读者可通过本书所附的数字教材卡登录数字教材平台，获取相关教学资源。

作者简介

王佃利 山东大学政治学与公共管理学院教授、博士生导师，山东大学公共管理学科负责人、“学科高峰计划”城市治理团队负责人，山东大学城市发展与公共政策研究中心执行主任、山东大学机关事务研究中心主任。主要研究方向为城市发展、社区治理、公共政策等。兼任中国行政管理学会理事会理事、民政部全国基层政权建设和社区治理专家委员会专家委员、山东省人民政府研究室特邀研究员、济南市政务服务专家咨询委员会委员、山东省行政管理学会副秘书长等。主持国家社科基金项目、教育部人文社科项目及其他各级各类研究课题近30项。出版《城市治理中的利益主体行为机制》《跨域治理：城市群协同发展研究》《邻避困境：城市治理的挑战与转型》《古城更新：空间生产视角下的城市振兴》《城市管理学》《现代市政学》等专著和教材多部，在《中国行政管理》《公共行政评论》《行政论坛》《公共管理与政策评论》等期刊发表论文70余篇。先后获得“高等学校科学研究优秀成果奖（人文社会科学）”“山东省社会科学优秀成果奖”“行政管理科学优秀成果奖”等多个学术成果奖。

楼苏萍 山东大学政治学与公共管理学院公共管理系主任，副教授。主要研究方向为地方治理、社会政策、城市公共服务等；主持国家社科基金项目及其他研究课题多项，在《中国行政管理》《公共行政评论》等期刊发表论文10余篇。

王玉龙 山东师范大学公共管理学院讲师。主要研究方向为城市政治、城市公共服务、公共政策等，在《中国行政管理》《行政论坛》等期刊发表多篇学术论文。

出版说明

现代意义上的公共行政与公共管理研究和教育始于20世纪初的西方。时至今日，随着公共管理职业化的发展，公共行政与公共管理的研究和教育事业在西方发达国家方兴未艾。自20世纪80年代起，为了适应政府改革与公共管理人才培养的需要，我国的公共行政与公共管理研究和教育在经历了发展的挫折之后，开始了恢复和重建的工作。经过多年的发展，特别是公共管理一级学科的设置和我国公共管理硕士（MPA）教育的启动以及高校公共管理类本科专业的大量开设，公共管理已成为当代中国社会科学和管理科学领域的一个充满生机活力、具有远大发展前景的学科。

为了满足广大高校公共管理类专业的教学需要，在历届教育部高等学校公共管理类学科专业教学指导委员会的指导和支持下，中国人民大学出版社自1999年起，陆续出版了“21世纪公共行政系列教材”“21世纪公共管理系列教材”“21世纪公共事业管理系列教材”“公共管理系列教材”“公共管理核心课程系列教材”“21世纪劳动与社会保障系列教材”“21世纪土地资源管理系列教材”“21世纪城市规划与管理系列教材”等多个本科系列教材。这些教材被国内高校公共管理类专业广泛选用，并得到了公共管理学界的支持和认可，数十种教材被评为“十五”“十一五”“十二五”国家级规划教材，普通高等教育精品教材，以及各省市精品教材，为我国公共管理学科发展和人才培养做出了积极的贡献。

我国高等教育改革的进一步深化，以及新技术和新媒体的不断发展，对高校教材提出了更高的要求。为了回应这种要求，我们在广泛调研的基础上，拟对上述系列教材进行整合和提升，推出“新编21世纪公共管理系列教材”，以满足国内高校公共管理一级学科下设的行政管理、公共事业管理、劳动与社会保障、土地资源管理、城市管理、海关管理、交通管理、海事管理、公共关系学等本科专业的教学需要。

“新编21世纪公共管理系列教材”将秉承中国人民大学出版社“出教材学术精品，育人文社科英才”的宗旨，从本科教育的特点出发，从公共管理教育的特点出发，为广大高校公共管理类专业师生提供一套高质量的本科教材。在教材编写和内容安排上，“新编21世纪公共管理系列教材”强调基础知识、基本理论和基本技能，同时，也尽可能地体现创新性和前沿性，反映相关领域理论与实践的最新发展情况。

“新编21世纪公共管理系列教材”由中国人民大学、中山大学、北京大学、清华大学、复旦大学、厦门大学、武汉大学、浙江大学、吉林大学、东北大学、北京师范大学、山东大学、四川大学、西北大学等数十所国内著名大学的知名学者领衔著述，我们期望通过这种强强联合、优势互补、资源共享的方式，为国内公共管理学界奉上一套体现系统性、权威性、通用性，并兼具创新性、前沿性、启发性的精品教材。

公共管理的实践是不断发展和变化的。随着公共管理实践的不断发展，公共管理学科研究的范围、主题和内容也在不断地发展和变化。我们将紧跟公共管理学科的发展，与所有作者一起，不断对本套教材进行修订和完善。望广大读者给我们反馈信息，对本套教材提出批评和建议，以使我们能够在所有读者和作者的帮助下，与中国公共管理学科共同成长。

中国人民大学出版社

第五版前言

在治理的时代追寻城市治理现代化

城市增长和发展的复杂性，使其在现代生活中的重要性日益显现。中国城市在改革开放以来创造了迅速发展的奇迹，城镇化水平从1978年的17.92%提升到2020年的63.89%，短短40余年便实现了从“乡土中国”进入“城市中国”的深刻社会变革。中国城市化快速发展的实践，既呈现出城市发展的蓬勃活力，又成为国家治理体系和治理能力现代化的重要目标指向，中国的城市已经进入了一个治理的时代。

城市的复杂性也孕育了丰富的发展机遇。城市使生活更美好，就是指城市给人们带来的期冀和希望；与“乡愁”相对，我们认为“城冀”是指对城市美好生活的向往。沃尔多（Dwight Waldo）指出，城市的存在不仅仅是一种为了实现其所欲之目的而必须承受的手段，城市文明是更好和更高的东西，城市本身就是目的。城市改革和创新的动力就是感受到了未来城市令人鼓舞的前景，美好生活、美好城市，城市治理体系和治理能力现代化正是当下我国城市发展所面临的机遇和挑战。

中国正行进在国家治理现代化的大道上。随着国家顶层设计和改革的深化，一系列发展规划和改革政策迅速推进，对城市发展和城市治理起到了巨大的促进作用。实践推动着理论的认知，城市发展的理念与模式、城市治理的制度与技术都正在经历着深刻变革，这也是我们进行本次修订的原因与动力所在。本版教材在结构上进行了较大的调整，在内容上也进行了较大幅度的更新。根据城市发展的实践进展和城市治理理论创新的导向要求，本次修订的主要特点有：

第一，对城市发展和管理的最新进展进行补充。本书第四版自出版至今，正值《国家新型城镇化规划（2014—2020年）》实施之期，是城市品质提升的深刻转型期，城市发展和城市治理的理念模式、体制机制、方法技术都发生了深刻变革。本版教材更新了近年来城市治理的新进展、新趋势、新问题，按照最新的实践探索和政策进展，对书中涉及城市发展的数据、政策、管理体制进行了更新；对“市政体制与市政创新”“城市规划管理”“城市财政管理”“城市环境管理”“城市社会保障管理”“管理城市未来”等章节进行了较大的调整，并补充了近年来相关领域出现的典型议题和举措；根据近年来城市研究的新成果，对推荐阅读材料进行了全面更新。

第二，对城市治理创新的理论基础进行梳理。城市治理既是一个跨学科的研究领域，也是理论和实践紧密结合的议题场域，交织着历史思考与现实关怀、理论高度与实践智慧、人文情怀与技术理性、艺术色彩与科学精神、本土经验与国际视野，城市研究也就成为思想创新的沃土和舞台。本版教材在第四版的基础上，对城市治理的国内外理论思想进行了补充，新增了“市政与城市政治理论”“市政与城市经济理论”“市政与城市公共服务理论”三章内容，从城市政治学、城市经济学、城市管理学等学科的相关理论对市政管理的规律进行了探讨，帮助学生认识并把握城市运行、城市治理、城市发展等问题的理论分析工具，引导学生增强理论意识和理论分析能力。

第三，着重对城市治理的中国特色进行总结。中国在改革开放以来创造出的“城市奇迹”，具有鲜明的中国道路、中国案例的特点。习近平总书记指出：“要按照立足中国、借鉴国外，挖掘历史、把握当代，关怀人类、面向未来的思路，着力构建中国特色哲学社会科学，在指导思想、学科体系、学术体系、话语体系等方面充分体现中国特色、中国风格、中国气派。”中国城市治理取得的巨大成绩、面临的典型问题，都迫切地需要来自本土化的理论总结与理论关怀，进而提供全球城市发展与城市治理的中国经验。本版教材补充了近年来我国城市治理的本土思想、典型的政策措施和代表性的案例，并注重引导学生对我国城市发展中的问题展开批判性思考。

第四，在教材的呈现方式上进行调整。为更好地适应慕课、网课等新的教学形式，本版教材在新增三章内容的同时，对原有章节内容进行了精简和调整，以更好地符合读者的阅读习惯。同时，本版教材将全部十八章分为四篇，分别为市政学基础、市政活动要素、市政管理议题与城市未来面向，这四部分在内容上各有自身明确的主题，更便于读者理解和把握城市发展与城市治理的内在逻辑和知识体系。每篇的内容从理论解构延伸到治理实践，可以更好地帮助读者把握各章节的关联。本版教材从形式到内容重新设计电子教学资源，以辅助课堂教学和网络学习。

本次修订更充分地吸收实践领域和学界的创新性成果。由于工作调整和修订任务的变化，本次修订人员进行了调整，由王佃利担任主编，由楼苏萍和王玉龙担任副主编，统筹全书的修订工作。具体参与人员如下：张莉萍、高原、万筠、于棋、洪扬、苗红培、安百杰、张熙炜、孙妍、徐静冉、郑涵。在修订过程中，于棋、洪扬、郑涵协助主编完成了大量细致的工作。

在修订期间，团队从学界同人的教学实践和理论观点中学习汲取营养，获益良多，在此深表谢意。感谢中国人民大学出版社朱海燕老师、贺志红老师的精心付出，她们对本书第五版的修订工作进行了细致的指导和严谨的把关，让本书能够以最好的面貌付梓。
由于编者水平所限，本书难免有不尽如人意之处，恳请学界贤达和读者朋友批评指正。

王佃利

2021 年 9 月

第四版前言

治理时代的现代市政学范式

在快速城市化时期，城市既以丰富的财富充盈着市民的现代生活，有时又成为百弊丛生的渊薮挑战着城市的社会秩序。生活在城市中的人们，难以回避的问题仍旧是：城市，如何让生活更美好？

城市的美好，不仅在于物质的集聚，更在于文明的繁荣，在于它是一个更能彰显人类主动性的场所。高效的公共产品和公共服务提供，体现了城市生活的效率追求；有序的社会活动和政治秩序，体现了城市生活的和谐诉求。尽管在一个信息化的时代，现代信息技术可以重塑现代城市面貌，但人始终是城市不可动摇的主体。人的参与、沟通、协商，是创造美好城市生活的关键所在。

现代治理理论的发展，促成了城市管理思想的重要变革。在经历过新公共管理理论、新公共服务理论的冲击和嬗变之后，主张多元、协商参与的治理理论，成为重塑城市管理无可回避的现实选择。现代城市管理正在迈入一个以人为本的“治理时代”。当代中国，“治理体系和治理能力现代化”也已经成为这个城市化时代的强音，我们相信：治理，让城市更美好。

市政学作为一门学科，自 20 世纪 20 年代由留学生引入，历经几代学者的努力，其间虽有诸多波折，但是寻求城市美好生活的理念一直坚持至今，指引着市政学学科的发展。民国时期留学归来的市政学先驱们将城市美好寄托于制度化、秩序化的城市自治体制；改革开放以来的现代市政学研究者则致力于实现市政学研究的本土化，解决城市发展中面临的公共问题以实现城市善治。2011 年，我国城市化率首次突破 50%，表明我国已经进入以城市型社会为主体的新的发展时代，在此背景下国家提出走“中国特色新型城镇化道路”“推进国家治理体系和治理能力现代化”，对城市管理提出了新的要求，也给市政学学科发展带来新的挑战和机遇。本次修订就是基于这些认识，一方面努力把握最新的理论呈现，总结市政发展的规律；一方面努力认知最新的政策动态，呈现现代市政的发展趋势。

教材是学科范式的体现，这次教材修订我们凸显了市政学的学科发展新特点。一方面，学科的基本理论基础越来越明确；另一方面，不同学科在城市管理问题上交叉融合的趋势也越来越明显。基于此，我们在这次修订过程中，在知识体系上尽力体现学科方式的特点，在现实问题应对上体现学科融合的趋势。我们认为，市政学在发展过程中，已经逐渐形成了以权力、制度、政策和城市问题为要素，以问题解决为导向的系统的研究框架。现代市政学以关注城市权力的分配结构为基础，着重分析基于城市权力分配的政治体制设计和政府组织架构；以探讨政治体制框架下城市公共管理和公共政策过程为重点，寻求城市中发展中公共议题及其解决的有效性，形成了“权力—制度—政策—问题”的研究体系。

在内容修订方面，本次修订在第三版基础上进行了较大幅度的改动。重新编写了六章（城市的演进、市政体系及运行、城市公共财政管理、城市公共事业管理、城市交通管理、管理城市未来）；大篇幅修改了五章（市政体制、城市规划管理、城市环境管理、城市社会保障管理、城市更新管理）；在原有基础上补充调整了四章（现代市政学导论、城市土地与房产管理、市政公用事业管理、城市公共安全管理）。此次修订，写作风格不变，主要是明确新的视角、增加新的内容，以反映编者对城市发展现状和未来趋势新的认识和把握。

在形式上，根据教学过程中适应学生自主学习需要、扩展教师教学空间的要求，本次修订对相关内容进行了调整：在每章学习重点后添加“关键术语”，对本章的主要内容和核心概念做出提纲挈领的归纳；对书中的“知识点”进行增添、删除和补充；每章不再设置“阅读材料”，而是根据内容以及材料的新颖性和典型性保留部分章节的阅读材料；更新每章“延伸阅读”的知识链接，保证推荐的阅读材料的经典性、权威性、时效性。

本次修订仍是我们团队聚力的成果，一年时光、一个团队，反复讨论、多次调整、仔细斟酌。参加本次修订的人员有：王佃利、张莉萍、高原、楼苏萍、原光、苗红培、苏爽、王玉龙、王婷婷、李汉、冯贵霞、安百杰。唐菁阳、杨妮、张凡、展振华、王庆歌、姜晨、邢玉立等同学也参加了后期多次的校对工作。其间，王玉龙、苏爽协助主编做了大量细致的工作。

修订期间，我们多次向学界同行取经学习，也广泛参考各种文献，获益良多，限于篇幅不能一一列举致谢，还请谅解。在整个修订过程中，面对一个学科、面对一门知识、面对无数读者，常常再三思之，辗转难以定夺。我们竭尽所能，却由于水平所限，难以尽如人意，恳请学界贤达、读者朋友批评指正，在此一并致谢。

王佃利

2015 年 4 月

第三版前言

探寻城市的美好

中国2010年上海世界博览会以"Better City，Better Life"为主题，展示了丰富多彩的当代文明成就，汇集了人类探索城市发展的智慧，承载着人们对城市的美好向往。

更好的城市，寄托了人们对更好生活的憧憬。在现代文明的传承中，城市不仅是人类文明的结晶，也是文明的繁荣之地。正如刘易斯·芒福德（Lewis Mumford）所说："城市是一种特殊的构造，这种构造致密而紧凑，专门用来流传人类文明的成果。"城市是一个应该而且能够让人过上有尊严的、健康、安全、幸福和充满希望的美满生活的地方。

然而，直面城市发展的现实，城市并不必然会使生活更美好。在城市飞速发展的今天，城市也被看成是问题之薮，空间冲突、文化摩擦、资源短缺和环境污染等，不停地侵蚀着人们对城市的美好想象，影响着城市生活的质量。梁思成认为："城市是一门科学，它像人体一样有经络、脉搏、肌理，如果你不科学地对待它，它会生病的。"

因此，身处快速发展的城市化时代，置身复杂的城市空间之中，作为城市管理的研究者，我们必须冷静地思考：城市，如何让生活更美好？

《现代市政学》定位于市政学的基础教材，就是致力于这样的使命。本书在2004年初版，经2008年再版，一直努力探求市政发展的内在规律，把握市政在现代城市中的具体表现；在城市问题的发展变化中寻求市政学所揭示的解决问题的视角和思路，着力探求现代市政的发展之道，让城市生活更富有理想、更加美好。在这个过程中，本书先后被众多高校选用，有着很好的影响和美誉度，这对于我们是极大的鼓舞和激励。

基于我们对城市更深的感悟，基于现代市政的新进展，我们在上海世博会后又着手新的修订工作。本次修订，我们在基本理念、内容框架、编写形式和编写团队等方面延续了前版本，也在这些方面做了进一步的深化和完善。

第一，市政学是探求政府管理以及公共政策在城市中展开和实现规律的科学。现代城市、现代政府在当下的发展，都赋予了市政学研究对象和研究主题更大的拓展空间。

在第二版中，我们已经突出了治理理念对城市管理的影响，在多元参与的背景下探求城市公共权力机构如何回应城市管理面临的多重挑战。如今，对于市政学的研究对象，我们有了更深的认识。现代城市管理不再仅包括与中央事务相区分的地方性事务，还包括具有明显城市特色的“城市性事务”，城市不仅仅是区域或局部在空间的表征，它也具有作为政治、经济、社会复杂体在历史发展中的特色。

将“城市性事务”作为市政学探讨的对象，可以进一步凸显城市管理中的城市特色，区分市政管理与一般行政管理，明确市政体制和市政职能的定位，界定市政学的研究范围。正是在这一意义上，我们还是坚持使用了“现代市政学”这一传统名称，而非采用“城市管理学”的称呼。我们将这一理念的更新认知贯穿全书的修订过程，在许多具体的章节中，以此为指导对城市问题进行了新的描述。

第二，市政学内容不仅涉及对市政的总体理解，还关乎市政管理的具体内容。经过多次修订，我们确立了市政学的基本内容框架，所涉及的研究主题保持相对稳定。本次修订在篇章结构上与第二版没有变化，但是对于市政管理的内容进行了更新。明晰的市政理念可以让我们更好地把握城市问题的实质。市政学的研究指导城市管理实践，更来源于城市实践。发展的城市、变化的社会，都令城市问题呈现出千变万化之貌。

“十二五”时期是我国城市快速发展阶段，随着和谐社会和服务型政府建设的推进，社会问题凸显的重点和政府职能的实现方式都发生了变化，新的问题不断出现，新的政策得以制定和实施。我们对这些变化进行了追踪，如城市化道路的选择、市政体制的变革、土地政策的调整、交通新政的出现、社会保障的改善、公共事业体制的改革等。我们对这些发展进行分析和总结，对相关内容进行了整章的改写，以反映我们的新认识。与第二版相比，重新改写的章节有：第 2 章、第 4 章、第 7 章第 4 节、第 10 章、第 12 章和第 14 章等。

第三，市政学的学习注重理论与实践的结合，现实生活中的城市是最好的教科书，因此我们的教材编写就要适应教学形式和学习形式的变化。经过多年的积累，我们形成了稳定且研究旨趣一致的修订团队。团队不仅在教学过程中听取来自学生的感受，还专门与同行进行广泛的交流。在如今市政学的学习中，教材仅仅是个引领者和知识框架，教师更加注重教学空间的拓展，学生学习的自主性也愈发突出。为了方便教学和学习，为了强调教学的自主性和学习的自主性，我们在教材的编写形式上进行了创新。

根据教学过程中适应学生自主学习需要、扩展教师教学空间的要求，本次修订对相关内容进行了调整：(1) 不再每章设置阅读材料，提供简单的案例描述，而是根据内容需要以及材料的新颖性、典型性，在部分章节设置阅读材料，第二版中的多数材料被删除和替换，特别优秀的予以保留。(2) 在部分章节中插入新设栏目“知识点”，改变教材一味陈述和灌输的呆板形式，弥补教材体系所需的新知识、新案例。(3) 为适应学生自主性学习的需要，帮助学生扩展知识视野，在每章后面提供“延伸阅读”的知识链接，包括经典性著作、简明性教材、实务操作性手册、相关专题网站等，并对它们进行了简要的介绍。(4) 对部分复习思考题进行了更新，注重联系城市本土实践，以提供学生深入研究的空间，提升学生学习的兴趣。

第四，本次修订是我们团体集体合作的体现，由王佃利、张莉萍和高原担任主编。

修订工作从方针确定、章节调整到具体内容的表述，都凝聚了团队的智慧。王佃利作为召集人，负责设计总体框架并负责最终审校、定稿工作。修订版的作者有所变化，各章具体分工如下：

第 1 章，王佃利；第 2 章，王佃利、刘保军；第 3 章，高原；第 4 章，高原、徐晴晴；第 5 章，高原、原光、徐晴晴；第 6 章，王佃利、王艳秋；第 7 章，王佃利、杨艺；第 8 章，张莉萍、黄春蕾；第 9 章，张莉萍、龚雪；第 10 章，高原、陆瑞国；第 11 章，张莉萍、王岩芳；第 12 章，张莉萍、龚雪、杨艺；第 13 章，张莉萍；第 14 章，王佃利、梁帅；第 15 章，高原、原光。在修订过程中，龚雪、徐晴晴协助主编做了大量的工作。

本次修订是在以往版本上的继续完善。今天呈现在读者面前的书，凝聚着我们这个团队一贯的努力和成果。时光荏苒，我们团队的成员在校园与社会之间不停地流转，但他们为本书所付出的努力是我们仍然需要感念的。参与第一版编写的人员有：王佃利、张莉萍、高原、原广、侯春飞、任德成、赵宁。参与第二版修订的人员有：王佃利、张莉萍、高原、原光、黄春蕾、唐丽佳、王学伦、匡晓慧、王桂玲、陈磊。

市政学的研究，“仰之弥高，钻之弥坚”，怀着对城市的美好向往，我们在努力着。在修订过程中，我们以敬畏的态度去汲取学界理论的精华、去审视城市管理实践的探索、去面对将要使用本教材的学生，敬畏真知、敬畏实践、敬畏期望，这些让我们在修订中尽心竭力，不敢懈怠。但是市政学的理论探究未有竟时，城市管理的实践又如此丰富，囿于学识，我们的修订仍然存在许多不足。敬请学界同人和广大学者多多批评教正，以便我们更好地提高，共同促进市政学的发展。

在本次修订过程中，中国人民大学出版社公共管理分社的朱海燕老师付出了极大的心血，对修订工作进行了很好的指导。责任编辑田芳以她一贯的专业、敬业精神，对本次修订进行严格的把关，让本书能够更加自信地呈现在读者面前，在此一并表示衷心的感谢。

王佃利

2011 年 5 月

目录

第 1 篇 市政学基础

第 1 章 现代市政学导论

第 2 章 城市发展与城市化

第 3 章 市政体系与市政过程

第 8 章 城市土地与房产管理

第 9 章 城市财政管理

第 10 章 城市基础设施管理

第 3 篇 市政管理议题

第 11 章 市政与城市公共服务理论

第4篇　城市未来面向

第17章　城市文化与城市更新

第18章　管理城市未来

第 1 篇

市政学基础

20 世纪初期市政活动和市政研究的兴起，开启了我国城市建设、城市管理和城市研究的进程。

本篇五章内容，包含“现代市政学导论”“城市发展与城市化”“市政体系与市政过程”“市政体制与市政创新”“市政与城市政治理论”五个章节，从宏观上阐述市政学的发展脉络以及学科立场。

第1章

现代市政学导论

重点问题

“不识庐山真面目，只缘身在此山中”。身处现代城市社会中，如何全面、系统地认识城市和市政管理，是人们必须直面的话题。城市是社会进步和人类文明的标志，在国家和地区的经济发展和社会进步中起着先导作用。在城市现代化建设进程中，科学的市政管理起着决定性的作用，它是整个国家管理的有机组成部分。

究竟如何认识“市”？何谓市政？这是本书学习的基础。现代市政的特点是什么？什么是市政学？为什么要学习市政学？市政学的研究方法有哪些？本章的学习应重点掌握这些问题，从而对城市、市政管理及市政学有一个基本的认识。

1.1 何谓市政

1.1.1 城市的形成与设置

城市是人类社会发展的一种客观形态，城市的设置是社会管理的一种组织形态。学习市政学，需要首先从梳理市的设置开始。

1. “城”与“市”

城市是社会经济发展到一定阶段的产物，标志着社会的进步和人类文明的提升。

作为一种社会形态，城市与乡村分离而成为独立的政治、经济、文化综合实体，已经有几千年的历史。在我国古代，城与市是分离的，属于两个不同的概念。“城”是指四周有城墙围护、具有防守保护的区域。在金文中，“城”写作，由（郭，意指环绕村邑的护墙）和（成，意指用武力实现霸业）两部分构成，表示用武力保护郭墙。《说文解字》讲：“城，以盛民也。”《墨子·七患》曰：“城者，所以自守也。”《吴越春秋》中说：“筑城以卫君，造郭以守民。”可见，防御功能是城的首要作用。“市”则是指集中起来进行产品交换、物资交流的场所。在金文中，“市”写作，由（止，意指前往）和（兮，意指叫喊招徕）两部分构成，表示带着货物或钱币，到集贸地叫卖或求购。《说文解字》讲：“市，买卖所之也。”《周易·系辞下》曰：“日中为市，致天下之民，聚天下之货，交易而退，各得其所”。这表明了“市”所具有的交易集散性和流动性的特点。

随着社会经济的发展，“城”内人口的增加加速了“市”的贸易发展；同时，交易的扩展又要求有相对固定的场所，渐渐地交易场所就固定在城内了。于是“城”和“市”逐渐融为一体，演变为当今所谓的城市。如今，城市更多地体现了人口和商业活动的汇集，而其自身带有的防御性与封闭性的城堡、城墙、城池之类的设施，已经逐渐消失，变成了开放的无“城”的市。从城市发展演变的过程来看，城市的基本含义即为人口居住和工商贸易的集散地。

2. 城市建制

城市并不一定有城，但必须有市，这样才能成为经济活动的中心。所以，城市往往又被简称为“市”。在近现代国家行政管理体系中，“市”已演化成为国家为了管理的需要而人为设置的一种地方行政建制。

“城市”与“市”是两个性质不同但又相互联系的概念。“城市”相当于英语的“city”，与农村相对，指那些人口集中稠密，工商业发达，居民以非农业人口为主，在政治、经济、文化等方面处于中心地位的区域，属于社会、经济、地理概念。“市”则相当于英语的“municipality”，是与省、县等行政建制对应的一个政治、法律概念，指依据国家规定的标准、按照法定程序设置的地方行政建制。

“城市”是社会经济发展到一定阶段的必然产物。世界上最早的城市在约公元前3500年出现。中国城市的萌芽可以追溯到夏商时代。春秋战国时期，城市不论在数量上还是在规模上都有了较大的发展，到唐宋时期已经出现了人口上百万的城市。“市”则是近代地方政治制度的产物。我国在清代以前没有市的建制，直到清朝末年才仿效西方国家的政治制度，实行城乡分治，建立了市建制。

“城市”是相对于农村而言的，没有法定的分界线，边界具有模糊性。而“市”则是国家设置的地方行政建制，设有相应的国家政权机关，有明确的边界和确定的管理范围。

“城市”和“市”虽然属于两个不同范畴的概念，但并不是毫无关联的。二者都以人口密度、工商业发达程度、非农业人口所占比例等为基本要件，它们之间有很密切的内在联系。一定规模的城市是设市的基础和前提条件，没有以一定规模的城市为依托，就不可能设立市的建制，而城市设置了市的建制，成为“设市”城市，将更有利于城市的发展和繁荣。

一般而言，市是设置在城市地区的特殊类型的地方行政建制，不辖有农村地区。但是，我国的“市”具有较大的特殊性，它们通常以一个一定规模的城市为中心，辐射周边地区，其辖区内不仅有大片的农村地区，还可能存在其他城市，如县级市或县政府所在地。

从行政管理的角度来看，目前世界上设立建制市的标准并不统一，分别有人口密度、人口规模、职业人口比重、基础设施数量等。我国现行的设市标准是 1993 年国务院结合人口状况、经济情况和基础设施等情况形成的一个复合标准（见表 1 - 1）。

表 1 - 1　我国现行的设市标准

	指标	县级市			指标	地级市
		原来县的人口密度				
		>400 人/km^2	100～400 人/km^2	<100 人/km^2		
人口	县城镇人口中 非农产业人口 非农户口人口	≥12 万 ≥8 万	≥10 万 ≥7 万	≥8 万 ≥6 万	市政府驻地 非农户口人口	>20 万
	县总人口中 非农产业人口	≥15 万 ≥30%	≥12 万 ≥25%	≥8 万 ≥20%	市区人口中 非农产业人口	>25 万
经济	全县乡镇以上 工业产值 占工农业总产值	≥15 亿元 ≥80%	≥12 亿元 ≥70%	≥8 亿元 ≥60%	市区 工业产值 占工农业总产值	>25 亿元 >80%
	全县 GDP	≥10 亿元	≥8 亿元	≥6 亿元	市区 GDP	>25 亿元
	全县第三产业占 GDP	>20%	>20%	>20%	第三产业占 GDP	>35%
	地方预算内财政收入	≥100 元/人 ≥6 000 万元	≥80 元/人 ≥5 000 万元	≥60 元/人 ≥4 000 万元	地方预算内财政收入	>2 亿元
基础设施	自来水普及率	≥65%	≥60%	≥55%		
	道路铺装率	≥60%	≥55%	≥50%		
	排水系统	较好	较好	较好		

资料来源：根据《国务院批转民政部关于调整设市标准报告的通知》（1993 年）整理。

自 1993 年以来，我国城市发展状况有了很大的改变，原有的设市标准已经不适合目前城市发展的需求，亟须对原有的设市标准进行调整。在统计上，以居委会和村委会辖区为划分对象，来区别城镇和乡村①。根据我国宪法、法律和有关规定，我国的建制市主要包括以下不同的行政层级：直辖市、副省级市、省辖市（在宪法和法律上称“设区的市”，又称为地级市）和县级市。

① 2008 年《国务院关于统计上划分城乡规定的批复》规定，以民政部门确认的居民委员会和村民委员会辖区为划分对象，以实际建设为划分依据，将我国的地域划分为城镇和乡村。其中城镇包括城区和镇区。城区是指在市辖区和不设区的市，区、市政府驻地的实际建设连接到的居民委员会和其他区域。镇区是指在城区以外的县人民政府驻地和其他镇，政府驻地的实际建设连接到的居民委员会和其他区域。与政府驻地的实际建设不连接，且常住人口在 3 000 人以上的独立工矿区、开发区、科研单位、大专院校等特殊区域及农场、林场的场部驻地视为镇区。乡村是指本规定划定的城镇以外的区域。该划分作为统计上划分城乡的依据，不改变现有行政区划、隶属关系等。

1.1.2 市政概念的界定

在日常生活中，市政常常被简单地理解为市政工程、市政建设、城市公用事业等，是指有关道路桥梁、公共交通、供水供电、排水防洪、园林绿化、市容卫生等方面的建设和管理事务。这种从城市事务的角度对市政所做出的解释，将市政仅仅界定在具体层面上，显然是过于狭窄了。

在研究层面上，市政是一个内涵深刻、内容丰富的概念。长期以来，国内外许多学者从政治、行政、管理、规划建设等不同角度对“市政”下定义，分别将其理解为城市政权、城市行政、城市政策等。为了弄清“市政”这一概念，有必要首先探讨一下市政的范围。

1. 市政的范围

对市政概念的把握，应从两个相互关联的方面去考察。一是市政主体，即由谁来管理城市有关事务；二是市政客体或对象，即市政主体管理的内容和对象。无论是市政主体还是市政客体，对它们的理解都存在着不同的界定。

就市政主体来说，可以把它分为大市政主体、中市政主体、小市政主体三个层次。

所谓大市政主体，即认为市政主体为城市的所有利害相关者，它包括城市活动的各种主体，不仅有公共部门，也有私人部门、非营利组织和城市居民。现代城市中公共事务的广泛性和复杂性，决定了城市事务利害相关者的复杂性。城市事务的管理者也不再仅仅是传统意义上的政治力量和政治组织，而是全体城市事务的利害相关者。

所谓中市政主体，是指广义的城市政府，包括城市的立法机关、行政机关和司法机关，是通常所说的国家政权机关。传统上，城市政府主体是城市问题的单一解决者。随着治理理念的传播，城市政府成为多元治理主体中的一员，但仍处于核心和决定性的地位，它通过法律、行政、经济等手段来解决城市问题、提供公共服务，引导城市发展。

所谓小市政主体，是从行政的角度专指城市各级国家行政机关。比如：我国的各级市人民政府；市辖区人民政府；城市各级人民政府的各类职能部门（厅、局、委、办）；城市各类行政派出机关，如街道办事处和公安派出所等。

对市政概念的理解，不能仅考虑市政主体，还应联系市政客体或对象。市政客体，也可从大、中、小三个层面来理解。

从大的层面来说，市政客体或对象有着广泛而复杂的内容，既包括市辖区内城市整体的规划和建设，又包括城市的政治管理、经济管理、社会管理、环境管理、科教文卫管理等具体的专项管理活动。一个城市的政治、经济、文化以及社会发展等各项事业，为市民的物质生活、精神生活提供的各种服务，都是市政管理的内容，都可列入市政职能的范围内。这种宽泛的管理内容，是同广义的市政主体相一致的。

从中的层面来说，市政客体主要是城市各级各类国家行政机关的行政管理活动。在现代国家，行政权力日益扩大，行政职能十分广泛，行政管理活动在国家生活和社会生活中占有极为重要的地位。所以，与之相关联的市政客体，其内容并不狭小。

从小的层面来说，有人把市政客体仅仅理解为市政工程、市政建设和城市公用事业的管理，把市政理解为对城市事务的管理。这种理解显然是过于狭窄了，同现代市政的实际情况并不相符。

2. 市政的含义

市政主体和市政客体是相互依存、不可分割的。市政，就是市政主体作用于市政客体的活动及其过程，也就是实施城市管理的过程。根据市政主体和市政客体的不同范围，我们也可以从广义和狭义两个方面来理解市政的含义。

广义的市政，是指所有城市参与者，为协调和整合公共部门和私人部门的行动，处理城市居民面临的问题，实现城市自身的政治、经济、文化和生活的发展，打造更具有竞争力、更公平和可持续发展的城市而开展的各项管理活动及其相互影响的过程。狭义的市政，是指城市的国家行政机关对市辖区内的各类行政事务和社会公共事务所进行的管理活动及过程。

广义的市政突出了治理理论所强调的多元主体的参与，狭义的市政更多地突出了城市政府在城市管理活动中所具有的主导性地位。这两种观点都有其理论依据和实践证明。根据市政的一般含义和我国的实际，可以对我国的市政做出如下定义：

所谓市政，是指城市的公共权力机关为了促进城市发展、解决各种城市公共问题、有效地管理城市公共事务、实现城市公共利益而进行的各种形式的公共政策制定和执行的过程，以及城市公民、利益群体等对公共政策的各种影响活动。

这个定义所揭示的市政的内涵有如下几点：

（1）市政的核心主体是公共权力机关。以公共权力机关来表示市政主体的广泛性和权威性，体现了我国市政的特点。除涵盖了国家政权机关作为市政主体，它还肯定了中国共产党作为执政党的领导地位和作用。坚持、加强和完善中国共产党的领导，是我国政治制度的一大特点和优势。研究现代中国市政，必须考虑和重视市委这个处于领导地位的市政主体，研究它是如何发挥领导作用的。随着市场经济体制的建立，政府职能要进行转变，政府将成为有限政府；同时，一些社会职能则要由非营利组织来承担，这些处于变革和发育之中的组织将在市政管理中发挥日益重要的作用，是市政管理活动的有益补充。

（2）市政的表现形式是各种公共政策。公共政策是公共权力机关的基本活动方式或活动过程，是公共权力机关权力意志的体现，它表明了公共权力机关想干什么、为什么干、怎样干。在我国，它既包括专门适用于城市的上级政策、法律和法规，也包括城市各公共权力主体制定或发布的决定、地方性法规、地方性行政规章、行政命令、行政决定等。

（3）市政的目的是解决问题、实现公共利益。处理各种城市问题、维护城市公共秩序是城市建设和发展的需要，是市政的基本职能。城市问题的出现是对城市环境的挑战以及对维持自身政治系统的挑战，而问题解决的轻重缓急及其次序认定则取决于市政主体经由各种市政过程所做的考虑。市政目标的设定标志着市政是一种有明确方向的活动，谋求公共利益的实现是市政的灵魂和目的。虽然事实上，几乎每一项政策的实施结果总是一部分市民受益而另一部分市民受损。

（4）市政是一个动态的发展过程。为解决城市事务管理中的公共问题，市政主体所进行的政策制定和政策执行都是连续性的活动。随着城市问题的发展变化，市政管理的内容、手段也在不断变化。同时，市政过程也是市政主体之间、市政主体与市政客体之间相互影响的一个互动过程。比如在制定有关公共政策时，公共权力机关总是要受到有关市民、利益群体、大众传媒的影响。

正是从上面的理解出发，本书对市政的关注更强调城市公共问题的特性，注重城市政府管理体制的变迁，突出城市公共政策的应对过程。

1.1.3 市政的特征

市政的特定含义，决定了它固有的一些特性，而这些特性又进一步丰富了市政的含义。概括地讲，市政具有以下几个主要特征：

1. 政治性

市政实质上是一种国家管理活动，或者说它是国家管理活动的重要组成部分。市政的核心主体主要是市的国家政权机关，它是整个国家政权机关的一部分；市政的客体或内容主要是城市的公共事务管理过程中所体现出的各种问题；市政的手段主要是国家的法律、法规和规章，是各种公共政策的具体表现；市政的过程与国家的政治权力体系及其运行紧密相连。因此，市政必然具有国家管理的属性，体现国家的利益和意志。国家管理的性质决定着市政的性质和发展方向。现代市政发展表明，市政早已经成为“政治的一部分”或“一个政治过程”，已超越单纯的技术性、中介性和方法手段方面的问题，而体现着社会集团的目的和利益。从一定意义上说，市政活动是一种城市的政治活动。

市政管理工作的出发点和落脚点，就是坚持以人为本、全心全意为市民谋利益。为广大市民办实事、办好事，不断提高市民物质生活和精神生活的水平和质量，这是讲政治的最重要体现。

2. 整体性

市政是一个由各系统、各要素、各环节组成的有机整体。市政是个大系统，它包括许多分系统，如市政组织系统、市政体制系统、市政环境系统等，每个分系统下面又有许多相互关联的子系统。市政系统由多元的市政要素组成，如组织要素、人员要素、财政要素、制度要素、行为要素等，每种要素内部又包括多种次级要素。同时，市政系统也是一个由决策、计划、组织、协调、控制等多环节组成的管理过程。

市政大系统中的各个要素之间相互依存、相互作用，形成有序的系统结构。市政管理过程的各个环节之间相互制约，有序连成一体。市政系统、市政过程之间又相互渗透、相互维系，围绕着统一的市政目标，发挥出市政的整体功能。

市政的整体性决定了在市政管理活动中必须树立整体观念和系统意识。城市各种问题的解决都是多个系统和要素相互配合与协作的结果，市政管理要实现市政主体的多元化与整合、市政目标的多重性与协调、市政要素的有机性与合理配置。

3. 综合性

市政是一种综合性很强的管理活动。现代城市作为政治、经济、文化中心，具有集中、开放、多元、有机等特点，这就决定了市政管理具有突出的复杂性和综合性。

市政管理内容既涉及大量的社会公共事务和公共事业的管理，又包括城市各项经济活动的规划和控制，对市民物质生活、精神生活的指导和协调等。市政所面对的管理人员涵盖了社会各行各业的人员。在城市中，不同层次的人员形成各种利益群体。对社会各阶层和各方面人员的利益关系进行调节和整合，是现代市政管理的重要任务之一。从市政管理结果看，要用经济发展水平、市民生活质量、市民教育程度和文化水准、城市生态环境、城市安全和公共秩序等十分复杂的指标体系，对市政管理结果进行综合评估和反映。

4. 动态性

市政不仅是组织、制度、体制等方面的静态结构，它更是一个有序的动态过程。市政是一种存在于城市并以城市事务为对象的管理活动，这种管理过程的动态性有其自身的特点：

一是灵敏，主要指市政过程的每个环节的功能都能比较快捷地发挥出来，这既同整个城市生活的快节奏相适应，又得益于城市管理的科学化、现代化。二是相关性强，即市政过程的每个环节紧密相连，互为条件，彼此制约，其中任何一个环节发生故障，都有可能引发城市生活的全局性混乱。三是民主程度高，即在市政管理过程中的每个环节都会有市民的广泛参与，这一点在决策活动和监督活动中体现得尤为明显。

5. 双重性

城市的行政建制是整个国家行政层级中的具体环节。在我国，城市的市政既要坚决贯彻中央的大政方针，保证政令统一，坚决维护中央的权威；又要从本市实际情况出发，制定和实施辖区内的方针政策，维护本市的正当权益，代表或反映市民利益。

因此，市政要力求使国家整体利益和本市局部利益协调一致。市政既要使中央的大政方针在本市落实，又要对其下属单位，如市辖区、街道办事处等，实行领导和指挥。也就是对上要负责宏观决策的执行，对下要负责微观管理的领导，有较大的相对独立的权力。因此，市政具有承上启下的特征。

1.2　市政的发展

1.2.1　市政的演变

从逻辑发展来说，城市及其事务管理与市政并不是同步出现的。可以说，城市事务及其管理随着城市的产生而产生。最早的城市事务，如道路铺修、住房建造、城墙构筑等，若要有条不紊地进行，必须得到相应的管理。这时虽有了相应的城市事务及其管理，但没有专门的城市政府，而是由中央政府相关部门或由统辖城乡的地方政府进行管理。这种管理并不是现代意义上的市政，现代市政是社会经济发展到一定阶段才出现的。

1. 西方市政的发展

中世纪时，欧洲大陆各国和英国的城市有了初步的发展，开始出现一些城市自治的萌芽，但并没有出现现代意义上的市政。

1688 年英国光荣革命是近代市政发展的开端。随后，经历大革命和独立战争取得资产阶级革命胜利的法国和美国，先后完成了产业革命，这就奠定了近代市政发展的经济、政治和社会基础。

18 世纪，英国城市取得自治地位后，设立各种专务机关和改革委员会，负责修路、治安、公共卫生和其他市政工作，并有一定的征税权。1835 年，英国议会通过了《市团法案》（Municipal Corporations Act），规定市区应成立民选市议会，议会成立后的权力范围随城市事务的增多不断扩大，涉及城市事务的各个方面。

法国在历史上以中央集权著称，在 1789 年大革命后，曾赋予地方很大的自治权，但拿破仑执政时废除了地方自治制度。到 1848 年，法国才开始有普选的市议会，市政府才逐渐享有相当的自治权。1884 年，法国通过法律，对市的地位做了全面规定，市设立市议会为地方自治机关，享有地方自治权。市长兼任市议会议长，既是中央代理人，又是市自治机关代表，具有双重身份。1977 年，法国编成市政法典，法国市政进入成熟阶段。

美国在独立后，市宪章颁布的权力由州议会行使，市区组织设立市长及两院的议会。市长由选举代表会选举，下院由各选区普选产生，上院则由各区各选一人组成。市长与市议会的关系根据联邦宪法精神，采取制衡原则。1820 年以后，市长多改为由市民直接选举产生。20 世纪以来，市的法律地位、组织体制都由市宪章规定，具有相当的稳定性，市宪章不得随意修改。随着城市人口增加，城市自治运动和市政体制逐渐扩展，出现了市委员会制、市经理制、强市长制等多种体制并存的局面。

2. 我国市政的发展

在我国，城市具有悠久的历史。但在中国历史上第一次以法律形式确认城镇为基础行政建制，是 1909 年清政府颁布的《城镇乡地方自治章程》。1911 年，江苏省临时参议会制定了《江苏暂行市乡制》，规定了市组织的立法机关和行政机关及相应的选举办法，可谓是中国市制的开端。

1928—1947 年是我国市制形成的重要阶段。1928 年，国民政府公布《特别市组织法》与《普通市组织法》，将市分为由中央领导的特别市和由省领导的普通市。1930 年，国民党政府又颁布了新的《市组织法》，将市的行政地位分为直属于行政院与直属于省政府两种。又于 1933 年和 1947 年两度修订，对市政体制予以完善。市以下为区，区内之编制为保甲，十户至三十户为甲，十甲至三十甲为保，十保至三十保为区。市设市政府、市政会议和市参议院。市政府办理市自治事项，执行上级政府委办事项；市政会议负责提出议案，议决政府所属机构办事章程，并协调机构间行政事务；市参议会由市公民及依法成立之职业团体选举市参议员组织之，但由职业团体选举之参议员，不得超过总额的 3/10。这标志着中国市政体制的基本成型。

新中国成立后，我国的市政发展经历了一个从扩展发展到调整收缩再到全面发展的曲折过程。

1949 年新中国成立之初，全国共设 131 个市，其中 12 个是直辖市。除直辖市以外，其余的市都由省、自治区或行署区领导。1954 年的宪法和地方组织法对地方各级政权机构做了明确规定，对市人民代表大会、市人民委员会、市长的权限和地位有了明确划分。1954 年我国又颁布了《城市街道办事处组织条例》和《城市居民委员会组织条例》，此后，我国市政管理体制在一段时间内处于相对稳定的阶段。后来，我国又开始实行市领导县的体制。

由于受 1958 年开始的经济工作的重大失误和三年严重困难的影响，我国在 1961 年实行调整政策，控制城市的发展，调整市镇建制，缩小城市郊区，撤销不合条件的市。“文化大革命”期间，我国的市政管理体制遭到了空前破坏，各项工作处于停顿和半停顿状态。

党的十一届三中全会以后，我国进入一个快速发展的新时期。1979 年，地方各级革命委员会改为各级人民政府；1982 年，我国决定在经济发达地区改革地区体制，实行地市合并，采取市领导县体制。随后又制定了一些法律法规，促进了我国市政的发展，形成了有中国特色的市政体制。

进入 21 世纪以来，我国城市发展进一步加快，城市数量由 1992 年的 517 个增长到 2019 年的 684 个，城镇人口由 32 175 万上升到 84 843 万，城市化率由 27.46％上升到 60.60％，建制镇数量由 14 539 个上升到 21 013 个①。城市数量的增加、城市规模的扩大和城市人口的增长对我国城市市政职能提出了新的要求和挑战，市政在我国行政管理中的重要性愈发突出。

1.2.2　现代市政的趋势

随着现代城市的发展，市政也经历了很大的变化。市政体制变得更为开放、综合，市行政机关在市政体制中的地位更加突出：在市政职能上，现代市政职能急剧增多，实现市政职能的方式和手段日益多样化、现代化；在市政过程上，市政变得日益多轨运营、快节奏、依法行政，市民参与市政过程的机会和渠道增多；市政机构也变得多而专，要求其管理人员数量多、素质高且服务周到。

随着我国市场经济体制的建立，我国市政朝着现代化、科学化的方向发展，具体来说，市政有以下相互关联的发展趋势：

1.　市政问题复杂化

现代化的世界正演变为一个以城市为核心的世界。联合国在 2004 年就预测，到 2030

---

①　国家统计局．中国统计年鉴 2020．http://www.stats.gov.cn/tjsj/ndsj/2020/indexch.htm.

年，世界60%的人口将会在城市生活。这就需要关注随着人口集聚而出现的城市问题，不断推进的城市化进程需要更好的市政管理。联合国前秘书长安南认为，城市中广泛存在的贫穷、不平等和两极分化、地方腐败蔓延、城市犯罪和暴力上升等问题，不仅没能根除，而且体现出明显的顽固性特点，使城市问题成为全球性的普遍问题①。市政问题越来越复杂，管理者不仅要解决社会问题，还要对城市的经济发展及其带来的环境问题承担责任；不仅要应对城市自身的问题，还要在更广的甚至是全球的范围内应对城市之间的竞争。

2. 市政职能科学化

市政职能是指市政主体为实现其使命而承担的职责和功能。从性质上看，市政职能与其他地方政府的职能基本相同，都以公共管理职能为主。但由于城市的特点，要求市政府把为城市、为市民、为城市社会提供科学高效的管理作为基本职责。因此，城市政府要加强对城市规划、基础设施建设、环境保护、科学文化教育、社会治安、社会保障、卫生保健、公用事业等的管理。

现代城市正逐渐从工业化城市转变为后工业化城市，服务业取代重工业成为现代城市的重要特点，全球化和信息化也给城市发展带来了新的形态。今后市政职能的发展趋势是为城市创造良好的社会环境和物质条件，为辖区内居民提供各种快捷、高效的公共服务，以满足他们的需要，改善他们的生活质量。今后市政的职能重心将由经济管理转向城市生活管理与服务，从以城市建设为重点转向以城市管理和服务为重点，市政的重心在于做好城市的规划、建设、管理和服务。

3. 市政体系治理化

以前政府是城市服务和基础设施配置的主体，现在政府往往还承担着城市发展推进者的角色。一方面，在新公共管理理论的指引下，城市中出现了新的公共机构，如各种社区组织、非营利组织，同时社会组织成为市政管理的新基础；另一方面，政府也开始并习惯与各种非政府部门结成伙伴关系，共同参与城市事务的管理。城市管理的民主化成为重要趋势。

政府角色的改变不仅表现为市政主体的横向分权，而且表现为地方分权。随着城市的崛起和地方分权的实施，城市政府越来越成为一方利益的代言人，从而更能促使城市政府对其行为负责。在各种新的挑战下，城市政府的能力提升也成为一个重要课题。要通过科学设置市政机构、进行广泛的部门改革，增强城市政府的行动能力。

4. 市政管理现代化

随着城市的现代化，市政管理手段也日益现代化，主要表现为市政管理的科学化、民主化和法治化。

市政管理科学化的主要内容有：一是机构设置科学化，建立完善的高效运转的决策、

---

① 范戴克．新兴经济中的城市管理．北京：中国人民大学出版社，2006：3.

咨询、执行、信息、监督系统，从组织上保证管理决策的科学性；二是管理过程科学化，调查研究、决策制定、执行监督都遵循其自身规律；三是方法手段科学化，把现代管理学、政治学、城市学等理论引入市政管理，广泛运用管理信息系统、互联网、电子政府等现代科学技术手段，如城市管理方式精细化、管理手段信息化都是现代市政管理的重要表现。

市政管理民主化的主要内容有：一是政务公开，除涉及国家机密外，城市一切国家机关的活动，一律向社会公开，政府应公布各种文件，市民对政务有知情权，可以旁听某些会议，查阅有关材料，新闻界可以采访报道有关活动，非法定事由不得拒绝；二是完善人民代表大会制度和民主协商制度；三是基层民主生活制度化，建立人民申诉制度。

市政管理法治化的主要内容有：一是加强立法工作，尽快制定专门的市组织法，制定市政机关机构编制法规，建立和完善工作责任制；二是依法行政，有关市政机关独立行使职权，促进党政机关同其他社会组织、中央与地方关系制度化；三是提高公民法律意识，通过法制宣传引导市民自觉守法。

1.3　市政学的研究价值

1.3.1　市政学的学科含义

随着市政管理的科学化、民主化和法治化，城市管理发展呈现出新的趋势。其发展的支撑是科技进步和科学管理。市政的科学管理又取决于市政的科学理论，即市政学，它也因此被称为城市现代化的“金钥匙”。

1. 市政学的含义

市政学，也就是研究市政及其活动规律的科学。市政学又可以从不同的角度进行理解。有人认为，城市政治学、城市政府学和城市管理学是市政学的重要组成部分。或者说，市政学是城市政治学、城市政府学和城市管理学三者有机结合的科学。

从上述意义来看，市政学与邻近学科虽有密切联系，但分属不同学科：

市政学不同于城市政治学。城市政治学是研究城市社会政治现象及其规律的科学，属政治学的分支学科；市政学则把城市政治和城市的行政结合起来研究，其着眼点在于提高城市国家行政机关管理的有效性，保证行政管理活动的正确方向。

市政学也不同于城市政府学。城市政府学是研究城市国家权力机关、行政机关、司法机关等地方国家政权机关活动及其规律的科学；市政学则把广义的城市政府与城市行政机关的管理活动结合起来研究，并以城市行政为主，其落脚点在于促进城市行政机关对有关城市公共事务管理的高效化。

市政学也不同于一般的城市管理学。城市管理学仅针对城市的各种问题提出管理的对策；市政学则不仅要提出解决城市问题的对策、原则、方法，而且还要研究实施这些对策、原则、方法的主体——城市国家政权自身的组织体制的科学性。把主体和客体结合起来研究，以便在更大程度上提高市政管理的效率，这是市政学的特色。

综上所述，我们认为，市政是城市公共权力机关管理城市公共事务的活动，市政学作为一门科学，旨在研究城市公共权力机关有效管理城市公共事务的规律。

2. 市政学的研究对象

根据我们对市政的含义及市政学的定义的理解，本书认为市政学的研究对象主要包括三个：

首先，市政学要研究市政主体。市政主体是城市公共管理的责任承担者。传统市政管理是一种政府的管制型管理，城市政府作为唯一的公共权力承担者，负责城市一切公共事务的管理。随着社会发展与政府转型，现代市政管理更多地体现了治理的理念，城市治理强调市政管理中城市利益相关者对城市发展的广泛参与，注重政府与企业、非营利组织之间的合作与伙伴关系。政府不再是唯一的管理主体，包括企业、非营利组织、社区组织、公民在内的组织和个人，构成了市政管理的多元主体，成为城市管理的参与者和责任承担者。这些多元主体都成为市政学研究的对象。市政学不仅要研究这些市政主体的组织体系、权限职责、管理内容及活动方式等，也要研究这些市政主体之间的相互关系以及它们在市政管理过程中的地位和作用。

其次，市政学要研究市政客体，即市政管理内容。市政学主要研究城市政府对城市公共事业、公共事务的管理。根据我国城市的具体实际，市政客体主要包括城市规划的制定和实施、城市各项基础设施的建设与管理、城市土地与房地产管理、城市环境管理、城市治安和公共秩序管理、城市财政税收管理、城市各类公共事业管理等。随着城市的变化和市政的发展，我国的市政学还要根据市政客体的变化，对其研究对象做出相应的调整。在现代市政管理中，城市应急管理、城市文化、数字化城市管理、城市竞争、城市可持续发展等都成为市政管理的新焦点、新问题。

最后，市政学要研究和探索市政管理的对策和规律。市政学并不是孤立地研究市政主体或市政客体，而是将这两者有机地结合在一起，研究市政主体如何实现对市政客体的有效管理，并探索这种管理的内在规律。这是市政学研究的出发点和落脚点，它包括各类权力配置的规律、管理运行过程的规律、解决各类城市问题（如交通、住房、环境污染等）的对策等。市政学研究的目的，就在于探索和运用市政管理规律，促进城市管理的科学化和城市发展的现代化，促使城市的各种功能得到最佳发挥。

由此可见，市政学的研究对象是包含市政主体、市政客体在内的各种市政现象。市政现象是一种特殊的社会现象，有其自身的特点和活动过程。作为一门学科，市政学不能停留在对某种现象和过程的一般描述上，而是要探究这种现象和过程的内在本质联系，即客观规律。市政学就是研究市政现象、市政过程内在本质联系的科学。

1.3.2 市政学研究的演变历程

1. 民国时期的市政学研究

城市，在20世纪初对走向近代化的中国是个美好且令人激动的想象。清政府于1909

年颁布的《城镇乡地方自治章程》开启了我国近代城市建设的进程。20 世纪二三十年代时，我国近代城市数量和规模大量增加，这段时间成为我国市政建设和市政学研究的第一个高潮。在许多城市中，市政建设是最具现代化的举动，如 1921 年，曾留学美国的孙科在广州推行市政改革，制定《广州市暂行条例》；1929 年，济南市建立起现代市政制度，大力推进道路交通、供水供热、医疗卫生等城市公共事业建设；此外，福州、南京、杭州、昆明、北京、天津、汉口等地也于 20 世纪二三十年代陆续大力筹办市政。

在学术界，以陆丹林、张锐、张慰慈等留学生代表为媒介，市政学研究从欧美进入中国，市政研究一时成为热潮。据学者赵可统计，从 1920 年到 1937 年国内出版的市政学译著书籍共有 121 部，即使在抗日战争期间，市政学研究也未中断①。

2. 改革开放后市政学研究的重建

我国市政学学科发展在 20 世纪 30 年代刚刚起步，却由于战乱和社会动荡几乎停滞。新中国成立后，市政学的发展经历了曲折，1952 年，市政学被当作“资产阶级伪科学”而遭到撤除。直至 20 世纪 80 年代，在夏书章、王邦佐等老一辈学者的极力呼吁和推动下，市政学学科才得以恢复发展。1985 年以来，越来越多的政治学学者从事市政学研究，同时行政管理学研究的恢复也拓展了市政学的研究视野，市政学迎来第二个发展高潮。

这一时期的市政学者以城市发展中的重要公共事务为重点，试图解决中国城市发展过程中存在的主要问题，并普遍重视探索适合中国社会现实和政治体制的“现代市政学研究范式”，以区别于民国时期“传统市政学研究范式”。

3. 21 世纪市政学研究范式的多元化发展

进入 21 世纪后，我国城市发展进程明显加快，城市数量的增加、城市规模的扩张和城市人口的增长使城市公共事务日趋多样化与复杂化。与此同时，城市发展过程中存在的不和谐问题成为学者研究关注的焦点。在此背景下，许多学者独辟蹊径，从不同的视角出发看待中国城市化过程中的问题，分析城市存在的矛盾和冲突，比较有代表性的范式趋向是城市管理学和城市政治学。

城市管理学从管理科学的原则与方法入手，强调多元主体广泛参与城市公共事务治理，注重在政府、社会以及私人机构之间达成合作与伙伴关系，并通过管理技术的发展促进城市公共管理效率的提升。

城市政治学则回归政治学的研究视角，关注对城市权力的工具型研究，强调城市治理观念，从权力结构、治理过程，以及城市居民对权力结构和治理过程的反作用力这三个城市治理乃至城市政治学的经典主题出发，探索城市治理目标、城市政府组织、城市规划和竞争，以及基层治理的发展和转变，实现城市善治。

这两种研究范式各有侧重：城市管理学从管理对象出发，主张管理主体应当对公众

---

① 赵可．留学生与 1920—1930 年代市政学的传入及其人才培养．徐州师范大学学报（哲学社会科学版），2009（4）．

的需求做出回应，以满足公众需求、解决公众在城市生活中遇到的公共问题为导向，研究“政府要做什么”；城市政治学从政治学的经典概念和理论出发，从权力、民主、政治价值和政治过程等角度定义善治，研究城市政治体系和制度的架构及运转。现代市政学的研究，既关注市政管理过程中的价值导向，研究城市政府合理高效的制度构建和机制运转；也关注城市政府在市政职能上对社会需求的有效回应。未来关于市政的研究，会在多元化的研究范式中不断走向深入①。

1.3.3 市政学的研究意义

市政学在我国还是一门新兴的正在发展中的学科。加强这一学科的学习与研究，对于服务中国特色城市化进程具有重要意义。具体说来，主要有以下几点：

1. 适应城市化快速发展趋势的需要

城市时代的到来，对城市科学的发展提出了更多、更高的要求。市政学作为城市科学的分支学科，同样也承担了更繁重的任务。我国城市化进程中所涉及的许多重大城市问题，如城市政府形象的塑造、城市政府职能的转变、城市发展规模政策的选择、城市总体规划和布局政策的调整、城乡协调发展蓝图的规划、城市的可持续发展等，都是市政学的重要研究课题。市政学能够而且必须为我国城市化进程做出应有贡献。

2. 适应城市现代化管理的需要

城市化进程的加快，使城市管理更趋复杂化，并带来不少“城市病”等现实问题。这类问题的发生或加重同我国市政管理的相对落后有着很大的关系，在城市化进程中难以完全避免。因此，在我国城市化进程中，必须大力加强城市管理、市政管理的研究。这有助于我们科学地认识现代城市，掌握市政管理规律，用科学的现代市政管理理论指导实践，避免或减少市政管理中的片面性和盲目性，逐步形成一整套行之有效的市政管理体制和模式，完善和优化现代城市的各项功能，用现代市政管理的思想、体制、方法和手段，稳妥而有效地解决城市发展中的问题，不断提高城市管理的现代化水平。

3. 造就现代市政管理人才的需要

实现城市管理的科学化、现代化，有序推进我国城市化进程，最迫切需要的还是人才，包括城市管理和市政管理方面的人才。过去我国城市的许多管理者，大多没有系统学习和研究过城市管理、市政管理方面的基本理论和知识，许多同志主要凭借热情和经验开展工作，面对急速而来的“城市时代”，难以完全适应越来越复杂的现代城市管理工作。紧随城市化进程的步伐，按照城市管理现代化的要求，培养和造就一大批合格的现

---

① 王佃利，王玉龙．中国市政学研究范式：传承与演变．学习与探索，2014（5）．

代城市管理人才，是当前我国城市发展和建设中刻不容缓的重要任务。

市政管理人才的培养要依靠各方面的共同努力。其中，对城市各级管理人员，特别是中高层次的管理者，进行以现代城市管理和市政管理为基本内容的培训，是必不可少的一个环节。只有这样，才能使广大城市干部逐步培养和形成现代市政管理意识，明确现代市政管理在城市现代化进程中的地位和作用，从而在正确理论的指导下，自觉地做好市政管理工作。

4. 丰富和完善市政学学科理论体系的需要

无论是从国外还是国内的情况看，市政学作为一门新兴学科，其理论体系还很不完善。现有的市政学著作，虽然有了一定的理论体系，但对其内容的探讨还不够深入，尤其是对现代城市及市政发展的新趋向还缺乏系统的总结。但我们相信，在我国城市发展过程中，随着专家和学者对这门学科的研究逐渐深入，必然能从理论和实践两个角度，充实和完善市政学的理论体系，促进这门学科朝着适应城市现代化进程、对城市现代化产生一定的指导作用的方向发展。

1.3.4 市政学的研究路径

市政学的研究路径，从宏观到微观可分为遵循的方法论、采取的研究性质，以及运用的研究方式与方法三个层次。市政学研究的方法论是研究者基于特定的学科视角和知识背景而形成的对城市的认识；市政学的研究性质是指研究者采取定性研究或定量研究的分析框架进行研究设计；市政学研究方式与方法则是指研究者在收集、整理、分析研究资料的过程中所采取的具体方式与方法。

1. 研究方法论

当今城市的发展变革已经成为一场迅猛异常的社会科技变革，引起了社会科学领域的广泛关注和深入研究。目前，城市研究已经形成了一个庞大的学科体系，包含当代城市所面临的关键问题、现行城市研究方法，以及诸多政治问题及其解决方案①。

根据邓利维（Dunleavy）的归纳，城市研究主要采取地域分析法、城市系统研究法、社会文化分析法、制度研究法，以及政治经济研究法。地域分析法与城市系统研究法主要围绕城市内部或城市间的地区关系，主要基于城市地理学与城市经济学的研究成果；社会文化分析法和制度研究法则主要蕴含于城市社会学和城市政治学的研究之中；政治经济研究法主要是新马克思主义理论对城市的研究②。

城市地理学通过与城市相关的要素，如空间、地域性、距离和地方，形成连贯独特的研究框架③，以区域分析为视角，核心是从区域的空间组织和城市内部的空间组织两种地域系统考察城镇的空间组织，研究城市土地的利用。

---

① 帕迪森．城市研究手册．郭爱军，王贻志，等译．上海：格致出版社，2009：6-7.

② 同①9-10.

③ 诺克斯，迈克卡西．城市化．顾朝林，汤培源，杨兴柱，等译．北京：科学出版社，2009：24-25.

城市经济学采用经济分析方法，研究城市在产生、成长、城乡融合的整个发展过程中的经济关系及其规律，其研究重点为探讨城市重要经济活动的状况、彼此间的互动关系，以及城市与其他地区和国家的经济关系等。

城市社会学在经验和事实的基础上，经过概括、归纳、抽象上升为理论，以城市整体为研究对象，按照其系统构成和发展过程来组织其内容体系。从横向上看，城市社会学以系统的方法探讨城市社会的结构和功能；从纵向上看，城市社会学以动态的方法研究城市社会的发展与变迁①。

城市政治学强调对城市权力结构和城市政治制度安排的描述和评价，从宏观层次研究城市形成中的权力变迁，从中观层次研究城市演变中的结构调整，从微观层次研究空间优化中的权力平衡。

新马克思主义关注与城市发展、社会状况和社会不平等等相关联的社会进程，运用马克思主义理论对城市问题进行分析，关注城市意识形态及公众消费竞争、独立理论与殖民城市的形成和作用等②。

市政学作为一门独立的学科，应当具备体现自身学科特色的方法论指导。市政学所关注的城市要素包括权力、制度、政策和城市问题，形成以问题解决为导向的连贯独特的研究框架。首先，市政学关注城市权力的分配结构；其次，市政学研究基于城市权力分配的政治体制设计和政府组织架构；再次，市政学探讨政治体制框架下城市公共政策的制定过程和执行情况；最后，市政学关注城市中存在的公共问题，以及城市公共政策在解决城市公共问题上的有效性，形成“权力—制度—政策—问题”的市政学研究体系。

2. 研究性质

市政学的研究根据研究的性质特征，可以分为定性研究方法和定量研究方法，两种方法各具特色，对于认识城市、研究城市具有重要意义。

定量研究方法的特色在于，需要研究者搜集数据，并使用统计方法分析数据，特别是需要研究者使用专业的社会科学统计软件完成深入的定量分析。在定量研究的设计中，研究者根据时间维度的选择，可以设计一个横向研究或纵向研究。

所谓时间维度的横向研究，是指研究者选择在某一特定时间点来认识一个问题，或是将研究设计聚焦于某一时间阶段的社会研究。如恩格斯关于 1844 年英国曼彻斯特工人生活工作现状的研究就是一个典型的横向研究，其中详细地描述了早期工业城市的状况③。

所谓时间维度的纵向研究，是指研究者为认识一段时间状况变化而进行的研究设计。如金斯利·戴维斯（Kinsley Davis）关于从中世纪早期至 20 世纪后半叶的人口城市化研究就是纵向研究的一个典型案例，作者通过研究 1 000 年时间里欧洲城市的人口数据，对这段时间内欧洲城市的变化进行了详尽的论述④。

---

① 向德平．城市社会学．武汉：武汉大学出版社，2002：3.

② 帕迪森．城市研究手册．郭爱军，王贻志，等译．上海：格致出版社，2009：12.

③④ 勒盖茨．如何研究城市//勒盖茨，斯托特．城市读本．北京：中国建筑工业出版社，2013.

定性研究方法不需要数字和统计分析，更多的是通过访谈、观察或者文献的梳理等方式来完成。如威廉·怀特（William H. Whyte）通过观察的方法来研究人们如何使用公园和广场，是定性研究的典型案例。

当前在我国市政学的研究领域中，研究逻辑以演绎法为主，归纳法为辅；研究性质以定性研究为主，定量研究为辅；数据采集以文献法为主，调研法为辅。但这一趋势正在改变。随着城市政务的逐步公开和统计信息网的普及，市政学研究数据的可获得性在不断提高，同时研究者在使用定量方法方面的能力也不断提升，市政学研究中的定量方法越来越得到重视。

专栏1-1

研究城市的方法

进行城市研究，从来不是只有一条正确的路径。多种方法的运用可以帮助研究者对一个问题实现多维度认知。这样，学者在研究城市蔓延时，可能同时使用截面和纵向研究方法、定量和定性研究方法。定量研究可以包括使用计算机统计套件的非空间分析，也可以包括用GIS进行的地图绘制和空间统计分析。在这个开放的研究设计中，研究者可以选择各种各样的研究方法，这取决于其研究技能、可支配的时间以及经济成本。在城市研究中广泛使用文献搜索、观察、访谈、深度访谈、基于互联网的搜索、电话或通信调查、群体聚焦、案例研究和许多其他研究方法。

资料来源：勒盖茨．如何研究城市//勒盖茨，斯托特．城市读本．北京：中国建筑工业出版社，2013.

3. 市政学研究方式与方法

根据研究性质的不同，研究者可以选择不同的研究方式，以及相对应的资料搜集和分析方法，以达到研究目的。总的来说，市政学可以选用的研究方式主要有调查研究、实地研究和文献研究等（见表1-2）。

表1-2　市政学研究方式与方法

研究方式	具体方法选择	资料搜集方法	资料分析方法	研究性质
调查研究	普遍调查 抽样调查	统计报表 自填式问卷 结构式访问	统计分析	定量研究
实地研究	参与观察 个案研究	无结构观察 自由式访问	定性分析	定性研究
文献研究	统计资料分析 二次分析 内容分析 比较分析	官方统计资料 他人原始数据 文字声像文献 历史文献	定性分析 定量分析	定性/定量研究

除了研究方法的选择外，研究者在进行一项研究设计时，必须考虑研究的目的。根据研究目的的不同，可以将社会科学研究划分为描述性研究、解释性研究、预测性研究、评价性研究和对策性研究①。在立题的过程中确定自己的研究类型，对研究者明确自己的具体研究对象和研究任务具有重要的意义（见表1-3）。

表1-3 研究类型与目标导向

研究类型	研究目标导向
描述性研究	以科学的语言描述出所研究事物的准确图像，使人们能对该事物形成清晰完整的认识，知道它是什么
解释性研究	揭示事物变化的因果关系，不仅要回答是什么，而且要回答为什么
预测性研究	在描述或解释的基础上，对社会现象或社会问题的未来变化做出推断
评价性研究	比较和评价各种社会现象、社会政策或社会行动，分析其后果与影响，看是否合乎人们的需要和预期目标，是否合乎社会发展的价值标准和客观要求
对策性研究	寻找解决实际问题的具体方案和措施，以应用为目的

资料来源：顾朝林. 城市社会科学. 南京：东南大学出版社，2002：222.

关键术语

市政　市政主体　市政客体　城市建制　市政学　城市管理　城市政治

复习思考题

1. 从市政发展的角度梳理一下自己所在（或熟悉）的城市的市政建制历程。

2. 结合不同学科对城市的研究，谈谈你对于市政学研究对象的理解。

3. 作为一门独立的学科，市政学有其独特的研究框架，请谈谈你认为市政学的研究应如何体现学科特色？

4. 在市政学课程的教学中，国内有多种版本的市政学教材，请选择其中一种或几种，把它的内容框架与本书的内容框架进行对比，谈谈从这种对比中所得到的认识。

延伸阅读

1. 夏书章. 市政学引论. 广州：中山大学出版社，2017.

该书为行政学家夏书章先生的力作。该书按市政内容的不同，分门别类地研讨了市政府所应管理的具体业务，聚焦于原则、要领之类，技术性部分从略，其主要内容包括：市政学的研究目的、对象和范围，市政学的教学和研究，市政学研究方法和相关学科，

① 顾朝林. 城市社会科学. 南京：东南大学出版社，2002：222.

现代城市管理诸要素和原则要求，市政体制和市政府职能，市政过程中的规划、建设和管理，市政工作者的培训问题，等等，是建设有中国特色社会主义市政学的学科体系的重要奠基之作。

2. 摩根，英格兰，佩利塞罗．城市管理学：美国视角：第6版．中文修订版．杨宏山，陈建国，译．北京：中国人民大学出版社，2011.

该书是一本具有广泛影响力的教材，展现了美国学术界在该领域丰富的研究成果和学术观点。作者从地方政府管理的视角分析了美国城市管理的环境变迁，系统地概述了美国城市的治理结构、政策过程、冲突管理、服务供给、内部管理及未来发展。该书尤其关注当前城市管理者面临的新挑战，提出了许多新的城市管理思想。该书对于读者了解国外城市、把握最新城市管理思想有很大裨益。

3. 戴维斯，英布罗肖．城市政治学理论前沿：第2版．何艳玲，译．上海：世纪出版集团，2013.

该书在第一版《城市政治学理论》（贾奇，斯托克，沃尔曼．城市政治学理论．上海：上海人民出版社，2009.）的基础上对内容进行更新。不同于市政学的问题导向，城市政治学以更纯粹的政治学视角去研究城市中的政治结构、政治权力等问题，这对于深化市政学的分析力度很有意义。由几位国外知名学者主编的这本书，在第一版侧重城市政治学理论介绍的基础上，更加强调城市政治学相关理论的演进历程及分析评价，更有助于读者把握城市政治学基本理论和观点的发展脉络。该书对为什么研究城市政治、城市权力理论、城市政治领导力、城市社会运动等内容进行了富有特色的论述。

4. 王佃利，张莉萍，高原．现代市政学．4版．北京：中国人民大学出版社，2015.

该书作为一部研究市政学的概论性教材，致力于明确市政学研究的范式特征和研究框架，把握市政在城市发展中的基本内涵和具体表现，从市政学的研究视角揭示并回应城市发展中的公共问题，以寻求实现城市善治的途径。与第3版相比，该书进行了较大幅度的修订，力图展现市政研究的最新理论和政策动态，反映现代市政的发展趋势。作者在宏观上把握市政学研究的脉络内涵、城市发展和城市化进程的基础上，从体制和机制层面介绍了现代市政在城市管理中的具体表现，并聚焦于当前城市管理的重点领域和前沿问题，在城市问题的发展变化中寻求市政学所揭示的解决问题的视角和思路。

5. 杨宏山．城市管理学．3版．北京：中国人民大学出版社，2019.

该书系中国人民大学"十三五"规划教材，全书以城市公共事务为研究对象，致力于回答谁管城市、管什么和怎么管的问题。作者从公共管理的视角，将城市界定为优质公共服务资源的聚集地，全书侧重于研究城市治理结构、公共服务供给机制、城市公共政策等内容。同时，该书注重对国内外城市管理进行比较研究，为读者提供多元化的观察视角，注重吸收城市管理研究的新成果，以反映近年来相关研究的主要议题和重要领域。

6. 帕迪森．城市研究手册．郭爱军，王贻志，等译．上海：格致出版社，2009.

如何超越细化的分支领域，纵览全局地对城市发展进行全面的分析，是个难题。《城市研究手册》旨在弥补这一不足，它通过对城市研究诸多理论的整合，提供了有关城市结构、城市变迁的全景式评价，汇集了该学术研究领域的精髓。它定义并分析了如下关键问题：什么是城市、作为环境的城市、公民之城市、城市经济、有组织的政体、后现代城市中的权力和政策话语、转型中的城市。对城市研究者来讲，这本书是一个重要且独特的资源。

第2章

城市发展与城市化

重点问题

城市是多种作用力的产物，是经济发展的发动机，是文化创新、社会转型和政治改革的中心地。要把握纷繁复杂的城市现象，首先要梳理出城市发展的历史脉络。

在学习本章时，首先要把握城市是怎么发展起来的，城市发展的基本阶段有哪些。其次要认识城市化的推动因素和影响有哪些，什么样的城市化道路是适合我国的。最后要了解当前我国的城镇化发展战略。本章的学习重点在于上述有关城市及其演进的几个相关概念。通过本章的学习，应对城市的发展过程有所了解，特别是要关注我国的城市化道路问题。

2.1 城市的内涵与功能

城市之于人类文明的价值毋庸置疑，但如何定义城市却众说纷纭。英国学者诺南·帕迪森（Ronan Paddison）甚至认为："城市该如何被定义与城市该如何被研究同样难以解决，这是城市研究领域的悖论之一。"因此，如何认知城市就成为市政学研究的起点。

2.1.1 多元视角下的城市

1. 城市的学科定义

城市是社会经济发展到一定阶段的产物，标志着社会的进步和人类文明程度的提升。

城市是人类居住地的重要组成部分，更是一种复杂的社会存在，吸引了多门学科研究的关注。这些学科基于各自的研究视角和方法，对城市的定义有不同的解读①。

城市地理学。德国地理学家拉采尔（Ratzel）认为，城市是指地处交通方便环境的、覆盖有一定面积的人群和房屋的密集结合体②。

城市经济学。城市经济学认为，城市是具有相当面积，经济活动和住户集中，以致在私人企业和公共部门产生规模经济的连片地理区域③。

系统学派。在系统学家看来，城市是以人为主体，以空间与环境利用为基础，以聚集经济效益为特点，以人类社会进步为目的的一个集约人口、集约经济、集约科学文化的空间地域系统④。

城市社会学。城市社会学认为，城市既不是用特殊地点和历史条件限制的文化影响来界定的，也不是用城市的物质约束来界定的，而是以城市作为人类联系的一个特殊形式为切入点。因此，城市是由不同的异质个体组成的一个相对大的、相对稠密的、相对长久的居住地⑤。

城市政治学。城市政治学认为，城市不仅是市场中心的所在地和有关法律规范的地域，更是不同团体确定政治关系的制度化共同体。

上述不同学科对城市的定义虽表述不尽相同，但都从城市研究的某些侧面或领域，对城市的内在性质和固有属性进行了合理的揭示，这些解读背后所体现的是不同学科背景的学者对于城市本质的认识。

2. 城市的法律定义

在实践中，许多国家从行政上界定城市是什么，即行政当局规定哪些聚集点是城市。不同国家在法律上对城市的定义各不相同。总的来说，城市的确立标准首先同地区的人口规模和人口密度相关。在瑞典、丹麦等国家，城市是指有 200 人以上的社区；在日本，只有 30 000 人以上居住的地区才称为城市；在美国，城市是指有 2 500 人居住的社区⑥。联合国对城市的界定是：20 000 人以上的聚集地是“城市”，在此规模以下的聚集地则为“农村”，50 万人以上的城市是“大城市”。

城市的设立也离不开一定政治程序的确认。如在美国，要对城市进行确认，不仅看其人口规模是否符合标准，同时需要看其是否向州提交过要求法人地位的文件，只有享有法人地位的城市才可以具有正规的结构和明确的边界。在我国，城市则是一个行政概念，是作为行政区划的一个组成部分、按照一级地方政府的概念来确定的。1993 年《国务院批转民政部关于调整设市标准报告的通知》是我国现行设市标准的法律依据。然而，随着人口的增加和经济的发展，现行的设市标准已不适应我国城市的发展水平和人口状

---

① 孙施文．现代城市规划理论．北京：中国建筑工业出版社，2007：210.
② 于洪俊，宁越敏．城市地理概论．合肥：安徽科学技术出版社，1983：16.
③ 赫希．城市经济学．北京：中国社会科学出版社，1990：24.
④ 李铁映．城市问题研究．北京：中国展望出版社，1986：1.
⑤ 蔡禾．城市社会学：理论与视野．广州：中山大学出版社，2003：65.
⑥ 同①209.

况，根据实际重新调整我国设市标准也已被提上日程。

2.1.2　城市的含义与特征

1. 认知城市的要素

诚然，城市的概念存在不同的解读。但任何对于城市的定义的解读，都需要区分城市与非城市生活体系的区别。这一区别能够在三个要素上得到体现①：

首先是生态要素。对于城市的空间化认识通常围绕着人口数量、人口密度等因素。不同的国家针对本国具体国情采取不同的生态要素标准。当然，单纯考虑人口特征定义城市在一定程度上忽略了城市的行政边界问题，以及这些高密度人口区域的经济作用。

其次是经济要素。这是指城市带来的集聚经济效应，即由于企业外部经济活动的区域集中而对企业产生的推动作用。与功能性增强和经济集聚相伴随的是人们在城市及其周围地区的活动日益增加，而大部分的活动都是往来于位于城市中心的工作地，这种往来模式也是定义城市空间的标准之一。

最后是社会要素。都市区的社会特性也是区分城市与农村最常考虑到的因素之一，包括城市与农村在行为特点、价值观念方面的区别和联系。当然，这一因素既包括形成其城市特性的生活环境——这些往往是较为正面的因素，也包括一些负面的因素，如犯罪、拥挤、污染等。

2. 城市的含义

结合我国的实际情况，我们认为对城市的理解可以区分为广义和狭义两个层面。

从广义的层面来说，城市可以理解为乡村以外的一切大型聚落，是指那些人口稠密集中，工商业发达，居民以非农业人口为主，在政治、经济、文化等方面处于某一层级中心地位的地理区域。

因此，广义的城市是指与乡村相区别的一种客观的形态。在产业构成上，城市人口主要从事非农产业活动；在人口规模上，城市一般聚居着较多的人口；在地理景观上，城市有比乡村更大的人口密度和建筑密度；在物质构成上，城市具有较为完善的基础设施和文化设施；在职能上，城市一般是工业、商业、交通、文教的集中地，是一定地域的政治、经济、文化中心。

从狭义的层面来说，只有那些经国家批准设有市建制的城市区域才称为城市。在此，“市”与国家的行政建制是紧密联系在一起的。

因此，狭义的城市是政府行政建制的一种组织形式。从政府行政管理的角度来看，城市地位要由政府根据有关标准进行认定，城市往往是国家行政管理网络的联结点和中心。本书所指的城市，是狭义上的城市。

---

① 帕迪森. 城市研究手册. 郭爱军，王贻志，等译. 上海：格致出版社，2009：8.

专栏 2-1

经常被用来描述和分析城市的隐喻

美国著名学者保罗·诺克斯（Paul L. Knox）和史蒂文·平奇在《城市社会地理学导论》中论述城市的复杂性和多样性时，认为城市不仅仅是物质的结构，也是人们想象的产物。这些城市之想象的核心就是隐喻。所谓隐喻，是指用比喻的方法提及另一种并不是完全恰当的事物来描述一种事物。人们借助多种多样的隐喻来描述、理解城市的复杂性和多样性，而这些隐喻往往会引起更多负面的联想。表 2-1 展示的是一些隐喻的例子。

表 2-1　一些隐喻的例子

隐喻	含义、例子
混乱	不和谐的杂音、非交流的声音
巴比伦	一个奢靡、富裕，但同时充满了邪恶、腐败和专制（来源于古代美索不达米亚文明，但是被受排斥的群体用来描述当代像伦敦这样的现代城市）的地方
碎片	一个各种不同的、随机放置的、相互不联系的空间（比如在后现代城市中）
万花筒	一个不断变化的各种映像的混合
机器、系统	一系列相互联系、能够用来分析和控制它们的部分［像总体规划模型中，弗里茨·兰（Fritz Lang）的电影《大都会》］
地狱	一个有噩梦般惩罚的地方（例如 19 世纪工业资本主义“噩梦般黑暗的工厂”）
熔炉	一个充满创造力的地方，在那里各种不同的民族混合在一起从而产生了新的文化形式
马赛克	一个异质的居民区和具有独特模式的土地利用集合
丛林	一个充满威胁和危险的地方，在这里没有经验和没有防备是无法生存的
文本	一个各种景观和意象的混合，从它们之中可以像书本一样读出文化的含义
迷宫	一个无法逃脱的潜在地方

资料来源：诺克斯，平奇．城市社会地理学导论．北京：商务印书馆，2005：5-6.

2.1.3　城市的类型和功能

1. 城市的类型

城市分类是指根据一定的标准和分类原则，对城市的种类加以划分，从而有利于我们分门别类地把握不同城市的特点和发展规律。对城市进行分类，不仅有利于开展城市的共性与个性研究，还有助于掌握城市的发展规律。总的来看，比较常用的分类方法有以下几种：

（1）按城市的规模划分。

城市规模就是人口、经济和科学技术等因素在一定地域内聚集规模的大小。对城市规模含义的理解有广义和狭义之分。广义的城市规模可包括人口规模、用地规模、城市中各种建筑和设施的规模，以及生产力规模和消费力规模等。由于用地规模、建筑物规模和经济规模等与人口规模之间存在密切的联系，狭义上可用人口规模来反映城市规模。

为更好地实施人口和城市分类管理，满足经济社会发展需要，2014 年国务院印发《关于调整城市规模划分标准的通知》，将城市规模划分标准调整为：

以城区常住人口为统计口径，将城市划分为五类七档。城区常住人口 50 万以下的城市为小城市，其中 20 万以上 50 万以下的城市为Ⅰ型小城市，20 万以下的城市为Ⅱ型小城市；城区常住人口 50 万以上 100 万以下的城市为中等城市；城区常住人口 100 万以上 500 万以下的城市为大城市，其中 300 万以上 500 万以下的城市为Ⅰ型大城市，100 万以上 300 万以下的城市为Ⅱ型大城市；城区常住人口 500 万以上 1 000 万以下的城市为特大城市；城区常住人口 1 000 万以上的城市为超大城市。

随着我国城市化进程的加快，城市人口规模迅速扩张，城市数量明显增长，大、中、小城市结构也发生了明显的变化（见表 2－2）。

表 2－2　城市规模划分标准　　单位：个

<table>
<tr><th colspan="2">城市类型</th><th>划分标准</th><th>1978 年数量</th><th>2018 年数量</th></tr>
<tr><td colspan="2">超大城市</td><td>1 000 万以上</td><td>0</td><td>5</td></tr>
<tr><td colspan="2">特大城市</td><td>500 万～1 000 万</td><td>2</td><td>5</td></tr>
<tr><td rowspan="2">大城市</td><td>Ⅰ型大城市</td><td>300 万～500 万</td><td>2</td><td>10</td></tr>
<tr><td>Ⅱ型大城市</td><td>100 万～300 万</td><td>25</td><td>62</td></tr>
<tr><td colspan="2">中等城市</td><td>50 万～100 万</td><td>35</td><td>98</td></tr>
<tr><td rowspan="2">小城市</td><td>Ⅰ型小城市</td><td>20 万～50 万</td><td rowspan="2">129</td><td>245</td></tr>
<tr><td>Ⅱ型小城市</td><td>20 万以下</td><td>248</td></tr>
<tr><td colspan="3">城市数量</td><td>193</td><td>672</td></tr>
<tr><td colspan="3">建制镇数量</td><td>2 173</td><td>21 297</td></tr>
</table>

注：2018 年数据根据中华人民共和国住房和城乡建设部公布《2018 年城市建设统计年鉴》和《中国统计年鉴 2019》数据整理，划分标准为城区常住人口。

值得注意的是，我国在对城市人口进行统计时存在不同口径，常用的有市辖区非农业人口、城市辖区总人口两种，后者将城市内从事农业的人口也统计在内，口径偏大。另外，关于城市户籍人口、常住人口、流动人口的计算对城市分类都有较大的影响。

（2）按城市的性质划分。

这主要是指依照城市在国家或地区中所发挥的政治、经济或文化作用来划分，它反映了城市的个性和特点。具体可以分为以下几类：

综合性城市。这种城市往往集多种功能于一身，既是政治中心，又是工业生产、交通运输、商品流通、科学技术、文化教育以及金融、信息中心，对某一地区甚至全国社会经济的发展有较大影响。

工业城市。工业城市以工业生产为主，工业在城市的经济、用地等方面占有很大的比重。工业城市根据其主导产业的不同又可具体分为钢铁工业城市、轻纺工业城市和机械制造工业城市等。

交通港口城市。这类城市往往地处交通枢纽，地理位置优越，随着交通运输的发展而发展。根据交通具体情况的不同，又可分为海港城市、铁路枢纽城市、内河港埠城市等。

风景旅游城市。这类城市往往以其优越的地理位置、奇特的自然风光和名胜古迹而著称。旅游业在城市的产业结构中占很大比重，如桂林、黄山、青岛等。

商业金融城市。这类城市一般依托优越的交通运输条件、历史影响或其他因素的影响，成为商品的集散地和资金流通的中心，如上海、武汉等。

（3）按城市的地理位置划分。

根据城市所处地理位置的不同，我国城市可以分为：

沿海城市。沿海城市是指沿海岸线建立并发展的城市。这类城市往往地理位置相对优越，对外联系较为频繁，经济发展也比较快，如大连、青岛。

沿江城市。沿江城市是指靠近内陆主要河流的城市。这类城市往往依托发达的水运得到发展，如南京、武汉。

内地城市。内地城市是指既不靠海、又不靠近边境线的城市，如郑州、合肥。

边境城市。边境城市是指靠近边境线的城市，如满洲里、丹东、腾冲。

除了上述几种分类方法外，按城市的结构，可以将城市分为单中心城市和多中心城市、封闭式城市和开放式城市、集中式城市和分散式城市。按城市影响辐射范围的广度和辐射力的强度，可以分为国际性城市、全国性城市和地区性城市。按照城市发展历史的长短可以分为古老城市和新兴城市等。

2. 城市的功能

依据系统论的观点，功能是指某一事物在一定条件下具有的能力和所起的作用。城市功能也叫城市职能，是由城市的各种结构性因素决定的城市的机能或能力，是城市在一定区域内所起的政治、经济和文化等方面的作用。它既包括城市对其自身发展所具有的推动力，也包括城市对其区域外地区所产生的辐射影响力。

（1）城市功能的分类。

最初出现的城市，由于社会生产力水平低下，其功能比较单一。随着社会生产力的发展，社会劳动分工越来越细，城市功能也渐趋复杂。现代城市的职能是多方面的：在政治上，城市担负着区域的行政管理职能；在经济上，城市主要承担工业、商业、金融、信息、交通运输等职能；在文化上，城市又具有科研、文教、旅游、娱乐等职能。城市功能的划分，一般有以下两种：

第一，将城市功能分为一般功能和特殊功能。

一般功能是所有城市都必须具备的功能，体现了城市的共性，是区分城市与乡村的依据。从一般意义上来讲，城市既是人口集中之地，又是生产、交换、分配、消费的集中之地。因此，城市必须为生产、生活和提高人的素质服务，这就是城市的一般功能，主要包括三个方面：为城市生产和居民生活提供一般条件的功能，为城市居民提供生活服务的功能，为提高城市居民素质提供服务的功能。城市作为一个有机体，必须依靠城市的一般功能来维持其正常的运作，否则城市就会走向衰亡。

特殊功能并不是每个城市都具有的功能，而是某一个城市或某一类城市所特有的功能。它体现的是城市的个性，区分的是城市之间的界限。城市特殊功能的形成，与其自身特殊的地理位置、自然条件、资源状况，以及社会经济文化发展的历史和现状有关。

如我国一些沿海旅游城市和黄山、泰安等旅游城市的形成，都与其得天独厚的自然条件密切相关。城市的特殊功能决定着某一个或某一类城市在一定时期的发展方向，也决定着这些城市的独特风格和在一定区域及城市体系中的特殊地位。

第二，将城市功能分为主导功能和综合功能。

城市的主导功能是指在城市诸多功能中处于突出地位和起主导作用的功能，它影响和左右着城市其他功能的运行，甚至决定着城市的性质和发展方向。城市的其他功能在其主导功能的带动下发展起来，从而产生了一批直接或间接与城市主导产业配套的行业。城市的主导功能一般来说是相对稳定的，但并不是永恒不变的，往往会因资源的减少、新兴产业的起飞、行政区划或行政地位的变更等而发生转变。

城市的综合功能是指一个城市将多种主导功能有机地结合在一起所发挥的综合效应，每一种主导功能的作用范围和影响都比较大。一般来说，作为首都、省会的大城市或特大城市都具有综合功能，如北京、上海、重庆、广州等。它们既是全国或所在地区的政治中心，又是经济中心、科技文化教育中心、信息中心、交通中心，对周围的广大地区乃至全国具有强大的辐射力和吸引力。值得注意的是，多种主导功能过分集中于某一个城市，会导致城市规模过大而产生“城市病”，反而会影响城市功能的充分发挥。

一个城市的各种功能及其不同功能间关系的形成是一个复杂的过程，它是自然生态环境、地理条件、历史条件，以及政治、经济、文化条件等多方面共同作用的结果。

（2）城市功能的优化。

城市功能的优化，是指在一定的区域范围内，在现有的社会经济技术和资源条件下，依据社会经济发展的需要，在遵循城市功能发展规律的基础上，调整原有城市功能中不合理的部分，以建立实用的城市功能结构和高效率的城市功能运行方式，从而求得较高的城市经济社会效益。

城市功能优化的途径主要有：

第一，参照环境因素，因势利导，确定和发展城市的主导功能。

城市的主导功能是一个城市的优势所在，是决定城市总体功能性质的主导因素，最能体现出城市的功能和特色。城市主导功能的突出往往与城市功能专业化程度相联系，城市政府应该把培育和优化城市的主导功能作为市政管理的重要内容，以明确城市的个性和发展方向。

城市主导功能的优化主要体现在城市主导产业的优化上。因此，突出和发展城市主导功能的基础是确定和发展城市的支柱产业。在市场经济条件下，大中城市的支柱产业一般是多个产业组成的产业群体。城市必须从自己所在区域的各种条件出发，确定城市的产业类型及构成方式，并加快促成其发育和成熟，为突出和发展城市主导功能奠定坚实的基础。

因此，作为城市发展方向的决策者，应在全力发挥城市现有主导功能优势的基础上，积极寻找和发展具有广阔前景的新产业，培植新的经济增长点，从而为城市主导功能的转换做好准备，避免因城市原有主导功能的衰退造成城市的经济危机。当然，培育城市新的经济增长点，是发展城市主导功能的一般要求，具体到不同规模的城市，应该有不同的要求。

第二，实现以市场中心功能为主的城市功能多元化发展。

在传统的计划经济体制下，我国城市几乎都成为工业生产的中心，市场中心的功能严重萎缩甚至缺失。因此，为适应我国目前经济发展的需要，城市功能结构优化的重点必须放在重建城市的市场中心功能上，确立市场中心功能在城市诸多功能中的核心地位。为此，城市政府必须强化城市产业结构的调整力度，实现城市产业结构的优化。城市产业结构是城市功能的物质载体，城市产业结构的优化是城市功能优化的动力和源泉，而我国目前的产业结构中存在着许多不合理之处，尤其是第三产业和高新技术产业总体发展水平偏低，这就要求城市管理者做出多方面的努力，对其加以改变。

城市必须坚持走功能多元化的道路以保持其前进的活力。如果一个经济中心城市忽视城市功能的多元化发展，城市功能单一，或者城市各项功能相互脱节，就会严重影响城市经济中心作用的发挥。要实现城市功能的多元化发展，首先要深入分析现有城市功能的具体情况，在此基础上，实现城市功能的专业化发展，形成新的主导产业。其次要把握城市功能作用形式发展的基本趋势，在充分发挥城市现有资源和产业优势的基础上，大力发展高新技术产业，并以此为契机，带动整个产业结构的优化和高级化。最后要实现城市多种功能的有机结合，使城市的多种功能组成一个相互配合、相互促进、相互补充、协调发展的整体，从而取得最佳综合效益。

2.1.4 我国的城市设置

我国的城市设置始于近代，并在不断摸索中逐渐探索出具有中国特色的城市设置体系。在这一过程中，行政级别成为影响我国城市设置的重要因素。

1. 我国城市设置的演变

1918 年广州设立“市政公所”，1921 年设“市政厅”，1925 年设“市”，拉开了中国设市城市（建制市）设置和发展的序幕。

1928 年，民国政府颁布《特别市组织法》和《普通市组织法》，第一次从法律上确定现代市制。从此，“市”成为我国行政区划的组成部分，并且作为一种建制得以承袭和发展，现在所称的“设市城市”“建制市”就源出于此。

20 世纪 20—30 年代，建制市变化频繁。先是区分为“特别市”“普通市”，后又改称为直辖市、省辖市。这一时期建制市虽然变化频繁，但是总数不多，未超过 25 个，少时只有 13 个。北平、上海、南京、青岛是当时中国地位最为重要的城市。20 世纪 40 年代中后期，是我国城市设置发展较快的时期。1948 年设市 69 个，1949 年激增至 136 个。其中，直辖市 12 个、省辖市 55 个、县级市 69 个，城市数量和设置结构基本趋于合理①。

新中国成立初期，城市设置稳步发展，1950—1958 年每年有新设的城市、有撤销的城市，平均每年净增 5～6 个，1958 年达到 185 个。经过 20 世纪 60—70 年代的波折，到

① 胡欣，江小群. 城市经济学. 上海：立信会计出版社，2005：45.

1978年年底，全国城市为193个。

1980—1996年，在改革开放、市场经济的推动下，城市批量增设，新设城市总数达到443个。城市设置过快的原因与当时设市标准过宽，采取“整县改市”“切块设市”等方式有关。设市标准忽视了财政指标、公共服务设市指标等，也使城市化质量受到影响。

1997年以后，我国进入建制市结构调整时期。建制市总数先降后升，1997年达到最高值668个，2003年为660个，2012年为657个，2019年为684个。其中县级市减少、市辖区增多是主因。

2. 我国城市的行政级别

正是由于我国城市有按照行政层级设置的传统，因此，在我国按照行政层级对城市进行划分，就具有重要意义。具体来说，依据城市行政地位，可将城市分为如下几类：

直辖市。直辖市是同省平级的行政单位，受中央政府的直接领导和管辖。目前，我国的直辖市包括北京、上海、天津和重庆4个。

历史上直辖市设置多少不一，如1953年曾经设置12个直辖市，后来多数直辖市改为省辖市，1958年后只保留了北京和上海，1967年增加了天津，1997年增加了重庆。合理设置直辖市有利于发挥其在资源、产业、区位上的优势。

副省级市。副省级市是在不改变省辖市行政隶属关系的情况下，被赋予相当于省一级的经济管理权限，即经济和社会发展的各项计划全部单列，直接纳入国家计划综合平衡，并在制定和执行计划、管理经济上具有相当于省一级的权限，直接参加全国性会议的一类城市。

现在的副省级市是由计划单列市转化而来的。1983年，中共中央和国务院批准重庆实行计划单列，以后又陆续批准广州、深圳、沈阳、南京、武汉、哈尔滨、西安、长春、大连、青岛、厦门、宁波、成都实行计划单列，共有14个计划单列市。1993年，国务院决定撤销省会城市的计划单列。1994年5月，国家决定将原来的14个计划单列市和杭州、济南两市正式确定为副省级市。重庆市直辖后我国现有15个副省级市。

地级市。宪法和法律上称“设区的市”，这类城市法律地位在省与县之间，隶属省、自治区领导。在我国，多由撤销的地区演变而来，如苏州、烟台、保定等。2019年我国的地级市有293个①。

县级市。法律上称为“不设区的市”，是与县、民族自治县平行的城市行政区。县级市在设置时多为省辖城市，一般由地级行政单位代管，也有部分由省、自治区、直辖市直接管理。县级市有两大类：一类由镇升格而来，另一类由县改制而来。在城市化快速发展时期，大多数“市”都以撤县设市的方式建立。

除此之外，香港和澳门按照“一国两制”的原则属于特别行政区。

---

① 国家统计局. 中国统计年鉴2020. http://www.stats.gov.cn/tjsj/ndsj/2020/indexch.htm.

专栏 2-2

“镇级市”的提出与争议

近年来，镇级市这一新名词开始进入公众视野，引起了高度关注。

2010 年，中央编办、民政部等 6 部委下发通知，在全国选取 25 个镇作为“城镇化国家行政体制改革试点镇”，成为“镇级市”改革前奏。“镇级市”通过对经济强镇放权，使其享受县级市的管理权限，推动城镇向城市转型。2012 年 12 月，浙江省在全省小城市培育试点工作现场推进会上提出，要“争取国家在浙江率先开展撤镇设市试点，将条件具备的镇升格为小城市”。

“镇级市”的赞成者认为，镇级市“并非行政级别的升格，而是以镇的属级建设现代化小城市”，“有利于提高招商引资的能力”。

但也有学者对“镇级市”提出质疑。首先，“镇级市”的产生只是出于对“名分”的渴求——是为了通过撤镇设市追求行政级别的提升，而不是为了通过行政区划调整来促进经济发展。其次，与宪法的冲突也是“镇级市”不可回避的问题——宪法规定县以下的行政区划只有乡（民族乡）、镇、村（自治单位）。最后，“镇级市”会成为我国新的行政层级——一旦设立一个新的行政层级，不管一开始是实的还是虚的，官僚机构都会自我膨胀，最后都会变成实的，古今中外概莫能外。

资料来源：陈良飞. 地方政府设市设区新冲动　考验中国城镇化破局之道. 东方早报，2013-01-22.

2.2　城市历史演进与城市化

城市的发展是一幅历史长卷，时而暗淡，时而恢宏。城市是如何产生的？又经历了哪些过程？起到了什么作用？这些发展过程很难用一种定义来解释，但它又是人们认知城市发展前景的必要基础。如果没有长远的历史发展眼光，人们的思想观念便会缺乏必要的动力，不敢向未来勇敢跃进。美国学者刘易斯·芒福德（Lewis Mumford）认为，“要想深刻地理解城市的现状，我们必须掠过历史的天际线去考察那些依稀可辨的踪迹，去了解城市更远古的结构和更原始的功能。这应成为我们城市研究的首要任务”。鉴古而知今，彰往而察来。“如果对历史有了深刻的了解，对那些至今依然控制着人类的古老决定有了高度的自知，我们就有能力正视如今人类面临的迫切抉择，这一抉择无论如何终将改造人类”。

2.2.1　城市的形成与发展

1. 城市的历史形成

城市自与乡村分立成为相对独立的政治、经济、文化实体，已有几千年的历史。历史上最初形成的城市距今五六千年，主要分布在一些地理位置优越的河流附近，包括古埃及的尼罗河流域、西亚的两河流域、南亚的印度河流域和中国的黄河流域等地。关于城市起源的解释，学界众说纷纭，主要包括以下几种理论：

王权说。这一观点的代表人物是美国著名城市学家刘易斯·芒福德。他认为："从分散的村落经济向高度组织化的城市经济进化过程中，最主要的参变因素是国王，或者说是王权制度。"这一理论对于埃及、中国等地城市兴起的原因具有较强的解释力。

宗教说。在早期城市遗址中，宗教建筑往往处于中心的位置。考古学家解释道，在第一批城市形成之时，地方自然神逐步地被大规模地做礼拜的天国神所取代，庙宇雇用了一批工作人员专司礼仪，而人们为了朝拜的方便也向此地聚集，这就引起了人口的高度聚集。肖伯格（Siobeng）指出，宗教精英集团通过对圣坛祭品的控制得到了经济和政治权力，因而能够影响那些促进城市起源发展的社会变化①。

自然说。澳大利亚著名史学家柴尔德（Childe）称城市的出现是人类史上的一次革命，为人类社会开启了一个新的经济阶段。他强调城市的特征是一定规模的聚落和人口密度，人口的密度取决于食物的供应，而食物的供应又受制于自然资源以及可利用的开发资源、运输和保存食物的技术②。卡尔·魏特夫（Karl A. Wittfogel）表示，灌溉活动和洪水控制需要大量人口的集中、新的劳动分工与协作，以及复杂的社会管理组织。

防御说。包括马克斯·韦伯（Max Weber）在内的一些学者认为城市源起于人们受保护的需要，一些部落聚集到一起，在统治者或居民集中居住的地方构筑城郭作为军事防御设施，以保护其财富和人身安全不受威胁。

集市说。这一学说的支持者注意到绝大多数城市中心都是围绕集市贸易点建立起来的，由此认为城市是由于商品经济发展，居民为交换商品而形成的特定场所。

社会分工说。马克思主义认为城市是社会生产力发展的产物，称三次社会大分工推动了城市的产生。尤其是第三次社会大分工，商业从农业和手工业中分离出来，在相当大的程度上促进了城市的产生：一方面，这促使商人阶层出现，强化了商业活动；另一方面，这催生了以商品加工和交易为生存方式的居民点，推动了居住聚落性质的分化。同时由于阶级的出现和各个部落之间的战争，部落联盟首领为了保护自己，在原始的居住地修建城池，这样就产生了人类历史上最早的城市。

上述观点都解释了早期城市形成的某一方面，都可以用来说明这个过程中的某种可能及其特征，但很显然，这些解释都具有一定的局限性。应当看到的是，任何社会现象的产生与发展，都是多种因素共同作用的结果，而且在不同的地区，城市现象的形成可能是出于不同的原因，还可能存在偶发性原因。

2. 城市的发展历程

城市自出现之后，就随着人类社会的发展而不断发展，而推动城市发展的因素包括政治、经济、科学技术和文化等多个方面。从历史上看，城市的发展大体经历了原始城

---

① 诺克斯，迈克卡西. 城市化. 顾朝林，汤培源，杨兴柱，等译. 北京：科学出版社，2009：24-25.

② 柴尔德. 城市革命//勒盖茨，斯托特. 城市读本. 北京：中国建筑工业出版社，2013.

市阶段、封建城市阶段、近代城市阶段和现代城市阶段。

（1）原始城市阶段。

这主要是指城市在奴隶社会的发展阶段。这个时期的城市规模较小、数量较少，城市居民的活动分散，许多居民还从事一定的农业生产活动。城市的政治统治功能突出，而作为经济中心的功能则相对弱化，城市往往是一国或某一地区的行政、军事和宗教中心。

原始城市的这些特点与奴隶社会生产力水平低下、科学技术不发达有关。古希腊的雅典、古罗马的罗马等都是这一阶段具有代表性的城市。

（2）封建城市阶段。

自476年西罗马帝国灭亡到1640年英国资产阶级革命的爆发，欧洲经历了封建社会，并经历了宗教神学占统治地位的漫长的中世纪。在这一时期，由于社会生产力的进一步发展和社会分工的日益深化，商品生产和商品交换更加频繁，交通运输更加发达。

城市的发展出现了一些新特征，主要表现为：城市的功能趋向多元化，城市不仅作为商品市场和贸易中心而存在，而且日益发展成为政治、经济和文化传播的中心；城市分布的范围更加广泛，不再仅仅局限于地理位置优越的狭小地区；一些城市基于自身管理的需要，制定了一些相应的法律条文。不过，总的来说，封建社会的城市，规模仍然较小，生产技术比较落后，生产仍以手工业为主，城市发展缓慢。我国唐代的长安、宋朝的汴梁，欧洲的威尼斯、佛罗伦萨等，是这一阶段具有代表性的城市。

（3）近代城市阶段。

近代城市发展的背景是资本主义社会。18世纪下半叶，欧洲工业革命的发生使资本主义生产关系得以确立，带来了城市的迅速发展膨胀，形成了近代意义上的城市，这是城市发展史上一个承前启后的阶段。

这一阶段的城市发展出现了一系列显著的特征，主要有：城市数量迅速扩张，规模急剧膨胀；城市功能多样化，城市布局结构出现巨变，渐趋合理，出现了工业区、商业区和居住区等的划分；城市中社会意识形态以及各类文化的冲突日趋激烈；同时，城市中社会问题与环境问题逐渐突出。有着五千年文明史的中国，曾经是世界上城市发展最早、规模最大、数量最多的国度之一。历史上的长安、汴梁、洛阳、金陵、大都等城市都各自称雄当时的世界城市榜很多年。但是，进入近代城市阶段，中国的城市发展开始落后于世界上先进的工业国家。

（4）现代城市阶段。

人类社会进入20世纪，尤其是第二次世界大战之后，城市发展出现了一个空前的高峰期。城市人口迅猛增长，经济实力大大增强，出现了一些特大城市和大都市。该时期城市发展的特点主要是：

第一，城市日益成为人类居住活动的中心和经济发展的中心。城市社会经济的发展和城市日渐增长的经济产业优势带来了人口城市化的发展，在发达国家，目前城市人口占总人口的比例甚至高达70%～90%。由于城市拥有广阔的商品市场和雄厚的科技力量以及现代化的工业、交通运输业和服务业，城市作为经济发展中心的地位更加凸显。

第二，城市空间布局结构发生了巨大变化。在较大的城市内部，工业区、商业区、居住区和文化区的分化十分明显，促使整个城市结构合理化。与此同时，城市群落、城市带、城市圈等城市群体布局出现，城市彼此之间的界限模糊而渐次延绵。

第三，城市问题更加突出，生态环境保护和可持续发展成为世界所有城市面临的共同问题。城市作为自然资源的主要消费者，每天产生大量的污染废弃物，城市生态环境问题已成为城市发展中一个极其重要的议题。

专栏 2-3

我国古代城市的特征

我国古代城市的发展，在整体上与西方工业革命前的城市发展具有相近和一致的特征，但所经历的时间远远比西方长，并具有另外的一些特点：

（1）政治统治需要是决定城市发展的最基本因素。从城市分布看，各类城市几乎都是各级政权机构的所在地，形成了首都—郡治—县治的体系结构，宋以后则形成首都—省会—府（州）—县的体系。从城市规模看，也存在同样的等级序列，只有政治行政地位提高后，其规模才有可能进一步发展到与其地位相匹配的程度。从城市布局看，城市一般均呈方形，有城有郭，城门、城墙、城楼成为封建王朝权力的象征，各类城市具有同构性，以宫城、官衙等统治机构为中心，呈中轴线对称，道路骨架呈格网型，具有统一规划的特征。

（2）城市数量多，规模大。从汉代到清代，县级以上城市基本保持在 1 300 个，10 万人以上城市也多达数十个，而都城的人口规模通常要达到 50 万甚至上百万。

（3）城市的发展受到社会周期性危机演化的影响，呈现周而复始的循环。中国城市的发展同社会发展相一致，当社会繁荣稳定时，城市就获得较大的发展，表现为城市数量的增加（尤其是小城市）和城市建设质量的提高；当社会发生动乱时，城市往往首先遭到破坏，这种破坏常表现为屠城。

（4）城市无自治权和无法定的独立地位。城市长期处于封建中央集权的牢固控制之下，由封建王朝的各级政府逐级管理。城市中的商人和手工业者也始终处于封建统治阶级的严格控制之下，没有独立的阶级地位和独立的阶级意识，市民权利得不到充分发挥。此外，封建制度下实行城乡合治，城市无法定的地域，无专门的城市管理机构。在重农抑商的儒家观念影响下，政府关注的核心是农业和农村，而不是城市的管理，城市设施主要依赖于城市中的乡绅和商人自发建设，以满足自己的需要。同时，以乡村管理的模式对城市进行管理，这是中国古代城市与欧洲中世纪城市的一个重要区别。

资料来源：孙施文．现代城市规划理论．北京：中国建筑工业出版社，2007：219-220.

3. 现代城市发展的新趋势

城市是科技、信息、财富、人才汇聚的地方，多种因素共同推动城市发展。随着现代经济的不断发展、科技的不断进步，现代城市管理也面临着新的发展环境，呈现出新的发展趋势：

（1）新的政治环境：全球化与本土化并存。

一方面，全球化是由全球经济一体化所引发出的概念，它被引入政治、文化各个领域来描述世界范围内各因素彼此之间紧密的影响。如今，城市与城市群正成为全球化经济的再工业化和区域再组织的重要空间，城市成为全球社会发展的节点。这种全球化大大削弱了政府，尤其是中央政府的作用。另一方面，本土化强调本区域的个性与特色，是一种地域化和个性化的表现，城市的发展必须立足于本土的个性。城市管理越来越注重对本区域需求的回应，城市地区的决策者在促进城市发展、改造城市社会方面发挥着越来越大的作用，这一趋势的表现就是世界范围内的地方分权运动。

全球化促进了世界城市空间的变化，全球城市体系的变革和大城市内部空间的调整不断发生；城市地方政府的作用随着中央政府作用的削弱而上升。布伦纳（Brenner）认为，在全球化背景下，地方政府正凭借着土地、环境、运输系统等固定的地域资本，与国际流动资本共同参与对城市的重构过程①。杰索普（Jessop）认为，这些全球化的力量导致了民族国家的"中空"（hollowing-out），权力被逐渐向上转移到跨国形式的治理，又向下转移到地方层次，在城市层面上出现了城市区域性组织的需求。未来的城市管理不是对单个城市的管理，而是要寻求区域整体发展的模式。新的管理方式必须既能体现跨越边界的区际差异，又能强调区际的控制与协调，在竞争与合作中保持恰当的平衡。

（2）新的发展形态：新技术和"新经济"相互促进。

新技术成为推动城市发展的内在动因。技术进步不仅改变了城市的增长方式，还改变着城市产业结构和就业结构。信息技术、通信网络使社会经济活动进一步摆脱了空间限制，人流和物流在数量上的节约使城市中心可以更大限度地容纳、吸收社会经济活动，城市的承载能力进一步提高。在新技术条件下，信息化社会是环绕各种"流"（资本流、信息流、技术流、组织性互动的流以及人口流）而建立的。各种"流"不仅仅是社会组织的要素，而且支配着我们的经济、政治，是生活过程的表现。现代城市发展不仅仅体现在城市化表面，而且更多地体现在城市质量的提高上，即新技术将推动城市向更深层次发展，使城市更有内涵、更有品质、更加人性化，并显著提高城市质量。

新经济是当代新技术变革的重要产物，是在全球化和知识经济的基础上，由（技术和制度的重大创新推动的）经济结构调整所导致的生产率提高，以及以微观经济和宏观经济良性互动为条件的经济增长方式。它的出现是以信息、网络技术为基础的，信息技术的发展以及信息和通信技术的融合则促进了信息化城市的形成。新经济对自然资源的依赖较少而对人才的依赖极大，这就为缺乏自然资源的城市带来了发展机遇。城市的增长潜力不再取决于规模大小，而是城市与全球其他城市的互动及协作。随着新经济的出现，主要城市的功能进一步加强，全球城市、网络城市（network city）、边境城市体系（frontier urban system）等一些新型城市得到迅速发展。

（3）新的发展动力：资源更新与创新驱动。

随着现代技术的发展，城市资源利用的广度和深度都有了显著提高。一方面，城市传统资源，包括未利用资源，在新技术的条件下被重新认识和利用，成为城市发展的新资源，即城市传统资源的"新资源化"。如人力资源在新的人口流动、配置、管理的社会体制下，受到更大的激励并产生了更大的集聚效应，从而形成以往没有的巨大功效。另

---

① 张波，刘江涛. 城市管理学. 北京：北京大学出版社，2007：40.

一方面，在原有技术条件下不能利用的资源经过现代技术的处理，逐渐能够为城市发展所用，成为城市的新资源。如在新技术条件下，城市地下空间可以被开发，成为缓解城市人地矛盾的新资源。

（4）新的管理思潮：新管理与新治理崛起。

随着现代城市的发展，现代城市管理出现了一系列新思潮，有力地推动了现代城市管理的发展，其中比较典型的有新公共管理、城市联盟、城市治理、城市社区自治和城市可持续发展等思想。新公共管理运动主张重塑政府、再造公共部门，认为要对城市政府职能重新定位，引入私营部门的先进管理方法和理念。而城市联盟在现实中以城市群、大都市区等形式表现出来，主张成立区域性组织，建立合作机制，促进各个城市各种要素在空间上的整合，实现联盟城市双赢或多赢的局面。另外，城市治理与城市社区自治等思想，注重多元主体在城市事务中的参与，主张政府行为与社区行为相互分离，追求具有个性的城市治理模式或社区发展模式。城市可持续发展是既满足当代人的需求，又不对后代人构成危害的发展，包括城市经济、社会和生态三方面的内容。这些思想，既是现代城市发展的产物，又指导着现代城市管理的发展。

2.2.2　城市化的动力

1. 城市化的概念

不同学科对城市化的内涵有着不同的界定。

人口学所说的城市化是指人口城市化，即农村人口逐渐转变为城市人口的现象，如城市数量的增加、城市人口的增加。经济学认为，城市化是各种非农产业的经济要素向城市集聚的过程，包括农村劳动力向城市第二、第三产业的转移，还包括非农产业投资及其技术、生产能力在城市的集聚。地理学认为，城市化是居民聚落和经济布局的空间区位再分布，并呈现出日益集中化的过程。社会学则认为，城市化是一个城市性生活方式的发展过程，它不仅意味着人们不断被吸引到城市中并被纳入城市的生活组织中去，而且还意味着城市特有的生活方式被不断强化。

综合各学科的界定，对城市化的含义进行系统分析，本书认为，城市化是农村人口和非农活动在不同规模的城市环境的地理集中过程和城市价值观、城市生活方式在农村的地理扩散过程。具体来说，它包括两方面的含义：一是物化了的城市化，即物质上和形态上的城市化，主要反映在人口的集中、空间形态的改变和社会经济结构的变化等方面；二是无形的城市化，即精神上的、意识上的城市化和生活方式的城市化。前者是直观的、有形的城市化过程，后者是抽象的、无形的城市化过程。

城市化是一个动态的转变过程，表现在农业人口转化为非农业人口、农村地域转化为城市地域、农业活动转化为非农业活动、农村价值观念转化为城市价值观念、农村生活方式转化为城市生活方式的多层面的综合转化过程。这种转换既可以使农村因素向城市聚集，也可以使城市因素向农村扩散。

城市化是近代工业化城市形成发展，并取代乡村成为经济与社会重心的过程。它标志着人类生产和生活在环境、内容和形式方面发生了根本性的变化，集中、紧张、快节奏的城市生活代替了分散、悠闲、慢节奏的田园牧歌式的生活。总体来说，城市化主要通过原有城市的扩大、非城市区向城市区的转化和新建城市三种途径来实现。

2. 城市化的测量指标

城市化的测量指标是反映一个国家或地区城市化进程的量化测度。在实际中主要用以下统计方法来测量城市化指标。

（1）采用人口比重指标的统计方法。主要的统计口径有两种：一是用一个国家或地区内的城镇人口占总人口的比重来反映城市化水平，又称常住人口城市化率；二是用某一个国家或地区的非农业人口占总人口的比重来反映城市化水平，又称户籍城市化率。这两种方式是目前国际上比较通用的方式。

（2）采用城镇土地利用比重指标的统计方法。主要的统计口径是用一个国家或地区内的城镇建成区土地利用面积占区域总面积的比重来反映城市化水平，又称土地城市化率。

（3）采用综合评价指标的统计方法。目前，国内外许多学者和研究机构尝试构建出由若干个指标构成的体系来测量某一个国家或地区的综合城镇化水平。这些指标涵盖了人口、土地、经济等多种指标，对城镇化水平进行综合分析评价。

现有的指标体系均存在一定的局限性。首先，单一评价指标并不全面。城市化过程是生存方式、生活方式和居住方式全面转变的过程，采用不同的统计方法和统计口径测得的城市化率差异很大。以中国为例，土地城市化率显著高于人口城市化率，而常住人口城市化率又显著高于户籍城市化率。城市发展的不平衡性，是造成这种差距的主要原因。其次，综合评价指标法选用的指标多，强调系统、全面和针对性，但与具体的地域结合紧密，而具体指标构建中又带有一定的随意性，这些都使得综合评价指标体系的通用性较差。

3. 城市化的动力机制

城市化是现代社会发展的基本趋势。城市化是多种动力共同作用的结果，可从多角度对城市化的动力进行分析，多种动力共同推动了城市化的进程，构成城市化的动力机制，其中最重要的是经济发展所产生的动力。

（1）农业发展是城市化的初始动力。

将农业发展作为城市化的初始动力，首先是就其基础性而言的。工业革命后，农业成为城市化的现实动力。农业发展对城市化的推动作用主要表现为：为城市提供资金积累；为农村人口向城市的流动提供基本的物资生活条件；为城市发展提供劳动力，为城市轻工业提供原料和为城市工业提供市场。

（2）工业化是城市化的根本动力。

工业化的根本性作用在于工业为所有经济部门或行业提供生产设备和手段，促进社会生产力的发展，并进而形成城市化的根本动力。其作用主要体现为：工业化使城市成为区域经济的中心，促使资金向城市集中，各类物资向城市流动；它使农业生产方式发生了根本性的变革，冲破了农村自然经济的桎梏；它带来了交通地理的大变化；它促进了城市第三产业的发展。

（3）第三产业是城市化的后续动力。

在现代城市中，第三产业迅速崛起为城市产业的主角。第三产业的发展，使城市的生产结构、生活方式和思维方式发生了根本性的变化，为城市化创造了更加丰富的内容，并为城市化的发展提供了后续动力①。生产配套性服务的增加促进了城市化的发展，生活消费性服务的扩大加快了城市化的发展，第三产业的发展带来了城市就业机会和城市人口的增加。

（4）市场化是城市化的作用机制。

无论是农业对城市化的初始推动作用，还是工业化对城市化的根本推动作用，其作用的发挥都有赖于市场化进程的不断推进。市场对城市化的推动作用，在宏观上表现为土地、资本、劳动力等要素根据比较利益向城市非农产业集聚，在微观上则表现为农村剩余劳动力的非农化决策。市场化的作用主要表现为：劳动力市场化使人口向城市迁移得以实现，土地资源市场化使城市空间规模扩大和新城镇建设得以实现，产品市场化使城市化在更广阔地域上的推进得以实现。

（5）制度性安排是城市化的现实支撑。

城市化的进程不仅受到经济发展水平和社会文化条件的限制，更直接受制于各种具体的制度安排。从新制度经济学的视角来看，城市化进程中的城市是由农村演变而来，但又不同于农村的一种人口聚居及其活动方式的制度安排。城市是在商品经济条件下，以非农产业为基本产业、以组织性的集体劳动为主要劳动形式、以业缘关系为纽带的开放而集中的聚居制度。城市化实质上是一种制度变迁过程，是从农村式的聚居制度向城市式的聚居制度变迁的过程②。与城市化进程关联最为紧密的制度是土地制度、社会保障制度和户籍制度。合理有效的制度安排，不仅可以促进农业发展和工业进步，而且可以通过市场机制促进各种要素的流动，满足城市进步与增长的需要，促进城市化快速而健康的发展。

2.2.3　城市化的进展

1. 城市化的发展阶段

根据发达国家的城市化经验，美国地理学家诺瑟姆（Northam）把城市化的进程分为三个阶段：城市化水平低于 30％的初期阶段、30％～70％的中期阶段、高于 70％的后期阶段，三个阶段的演进在发展速度上呈现出由慢到快、再由快到慢的“S”形曲线，又称“诺瑟姆曲线”（见图 2－1）。

城市化初期阶段是城市化的起步阶段。在此阶段，较低的生产力水平导致第一产业不能提供丰富的生产资料以及使劳动力转移，第二、第三产业所需要的资本、人力、技术都不充足。城市发展速度很慢，经历时间很长。城市人口占区域人口比重较低，区域

---

① 谢文蕙，邓卫．城市经济学．北京：清华大学出版社，1996：36-38.

② 刘传江，郑凌云．城镇化与城乡可持续发展．北京：科学出版社，2004：4-6.

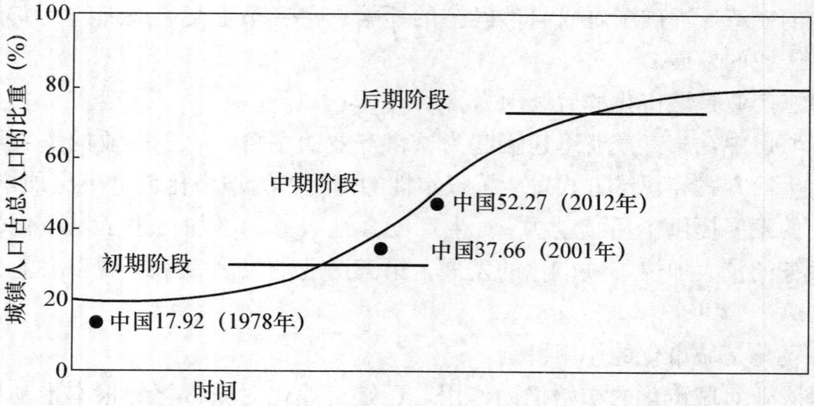

图 2-1　城镇化过程曲线

处于传统农业社会状态。此时城市的空间形态呈现出零星的“点”状结构。

城市化中期阶段，又称为城市化加速阶段。当城市化水平超过 30%之后，城市化进程进入加速发展阶段，城市化水平迅速提升。科学技术的进步使第一产业可以提供丰富的农业产品和剩余劳动力；国民经济和社会资本的增长使工业化规模扩大，第二、第三产业可以吸纳更多资本，城市可提供更多的就业机会。农村人口大量涌入城市，城市人口快速增加，城市数量增多、规模增大，城市化水平在短期内可以得到很快提升。城市空间形态呈现出不均衡布局，发达地区的城市从松散的点发展成为紧凑的面状或带状结构，即所谓的大都市区和超级城市。

城市化后期阶段，是城市化的成熟阶段。经过腾飞阶段的快速增长后，城市化速度开始放慢甚至停滞，城市化进程进入平稳发展、内涵质量提高的阶段。原因是可转移的农村剩余劳动力已经基本被城市吸收，城市的发展主要依靠其自身增长。城市的空间形态发展成相互渗透的“网”状结构，城乡之间的界限已变得非常模糊，呈现出城乡一体化的趋势。

2. 城市化的表现形态

由于研究者的研究角度不同，不同国家和地区之间也存在经济形态和社会制度的差异，所以对城市化的形态可以从不同的角度、以不同的标准进行分析。

（1）集中型城市化和扩散型城市化。

从城市空间结构的演变进行考察，城市化可以分为集中型城市化和扩散型城市化。这是最常见、最重要的一种划分方法。集中型城市化的实质是城市的基本性质，包括其密集性、经济性、社会性在城市地区的进一步提高，表现为人口向城市集中、城市人口密度加大和城市分工的进一步深化以及生活方式的多样化。扩散型城市化就是城市的基本性质向非城市地区扩展，随着城市规模的进一步扩大，城市问题必然会愈发凸显。这就促使中心地区人口和企业不断向城市郊外扩展或者向更远的地区扩展，发展成以中心城市为核心、周围布满小城镇的大城市区。

（2）积极型城市化和消极型城市化。

从城市化的实际进程与经济发展的关系进行考察，可以分为积极型城市化和消极型城市化。积极型城市化表现为城市化的进程与经济发展同步协调、相互促进，城市的数量和规模适度增长，城市化的速度和质量同步上升。消极型城市化则表现为城市化进程与经济发展脱节。它又可分为两种类型：一是过度城市化，主要表现为城市化速度远远超过工业化速度，乡村人口过量向城市转移，造成城乡发展失调，城市化速度超过了城市的承受能力；二是低度城市化，指城市人口的实际增长速度低于城市工业发展所需要的人口增长速度，这主要是国家政策选择的结果，如经济增长过程中的投资政策和社会管理领域的人口限制政策等，低度城市化不仅会延缓城市化进程，而且会造成城乡社会的分离。

（3）向心型城市化和离心型城市化。

从以城市为中心的人口流动方向进行考察，可以分为两种类型：向心型城市化和离心型城市化。向心型城市化指人口向城市中心聚集的状态，一般是城市发展初期的基本方式，因此被称为城市化的初期阶段。离心型城市化指人口从城市中心向外扩散和经济活动从城市中心向外扩展的状态，一般是城市化发展中后期出现的方式，可称为城市化的中期阶段。

离心型城市化根据其发展的不同阶段，又可分为郊区城市化和逆城市化。郊区城市化表现为城市中心的人口外迁、工业外迁和服务外迁，它在促进大都市区形成的同时，也容易造成城市空心化等问题。如今，许多发达国家通过实施城市更新计划来推动城市中心的复兴。逆城市化表现为人口向小城镇和乡村迁移，主要是由乡村在交通、通信发达的情况下所具有的费用低廉、环境优美等特点所导致的，它是城市生活方式的扩散和城市文明普及的表现。

2.3　我国的城市化发展战略

中国有着悠久的城市文明，但中国的城市化主要发生在新中国成立后。自工业革命开始，世界上有不少国家都经历过城市蓬勃兴起、快速城市化的过程，即使与此相比，中国今日的城市化速度也令人瞠目。在过去40多年里，中国有6.7亿人从农村转移到城市①，人口转移规模史无前例。诺贝尔经济学奖获奖者、美国学者约瑟夫·斯蒂格利茨（Joseph E. Stiglitz）曾有言，影响21世纪人类进程的两大关键性因素，一是以美国为首的新技术革命，二是中国的城市化。目前中国已经进入城市化中期阶段，认知中国城镇化的发展历程，对于把握中国城镇化的未来发展具有重要意义。

2.3.1　我国城市化的历史进程

新中国成立前，由于工业化发展缓慢、政治动荡等因素，中国的城市化发展缓慢，

① 据《中国统计年鉴2020》，1978年中国城镇化人口数为17 245万。截至2019年，中国城镇化人口数达到84 843万。也就是说，40多年内，中国的城镇化人口共增加了67 598万。

城市化水平低。1949 年新中国成立时，城市化率只有 10.64%，远低于当时世界平均 28%的水平。我国城市化的快速进展始于新中国成立之后，其间也经历了一个曲折发展的过程，本节将从各个时期的时代背景、特征、政策和效果等方面进行介绍。

1. 改革开放前的城市化发展

新中国成立后，为了建立独立完整的国民经济体系和工业体系，国家十分重视发展工业，开始了大规模的工业化建设，也开启了新中国城市化发展的进程。新中国成立后 30 年的城市化过程可以分为以下几个阶段：

（1）1949—1957 年，城市化快速发展阶段。

时代背景：新中国成立，经济进入调整恢复和发展期。

特征：实施重工业优先发展战略，优先发展资源性城市。

政策："一五"计划大规模工业化建设，以 156 个项目为中心，诞生了一批新兴工业城市，也使一些项目所在地的老城市得到扩张。

效果：8 年间城市数量由 69 个增长到 176 个；城镇人口由 5 765 万增加到 9 949 万，平均每年增加城市人口 523 万，年均增长率 7%；城市化率由 10.64%上升到 15.39%。

（2）1958—1960 年，过度城市化阶段。

时代背景：新中国成立以来经济得到迅速恢复和发展，社会主义制度建立，对取得的成绩过于乐观。

特征：盲目加快工业化。

政策：全国实施"大跃进"计划，提出全民大办工业的总路线，城市发展也表现出急躁冒进，出现超高工业化的城市化进程特征。

效果：农业劳动力向非农产业和城市转移的规模迅速扩大、速度显著提高。3 年间，全国城市劳动力增加 2 914 万，城市化水平从 1957 年的 15.39%猛增到 1960 年的 19.75%，4 年间增加新设城市 32 个，1961 年年底达 208 个。

（3）1961—1965 年，城市化调整阶段。

时代背景：城市非农业劳动力的过速增长，造成城市设施和商品供应紧张，农业劳动力锐减；三年严重困难、工作中的人为失误和中苏关系紧张使国民经济进入困难时期。

特征：严格限制城市人口。

政策：通过行政手段压缩城市人口规模，精减大批职工返回农村，实现人口"逆向转移"；调整市镇建制，缩小郊区范围，撤销大批城市。

效果：城市数量由 208 个下降到 171 个，城镇人口比重由 19.75%下降到 16.84%。

（4）1966—1978 年，城市化停滞阶段。

时代背景："文化大革命"，国家经济、政治、社会秩序遭到严重破坏。

特征：政治运动成为社会活动的中心，工农业生产停滞不前。

政策：干部、专业技术人员、青年学生和城市居民被动员"上山下乡"，接受贫下中农再教育，约 30 万人被强制性迁往农村，城市化进程因此受阻。

效果：13 年间城市数量仅从 1966 年的 175 个增长到 1978 年的 193 个，城镇人口由 13 313 万上升为 17 245 万。城市人口比重从 1965 年后继续下降，1972 年达到 17.13%，这以后，城市人口比重多年徘徊在17.5%左右，城市化进程基本停滞。

2. 改革开放后的城市化进程

（1）1979—1984年，城市化政策调整阶段。

时代背景：党的十一届三中全会拨乱反正，确立了以经济建设为中心的工作路线。

特征：农村体制改革推动城市化发展，呈现“先进城后建城”的特点。

政策：乡镇企业蓬勃兴起，放开城乡集市贸易，允许农民进城，允许知识青年回城，增加了城市维护和建设费用。

效果：城市数量由1979年的203个增长到1984年的300个，城镇人口由18 495万上升到24 017万，城市化率由1978年的17.92%提高到1984年的23.01%。

（2）1985—1991年，小城镇带动城市化发展阶段。

时代背景：改革开放初期经济得到迅速恢复与发展，发展小城镇逐渐得到国家的重视与支持。

特征：乡镇企业和城市改革双重推动城市化，城市化主要体现在新城镇的发展上。

政策：形成“小城镇，大战略”导向，认为中国应走有自己特色的新型城镇化道路；降低城镇设置标准，有利于城镇数量的增加和城镇人口的增长；经济体制改革重点由农村转向城市，实行沿海战略，设立4个经济特区，14个沿海开放城市。

效果：1991年，城市数量增加到479个，1979—1991年共新增城市286个，相当于改革开放前30年所增加城市数量的4.7倍，城镇人口增加到31 203万，比1978年增长80.9%，城市化率达到26.94%。其中，建制镇的数量由1985年的9 140个增长到1991年的12 455个。

（3）1992—1999年，城市化加速推进阶段。

时代背景：邓小平发表“南方谈话”，提出建立社会主义市场经济体制。

特征：以城市为主导，通过社会主义市场经济体制改革推动城镇化。

政策：鼓励农民工进城务工，将城市作为市场经济的中心和经济社会发展的主导；1993年调整设市标准，当年新增县级市48个。

效果：1996年，城市数量达666个，城市化率提高到30.48%，达到城市化发展阶段的转折点，进入快速发展的中期阶段；1997年，城市数量增加到668个；1999年，城市化率达到34.78%。

（4）21世纪初，城市化稳步发展阶段。

时代背景：城市化进入快速发展期。

特征：快速推进，全面发展。

政策：“十五”计划提出要走符合我国国情、大中小城市和小城镇协调发展的多样化城镇化道路；党的十六大提出“坚持大中小城市和小城镇协调发展，走中国特色的城镇化道路”；“十二五”规划提出，要按照以大带小的原则，以大城市为依托，以中小城市为重点，逐步形成辐射作用大的城市群，促进大中小城市和小城镇协调发展，这表明今后城市化发展要积极稳步推进，优化城市化布局和形态，着重提升城市化的质量和水平。

效果：2010年第六次人口普查显示，居住在城镇的人口为66 557万，占总人口的

49.68%，同2000年人口普查相比，城镇人口增加了2.07亿，城镇人口比重上升了13.46个百分点。

（5）新型城市化发展阶段。

2011年，我国城市化率首次突破50%，这意味着城镇人口超过农村人口，中国城市化进入了一个新的发展阶段。2014年3月，《国家新型城镇化规划（2014—2020年）》出台，提出随着内外部环境和条件的深刻变化，城镇化必须进入以提升质量为主的转型发展新阶段。这标志着我国城市化发展战略的重大转型，城市发展进入了一个新时期。2019年年末，我国常住人口城市化率达到60.60%，常住人口城市化率超过60%这一关键节点，标志着我国进入了城市社会时代。

2.3.2 我国城市化的特点与推进原则

1. 我国传统城市化的特点

进入21世纪以来，我国提出了新型城镇化的发展战略。与此相对应，在此之前我国传统城市化的进程具有以下特点：

（1）在发展动力上，采取以政策型调控为主、以工业化带动为辅的机制。

中国城市化快速发展不仅是市场行为，也是政府推动的结果。这种调控方式极大地影响了中国城市化的发展速度。从城市化历程可以看出，改革开放前的政治动荡使城市化进程常常处于停滞不前或徘徊的状态。得益于各种正确的发展政策，改革开放40多年的城市化则呈现出速度快、规模大的特点，城市规模快速扩大，2012年城镇人口增加到7.1亿，城市化率的年均增长率达到1.01%，中国成为世界上城市化率增长速度最快的国家之一。

现阶段，政府不再通过行政手段主导城市化进程，而是扮演公共物品供应者的角色，通过规划等手段对城市化进程进行宏观调控，促进城市化水平的提高，提升城市化的质量。市场对城市化的作用，主要体现在资源的配置上，劳动力、土地、资本等要素在农业和非农产业间重新配置。作为城市化主体的农村剩余劳动力，其追求效用最大化的行为决策直接影响着城市化进程的速度。

（2）在发展模式上，出现乡村城镇化和人口城市化的双重模式。

乡村城镇化，是指乡村地域转变为城镇地域、农村人口转变为城镇人口的城市化模式。这是一种人口就地转化，而非以人口流动为基础使农村人口汇聚到城市中。在20世纪90年代之前，随着乡镇企业的发展、小城镇的兴起、县改市的推进，乡村城镇化成为城市化发展的重要模式；到90年代后期，随着农民工大规模进城，我国城市化又呈现出传统人口城市化的发展模式。

双重模式的发展道路，促进了我国城镇体系的完善，既发挥了大城市在城市化过程中的主导作用，又发挥了小城镇在城市化中的生力军作用。双重模式也使我国城市人口分布出现了“两头大、中间小”的特色，即人口主要分布在大城市和小城镇，而中等城市比例较低。截至2017年年末，我国地级以上城市298个，户籍人口达到48 356万。其中，户籍人口超过 500 万的城市有 14 个，300 万～500 万人口的城市有 16 个，50 万～300 万人口的城市达到 219 个，50 万人口以下的城市有 49 个[①]。

（3）在发展形态上，出现了职业转换先于地域迁移的“半城市化”现象。

城市化的完整含义应该是农业人口转为非农业人口，让进城就业的农民在城市定居，并享有城市居民应享有的权益。农转非人口不应该是身份上属于农民、职业上属于工人，也不应该是地域上属于城镇、职业上还是农民，更不应该是大规模、长期化、一代接一代地流动就业[②]。在我国城市化进程中，由于户籍制度、土地制度的限制，进城务工的农民工难以成为城市居民，这导致“半城市化”现象的出现。

我国在进行城市人口统计时，有两种情况：一是将以农民工为主体的、在城镇居住 6 个月以上的外来人口统计为城镇人口[③]；二是将在城市郊区相当多从事农业劳动的农业人口统计为城镇户口。这些人被统计在城市人口中，却没有享受到与户籍相适应的城市公共福利和政治权利，形成人在城市中却与城市相隔离的现象，这也被称为“半城市化”。在目前的体制下，进入城市就业和生活的农民工，在就业、教育、住房、医疗和社会保障方面不能与城市居民享有同等的待遇，因而难以融入城市。

2010 年，我国常住人口城镇化率为 49.68%，户籍人口城镇化率为 27.7%，相差近 22 个百分点。到 2020 年，我国常住人口城镇化率达到 63.89%，户籍人口城镇化率上升到 45.4%，相差 19.45 个百分点。常住人口城镇化率和户籍人口城镇化率的差异，呈现出我国城市发展中人口广泛流动的特征。改革开放后相当长一段时间内，由于城市户口同享受城市基本公共服务之间的绑定，以进城务工人员为主体的流动人口并不能享受到充分、完整的城市权利，这加剧了城市中的阶层分化和贫富差距，这一现象也一度被称为“半城市化”，即“不完整的城市化”。

党的十八大以来推进的户籍制度改革，通过保障流动人口城市权利、简化落户条件、提升户籍城镇化率等一系列举措，逐渐消除“半城市化”带来的群体分化。根据第七次人口普查的结果，我国人户分离人口为 49 276 万。其中，市辖区内人户分离人口为 11 694 万，流动人口为 37 582 万，其中，跨省流动人口为 12 484 万。与 2010 年相比，人户分离人口增长 88.52%，市辖区内人户分离人口增长 192.66%，流动人口增长 69.73%。面对人口广泛流动这一城市发展与城市治理的常态，进一步保障城市流动人口享有平等权利，仍是提升城镇化质量的重要内容。

“半城市化”减少了城市发展的即期成本，却增加了农民工市民化的成本；从长期来看，“半城市化”造成城乡关系扭曲，给城市和谐发展、城市承载力、社会管理带来了极大压力。

（4）在发展布局上，出现城市地区分布不均衡现象。

我国东西部地区的城市化水平差异较大。2017 年我国东中西部城市化率分别为

---

① 城镇化水平不断提升　城市发展阔步前进：新中国成立 70 周年经济社会发展成就系列报告之十七．中国政府网，2019-08-15.

② 中国发展研究基金会．中国发展报告 2010：促进人的发展的中国新型城市化战略．北京：人民出版社，2010：17.

③ 我国从第五次人口普查开始，将进城就业、居住半年以上的流动人口（主体是农民工）计入城镇人口。

67.0%、54.3%、51.6%。截至2019年，西部12个省份中，除了重庆和内蒙古外，其余10个省份均低于60.6%的全国平均水平，而西藏、甘肃、云南和贵州4个省份的城镇化率更低，均低于50%。从区域分布看，城市化率表现为东中西逐级递减的分布特征，东部地区城市化水平较高，水平最高的是上海，城市化率已达到88.1%，北京和天津的城市化率分别为86.6%和83.48%；云南（48.91%）、甘肃（48.49%）、西藏（31.5%）的常住人口城市化水平较2012年提升近10个百分点，但仍是我国城市化水平较低的地区。

从发展速度上看，20世纪在沿海地区率先发展的开放格局中，沿海地区的发展速度一直比中西部地区快，扩大了区域差距。这种发展布局，一方面导致东部城市化发达地区城市资源环境承载力紧张，另一方面则是中西部自然条件较好地区的城市发育不足。这种城市化格局也造成了我国劳动人口、自然资源跨地区、大规模的流动，社会成本很高。但从“十一五”时期开始，这种发展格局得以调整，中西部城镇化速度加快，区域差距有所缩小。

2. 我国城市化的推进原则

我国的城市化既必须直面人口多、底子薄、发展不均衡的现实，又必须应对全球化、信息化、知识化的挑战。因此，我国必须走一条有中国特色的城市化科学发展道路，根据循序渐进、节约土地、集约发展、合理布局的原则，积极稳妥地推进城市化进程。具体来说，在推进城市化进程中应遵循以下原则：

（1）与产业升级同步提高，与工业化同步发展。

产业升级和产业结构水平的提高是推进城市化的基础，应该使城市化与经济结构的战略性调整升级有机结合起来，形成相互促进、共同发展的关系。通过产业升级和产业结构水平的提高，特别是通过第三产业的发展，为劳动力创造就业机会；通过城市化进程的推进为产业升级和经济结构优化创造必要的空间和环境。要实现城市化与工业化同步发展，统筹城乡发展，通过城市化促进城乡经济一体化，这样才能使城市化适应工业化的要求。

（2）以市场调节为主，发挥政府的引导和协调作用。

必须坚持市场机制在城市化过程中所起的基础性作用。从各国城市化的经验来看，这是最有效率的城市化方式。城市的建设和繁荣，需要更多地发挥市场机制和社会力量的作用。与此同时，必须注意政府在城市建设和城市化进程中的重要职责，发挥政府的宏观调控作用，特别是在城市规划和城市基础设施建设中的主体性作用。通过全国城镇体系规划、城市总体规划等，加强政府对城市化的指导，合理引导城市化发展的速度、规模，优化结构和布局，完善行政区划设置和管理模式，改革城乡分割的土地户籍、就业、教育、社会保障等制度设计。

（3）注重城市化内涵发展，提高竞争力。

城市化发展战略的一个重要目的是培养和提高城市的竞争力。城市化发展不仅要注重外延的扩展，更要注重城市化的质量和水平，必须坚持走新型城镇化道路，不断提高城市竞争力。这方面主要包括形成稳定的经济发展环境，雄厚的市政资源，较高的开放程度，完善的规则以及较高的市政管理水平，较强的城市建设融资能力和一体化的城市土地综合利用体系、交通体系，等等。此外，城市发展环境还应包括安全的自然和社会环境、完善的产业和服务发展网络等，因此必须注重城市与环境之间和谐关系的建构。

（4）坚持资源节约、环境友好、适宜人居的绿色城市化。

随着城市化的发展，对土地、水、能源等资源的消耗越来越大，资源供应越来越紧张，要坚持集约利用土地、注重节能减排，协调好城市发展与人口、资源之间的关系。城市是人类聚居的较高级形式，居民是城市的主人，城市的各项功能都是直接或间接为城市居民服务的。在推进我国城市化的过程中，要始终明确城市化最终为人服务的目的。在城市建设的各项规划中，应该处处考虑人的发展需要，特别是在生活环境和生活质量方面，同时也应该考虑农村劳动力转移的需要，促进农民工市民化，按照以人为本的原则建设城市、发展城市经济，走促进人的全面发展的城市化道路。

（5）城市发展模式多样化。

我国不同地区应该根据城市发展的客观要求和各地区的具体情况，分别采取相适应的模式推进各区域城市的发展。根据世界的经验和我国的国情，我国的城市化应该推行"四驾马车"的模式：以特大城市为中心的集群城市模式，以省会城市和大型港口城市为核心的、以众多卫星城市为烘托的大城市群或城市带模式，作为地区性中心的中等城市模式，分布于全国广大区域的小城市模式。

2.3.3 推进可持续的新型城镇化

1. 新型城镇化面临的挑战

改革开放以来，我国城市化取得快速发展，但同时存在一些必须高度重视并需着力解决的突出矛盾和问题。

一是农民工市民化的进程滞后。受城乡分割的户籍制度影响，据2019年农民工监测调查报告，截至2019年年末，城市中约2.9亿农民工及其随迁家属未能在教育、就业、医疗、养老、保障性住房等方面享受城镇居民享有的基本公共服务，农村留守儿童、妇女和老人问题日益凸显，给经济社会发展带来诸多风险隐患。

二是土地城镇化快于人口城镇化，建设用地粗放低效。1981年至2017年，全国城市建成区面积从7 438平方公里增加到56 225平方公里，增加了48 787平方公里，增长了6.6倍①，远高于城镇人口58.52%的增长速度。过度依赖土地出让收入和土地抵押融资来推进城镇建设，加剧了土地粗放利用，浪费了大量耕地资源，威胁到国家粮食安全和生态安全，也加大了地方政府性债务等财政金融风险。

三是城市空间分布和规模结构不合理。东部一些城镇密集地区资源环境约束趋紧，中西部资源环境承载能力较强地区的城镇化潜力有待挖掘；城市群内部分工协作不够、集群效率不高；部分特大城市主城区人口压力偏大，与综合承载能力之间的矛盾加剧；中小城市集聚产业和人口不足，潜力没有得到充分发挥；小城镇数量多、规模小、服务

---

① 城镇化水平不断提升　城市发展阔步前进：新中国成立70周年经济社会发展成就系列报告之十七．中国政府网，2019-08-15.

功能弱。

四是“城市病”问题日益突出。一些城市空间无序开发、人口过度集聚，重经济发展、轻环境保护，重城市建设、轻管理服务，交通拥堵问题严重，公共安全事件频发，城市污水和垃圾处理能力不足，大气、水、土壤等环境污染加剧，城市管理运行效率不高，公共服务供给能力不足，城中村和城乡接合部等外来人口集聚区人居环境较差。

五是自然历史文化遗产保护不力，城乡建设缺乏特色。一些城市景观结构与所处区域的自然地理特征不协调，部分城市贪大求洋、照搬照抄，脱离实际建设国际大都市，“建设性”破坏不断蔓延，城市的自然和文化个性受到破坏。

六是体制机制不健全，阻碍了城镇化健康发展。现行城乡分割的户籍管理、土地管理、社会保障制度，以及财税金融、行政管理等制度，固化着已经形成的城乡利益失衡格局，制约着农业转移人口市民化，阻碍着城乡发展一体化。

2. 新型城镇化的改革战略

新型城镇化的目标是实现高效、包容、可持续的城镇化。高效的城镇化，是指最优地使用人口、土地和资本等生产性资源。新型城镇化致力于消除阻碍中国生产性资源优化配置的因素，实现更快的增长，增加人民福利。包容的城镇化，是指为人民提供分享城镇化成果的均等机会。新型城镇化致力于城乡居民公共服务一体化，使人们能够在生产力最高的地方获得就业机会、积累财富，并在全国范围内获得同质的公共服务。可持续的城镇化，是指能够为中国的环境和自然资源所支撑。新型城镇化致力于改善城市环境、平衡用地用水矛盾和节约利用自然资源，使城市生活质量与人民的期望相符。

为了实现高效、包容、可持续的新型城镇化模式，一项全国性研究提出，应当围绕土地、户籍、财政系统和地方政府的激励机制这四个优先领域，制定出一个全面的“一揽子改革方案”①。

（1）土地改革政策。

土地新政策决定了城市的密度和空间效率，进而又影响了环境可持续性和宜居性。农民在多大程度上可以分享土地增值所带来的财富，以及城乡居民收入和财富差距是否能缩小，土地政策起了一定的作用。要有效地利用土地，需要保护农民的产权，提高征地补偿，建立将农村土地转化为城市用地的新机制，更好地进行规划，由市场价格来引导城市土地的配置，更灵活地使用现有的城市土地。

（2）户籍改革政策。

要更好地利用劳动力，需要持续深化户籍改革，消除劳动力从农村向城市以及在城市之间流动的障碍。要使人们流向生产率最高的而不是公共服务较好的地区，就应该让他们觉得无论在哪里都能获得相似的公共服务，同时保留他们所积累的社会保障的权益。

---

① 国务院发展研究中心，世界银行. 中国：推进高效、包容、可持续的城镇化. 北京：中国发展出版社，2014：33-34.

为了实现这一目标，当前的户籍制度要演变成居住证制度，逐渐统一享有公共服务的规则。随着时间的推移，城市和农村地区至少都能为任何居民提供最低标准的公共服务，不论其原籍在哪里。

（3）财政改革政策。

财政制度应该进行改革，以适应土地和户籍制度的变化。最近 10 年，土地一直是政府收入的巨大来源①。然而，更有效率的城镇化进程，需要政府集中力量更好地管理现有的城市土地，而不是征收新的城市土地，因此可以预计城乡土地用途转换所得的收入将会减少。与此同时，由于地方政府要为流动人口提供公共服务，对城市财政的支出需求将会增加。可见，财政改革必须在纪律约束下，通过提供资源来支持城市更加有效的增长。

强化地方的税收基础和使地方政府举债更加规范且受到更加严格的监管，是非常重要的。使各级政府的财政支出责任分配合理化，特别是将社会保障的事权上收到中央，将加强地方财政预算的支出责任，并增强劳动力的流动性。随着时间的推移，政府间财政体系要能确保城乡各级政府都可以提供中央政府所要求的、国家能负担得起的最低标准的服务。适当地监管和监测地方政府举债，能使基础设施资产的偿付与其使用寿命相匹配，并减少对地方投资公司等非正式融资渠道的使用。

（4）激励政策改革。

土地、户籍和财政改革要以地方政府决策者激励机制的转变为支撑。中国政府根据国家的发展目标对地方官员进行绩效考核的重点一直是更容易衡量的 GDP 增长指标。调整绩效考核的评价标准，使其更加匹配新型城镇化的社会和环境目标，对新模式的成功是非常必要的。此外，民众更多地参与到城镇化进程中，将强化对地方政府的问责，确保各项政策更好地适应地方需求，最大限度地缓解社会矛盾。

专栏 2-4

学术界关于我国城市化发展方针的争论

学术界关于城市化发展方针的争论在 20 世纪 80 年代至 90 年代较为激烈，反映了学者对于中国城市化道路的不同认识，其中的主要观点有：

（1）小城市论。

1983 年，中国城镇化道路学术研讨会一致认为，中国应该走“具有自己特点的社会主义城镇化道路”，应“积极恢复和发展小城镇，特别是广大的农村集镇”，认为小城市“是符合理性的，是有生命力的”。在改革开放以后乡村工业化的现实和“小城镇、大战略”的导向以及既定城乡制度的影响下，这种论断在 20 世纪 80 年代和 90 年代初期几乎占绝对统治地位。

① 平均而言，土地出让总收入占 GDP 的 5.5%左右，扣除征地补偿及土地整理费用后的土地出让净收入占 GDP 的 2.5%。（国务院发展研究中心，世界银行. 中国：推进高效、包容、可持续的城镇化. 北京：中国发展出版社，2014：33-34.）

（2）大城市论。

这种观点在20世纪80年代有，但较少；在90年代末期比较多见。王小鲁等人提出适合国家现实条件的100万～400万人口的优化城市规模区间。饶会林等人认为要充分发挥城市规模效益率的作用，需适当放宽对大城市规模的限制。周干峙认为，在落后地区大城市必然要首先发展，形成“极核”，然后带动中小城市的发展。

（3）多元论。

有学者试图从两种针锋相对的意见中寻求平衡，提出农村城镇化与“以城市圈为中心的提高内涵为主”的城市现代化、城市内涵化相结合的二元（或多元）城镇化道路模式，也有学者提出走大中小城市互相协调、东中西部差异化发展的道路。

（4）城市体系论。

随着城市化研究的深入，周一星提出，“不存在统一的能被普遍接受的最佳城市规模，城镇体系永远是由大中小各级城镇组成的，而各级城市都有发展的客观要求，所以城市化的模式应该是多元的、多层次的”，城市体系发展道路遂受到重视。

（5）城市群论。

2010年，杨伟民等人提出，以往的城市化走的是一条分散化、低密度和低容积率的道路，我们应该走紧凑型、集约化、高密度的城市化道路。中国到了积极发展大城市特别是大城市群的时候了，应该放弃“重点发展小城镇”的方针，把城市群作为推进城市化的主体形态。

资料来源：顾朝林，吴莉娅．中国城市化研究主要成果综述．城市问题，2008（12）；中国发展研究基金会．中国发展报告2010：促进人的发展的中国新型城市化战略．

关键术语

城市　城市化　常住人口城镇化率　诺瑟姆曲线　逆城市化　新型城镇化

复习思考题

1．选取自己所熟悉的某一城市，请描述这个城市的特征，并谈谈你认为应如何去定义城市。

2．城市性质是城市主要功能（职能）的体现。请分析某一城市主导功能的变化，以及这种变化给城市发展所带来的影响。

3．有观点认为，“城市同时是经济、社会、政治变化的产物和塑造者”。请谈谈你对这句话的理解，并尝试举例说明。

4．中国城市发展的历史悠久而辉煌。请按照城市发展的历程，谈谈自己所了解的不同阶段中国古代城市的典型代表及其文化风貌。

5．城市化的历史不等于城市发展的历史，如何理解“城市化是多种动力共同作用的结果"？这种共同作用在当代中国城市化的过程中又有怎样的体现和变化？

6. 可以预言，21世纪是中国城市化的世纪。在城市化发展模式中，一直存在发展大城市和发展中小城市两种思路之争。结合城市化原理和我国的发展现状，你认为中国的城市化道路应如何选择？城乡统筹的城市化道路与这两种思路有何异同？

延伸阅读

1. 国务院发展研究中心，世界银行. 中国：推进高效、包容、可持续的城镇化. 北京：中国发展出版社，2014.

该书是由财政部、国务院发展研究中心和世界银行组成的联合课题组对中国新型城镇化重要议题进行联合研究的最终成果。该书从土地管理制度改革、户籍制度改革、完善城市融资制度、改善城市规划、提高资源管理效率、改善地方政府治理六大领域出发，强调深化改革，正确定位政府和市场角色，以实现中国高效、包容和可持续的城镇化发展。

2. 徐远. 从工业化到城市化：未来30年经济增长的可行路径. 北京：中信出版社，2019.

改革开放以来的经济成就，归功于工业化。快速的工业化，为我国带来了近40年的快速经济增长，使我国成为全球第二大经济体。下一步该怎么走？答案是从工业化到城市化。这是对我国经济发展历史路径的概括，也是观察中国经济社会变迁的一个视角。该书尽可能从纯粹理性的角度去梳理这40年的逻辑和拐点。该书指出，城市化接力工业化是经济发展客观规律的要求。城市是现代经济的载体，是技术创新、产业升级、消费升级的容器。未来的发展动能来自进一步的城市化，以及城市格局的进一步改善。

3. 芒福德. 城市发展史：起源、演变和前景. 宋俊岭，倪文彦，译. 北京：中国建筑工业出版社，2004.

刘易斯·芒福德是美国著名的城市理论家、社会哲学家。他在对城市历史及城市规划的系统分析评判上、在论述内容的广度和深度上都独树一帜。他试图在书中描述5 000年城市发展史，试图对城市发展的是非曲直、功过得失做一个历史性的总结，其人文主义的精神深刻而富有哲理。有评论说："芒福德的这部获奖作品，内容极为广泛而深刻，引人注目，令人敬佩"，它已经是"一部高层次的宇宙观和悲剧性史诗，不仅仅是城市历史"。

4. 诺克斯，迈克卡西. 城市化. 顾朝林，汤培源，杨兴柱，等译. 北京：科学出版社，2009.

该书是当代西方城市化研究的综合成果，是一本以美国、欧洲城市发展和城市化过程为蓝本的经典城市百科全书。该书从全球化和城市化过程论述城市化对人类社会的影响和结果。该书最大的特色是用动态方法、历史和过程的导向方法以及全球化背景和国际比较视角，拆开互锁的城市化过程，给人们展现持续变化的城市化发展过程。该书还提供了大量图表、强化练习、重要资料来源与推荐阅读材料、相关网站和术语表。

5. 贺雪峰．城市化的中国道路．北京：东方出版社，2014.

城市化俨然已成为中国改革与发展中的关键词，它一头连着土地制度和户籍制度，另一头连着经济转型和就业。因此，中国城市化道路的选择，是事关国家发展道路的战略问题。遗憾的是，由于概念、少数人利益的遮蔽，中国城市化正走向激进。该书试图在尊重历史与国情的基础上，以城市化为主线，从另一个视角观察、解读中国城市化的真实现场及其背后的制度安排，融土地、户籍、就业、经济转型等热点问题，政府、开发商、农民等城市化的参与者于一炉，在深入实地调研并横向比较国外城市化经验教训的基础上，提出稳健的“三轮驱动”下的中国城市化道路。

第3章

市政体系与市政过程

重点问题

市政管理可以被视为在市政体系架构下所进行的政策运行过程，这是分析中国城市发展内在动力的重要观察窗口。本章主要从市政体系及政策运行角度，关注政府职能的定位及转变、政策过程的发展及公众参与。通过本章的学习，需要掌握市政体系的基本构成及运行过程，了解公众参与的发展情况，并尝试基于政策过程的经典理论模型进行相关的案例分析。

3.1 市政体系与市政职能

市政主体是市政活动的载体，是城市管理的主体。在城市治理视域下，市政主体也正朝着多元化发展。从存在形式来看，既有个体的市民，也有集体形式的组织，这些市政主体共同构成市政体系。市政主体通过合理恰当地履行各自的职能，行使权力并承担相应的责任，以实现市政体系的正常运转。

3.1.1 我国现行市政体系

1. 市政体系的构成

从横向来看，市政体系涉及参与市政活动的各类市政主体。

作为执政党，中国共产党居于城市政治权力的核心地位。中国共产党领导是中国特色社会主义最本质的特征，是中国特色社会主义制度的最大优势，党是最高政治领导力量。必须坚持“党政军民学，东西南北中，党是领导一切的”，坚决维护党中央权威，健全总揽全局、协调各方的党的领导制度体系，把党的领导落实到国家治理各领域各方面各环节。

我国的国家结构形式是单一制，市、区、县人民代表大会、人民政府、监察委员会、人民法院、人民检察院是城市中的国家权力机关、国家行政机关、国家监察机关、国家审判机关和国家法律监督机关，是不可或缺的市政主体。

民主党派、人民政协、社会团体等是参与市政活动的重要主体，在讨论城市公共事务、参与城市公共决策、监督权力行使等方面发挥着日益重要的作用。

从纵向来看，市政体系涉及由不同行政级别城市所构成的建制市体系。经过长期的城市发展和多次行政区划改革，我国形成了“直辖市—副省级市—地级市—县级市”的建制市体系，不同行政层级城市之间的发展规模、公共资源、行政职权等方面存在差异，这也是我国市政体系的突出特征之一。

2. 市政体系的优化

市政体系的优化，是完善城市基层社会治理体系、构建城市基层社会治理新格局的重要内容，主要是优化市政主体间的关系，健全党组织领导的自治、法治、德治相结合的城市基层社会治理体系，完善基层民主协商制度，建设人人有责、人人尽责、人人享有的社会治理共同体。一是夯实基层社会治理基础，健全党组织领导、居委会主导、人民群众为主体的城市基层社会治理框架；二是健全社区管理和服务机制，推动社会治理和服务重心下移、资源下沉，提高城市社区精准化精细化服务管理能力；三是积极引导社会力量参与基层治理，发挥群团组织和社会组织在社会治理中的作用，畅通和规范市场主体、新社会阶层、社会工作者和志愿者等参与社会治理的途径，全面激发基层社会治理活力。

3.1.2 市政职能的内涵

1. 市政职能的含义

所谓市政职能，是指狭义上的城市政府，即城市中的行政机关，在城市管理过程中依法履行的各项职责和功能的总称。

市政职能的主体是城市行政机关。市政主体是多元的，但就市政职能而言，往往把市政职能的主体界定为城市中的行政机关。这是因为政治结构赋予了城市行政机关直接管理城市公共事务的主体地位，而且行政机关的活动更能直接地表现出广义上政府活动的动向。此外，从研究来看，也有利于避免因市政职能的概念范围过大而和其他研究领域混淆。

市政职能的客体是城市公共事务。对于一个城市来讲，市政职能的核心问题就是回答政府“应该做什么”、“不应该做什么”以及“如何去做”的问题。市政职能的客体反映了政府活动的实质及行政活动的内容与方向，确定了行政机关与其他市政主体的合理边界，同时反映了城市政府管理的重心所在。

2. 市政职能的主要特征

与社会关系简单且文化具有同质性、封闭性和一元化等特点的乡村相比，城市社会关系复杂，具有异质性、开放性和多元化的特点。城市的行政区域较为集中，大量行政事务高度密集，问题结构复杂。这决定了市政职能既不同于一般的政府职能，也不同于政府在管理农村社会事务中承担的职能。此外，和传统的市政职能相比，现代市政职能也出现了许多新的变化。具体而言，现代市政职能主要有以下特征：

（1）发展的动态性和扩张性。

随着城市的发展，市政职能也在不断地发展变化，成为一国政府职能演变的缩影。在不同国家和同一国家的不同历史时期，市政职能具有不同的内涵和特征，带有明显的历史烙印，表现出动态性和扩张性。

从西方国家市政职能变化的情况来看，前工业化阶段的市政职能往往仅限于户籍、治安、消防、道路、照明、卫生等方面的管理，管理方式和手段也比较单一。到了工业化阶段，由于城市公共事务的增多，市政职能逐渐扩张，如社会福利、住宅保障、环境治理等都被纳入城市政府职责范围内。随着城市的进一步发展，市政职能范围继续扩大，如随着网络技术的出现，城市政府开始把维护城市信息安全作为市政职能。当然，市政职能的扩张性的弊端也给城市政府的规模、开支和效率带来了负面影响，国外城市政府开始缩小职能范围，有计划地把市政职能委托给市场或社会，改革职能实现方式。

（2）内容的广泛性和多样性。

与农村社会相比，市政职能具有广泛性的特点。乡村事务相对简单，城市的公共事务复杂多样、分工细密。但目前我国城市中社会自治组织和社区服务组织尚发育不全，本来应由其自主处理的事务不得不由政府统一管理，变成了政府的职能，这使我国的市政职能变得更加纷繁复杂。

市政职能的实现方式具有多样性的特点。我国城市公共事务内容复杂多样，新情况、新问题层出不穷，单一的手段与方式很难解决所有的问题。为适应不断变化的社会问题，政府不得不采取多种手段，以保证管理有效进行。当代城市政府除了注重综合运用行政手段、经济手段、法律手段和教育手段外，还积极创新管理工具，采用民营化、用者付费、特许经营等市场化工具，把全面质量管理、目标管理、绩效管理等工商管理技术引入城市管理中，同时还注意发挥社区治理、志愿者服务、公众参与等社会化手段的作用。

（3）地位的双重性和差异性。

作为地方政府，城市政府承担的职能具有双重性，即城市政府既有义务执行中央政府和其他上级政府制定的法律、法规、决议和决定，又有权依法自主决定并处理仅仅关系到辖区内居民利益的公共事务。这种双重性要求城市政府必须处理好与上级政府之间的关系，既要维护中央权威，确保宏观调控等政策落实，又要切实促进城市的良性发展。

同时，市政职能存在着差异性。不同国家的城市，同一国家不同地域的城市、不同层级的城市，市政职能都不完全相同。差异产生的原因是多方面的，既有国家结构、政治制度、行政体制等方面的原因，也有经济社会发展的不平衡和自然条件、文化条件存在差异的原因。市政职能的差异性表现在许多方面，包括职能内容、履行职能的机构设置、人员构成和实现职能的方式方法等。比如在经济调节职能方面，作为直辖市的市政府和作为县级市的政府显然存在很大差异，前者自主决策的功能较强，后者则更多地体现出执行上级政策的功能。

（4）目标的规范性和服务性。

一方面，行政管理的法治化和科学化已成为基本的要求，依法行政与科学行政已成为现代城市的基本要求与基本特征。因此，市政职能必须具备规范性，具有法治化和科学化特点。市政职能的规范性要求将城市政府的职责范围、权责关系、政府职能实现方式、时效性和相关标准等纳入法治轨道，依法行政，保证城市管理的顺利进行。

另一方面，建立服务型政府已成为当代政府的职能定位，服务性是政府职能的基本特征。对于城市政府而言，政府职能的公共服务性特点更为突出。这是由城市自身特点决定的。城市的物资、人力、信息等资源的高度聚集，要求公共服务提供强大支撑；城市政府在提供公共服务方面的规模效益，也有利于提高服务的质量。城市政府能否保障社会稳定有序，能否提供充足的基础设施等公共物品，既关系到城市居民切身利益，也影响着整个城市的可持续发展。

3. 市政职能的分类

市政职能的内容构成有不同的划分标准。根据市政职能的作用范围和领域，市政职能可以划分为宏观职能和具体职能。宏观职能是指在我国单一制的国家中，政府所承担的普遍职能；具体职能是指针对城市具体管理内容所行使的职能。

（1）城市政府的宏观职能。

党的十六大开始将政府的宏观职能定义为经济调节、市场监管、社会管理和公共服务四项。2013 年 11 月，党的十八届三中全会审议通过的《中共中央关于全面深化改革若干重大问题的决定》对政府的宏观职能提出了调整优化和科学设定的表述，将政府职能概括为宏观调控、公共服务、市场监管、社会管理和环境保护。这一表述更加科学和清晰地勾勒出市场经济体制下政府职能的准确内涵。

政府的宏观调控职能是以国家发展战略和规划为导向、以财政政策和货币政策为主要手段，对社会总需求和总供给进行总量调控，充分发挥市场在资源配置中的决定性作用，最大限度减少政府对微观事务的管理，而不是靠行政审批管理经济。科学的宏观调控更加凸显了社会主义市场经济体制的独特优势，既能满足弥补市场失灵的内在要求，也可以有效发挥政策协调和各部门协同调控的整体效应。

公共服务职能，就是提供公共产品和服务，包括加强公共设施建设，发展社会就业、社会保障服务、教育、科技、文化、卫生、体育等公共事业，发布公共信息等，为社会公众参与社会经济、政治、文化活动提供保障和创造条件，努力建设服务型政府。

市场监管职能，就是依法对市场主体及其行为进行监督和管理，维护公平竞争的市场秩序，形成统一、开放、竞争、有序的现代市场体系。随着党的十九大确立了现代化经济体系战略目标，该职能在未来的优化发展中将更加坚持问题导向，抓重点、补短板、强弱项、防风险，并尤为加强和优化金融监管职能，也将继续建设统一开放、竞争有序的市场体系。

社会管理职能，就是政府通过制定专门的、系统的、规范的社会政策和法规，管理和规范社会组织，培育合理的现代社会结构，调整社会利益关系、回应社会诉求、化解社会矛盾，维护社会公正、社会秩序和社会稳定，孕育理性、宽容、和谐、文明的社会氛围，创造经济、社会和自然协调发展的社会环境。

环境保护职能，就是依法对环保工作实施统一的监督管理，通过规划、监测、标准制定、法规出台及信息发布等强化宏观调控和执法监管力度，防治污染和其他公害，确保环境安全，保护和改善生活环境与生态环境，促进经济和社会持续、协调、健康发展。

（2）城市政府的具体职能。

根据城市管理涉及事务的主要内容、特点，可以将市政具体职能分为一般职能和专业职能。所谓一般职能是市政管理必须涉及的基本职能，如行政管理职能、经济职能、社会服务职能等；专业职能是政府在一定范围、一定时期内所履行的专业性职能，如城市规划、交通管理、土地管理、环境管理等职能。根据市政的运行过程，市政职能又可以分为计划、组织、协调、控制、监督等职能。

政府职能本质上是一个动态的概念，不但体现在宏观职能的转变上，而且适用于政府的具体职能。社会需求决定了政府职能的类型和范围，政府的具体职能往往也会因不同时期社会需求的不同而调整。本章可以以城镇化过程中所面临的挑战为例，来说明城市问题与政府具体职能之间的关系，如表3-1所示。

表3-1　我国城镇化面临的挑战与政府具体职能

挑战	问题描述	措施	城市政府具体职能
宜居土地相对短缺，人地矛盾尖锐	人多地少，土地供给不足；建设用地侵占耕地	调控住房政策，集约利用土地，合理规划城市用地	城市土地与房产管理职能 城市规划管理职能
能源供求关系失衡	能源短缺形势严峻，城市建筑耗能增加，能源利用率低	推行“绿色建筑”，调控城市公用事业，提高能源供给效率	城市公用事业管理职能 城市规划管理职能
机动化与城市化同步发生，城市交通问题严重	私家车保有量迅速增加，交通出行模式失衡，交通拥堵现象严重	完善城市交通规划，实行公交优先战略，优化城市交通结构	城市交通管理职能
城市化推动力失调，污染排放失控	工业化导致城市大气、水体、土壤等污染严重	完善政绩考核体系，重视环境考核；有针对性地整治污染；推进市政公用设施市场化改革，提升治理效果	城市环境管理职能 城市公用事业管理职能
自然和历史文化遗产受到破坏，城市风貌雷同	过度开发破坏自然和历史文化遗产；城市规划和建设缺乏地方特色，千城一面	健全法律法规，严格保护历史文化遗产，在开发过程中结合当地特色展现其独特风貌	城市规划管理职能 城市公共事业管理职能

续表

挑战	问题描述	措施	城市政府具体职能
城乡居民收入差距日益扩大，社会冲突增加	社会结构容易失序，居民心理容易失衡，伦理道德容易失调	完善收入分配政策，缩小城乡和阶层收入差距；审慎、果断地处理社会冲突，维护社会秩序	城市社会保障职能 城市公共财政管理职能 城市公共安全管理职能

资料来源：仇保兴．第三次城市化浪潮中的中国范例：中国快速城市化的特点、问题与对策．城市规划，2007（6）．

3.1.3 市政职能的转变

我国行政改革的方向是：转变政府职能，深化行政体制改革，创新行政管理方式，增强政府公信力和执行力，建设法治政府和服务型政府。作为当前全面深化改革的重要任务和核心议题，政府职能转变思路与治理理论在价值理念和治理框架等方面存在高度的理论契合。在城市管理领域，政府职能转变主要是通过作为城市公共事务的直接管辖主体——城市政府的职能转变体现出来的。

1. 我国市政职能的变迁

我国市政职能的变迁受到多重因素的影响，主要是伴随着我国社会主义市场经济体制的建立和发展、国家宏观政策的调整以及价值取向的改变、国家法治建设的逐步推进、国家机构改革而不断调整的。

1949 年新中国成立后，逐步形成了计划经济体制和集权管理模式。在这样的背景下，我国的市政职能无所不包，政治职能受到极大强化，形成了单位制的社会管理模式，城市政府成为全能政府，包揽一切。

改革开放以来，我国确立了以经济建设为中心的工作路线，建立了社会主义市场经济体制，形成效率优先、兼顾公平的价值取向。市政职能也随之调整，开始逐步放松社会和经济规制，按照市场经济的要求逐步调整政企关系、政府与市场的关系；同时，积极进行行政体制变革，推动政府职能的转变，强化经济职能，通过体制改革促进城市的经济增长。

进入 21 世纪，特别是党的十六大以来，党和国家的宏观政策价值取向开始发生变化，提出科学发展观、构建和谐社会、更加注重社会公平正义等新的发展理念，提出建设服务型政府，弥补了传统上仅仅把经济增长作为政府核心职能的不足。

2013 年，党的十八届三中全会通过的《中共中央关于全面深化改革若干重大问题的决定》做出了一个历史性判断：把市场在资源配置中的“基础性作用”修改为“决定性作用”。基于这一变化，对政府职能的要求由党的十六大提出的四项基本职能转变为五项政府职能，即宏观调控、公共服务、市场监管、社会管理和环境保护，且将转变政府职能提到国家治理现代化的高度。这一转变树立了政府与市场关系的正确观念，并且大大提升了环境保护的重要性，意味着政府职能变革更为彻底、更加全面。

党的十九大提出“转变政府职能，深化简政放权，创新监管方式，增强政府公信力和执行力，建设人民满意的服务型政府”，再一次指明了未来政府职能转变的重点方向。

要进一步推动政府职能向创造良好发展环境、提供优质公共服务、维护社会公平正义的方向转变，就必须向市场放权，充分发挥市场在资源配置中的决定性作用；向社会放权，更好发挥社会力量在管理社会事务中的作用，进一步深化简政放权、放管结合、优化服务，激发市场和社会的创造活力。

回顾市政职能的变迁过程，我国市政职能已经发生了重大转变：政企关系逐步理顺；政府对微观经济的干预大大减少，市场在资源配置中的决定性作用得到肯定；政府越来越重视社会管理和公共服务职能，并且将环境保护当作一项重要的政府职能加以强调。同时，政府履行职能的方式不断创新，在依法行政的要求下，政府履行职能的法治化程度提升，政府管理更加公开透明，政府决策更加民主开放；在市场经济体制背景下以及受国外政府改革思潮影响，政府开始探索多元化的职能实现方式，积极采用市场机制、社会机制，从传统的政府管制向城市经营转变，进而向城市治理迈进，不断创新职能实现方式，优化政府绩效。

2. 转变市政职能的思路

市政职能的转变是一项宏大而艰巨的系统工程，其实质和核心是围绕“政府与市场、政府与社会关系的处理”进行有效限权、放权和分权。具体包括以下方面：

（1）调整市政职能的范围。

市政职能的范围由全能政府向有限政府转变。首先，政府应当切实履行好宏观调控、公共服务、市场监管、社会管理和环境保护五项基本职能，在公共设施和基础设施建设、环境资源保护、发展科学教育文化事业、公共福利和保障、公共安全、法制建设等方面充分发挥作用。其次，政府要从市场参与者向市场秩序维护者转变，应当切实担负起维护市场秩序的职能，为企业创造一个统一、公正、自由的市场环境，进一步创新政府管理方式，简政放权，最大限度精简优化审批事项，切实加强事中事后监管，提升政府服务效能。最后，政府要有意识地改革社会管理体制，培育社会中介组织，提高社会的组织化程度，扩大社会组织自我管理的能力，为政府职能的转移提供承接载体，以形成政府、市场和社会合作治理的格局。

（2）理顺市政主体之间的关系。

理顺各种关系，为市政职能改革创造良好的环境。首先，规范党政关系，党的领导主要表现为政治领导、思想领导、组织领导，进一步夯实党的领导核心作用。其次，调整城市政府与上级政府之间的关系，合理划分各自的事权、财权和用人权，并用法律法规的形式予以保障，赋予城市政府充分的自主权，充分发挥城市政府因地制宜处理城市公共事务的优势。

调整城市政府与上级政府间关系，关键就是放权。《中共中央关于全面深化改革若干重大问题的决定》明确提出：“加强中央政府宏观调控职责和能力，加强地方政府公共服务、市场监管、社会管理、环境保护等职责。”这对中央政府和地方政府的职责进行了分工，表明了合理界定不同级别政府职能的决心。

（3）转变市政职能的重心。

市政职能的重心由经济建设型政府、社会管制型政府向服务型政府转变。服务型政府是城市政府职能转变的核心目标，其是指从公众的需求出发，以服务为核心价值，以提供公共服务为主要功能，以公众满意为最高标准，以对公众负责为最终使命的政府。与传统的政府管理模式不同，服务型政府的管理模式不再把经济建设当作唯一的目标，而是综合考虑经济效益、社会效益和生态效益；不再把控制社会当作管理的重心，而是把公共服务的供给当作主要的职能。

城市政府在服务型政府的理念指导下，不但要实现职能重心的转移，为城市居民平等地提供普遍的城市基础设施、教科文卫、公共安全等公共服务，而且还要强调公民导向、绩效导向，增加城市居民在公共服务方面的选择权，保障公众在公共服务中的参与权，以公众满意为目标，不断提升公共服务水平。

（4）创新市政职能的实现方式。

市政职能的实现方式由单一、传统向多元、现代转变。首先，要改变单纯依靠行政手段的习惯模式，遵循市场经济规律，综合运用行政、法律、经济和教育等多种手段。其次，要改变单纯依靠政府单一主体管理的模式，建立与市场组织、社会组织的公私合作伙伴关系，积极导入新的公共管理工具。

城市政府的核心职能是公共服务，但公共服务不一定采取由政府垄断供给的方式。公共服务的垄断性导致高成本、低效率、质量较差和缺乏回应，不仅损害了公众对政府的信任，而且耗费了大量公共资源。在新的公共服务供给模式中，政府角色的核心定位是在安排者和生产者之间进行区分和做出理性选择，政府作为安排者决定哪些公共服务应该由政府来做、做到什么程度或水平、怎样付费等问题。至于多数公共服务的生产和提供，完全可以通过合同外包、政府补助、特许经营等形式由私营部门或社会机构来完成，如城市垃圾的清运工作和供水、供热、供气等公用事业，再如小区治理、流动人口的管理、社会治安等，大都可以与社区自治组织协作进行。

值得注意的是，发达国家公共服务市场化的重心在于公共服务提供机制的市场化，而我国的市场化改革肇因于政府财政拮据的大背景，因而自觉不自觉地倾向于政府责任的卸载，公共服务市场化由此受到普遍质疑。应该说，政府责任市场化的倾向应加以校正，而公共服务提供机制的市场化改革不仅要坚持，而且要加大力度。因此，对公共服务市场化的笼统否定，将是一个值得警惕的认识误区。

3.2 市政运行的政策过程

所谓市政运行，是指市政组织体系中的国家政权机关与政党组织、政治社团等多元主体围绕城市公共事务所进行的管理活动。在市政运行的城市管理活动中，公共服务的供给、公共问题的解决以及常规性的事务安排都是通过城市公共政策的形式来进行的，可以说，城市政策过程贯穿了市政运行全程，本节将首先介绍市政运行的政策过程，接着将对其中关键阶段的理论模型进行重点说明。

3.2.1 政策过程

城市公共政策是城市管理和市政运行的基本依据。从层级归属上看，可以将其分为国家性、区域性和地方性的城市政策；从具体内容上看，可以分为城市规划政策、公共财政政策、经济与社会规制政策、基础设施投融资和管理政策、土地管理政策、住房管理政策、社会政策、环境政策等①。城市政策过程，是指市政组织体系中的国家政权机关与政党组织、政治社团等多元主体围绕城市公共政策在整个生命周期所经历的功能性环节或阶段，是管理城市公共事务，并解决城市问题和完成上级交办任务的过程。政策过程大致包括以下几个环节或阶段：

1. 政策问题的确认

在城市管理和政策运行过程中，会遇到各种各样的社会问题。旧的问题尚未解决、新的矛盾屡屡再生，但并不是所有的问题或矛盾都会引起决策者关注进而上升为公共问题。政府的精力和注意力总是有限的，加之公共财政和资源的限制，使得只有那些引起政府重视并着手解决的社会问题才能被称为政策问题。影响社会问题转变为政策问题的因素通常包括：政府偏好、问题属性及严重程度、突发事件、社会舆论等。

2. 议程设定

所谓议程，是指一个政府机关回应特定问题时，所需要考量的一系列事项的总称。设法将公共问题纳入政府机关的议程，是政策过程的第一步，即议程设定，这是社会问题转化为公共问题的关键环节。政策议程则泛指一个公共问题成为论题，并被政府相关单位列入处理议程的整个过程，其中包括公众议程与政府议程两个部分。前者是指那些为社会大众所关注，进而向政府提出诉求和建议，并要求政府机关接纳和采取措施的议题。后者是指那些已经引起政府关注和筛选后进入政府机关讨论并准备加以处理的公共政策议题，或是由政府主动提出，并进行规划的政策方案。

3. 市政决策

我国最主要的市政决策主体是市人大、市委和市政府。实际上，市政决策过程就是这三大主体为解决城市的各种问题而进行的方案的拟订和抉择过程，包括解决方案的拟定、方案的评价、方案的优化、方案的选择以及政策的合法化，并涉及各种关系和利益的协调。在具体流程中，市委和市政府进行选择性决策，人大进行确认性决策，其他民主党派和社会团体通过政协会议和其他形式在一定程度上参与市政决策。

4. 市政执行

市政府及其工作人员执行市政决策，包括市政执行的准备，具体实施市政决策，沟通、协调与控制，市政决策的补充、修改、更新或终止，以及对政策实施效果进行评估。但在实施过程中会经常出现中央和地方（包括城市政府）博弈和多部门难以合作的困境，容易造成政策的碎片化。可通过“高位推动—层级性治理—多属性治理”的方式，采用政府纵向部门和横向部门的协调、合作、整合与信任等策略，运用资源交换和信息交流

---

① 叶海平，陶希东．大都市公共政策．北京：北京大学出版社，2007：101-132.

等手段，减少政策梗阻和政策失真现象，实现公共政策的目标和绩效①。

5. 市政监督

市政监督是指各监督主体对城市各级国家行政机关及其工作人员的职责履行行为与遵纪守法情况进行的监察与督导的过程。外部监督包括执政党和参政党的政党监督、人民代表大会及其常委会的权力监督、人民法院和人民检察院的司法监督以及社会团体和公众的社会监督，内部监督包括上下级行政机关、平级行政机关、行政工作人员之间的监督以及审计监督等。

3.2.2 政策制定的理论模型

政策制定是城市政策运行过程的首要环节，在城市政策研究中居于核心地位。从公共政策相关理论出发，具备代表性的经典决策理论模型如下：

1. 理性决策模型

理性决策模型也被称为经济决策模型或经典决策模型②，该模型秉持经济人的假设，以最优决策为目标追求。该模型认为决策过程是一个稳定有序的序列事件，为实现最优决策的目标，决策者必须在诸多备选方案中做出最佳选择，而这个选择过程的基本步骤包括：（1）认定政策问题；（2）就事实和政策目标达成一致；（3）提出备选方案，分析、评估每个方案的长短期结果；（4）排序选择最优方案；（5）实施；（6）评估。尽管现实决策过程并非如此稳定和有序，但理性决策理论者认为，通过全面认真的信息搜集和精确分析，能够确定最佳方案，并改进决策质量。

2. 渐进决策模型

在批判理性决策模型的基础上，以林德布洛姆（Lindblom）为代表的学者们提出了渐进决策模型，他们认为政策制定并非完全理性，并以逻辑经验主义为方法论基础，将决策视为一个对现行方案不断调整、修正的渐进调适过程。渐进决策模型通过分析人类理性的有限性、决策资源的稀缺性和公共政策的可行性要求，全面批判了理性决策模型，认为政策结果是“互动”（interaction）的而不是“决定”（decision）的，政策过程是在蹒跚中“崎岖前行”（muddling though）的③。渐进主义学者在公共政策决策中奉行经验依赖、路径依赖、暂时满意、弹性可补救的原则④，认为决策是对过去政策不断修改的持续过程。因此，现行政策作为决策者进行决策时的重要参照，建构了决策的环境条件和基本框架，决策者只需要考虑那些能够对现行政策进行修改或补充的备选方案即可，通过对现行政策的修改完善，来适应环境变化、弥补政策漏洞、提升决策质量。

---

① 贺东航，孔繁斌．公共政策执行的中国经验．中国社会科学，2011（5）．

② 摩根，等．城市管理学．北京：中国人民大学出版社，2016：144．

③ LINDBLOM C. Still Muddling, Not Yet Though. Public Administration Review, 1979, 39（6）：517-526.

④ 李春成．林德布洛姆决策理论评析：兼论我国行政决策民主化．探索，1998（4）．

3. 多源流决策模型

1995年，金登（Kingdon）基于组织行为学的“垃圾桶”模型①，修正并提出了多源流决策模型。他认为在承担着不确定性以及时间紧迫性的双重压力下，决策者最关注的是决策的时机，而非理性或最合适的政策产出。该模型认为政策的源起具有极大的不确定性，在“政策原汤”中漂浮着各种由不同理念相互激荡结合而产生的多种政策方案雏形，将决策过程解构为多重行动者借助问题流、政策流、政治流②三条源流所进行的动态变化过程。这三条源流通常各自运作、独立发展，只有在关键时刻汇集在一起时才能推动问题和方案进入政策议程进而完成决策，金登将这个汇集过程称为“政策之窗”的开启。当“政策之窗”开启时，政策企业家会将其所偏好的方案或所关心的问题置于有利位置，通过三条源流的耦合作用大幅提升某个议题受到政策制定者关注的机会，此时也是议程得以重置的关键时机。

4. 间断-均衡模型

1993年，鲍姆加特纳（Baumgartner）和琼斯（Jones）受到古生物学生物进化过程中“间断平衡论”的启发，提出了间断-均衡模型。该模型认为政治过程通常由一种稳定和渐进主义的发展逻辑所推动，但当公共问题被重新定义、政策形象改变、新支持者迅速动员、制度结构改变等一些新情况出现时，便会重置政策议程，面临震荡且不稳定的政策间断发展。该理论指出，对问题的界定直接影响该问题能否进入公共议程，政策子系统的成员会通过维持政策的正面形象和提高议定场所的准入门槛，将“局外人”或政策冷漠者排斥在外，政策在子系统内部保持垄断和缓慢发展。当新问题或者问题新维度的出现在子系统内部无法解决时，外界的压力、政策企业家、新的参与者都会引导政策形象转化，进一步激发公众对政策问题的讨论来引起宏观系统中决策者的注意，一旦政策问题的新界定和讨论通过议程设置进入宏观政治系统中进行串行处理，政策即将面临议程重置和间断改变的可能。

5. 支持联盟框架

1988年，保罗·萨巴蒂尔（Paul Sabatier）和詹金斯·史密斯（Jenkins Smith）提出了支持联盟框架。该框架认为，议程设置和决策过程同时受到政策子系统相对稳定的系统变量和系统外部事件的双重影响。系统变量指的是政策问题的基本特质、自然资源、基本社会价值、社会文化与基本的法律结构；系统外部事件指的是社会经济的变化、系统治理联盟的改变或者其他次级系统的冲击。该框架尤为关注政策子系统中支持联盟的

---

① “垃圾桶”模型把决策中的选择机会看作一个垃圾桶，参与者将各种问题和解决方案都倒入其中，是一种“有组织的混乱”状态，决策者只有在面临紧急状态或无法回避时，才会在其中选择方案并做出行动，这反映出了大规模组织决策的随意性特征。

② 具体而言，问题流由各种问题的信息及其解决方案的支持者构成，阐释问题是如何引起相关方注意的；政策流由各种政策问题的解决方案构成，涵盖了政策建议产生、讨论、重新设计及受到重视的过程；政治流是指能够对问题解决产生影响的政治过程，通常由诸如公众情绪、压力集团之间的竞争、选举结果、政党或者意识形态在国会中的分布状况以及政府换届变更等因素构成。

互动作用，认为每一个支持联盟都由政策子系统中不同组织的行动者组成，他们共享一套“政策信念”并在一段时间内相互合作，寻求影响决策改变的可能性和机会。当共享的政策信念受到倡议联盟彼此互动或系统外突发事件影响而发生改变时，决策才有得以改变的可能。

3.2.3 政策执行的研究路径

政策在完成制定阶段后将进入执行阶段，早期的研究者将关注焦点放在政策制定上，但经过一系列的决策模型、科学程序的研究构建后，实践者们却发现即便遵循相关理论制定出相对理想的公共政策方案，在执行过程中也总是面临重重困难。1973 年，普瑞斯曼和威尔达夫斯基（Pressmain & Wildavsky）的《执行：华盛顿的伟大期望是如何在奥克兰破灭的》一书发行，重新将执行研究从公共政策研究的“沙漠”变成了“宠儿”①。自此，开启了 20 世纪 70 年代之后的政策执行研究风潮，以下将介绍政策执行研究的三条路径。

1. 自上而下的研究路径

第一代政策执行研究遵循自上而下的研究路径，也即政策执行的起点由政策制定者的决策方案开启，政策效果是在自上而下的线性过程中发挥作用的。第一代研究认为政策制定的问题和执行机构的不服从是执行失败的主要原因，因其囿于实务及个案研究的分析方法，因此并未形成普遍性的理论框架，也无法适用于其他政策领域和预测执行结果。

2. 自下而上的研究路径

第二代政策执行研究在批评自上而下研究路径的基础上，开启了自下而上的研究路径，研究者们发现政策执行效果会随着执行时间、政策类型、执行机构、执行者行为等的不同而发生变化。此阶段涌现出了大量的理论模型，例如米歇尔·利普斯基（Michael Lipsky）的街头官僚理论、理查德·埃尔默（Richard F. Elmore）的追溯性筹划、贺恩和波特（Hjern & Porter）的执行结构理论等。这些理论模型适用于分析存在大量自由裁量权的政策过程，因此批评者们认为第二代研究路径过分夸大了某些因素，其理论难以形成共识。但该阶段的政策方案必须兼顾执行者的需求价值以及因地制宜适应性的强调，启发了后来研究者对利益相关者的分析。

3. 第三代政策执行研究

第三代政策执行研究在第一代和第二代研究路径的基础上，提出了整合的政策执行分析框架，尤为重视行动主体间政策网络对政策执行效果的重要作用。其中，政策网络结构既包括垂直体系，也包括水平体系，前者涉及层级政府与府际关系的控制与

---

① 丁煌，定明捷．国外政策执行理论前沿述评．公共行政评论，2010（1）.

互动，后者涉及政府与企业、社会组织等的谈判与合作关系，充分展现了政策执行的复杂性与动态性。20 世纪 90 年代之后涌现出大量的研究成果，如唐纳德·门泽尔（Donald C. Menzel）的组织间模型、郭锦（Malcolm L. Goggin）的府际关系模型、萨巴蒂尔的政策变迁和学习模型、文森特·奥斯特罗姆（Vincent Ostrom）的制度分析模型等。

3.2.4　市政过程中的公众参与

公众参与是城市公众通过与城市政府或其他公共机构互动的方式决定公共政策和参与公共治理的过程与行为。在现代市政过程中，公众参与已成为影响现代城市发展的重要因素，尤其需要强调其在市政决策和治理过程中的重要作用。

1. 公众参与兴起的背景

随着城市化进程的加快，城市规模的不断扩大，城市问题也越来越复杂多变，仅仅靠城市政府的单一管理是难以应付的。现代信息技术的应用和传播，已经改变了传统的城市管理者和市民的互动方式，城市管理者已经很难通过信息垄断的方式实施集权式的管理。城市社会利益的分化越来越细，价值观念的多元特征更加明显，利益和价值的冲突成为城市管理者面临的严峻挑战。要想及时把握问题和矛盾的性质与状态、平衡不同利益和价值的要求，离不开公众参与。一方面，随着知识和信息的传播，公众受教育程度的提高，其综合素质相比传统社会时得到了极大的提升，城市中的公众已经拥有参与城市管理的知识和技能；另一方面，全球化带来民主、自由、平等观念的传播，公民的民主意识、公正意识和权利意识在不断增强，在自身利益的驱动下，公众参与的兴趣和热情被逐渐激发出来。

面对日益增强的公众参与需求，传统的市政管理模式已经变得僵化而滞后，专家治国的精英主义、封闭式的组织结构、不透明的决策过程、权力从上到下的支配强制模式、责任链条的断裂等，造成了城市财政开支的不断增加、城市问题依然如旧、公众对城市政府的信任度降低等多重尴尬局面。通过加强公众参与提升城市管理效益、重获公众信任、再塑城市政府合法性，已经成为人们的共识。

2. 公众参与的地位与作用

（1）表达公众利益诉求。

就个人而言，公众参与有助于表达公众自己的需求，维护自己的合法权益；公众参与制度有助于提供公众自我发展与选择的基础，参与是公众自我教育和政治社会化的有效途径，在参与的过程中，公众能够较为准确地界定自己利益的合理边界，能够对政治与管理的体系和运作过程形成清晰的认识；公众参与有助于增进和发展个人的思想、情感及行动的力量，激发个人的潜能，建构有效能的政府，在参与的过程中纠正现代公众对政治的偏见，如无政府主义、政治冷漠以及政治激进主义等。总之，公众参与有助于培养不偏激、不保守的现代精神。

（2）推动城市社会发展。

对于城市社会而言，公众参与有助于调整社会与国家的结构关系，改变国家处于强势支配地位的现象，增强社会的自我治理能力，平衡国家和社会的关系，促进二者合理边界的确定；在矛盾和冲突较为集中的城市中，通过公众参与来化解冲突，有助于稳定社会秩序，创造和谐的发展环境；各种组织和个人在参与中相互沟通、谈判、协调和妥协，这种理性的互动有助于塑造规则意识和诚信观念，建立合作关系网络，促进社会资本的积累，为城市的发展奠定良好的社会基础。

（3）完善城市政府治理。

对于城市政府而言，公众参与有助于规范政府权力的行使，强化公众监督，为遏制腐败提供强大的动力支持，保证社会公共利益得到有效的维护和实现；通过公众参与，集思广益，集中民智，反映民意，有力地促进公共政策质量的提高和政策的高效执行，提高管理效率；公众参与本身就是民主的重要表现，公众参与公共政策的制定和执行，有利于促进城市管理的民主化，进而提升整个政府的民主化水平，有利于渐进式民主进程的推进；此外，在公众参与中，公众的权益得到有效的保护、公共利益得到有效的实现，有助于增进公众对政府的认同，提高政府的合法性。

3. 公众参与的发展

与传统的公众参与相比，现代城市管理中的公众参与在范围、层次、自主程度、制度等方面出现了许多新的变化，主要体现在以下几个方面：

（1）从间接参与到直接参与。

从核心特征来看，在代议制民主的背景下，传统的公众参与更多地通过投票选举代议机构代表或者政治官员来间接影响决策，这种委托代理的方式不可避免地会带来民意的扭曲和误解，而且公众也会产生疏离感和无力感。现代公众参与强调直接民主导向，越来越表现出直接参与的特征，除了投票等形式外，越来越多地参与具体的市政管理过程，参与内容不仅涉及政策的制定，而且渗透到政策的整个执行过程。

（2）从动员性参与到自主性参与。

传统的公众参与是非均衡的，那些拥有一定地位，掌握较多经济、社会、文化资源的社会精英更容易表达和维护自己的利益。而普通大众处于相对弱势地位，即使有一定的参与，也大多是政府出于合法性的考虑而大力动员的结果。随着社会的发展，利益的分化和民主意识的觉醒促使公众自发、主动地寻求政治参与的机会，公众的参与意愿和参与能力大大提升，自主性的参与特征更加明显。随着越来越多的公众和社会阶层被纳入市政过程中，与传统精英主义参与不同，现代公众参与的大众化、平民化趋势越来越明显。

（3）从非制度化参与到制度化参与。

在传统集权体制下，政府组织结构的封闭性和刚性较强，公众参与并未构成政治制度的有机组成部分，也缺少法律保障，参与的制度不健全，大多数参与只能以非法或非制度化的状态存在。以人为中心的非制度化的参与发挥主导作用，公众通常只能通过与官员个别接触进行利益诉求，参与的效果受官员个人品德和政治素质影响较大。随着民主政治的发展，现代公众参与成为政治过程不可或缺的环节，是宪法确定的重要公民权利，开放性和弹性成为政府组织结构改革的取向。以法治为中心的制度化的参与发挥着越来越重要的作用。公众通过既定的法律程序维护自身权益，较少受到官员个人素质的影响。

此外，现代公众参与方式越来越复杂，参与的层次越来越高，参与的强度也越来越大。传统公众参与与现代公众参与的具体特征比较如表3-2所示：

表3-2 传统公众参与与现代公众参与的具体特征比较

项目	传统公众参与	现代公众参与
核心特征	间接参与（弱势民主）	直接参与（强势民主）
参与内容	影响决策者的选择	参与政策制定与执行
参与广度	精英主义倾向	平民主义倾向
参与层次	基层倾向	向高层发展
参与方式	简单	复杂
参与强度	较弱	较强
自主程度	动员性参与较多	自主性参与较多
组织结构	封闭性	开放性
法规制度	以人为中心的非制度化参与	以法治为中心的制度化参与

注：参与强度是指公众参与影响市政决策活动的程度和持续性，以及它对整个政治运作过程的重要性程度。

3.3 新时期城市治理理念

2015年，我国时隔37年再次召开中央城市工作会议。这次会议是继1978年后召开的最高规格的城市会议，进一步凸显了城市管理工作的重大意义。习近平总书记指出："推进国家治理体系和治理能力现代化，必须抓好城市治理体系和治理能力现代化。"随着我国城镇化进程的不断加快，城市治理议题日趋复杂多元。新形势下推进城市治理现代化，亟须立足城市发展实际和人民需求，着眼党建引领、重心下移、科技赋能，不断提升城市治理科学化、精细化、智能化水平，让人民群众拥有更多获得感、幸福感、安全感①。

3.3.1 国家治理现代化对城市治理的要求

2013年，党的十八届三中全会提出"全面深化改革的总目标是完善和发展中国特色社会主义制度，推进国家治理体系和治理能力现代化"。新型城镇化发展是国家现代化的重要内容，不断推进我国城市治理是实现全面深化改革与国家治理现代化的重要抓手。

1. 全面深化改革与国家治理现代化

党的十八大以来，中国特色社会主义进入一个新的发展阶段。以习近平同志为核心

① 汪碧刚. 推进城市治理现代化的着力点. 人民日报，2020-05-19（9）.

的党中央明确提出，全面深化改革的总目标是完善和发展中国特色社会主义制度、推进国家治理能力和治理体系现代化。城市成为国家全面推进治理变革的重要尺度和空间单元，城市治理模式也从城市自发需求向国家战略布局引领转化。党的十八届三中全会指出，坚持走中国特色新型城镇化道路，推进以人为核心的城镇化。在此基础上，我国开始了在经济、政治、文化、社会、生态各个方面的全面改革以提升城市治理能力，城市治理水平得以全面提升。

2. 政府机构改革与服务型政府建设

2013 年 3 月 14 日，《国务院机构改革和职能转变方案》获批通过，我国大力推行以"简政放权"为核心的行政管理体制改革，"把该放的权放开、放到位，把该管的事情管好、管到位"。2018 年 2 月 28 日，中国共产党第十九届中央委员会第三次全体会议通过了《中共中央关于深化党和国家机构改革的决定》，该决定对简政放权改革做出重大部署并提出持续转变政府职能，建设人民满意的服务型政府。近年来，中央政府逐步放权以减少对地方政府的约束，省级及以下政府获得更多的自主权。城市治理模式的转型则主要表现为国家治理现代化下协同式治理和整体性治理创新，并将人民满意的服务型地方政府作为城市政府发展的目标。

专栏 3-1

城市治理之"核"：坚持以人民为中心

坚持以人民为中心是城市治理现代化的核心要义。党的十八大以来，习近平总书记提出了以人民为中心的发展思想，把促进人的全面发展和共同富裕作为发展的根本原则①。以人民为中心的发展思想，集中体现了党的全心全意为人民服务的根本宗旨，顺应了人民群众对美好生活的向往，揭示了坚持和发展中国特色社会主义的根本目的②。坚持以人民为中心意味着人是城市发展过程中最核心的要素，城市工作的出发点和落脚点都是实现最广大人民的根本利益。

"以人民为中心"首先意味着要实现全体人民的共同富裕。当前，城乡二元结构差距是影响我国城市化治理现代化和共同富裕目标实现的主要因素，找到破解之道是促进城市化健康发展、实现共同富裕的关键所在。这就要求必须把农业转移人口和职业农民的生计可持续发展放到城市化进程中最为核心的位置去考虑③。习近平总书记高度重视城乡发展不均衡问题，他指出："城镇化必须同农业现代化同步发展，城市工作必须同'三农'工作一起推动……形成城乡发展一体化的新格局"④。

城市政府提供基本的公共产品和公共服务、提高城乡居民的生活品质、满足人民群

---

① 秦书生，张海波．论习近平新时代中国特色社会主义思想对科学社会主义的坚持与发展．社会主义研究，2020（1）.

② 田克勤，田天亮．准确把握习近平新时代中国特色社会主义思想的内在逻辑．马克思主义研究，2019（8）.

③ 刘家强，刘昌宇，唐代盛．新中国 70 年城市化演进逻辑、基本经验与改革路径．经济学家，2020（1）.

④ 中共中央党史和文献研究院．十八大以来重要文献选编：下册．北京：中央文献出版社，2018：81.

众对美好生活的多元需求，也是坚持以人民为中心的应有之义。“城市工作做得好不好，老百姓满意不满意，生活方便不方便，城市管理和服务状况是重要评判标准”①。这就要求在城市发展过程中做出重大决策时积极听取广大人民群众的声音，推动政策走向科学化、民主化和人性化，进而实现公共利益最大化，实现人民当家作主。习近平总书记在中央城市工作会议上强调：“要尊重市民对城市发展决策的知情权、参与权、监督权，鼓励企业和市民通过各种方式参与城市建设、管理。”② 在城市管理中，政府角色应积极从“全能政府”向“有限政府”转变，从“划桨人”向“掌舵人”转变，协同企业、第三方组织机构和公众共同参与城市治理，形成多中心、互动式、开放式城市治理现代化格局。

近年来，一系列为实现全体人民共同富裕的配套改革措施应运而生。在中央层面，为了给城乡一体化新格局提供必要的制度支撑，国务院出台了促进城乡居民增收、整合城乡居民基本医疗保险制度、推进户籍制度改革等一系列政策，奠定了城市改革的基本框架；城市政府以户籍制度改革为有力抓手，相应的养老、就业、医疗、住房等配套改革同时跟进，积极推进城市基本公共服务常住人口全覆盖，使农村转移人口共享城市改革发展红利，营造出了公平开放包容的城市发展格局。

3. 以人为本的城镇化

城镇化是人类社会发展的客观趋势，是现代化的必由之路。改革开放以来，我国城镇化进程明显加快，从1978年到2019年，城镇人口从1.7亿增加到8.48亿，城市化水平大大提升。然而，我国在城市快速发展的过程中也积累了不少突出的矛盾和问题。比如：土地城镇化快于人口城镇化，大量农业转移人口的社会融入问题，城市管理水平较低带来的“城市病”问题，等等。当前，我国城镇化发展已经站在新的历史起点上，既面临巨大机遇，又面临诸多难题。合理适时解决上述问题的关键在于坚持新型城镇化的基本方向。

3.3.2　新时期城市治理的方式

1. 从主体多元走向协同治理

新中国成立初期，通过生产资料社会主义改造等有力措施，我国城市建立起全能政府模式。城市政府全面垄断经济社会资源，所有的“单位”都由党和政府控制与管理。改革开放以来，伴随着市场经济的发展，城市政府的治理模式发生了重要变化，市场、社会组织、城市居民等主体也逐步参与到城市治理中，多主体参与的城市治理格局愈发明显。在国家治理现代化背景下，城市治理逐步探索在各主体间形成协调有序的参与方式。在深入推进政企分开、政社分开的同时，大力发展公私合作和伙伴关系，提升跨界

① 中共中央党史和文献研究院. 十八大以来重要文献选编：下册. 北京：中央文献出版社，2018：83.

② 同①92.

协同治理能力，以实现各项治理目标。协同治理是当今世界各国进行公共事务治理的主要方式之一，其以承认多元主体自主参与治理为前提，通过建立公共平台和对话机制，将跨界行动涉及的利益相关者囊括进来，彼此在对话协商中达成共识，形成集体决策，采取协同行动，实现协同效能①。从我国的城市治理具体情境出发，城市政府需要在此过程中发挥主导作用，并调动和协调企业与社会力量，创造并实现具有公共价值的目标。为此，政府职能必须反映社会对政府的需求，并且在职能转变的过程中，调整结构、优化运作，与不断变化的社会治理需求相适应②。

2. 城市治理的技术转向

习近平总书记指出："没有信息化就没有现代化。"建设智慧城市，是推进城市治理体系和治理能力现代化的重要举措，也是走中国特色新型城镇化道路的必然要求③。大数据是新时代推进国家治理体系和治理能力现代化的重要技术路径，以物联网、云计算、移动互联网和大数据为代表的新一轮信息技术不断涌现，则意味着从"城市管理"走向"城市治理"的技术条件已初步具备。未来城市治理将面临更加复杂化的潜在挑战，而新兴技术的发展则有助于实现城市治理的精细化转向，帮助政府实时获取反映居民诉求与城市系统运行的海量数据，并做出精确研判、高效决策和及时回应。当前，数字技术运用于城市治理，已经在缓解城市交通拥堵、推进城市公用事业智能化建设、推进医疗公共卫生服务精准化、提高突发事件预判与应对能力、建设智慧社区解决公共服务"最后一公里"问题等方面展现了巨大应用价值，成为政府破解城市治理难题、提升城市治理效能的重要突破口④。

3.3.3 新时期城市治理的内容

党的十八大以来，以习近平同志为核心的党中央更加关注我国城市的发展与建设。城市是经济、政治、文化、社会各方面活动的中心，城市治理对整个社会发展而言都极为重要。随着中国特色社会主义进入新时代，进一步完善城市治理体系、提高城市治理能力，是满足人民日益增长的美好生活需要的重要一环。

1. 城市治理的指导思想

2013 年 12 月 12 日，习近平总书记在中央城镇化工作会议上指出，城镇化是现代化的必由之路，推进城镇化要坚持"以人为本、优化布局、生态文明、传承文化"的基本原则。2014 年 3 月 16 日，中共中央、国务院印发《国家新型城镇化规划（2014—2020 年）》，该规划指明了我国新型城镇化的未来发展方向与发展重点，新型城镇化建设布局

---

① 李辉，任晓春．善治视野下的协同治理研究．科学与管理，2010（6）．

② 王有强．协同治理　推动城市管理体制改革：以北京市石景山区为例．（2015-03-02）．http://theory.people.com.cn/n/2015/0302/c40537-26622354.html．

③ 张鸣春．从技术理性转向价值理性：大数据赋能城市治理现代化的挑战与应对．城市发展研究，2020（2）．

④ 刘志林，陈济冬．数字技术使城市治理更好回应人民关切．光明日报，2020-09-21（16）．

全面展开。未来城市治理，尤其强调以下几个方面：

第一，城市治理是国家治理现代化的重要内容。习近平总书记指出："推进国家治理体系和治理能力现代化，必须抓好城市治理体系和治理能力现代化。""城市治理搞得好，社会才能稳定、经济才能发展"。"我们创建国际一流的城市，要有一流的治理，我们要为此再进一步努力。"上述重要论断，鲜明指出了城市治理在国家整体现代化进程中的关键地位。

第二，坚持规划引领，尊重城市发展的科学规律。习近平总书记指出："城市发展中起着重要引领作用，考察一个城市首先看规划，规划科学是最大的效益，规划失误是最大的浪费，规划折腾是最大的忌讳。""做好城市工作，首先要认识、尊重、顺应城市发展规律。"城市治理首先要做好科学规划，在科学规划的前提下，尊重城市发展的规律，才能实现城市的良性治理。

第三，将以人民为中心作为城市治理的价值取向。习近平总书记提出，"人民城市人民建，人民城市为人民。"城市是人们生产生活的重要载体，寄托着亿万人民对美好生活的憧憬。"无论是城市规划还是城市建设，无论是新城区建设还是老城区改造，都要坚持以人民为中心。"为此，城市管理者必须从政绩驱动向以人为本的高质量治理模式转变。

第四，将精准化、精细化以及智能化作为未来城市治理的方向。"治理"与"管理"一字之差，体现出的是科学化、法治化、专业化、智能化的现实要求和发展趋势，城市管理应该像绣花一样精细。越是超大城市，管理越要精细，越要在精治、共治、法治上下功夫。习近平总书记指出："运用大数据、云计算、区块链、人工智能等前沿技术推动城市管理手段、管理模式、管理理念创新，从数字化到智能化再到智慧化，让城市更聪明一些、更智慧一些，是推动城市治理体系和治理能力现代化的必由之路。"

第五，以城市基层治理为中心，切实提升城市基层治理体系效能。城市基层治理是实现国家治理现代化的基础工程。"要着力完善城市治理体系和城乡基层治理体系，树立'全周期管理'意识，努力探索超大城市现代化治理新路子。"因此，新时代城市治理就是要坚持现代化道路，坚持科学规划，坚持以人民为中心的价值取向，不断推动城市治理的精细化、智慧化、科学化。

2. 完善城市基础设施

党的十八届三中全会明确提出，"允许社会资本通过特许经营等方式参与城市基础设施投资和运营，研究建立城市基础设施、住宅政策性金融机构"。2014年3月，《国家新型城镇化规划（2014—2020年）》明确提出，要发展城市公共交通，加强市政公用设施建设，建设安全高效便利的生活服务和市政公用设施网络体系，统筹电力、通信、给排水、供热、燃气等地下管网建设，建设安全可靠、技术先进、管理规范的新型配电网络体系，完善燃气输配、储备和供应保障系统，提高城镇生活垃圾无害化处理能力等。这就要求在城市化进程中不断发展城市公用事业，做好土地城镇化、市民城镇化之后的配套工作，将公用事业发展作为城市发展与治理的重点内容。这一问题在此后历年的政府工作报告中也多有提及。2019年的政府工作报告提出"城镇老旧小区量大面广，要大力进行改造提升，更新水电路气等配套设施，支持加装电梯和无障碍环境建设，健全便民市场、便利店、步行街、停车场等生活服务设施”。由此可见，城市基础设施建设仍然是未来城市治理的重点。2013—2019 年，我国城市公用事业得到较大发展，具体发展情况如表 3-3 所示：

表 3-3　2013—2019 年我国城市公用事业发展情况

项目	2013	2014	2015	2016	2017	2018	2019	增长率
城市人口密度（人/平方公里）	2 362	2 419	2 399	2 408	2 477	2 546	2 613	10.63%
用水普及率（%）	97.6	97.6	98.1	98.4	98.3	98.4	98.8	1.23%
供气管道长度（万公里）	43.2	47.5	52.8	57.8	64.1	71.6	78.3	81.25%
燃气普及率（%）	94.3	94.6	95.3	95.8	96.3	96.7	97.3	3.18%
每万人拥有道路长度（公里）	7.8	7.9	7.9	8.0	8.1	8.4	8.8	12.82%
人均拥有道路面积（平方米）	14.9	15.3	15.6	15.8	16.1	16.7	17.4	16.78%
城市排水管道长度（万公里）	46.5	51.1	54.0	57.7	63.0	68.3	74.4	60.00%
每万人拥有公共汽电车辆（标台）	12.8	13.0	13.3	13.8	14.7	13.1	13.1	2.34%
人均公园绿地面积（平方米）	12.6	13.1	13.3	13.7	14.0	14.1	14.4	14.29%
生活垃圾清运量（万吨）	17 239	17 860	19 142	20 362	21 521	22 802	24 206	40.41%

资料来源：2014—2020 年的《中国统计年鉴》。

3. 优化城市营商环境

改革开放以来，我国在加强制度建设、完善治理规则和加强经济治理等方面取得了长足的进步。尤其是党的十八届三中全会以来，党中央更加充分认识到经济治理体系对于国家治理的重要性。2017 年 7 月，习近平总书记在中央财经领导小组第十六次会议上强调，要改善投资和市场环境，加快对外开放步伐，降低市场运行成本，营造稳定公平透明、可预期的营商环境。2018 年，国务院成立了推进政府职能转变和“放管服”改革协调小组，并下设了优化营商环境专题组。2019 年的政府工作报告提出，要“大力推进改革开放，加快建立统一开放、竞争有序的现代市场体系，放宽市场准入，加强公正监管，打造法治化、国际化、便利化的营商环境，让各类市场主体更加活跃”。2019 年 10 月出台的《优化营商环境条例》，更是从制度层面提供了具体的保障和支撑。优化营商环境是城市发展的重要环节，也是城市治理水平得以提升的重要体现。营商环境的持续优化提升是城市高质量发展的重要保障，是当前我国城市新一轮改革开放、投融资功能、经济转型、企业发展、脱贫攻坚等的迫切要求。目前，各城市都在如火如荼地进行营商环境优化建设，如浙江开展的“最多跑一次”改革，北京率先推行开办企业一站式服务，上海全面实施证照分离，深圳搭建“一窗通”平台，济南推行的“在泉城，全办成”，等等。可以预见，城市营商环境优化建设将会成为未来城市治理的重点领域，也会成为撬动城市治理的重要支点。

新中国成立以来，我国的城市治理经过计划经济时代的单位管理体制、改革开放推动的市场化转型以及党的十八大后国家治理现代化的发展，在治理理念、主体构成、治理行为、治理方式、治理生态和治理目标等方面均有了较为明显的转变。城市治理理念从传统管理向现代治理转变，城市治理主体结构从单一政府主体向多元协同共治转变，城市治理行为从居民被动参与向多方主体自觉行动转变，城市治理方式从机械僵化向灵活高效转变，城市治理生态从偏重经济增长向全方位品质提升转变，城市治理目标从着眼于城市自身发展向实现城乡融合发展转变。

关键术语

市政体系　市政职能　城市政策过程　市政运行　城市治理现代化　城市治理　公众参与

复习思考题

1. 我国的市政组织体系包括哪些市政主体，它们之间的关系是怎样的？
2. 市政职能的基本分类是什么？有哪些主要特征？
3. 结合市政职能目前面临的困境，谈谈你对我国市政职能转变的看法。
4. 以你熟悉的一项市政政策为例，谈谈如何实现良好的城市治理。
5. 公众参与的积极作用和消极作用分别是什么？假如你是城市管理者，你会如何处理公众参与和城市管理绩效之间的关系？
6. 结合当前城市的实际发展，请简要谈谈新时期我国城市治理的主要变化。

延伸阅读

1. 朱光磊. 当代中国政府过程. 3版. 天津：天津人民出版社，2008.

任何实际运行中的政府，都不仅是一种体制，而且是一个过程。因此，关于政府问题的研究，必然要在方法论上突破传统的体制研究的范围，而走向一个重要的领域——过程研究。“政府过程”是行政学的一个重要概念，是分析政府问题的一个重要角度。该书运用“政府过程”这一概念，对中国的政治权力结构和社会结构，对意见表达、意见综合、决策和施政四个基本环节，对政务信息传输和监督两个保障性环节，做了比较系统的阐释和介绍；同时，也分析了“单位”现象、政府经济行为、央地关系和地方政府过程，并对下一步的政府过程调整问题做了展望。

2. 王佃利. 城市治理中的利益主体行为机制. 北京：中国人民大学出版社，2009.

该书从城市治理的角度来分析城市的运行。基于对城市治理的多维解读，着力回答城市治理中各利益主体“是什么”和“为什么参与”的问题，描述了政府、企业组织、非营利组织在城市治理中的参与，剖析了三者的内在行为动机和参与机制，提出对利益矛盾进行整合、促进城市治理的思路。阅读这本书有助于进一步理解城市管理发展的方向和内在动力。

3. 贾德，斯旺斯特罗姆. 美国的城市政治. 于杰，译. 上海：上海社会科学院出版社，2017.

城市，上承国家的政治理念，下启地方的治理系统；城市，既要完成经济繁荣的目标，又要调和集团竞争的纠纷。在联邦制下的美国，国家与地方关系的特殊性更是将城市变为了明争暗斗的政治竞技场。该书以“城市政治的起源”“城市危机”“分裂的大都市”三部分为主线，用15个章节追溯了城市在政治变革下的沉浮，分析了城市所历经的政治分化，并且探讨了工业化、移民、种族等尖锐的社会问题。该书的两位作者围绕着“经济增长”和“治理”，追溯了美国城市政治的发展轨迹以及城市政治的变革，讨论了城市政府的分化，并进一步分析了工业化解体以及全球化浪潮下的城市政治新特点。

4. 马彦琳，孙春霞，刘建平. 现代城市管理学. 3版. 北京：科学出版社，2013.

该书围绕社会主义市场经济条件下如何进行城市管理这一中心，按照现代城市管理的一般原理、现代城市管理的主体、现代城市管理的手段体系、现代城市管理的客体以及城市发展与城市管理的变革五个层次展开，系统地阐述了现代城市管理的基本原理和基本知识。该书注重理论性与实用性相结合，配有多媒体教学课件和案例库，以方便教师授课和学生学习，可作为高等院校公共管理、行政管理、城市管理、公共事业管理等专业的基础课程教材，也可供各级城市管理部门人员培训选用。

5. 张永桃，孙亚忠，范春辉. 市政学. 2版. 北京：高等教育出版社，2020.

该书积极吸收了相关领域理论和实践发展的新成果，具有结构新颖、逻辑严密、条理清晰、内容丰富、贴近实际等特点，是我国市政管理领域的新著作。全书共12章，按照市政与市政学、城市、市政主体、市政客体和市政绩效及其管理五大部分展开。

第4章

市政体制与市政创新

重点问题

市政体制既反映了城市在国家行政体制中的地位，也体现出城市政府的组织形式以及管理结构。

如何理解市政体制？我国市政体制的内容及特点是什么？这是学习本章应掌握的基本内容。如何理解我国市政体制改革实践？如何进一步推动我国市政体制的改革？市领导县体制、城市管理综合行政执法体制与社区管理体制面临哪些挑战？未来的发展趋势如何？应对这些前沿问题予以深入思考，准确把握市政体制的改革取向。

4.1 市政体制概述

所谓体制，一般指组织系统中各种主体、各种层级之间关系制度化的表现形式。良好的体制是高效管理的前提。许多城市管理问题的存在，凸显出背后的市政体制问题。多元参与、权责明晰、公开透明、运行畅通、层级协调的市政体制，有利于处理纷繁复杂的利益关系，激发各种主体的积极性，促进城市的和谐发展。因此，研究市政体制，完善和发展市政体制，对于提高市政管理水平、增强市政管理的科学性与有效性有着重要的意义。

4.1.1 市政体制的含义

1. 市政体制含义的层次性

关于市政体制的含义，有不同的理解，具体包括以下三个层次：

（1）宏观层次的理解，把市政体制等同于市的建制制度，也称城市行政区划体制，通常称为市制①。它界定了城市在整个国家政体结构中的地位，包括行政区划、城乡关系和各种城市的行政级别与行政隶属关系等。一般来说，建制市是国家按照特定的标准为加强城市的行政管理而专门设置的行政建制单位。作为一级行政区划，它具有三项基本内容：一是行政区域，城市行政区域管辖范围应有确定的边界，有一定规模的人口和面积；二是行政单位，设有城市行政区域政权机构，包括权力机关、行政机关和司法机关，它们构成城市型行政区的行政中心；三是行政建制，包括城市型行政区的行政级别与行政隶属关系。

（2）中观层次的理解，把市政体制等同于城市政权的组织形式，认为市政体制是规范城市内代议机构、行政机构和司法机构之间，城市的政党组织与国家机构之间，以及城市的国家机构上下级之间关系的各种法律、规章和惯例的总称，其本质是围绕政治权力的配置，处理城市中的各阶级、阶层之间的关系。

（3）微观层次的理解，把市政体制看作城市管理具体职能范围领域内的具体管理体制，是具体管理过程中的组织机构设置、权责配置和运行制度规范等的总称。如城市社区管理体制、城市综合执法体制、城市规划体制、城市土地管理体制、城市基础设施管理体制等。具体管理体制与城市的实际状况结合较为紧密，相比之下更为灵活多样。

广义的市政体制涵盖三个层次的理解，包括市的建制设置及其地位、城市政权的组织形式和具体的管理体制。狭义的市政体制，一般指中观层次上的理解，仅指城市政权的组织形式。本书的市政体制取广义的理解。鉴于涉及具体管理领域的管理体制，在以后各章都有相应论述，本章主要叙述宏观和中观层次的市政体制，并涉及一些综合性管理事务的具体体制。

2. 市政体制含义的要点

深入认识和正确理解市政体制的内涵，需要把握以下几点：

（1）市政体制的核心。

市政体制的核心是权责配置问题。市政体制反映了国家权力在城市行政区的配置以及城市内部各主体、各层级之间的权责关系，是调整各种利益关系、支撑城市系统的基本框架。权责的配置主要表现为城市公共政策的决策权、执行权、监督权、评价权等权力在国家不同层级政府、不同政权组织以及政党、利益团体等相关主体之间的分配与制衡。

---

① 戴均良. 中国市制. 北京：中国地图出版社，2000：1.

（2）市政体制的特点。

市政体制的特点主要体现为差异性、多样性、动态性。市政体制是一个国家政治、行政体制的重要组成部分，反映了一国政体的基本特征。中央集权的单一制国家与地方自治的联邦制国家在市政体制方面存在明显的差异性。同时，市政体制的具体形式是多样的，如日本与英国实行市议会制，而美国则有市长议会制、市经理制和市委员会制等多种形式。市政体制形式上的多样性源于各国社会中各阶级、阶层、社会集团等力量的对比，以及经济发展水平、政治制度和历史文化传统等具体情况的差异。市政体制从长期来看具有动态性，市政体制的调整与变革也必须适应社会的发展与公众的利益要求。

可以看出，某种特定市政体制的选择往往有其历史性、特殊性，从来没有完美的制度，也从来没有不需要变革的制度。选择某种特定的市政体制形式有其特定的历史原因，但无论这一原因在当时是多么充分，随着社会的发展，都必须适时地调整以适应处理新情况、解决新问题的需要。

（3）市政体制的基本要求。

市政体制是处理和规范城市内外各种关系的制度化、法律化的表现形式，法制化是市政体制的基本要求，是市政体制走向规范和成熟的标志。

市政体制法制化要求城市政府与其他城市政府、城市的政党组织、国家机构之间的职权划分法制化，并将这种划分稳定下来，不因长官意志的改变而改变，不因执政者的变化而变化。它们之间的权限纠纷和矛盾冲突主要通过法律途径来解决，摒弃了私下斗争这种形式。无论是个人、政党组织还是国家机构都不应有凌驾于宪法与法律之上的特权，这是依法治国也是市政体制法制化首要的基本原则与要求。如果不能树立法律至高无上的地位，法制化就是一句空话，依法治国就无从谈起，市政体制改革的成果就得不到保障。

4.1.2　市政体制的内容

根据广义的市政体制的含义，市政体制主要规范和调整以下关系：

1. 城市政府与其上级政府的关系

城市政府与其上级政府之间的关系更多地表现为上级政府对城市政府的控制，其控制手段包括立法控制、行政控制、财政控制，以及通过政党组织和其他方式进行控制。

一般来说，城市政府与其上级政府之间的关系受国家政体的影响较大。在单一制国家中，包括城市政府在内的地方政府与其上级政府之间是严格的上下级隶属关系。如我国的城市政府受上级政府的统一领导，上级政府对城市政府的控制多采用行政控制等直接手段。在联邦制国家中，城市政府拥有较大的自主权，与联邦政府没有直接的隶属关系，联邦政府无权直接干预城市政府事务。如美国的城市政府拥有高度自治权，上级政府对城市政府的控制主要采取立法控制和财政控制等间接手段。

2. 城市政府与其他行政主体的关系

城市政府与没有行政隶属关系的其他行政主体之间的关系主要体现为两种：一种是

城市之间的关系，另一种是城市与周边没有行政隶属关系的县乡镇之间的关系。这种横向的行政主体间的关系一般表现为彼此分隔、竞争或合作等多种形式。

我国横向行政主体之间的关系更多地表现为分割和竞争，而国外更注重采取多样化的合作方式促进主体之间的合作与协调。不过，随着城乡一体化进程的加快和区域经济的进一步发展，我国城市政府逐渐意识到合作的重要性并在多个领域加强合作。未来，无论是城市之间，还是城市与没有隶属关系的县乡镇之间，都应该建立良好的政府间伙伴关系，旨在为公众提供更好的公共服务。

3. 城市中政党组织、国家机构与社会团体之间的关系

无论是在国外还是在我国，城市的国家机构都会受到政党组织的影响，有时这种作用甚至是决定性的。在现代民主形式下，市民主要通过参加各种社会团体、国家机构或政党组织的方式进行利益表达、参与政治生活。因此，政党组织和社会团体成为市民向国家机构进行利益表达的重要渠道。

随着市民政治参与意识的提高，城市的国家机构与政党组织、社会团体的关系将会得到进一步发展。社会团体的支持程度对政党组织的竞选结果、城市政府的组成与决策将会产生越来越重要的影响，由市民组成的社会团体的地位将会得到进一步提升。

4. 城市内代议机构、行政机构、司法机构之间的关系

城市的代议机构、行政机构、司法机构之间的关系，是立法、行政、司法三大权力的分工与合作关系。三种权力有不同的分工，彼此之间相对独立、相互制约，但又相互联系、相互依存。与一些国家不同的是，我国并未形成三权分立制衡的政治格局。

随着社会的发展，为了应对日益复杂的社会事务管理需要，行政机构不断扩张，地位显著提升，行政职能范围日益扩展，并且出现了行政立法和行政司法现象，打破了传统三权之间严格的界限。尽管这一趋势带来了诸多问题，但已成为不争的事实。

5. 市与所辖区、县的关系

市与所辖区、县之间的关系，主要指市级政党组织、国家机构与区县级政党组织、国家机构之间的关系，也是城市政权组织形式的重要组成部分。

我国与一些西方国家在辖区的设置上较为相似，只有达到特定规模的城市才可以辖区，区政府必须服从市政府的领导。不过，一些西方国家实行市县分治，城市与周围的县、乡等农村地区不具有辖属关系。而我国实行市领导县的体制，主要原因是我国城市化水平较低，城市辖县在一定程度上可以发挥城市的中心作用，带动农村经济的发展。

4.1.3 我国市政体制的特点

市政体制是一国政治体制的延续与缩影。受经济水平、历史文化传统、国民素质等基本国情的影响，中西方在政治体制上存在很大的不同，这就决定了我国与西方的市政体制存在着相当大的差异。其主要特点如下：

1. 中共市委处于领导核心地位

中国共产党是我国的执政党，是我国的领导核心，我国的国家机构都是围绕这一核心运转的。在城市中，中共市委虽然不是城市国家机构的组成部分，但它却拥有对该城市所有国家机构的绝对领导权。中共市委的核心地位主要表现为：城市国家机构工作中的重大问题一般都由中共市委及其常委会讨论决定；市政府、法院和检察院的领导干部候选人由中共市委向市人大及其常委会推荐；中共市委通过设在各部门的党组，控制、领导城市国家机构的日常工作；市长一般兼任市委副书记，处于市委的领导下，从组织上保证市政府贯彻执行市委的决定；公安局、司法局与法院、检察院接受中共市委政法委员会的领导；中共市委通过城市国家机构工作的大量中共党员，保证和带动国家机构工作人员与市委保持一致。

除了国家政权，中共市委还对民主党派和社会团体实行领导。八个民主党派既不是执政党，也不是西方意义上的在野党，而是参政党，在共产党的领导下发挥参政议政和民主监督作用。工会、共青团、妇联等社会团体拥有特殊的政治地位，是中共市委联系市民的桥梁和纽带，其领导者往往是市委的组成人员，处于市委的领导下。

2. 城乡合治，建制性质双重

一些西方国家的市是设置在城市地区的专门类型的地方行政建制单位，并不管辖大量的农村地区。我国由于推行市领导县体制，市的管辖区域不仅包括城市，还包括大片的农村地区，农业人口所占比例较高，改变了市纯粹是城市型行政建制的性质，使得中国的市既具有一般地域型行政建制的性质，又具有专门市镇型行政建制的性质。市政府不仅要对辖区内的城市地区实施专业管理，还要对农村地区进行管理。当前，对于这种建制双重性的弊端的批评较多，所以许多省份进行了改革探索。需要注意的是，市建制的双重性对于城市和农村的影响是积极的还是消极的，需要视实际状况而定，不可一概而论。

3. 不同建制，行政地位不一

我国的市建制具有不同的层次，按照行政地位划分，可以分为直辖市、副省级市、地级市和县级市四种，不同等级的市拥有的职权大小不一。直辖市隶属于中央政府，与省和自治区的行政区划地位平等，在实际管理过程中，政治地位要高于省和自治区，拥有的权力较大。副省级市在制定和执行国民经济和社会发展计划方面拥有相当于省级政府的权限。地级市在法律上属于省（自治区）辖市的范畴，经国务院批准的较大的地级市，有权制定地方性法规和规章，在管理上享有较大的自主权。县级市行政地位相当于县，不再设区，接受地级市的领导。

4. 组织设置、结构形式同一

我国各地城市的市政体制大体一致，每一级的权力分配、机构设置和管理职能都极为相似，不存在西方国家那样多种多样的市政体制形式。城市无论大小，只要级别相同，市政体制就基本相同。这是由于中国宪法、地方组织法和相关法律对市的政权组织形式进行了统一规定，国家结构形式采取单一制。

4.1.4 我国市政体制的改革与发展

改革开放以来，我国的市政体制为适应经济政治体制改革的需要，进行了相应的改革，取得了一定的成果。具体表现如下：

1. 管理自主权的扩大

近年来，随着国家政治体制、行政体制改革的进展，中央和地方政府关系的日益规范化，赋予了城市更多的自主权。比如，国家扩大了地方政府的立法权，有更多的城市拥有了制定和颁布地方性法规和地方行政规章的权力。再如，在机构设置上不再强调上下对等，允许城市政府根据实际需要进行适当调整。此外，在行政体制改革、经济发展、社会管理等领域，针对新情况、新问题，允许城市政府进行试点和探索。这既是城市化进程加快的需要，也是城市在整个国家中的地位日益提高的表现，为国家相关管理体制的改革提供了重要的经验和借鉴。

2. 管理重心的下移

鉴于社会的发展，城市规模的扩大，城市政府所要管理的城市事务日趋繁重，需要处理和解决的问题也越来越多。为了更好地实现因地制宜，更好地为公众提供公共服务，许多城市提出管理重心下移的改革思路，把管理的重心置于基层，与此相对应的是赋予区政府、街道办事处更多的自主权，对社区建设和管理给予高度的重视和支持。

3. 层级结构的调整

适当减少市辖区和街道办事处。以前许多城市存在市辖区和街道办事处数量过多、规模过小的问题，这既使行政机构与行政人员的数量增多，也不利于实现规模效益。所以，不少城市对市辖区和街道办事处进行了合并，以减少数量，扩大规模。推动市辖区和街道办事处合并的原因主要有：适当扩大市辖区和街道的规模，有利于精简机构和精减人员，降低管理成本，提高管理效益；有利于对政府管理幅度和管理层次进行协调，提高行政效率。但是由于同期我国又有一些新的地级市、县级市陆续建立，所以市辖区和街道办事处的绝对数量并没有明显减少。

4. 管理体制的创新

在城市自主权的推动下，许多城市适应环境的变化和公众的需求，在国家法规政策允许的范围内，开展了具体管理体制的探索和创新。比如，深圳吸收了英国、美国、新加坡等国家的成熟经验，进行了“行政三分制”改革，实行决策、执行与监督相分离的管理模式；再如，许多城市改革传统的街居制，结合本地实际，在社区管理体制上创造了许多新的模式；此外，有些城市还开展了城市综合执法体制的探索和改革；等等。这些具体体制的创新，赋予了市政体制新的内容和要素，有力地推动了城市经济和社会的发展。

5. 市政体制走向规范、高效、民主

一是城市政府与上级政府之间的关系在行政分权的改革下逐步走向法制化。二是市、区、街的职权划分日趋规范化，区街的行政自主权不断扩大，许多设区城市在“两级政府、三级管理、四级落实”的管理模式下，市、区、街各级权限划分日益明晰。三是各种管理主体之间的关系也在不断地调整，执政党和国家政权之间的关系更加规范，政府管理更加透明公开，民主党派、社会团体和公民在城市管理中的参与作用受到重视。市政体制在法治的理念下逐渐走向规范有序，在尊重城市管理规律的理念下更加高效，在治理理念下逐渐走向民主。

4.2　国外市政体制概述

市政体制从来没有固定的模式与统一的规范，也不能简单、抽象地比较其优劣。一种市政体制是否合理主要看这种体制能否适应城市发展的要求，能否取得好的效果，本书在这里介绍西方的市政体制并不是因为西方的市政体制优于我国的市政体制，而是为了通过比较发现不足，找到可以借鉴的地方，推进我国市政体制的发展。

4.2.1　国外城市自治制度

城市自治是一种与市场经济相适应的地方政治制度，其真谛在于，让城市居民自主地决定和管理城市事务，并为此承担相应的责任。国家通过法律规定城市自治的内容和范围，赋予城市居民依法定权限治理城市公共事务的权力；城市居民则通过投票，把城市治理权力委托给居民直接选举产生的代表，由他们组成城市政府，代表当地居民的意愿和利益来治理城市。市民参与选举并有权决定城市自治机关人选，这是城市自治最显著的特征。

在城市自治制度下，市政府负有推行城市自治和执行中央政令的双重职责。对于法定自治范围内的事务和权限，中央（联邦）政府和上级政府没有权力直接干预（包括命令、指挥和服从），只能依法予以监督、变更。为保障市政府的自治权力，西方国家通过立法明确规定，市政府可通过法律手段抵制中央干预城市自治范围内的事务。这种治理方法提升了市政府的民有、民治和民享程度，充分调动了居民在治理本地事务中的积极性。美国是城市自治制度运行最典型、最具代表性的国家。

美国实行联邦制，联邦政府对城市如何设置没有统一的规定，均交由各州自行处理。各州的体制五花八门，但大体上都实行市政自治制度。城市从法律地位上看是一种市政自治体，是根据居民自愿申请、经州特许成立的，是自下而上自愿结成的法人团体，享有较多的自治权。从职能上看，城市政府既作为一级国家机关，执行州的法律，施行州

的计划，在市界内进行管理，维护法律和秩序；又作为市政自治体，主要执行“私的营业职能”：兴办市政工程，经营公用事业，提供公共服务，如提供照明和自来水、管理公园和草坪、开办娱乐设施、清除垃圾和回收废物、清扫街道、种植树木等。有的市还管理公共墓地，经营公共住宅、会议中心、码头船坞等。因此，虽然市和县都是具有综合职能的地方政府，但市要比县提供更多的公共服务，拥有更多的自治权限①。

4.2.2 国外市政体制的特点

国外市政体制与我国的市政体制有很大不同，这不仅是因为国体的不同，更是由于影响和制约市政体制的具体国情存在巨大差异。因此，我们不能简单照搬照抄其具体形式，而是要结合我国的国情吸取其成功经验，进一步完善我国的市政体制。

1. 多数城市不辖区县，市县分离，建制性质单一

在西方，除了极少数大城市辖区外，绝大多数城市都不辖区和县。这主要是因为西方国家大多数城市的人口规模不大，一般在几万至几十万，规模相当于我国的县级市，市区面积也有限，因此没有必要设立市辖区。少数城市规模较大，但为了减轻城市容纳的压力，一般会采取各种措施促使市区人口向郊区迁移。在大城市周围设立卫星城镇，卫星城镇达到一定规模后，一般会与大城市脱离而独立。再者因为西方有地方自治的传统，县仍然主要代表农村居民的利益，往往不愿因受市管辖而缩小原有的地方自治权限。一般来说，城市规模越大，生活成本与管理成本越高，这也是农村居民不愿加入大城市的原因。

2. 城市具有相对独立的行政地位，普遍拥有自治权力

发达国家虽然有不同的地方行政层级，但地方政府之间的隶属关系并不明显。市和县、乡、镇的政府都是独立平等的地方政府，直接受省、州政府的领导，而且这种领导更多通过立法和财政等间接控制，与单纯的行政控制大不相同。各级城市自治机关不存在行政隶属关系，在法律上处于平等地位，在实际管理中是指导和协作关系。

发达国家城市政府地位的独立性来源于其地方自治和地方分权体制。地方政府之间职责权限分工明确，不同层级政府之间管辖事务相对独立，这就决定了城市政府拥有其他地方政府不具有的独特职能，普遍享有自治权。无论是联邦制的美国，还是单一制的日本，都是如此。城市政府自治权依法划定，一般由州政府或者中央政府以立法的形式，规定包括市政府在内的地方政府的职责和权限，授权进行地方自治。市政府在规定的职责和权限范围内，享有高度的自治权。同时，建立制度保障，当城市政府认为上级政府越权干涉时，可以通过法律手段加以抵制，维护自身的合法权限。

3. 市政体制类型多样，形式灵活

受政治制度、经济发展、文化传统、国民素质等多种因素的影响，西方国家的市政

① 王旭，罗思东. 美国新城市化时期的地方政府. 厦门：厦门大学出版社，2010：94.

体制的具体形式呈现多样性。英国的市政府其实就是市议会，市议会在市政体制中处于核心地位。法国的市长和市政府则相对独立，拥有若干监督市议会的权力。美国市政体制的形式则有市长议会制、市委员会制和市经理制等多种形式。西方国家市政体制形式之所以呈现多样性，其主要原因在于：

（1）各国的政治历史传统存在很大不同。英国议会制创立较早，且权力较大，在地方上，为了减少市政机构与行政人员，多由议会总揽议决权和行政权。法国采取半总统制，有政府集权的传统，议会的作用较英国小，市行政机构多听命于上级行政机构。日本的政体以及市政体制是第二次世界大战后在美国的强制下建立的，旨在建立民主政体、防止军国主义复活，因而议会权力较大，以形成对市长和市政府的有效监督。

（2）国家结构形式的不同。像美国这样的联邦制国家，州政府拥有领导地方政府的权力，联邦政府无权干预，各州有权通过州的宪法和法律，规定各自具体的市政体制，各州因此有了不同的市政体制形式。

（3）自治程度的不同。西方国家多实行地方自治，地方权力较大，在其自治权限内，市议会与市政府可以自主确定其具体的市政体制形式。

4. 城市官员一般由市民选举产生，对选民负责

西方城市的市长与议员一般由选民直接选举产生，都直接对选民负责。这样就形成了双方的制约关系，议会与市政府可能掌握在两个政党或政党联盟手中，这有效地防止了一党专权问题的出现。城市的法官多数也由市民选举产生，体现司法独立原则。司法机关的独立对于提高监督与审判机构的独立性，以及实现有效地控制和防止腐败有重要意义。西方国家腐败现象的严重程度通常低于发展中国家，与其司法的高度独立性有很大关系。不仅如此，西方国家立法、行政、司法三大权力之间一般都存在着较为有效的制衡，通过权力之间的有效制约，进一步完善和加强了监控机制。

5. 大量利益集团和非营利组织发挥了重要的政治参与作用

西方国家允许各种利益集团的结社活动，并允许其对市议会和市政府进行游说。利益集团的存在使西方市政体制的具体运行变得更加复杂。利益集团的种类很多，形式多样，其共同之处在于，本质上都是企图通过政治途径影响政党与国家机构来维护和谋取自己的利益。利益集团产生与存在的原因是复杂的，作用也有好有坏，至今人们仍对利益集团褒贬不一，但至少在一点上达成了共识，即这是一种社会民主的表达方式。利益集团的作用主要在于：进行利益表达，参加政治选举，引导和组织有关人员支持或反对国家机构的决定，等等。此外，西方国家有自治传统，公民的自治能力较强，在政府能力不能有效应对各种公共问题时，公民自发建立大量的非营利组织，其以公益为宗旨，凝聚民意，表达需求，影响城市公共政策的制定，参与公共问题的治理，成为弥补市场失灵和政府失灵的重要力量。

4.2.3　西方国家市政体制的主要形式

受各国具体国情的影响，国外的市政体制表现为不同的具体形式，主要有以下几种：

1. 市长-议会制（强市长制）

市长-议会制又称强市长制，市政府与市议会分立，分别行使行政权与议决权，市长与市政府的地位高于市议会的地位。美国与法国的大多数城市都采取这种形式，但有所不同，美国的市长-议会制更为典型（见图 4-1）。

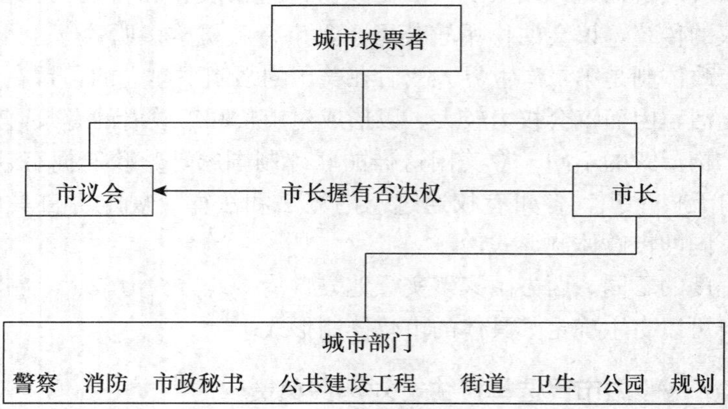

图 4-1 市长-议会制结构

资料来源：摩根，等. 城市管理学：美国视角：第 6 版. 北京：中国人民大学出版社，2011：66.

其基本特征是：

(1) 市长和市议会都由市民选举产生，市长和市政府职能部门的长官不得兼任市议员。

(2) 职能部门的长官由市长任免并对市长负责。

(3) 市长拥有地方性法规的立法权。对市议会已经通过的地方性法规，市长有否决权，但如果该议案以 2/3 多数再次通过，市长必须接受。

(4) 部分城市的市长有准司法权。对触犯地方性法规的人拥有一定的赦免权。

(5) 部分大城市为加强管理，市长可以任命一位专业人士担任首席行政官，由他根据市长的授权处理市政府的日常行政事务并对市长负责。其职责主要是处理一般性行政事务、协调各部门的工作、监督重要的行政事务、编制预算等。在这种体制下，市长可以集中精力考虑大政方针、处理重要问题、协调各种关系等。这样既能改善管理，又能处理好各种复杂关系，对于提高大城市的管理水平具有重要意义。

市长-议会制的优点在于市长拥有较大的权力，有利于统一指挥，提高行政效率。其缺点在于市长大权在握，市议会往往缺乏足够的制约能力，容易引起市长专权；市长与议会之间的关系较难处理，二者容易产生矛盾。

2. 议会-市长制（弱市长制）

议会-市长制又称弱市长制，主要特征是市的议决机构和行政机构分别设立，市议会的地位高于市长。日本各城市都实行这种体制（见图 4-2）。

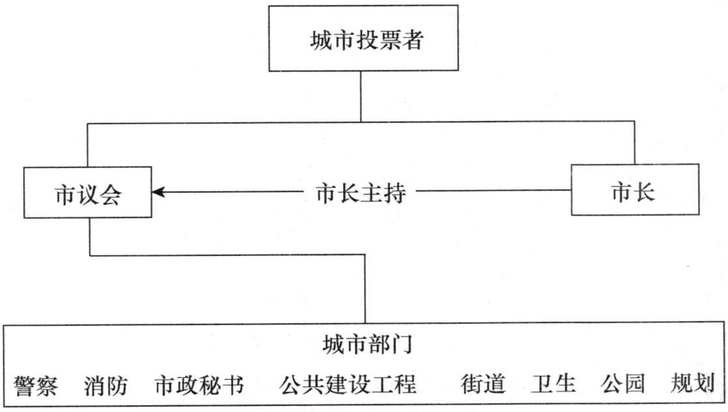

图 4－2　议会-市长制结构

资料来源：摩根，等. 城市管理学：美国视角：第 6 版. 北京：中国人民大学出版社，2011：65.

其基本特征是：

（1）市议员和市长分别由市民选举产生，市长不得兼任市议员。

（2）市长任命某些部门长官必须征得议会的同意。

（3）市议会可依职权向市长和市政府提出建议，建议分为强制性与非强制性两类。对市议会就议决权限范围内的事项提出的建议，市长和市政府必须执行，具有强制性；对市长和市政府执行的中央和上级政府的决定提出的建议具有参谋性；对应市长和市政府的要求提出的建议，具有咨询性。后两者都属于非强制性建议。

（4）市议会可以自主通过预算、地方性法规和决议，市长反对无效。这些文件通过后，市长有不同意见，可以要求复议，但如果以 2/3 多数重新通过，市长必须接受。

（5）市议会对市长和市政府的工作有准司法性的调查权。市议会在调查中，市长和市政府有关部门的人员必须配合与服从，否则市议会可以向法院起诉，由法院做出决定。

（6）市议会可以通过不信任案要求市长辞职，市长可以在限期内解散市议会，但如果新选举的市议会再次通过不信任案，市长就必须辞职。

（7）涉及市民切身利益与责任重大的行政机关对市长和市议会双重负责。其长官由市长任免，但必须经市议会表决同意。

议会-市长制的优点在于市议会与市政府形成一定的制衡关系，防止了市长专断，也可以提高决策的合理性和科学性。其缺点是可能造成市议会与市政府的相互牵制，降低工作效率。

3. 市议会制

市议会制的主要特征是市议会就是市政府，市议会兼行议决权和行政权。英国各城市普遍实行这种市政体制（见图 4－3）。

其基本特征是：

（1）市议会由市民直接选举的市议员组成。市议会行使立法权、议决权、人事任免权、城市预算权，以及监督行政权等。

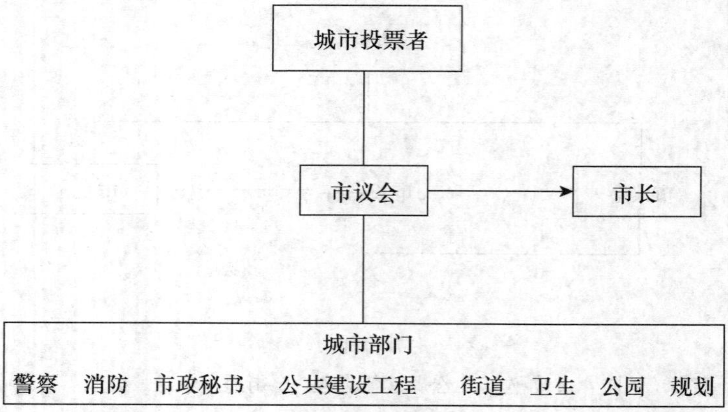

图 4－3 市议会制结构

（2）从市议员中选举一名市议会议长，即市长。市长只有一些礼仪性的职权，而没有实权。市长的礼仪性职权包括主持市议会会议、会见国内外重要宾客、主持城市的重要庆典活动等。市长在市议会表决时，一般不投票，但在票数相等时，可以投决定性的一票。

（3）市议会的委员会兼行市政府工作部门的部分职能。它既行使一般的市议会委员会的职权，如审议议案、调查问题、召开听证会等，又行使行政决策权。委员会的类型有多种：常设委员会，担任传统的行政角色；临时委员会，负责临时性事务；联合委员会，是为了处理跨地区的共同性事务而设立的办事机构。委员会的法律地位较高，对于某些事项，市议会必须征得相关委员会的同意，否则难以议决。

（4）市议会有行政部门的人事任用权。行政部门与委员会对口设置，共同处理行政事务。由于市议会的委员会主要由市议员组成，事务较多，往往没有充沛的精力处理城市管理的日常事务，所以这些事务一般由行政工作部门负责，部门长官对市议会负责。

市议会制的优点是：有利于提高市议会的权威性，加强市议会对城市管理的监督与控制；有利于减少议决机构与行政机构的矛盾，降低内耗。主要缺点是：缺乏一个统一调度的行政首长，各部门的工作难以协调，不利于统筹兼顾，不利于行政效率的提高。

4. 市经理制

市经理制是模仿企业组织方式而形成的一种市政体制，由市议会聘任一位专业人士担任市经理，专门行使行政权，但他并不是市长。市经理制通过政治职能与行政职能的分离，使城市经理保持政治中立，提升城市管理的专业性和科学性，旨在追求效率。美国部分中小城市实行这种市政体制（见图 4－4）。

其基本特征是：

（1）市议会由市民选举的市议员组成，市议会行使议决权。

（2）市经理由市议会公开招聘，并对市议会负责，必须执行市议会通过的地方性法规和决议。市经理是市政府的行政首长，拥有领导市政府工作所必需的全部权力，拥有市政府各部门的负责人的任免权，各部门的负责人只对市经理负责；统一指挥和协调市政府各部门的工作；编制预算草案并负责执行；向市议会提交地方性法规和决议的议案；

等等。市议员无权对市经理发号施令，也不得越权干预市政府工作部门的具体事务。

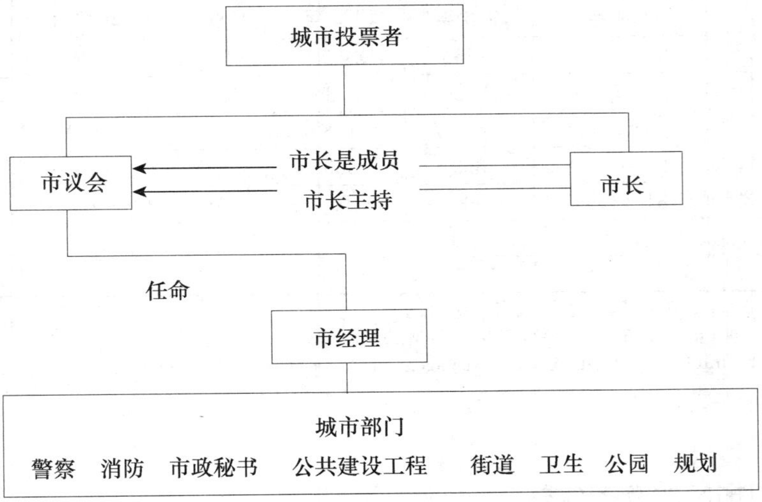

图4-4　市经理制结构

资料来源：摩根，等．城市管理学：美国视角：第6版．北京：中国人民大学出版社，2011：67.

（3）市经理并非市长。市议会议长兼任市长，但市长只有一些礼仪性的职权，无实际行政权。

市经理制的主要优点是：有利于引入竞争机制，扩大了选择范围；有利于招聘到更多优秀人才；有利于提高城市管理的专业化水平，改善管理效果；市经理专门处理专业性和技术性行政问题，市议会负责处理政治矛盾，协调各种关系，有利于把政治矛盾与城市管理分开。其主要缺点是：政治问题与管理问题往往是难以彻底分开的，市经理与市议会的分离反而会加大处理这些问题的难度。对于某些问题，市议会从政治角度出发，市经理从管理角度出发，往往会产生分歧与矛盾。

专栏4-1

美国市政体制的发展

美国各州的城市在建立时分别根据实际情况采用市长暨议会制、城市经理制和城市委员会制三种主要的体制。在发展过程中，城市委员会制逐步衰落；城市经理制则有了长足的发展；强市长型市长暨议会制取代弱市长型成为市长暨议会制的主要形式（这一变化过程可参见表4-1），并在其基础上演化出了市长暨议会制的亚型——CAO制。目前，美国城市根据各自特点采用不同的市政体制，由所在州颁发城市章程，授权建立。一般说来，25万人以上的大城市多采用市长暨议会制，25万人以下的中小城市以城市经理制为主，委员会制主要在少数小城市和县政府实行。就绝对数量而言，采用城市经理制的有3 453个城市，占城市总数的49%，居第一位；其次是市长暨议会制，有3 089个城市，占44%；最后是城市委员会制，有145个城市，仅占城市总数的2%。

表 4-1 20 世纪 80 年代至 21 世纪初美国市政体制的发展概况 单位：个

政府形式	1984 年[a]	1988 年[b]	1992 年	1996 年	2000 年	2004 年
城市经理制	2 290（35%）	2 356	2 441	2 760	3 302	3 453（49%）
市长暨议会制	3 686（56%）	3 686	3 635	3 319	2 988	3 089（44%）
城市委员会制	176（3%）	173	168	154	143	145（2%）
镇民会议	370（6%）	369	363	365	334	338（5%）
代表制镇民会议	81（1%）	82	79	70	65	63（1%）
不详						3
总计	6 603（100%）	6 666	6 686	6 686	6 832	7 091（100%）

a. 1984 年和 2004 年列出了城市数量及所占比例。
b. 1988 年、1992 年、1996 年、2000 年仅列出了城市数量。
资料来源：The International City/County Management Association. The Municipal Year Books：1984—2004. Washington，D. C.，2004.

4.2.4 大都市区的管理体制

大都市区与平常的大城市并非一个概念，大城市是统一的行政区域，而大都市区则是以大城市为中心，多个大小不一、地理位置临近的行政区域紧密或松散的联合。

西方国家的城市一般不辖区、县，市政府与周围的乡镇政府也没有统属关系。但是，随着城市化的发展，人们的收入增加，城市交通便利，大批有条件的城市家庭逐渐迁往郊区，而农村地区也逐渐城镇化，大城市与周围的城镇连成一片，形成了所谓的大都市区。大都市区的客观存在，使城市政府与周围的县乡镇政府联系更加密切。比如城市的部分基础设施和公用事业必须形成规模才能有经济效益，地域越大效果越好；某些公共行政事务，如社会治安等，需要市县乡镇政府合作处理；市县乡镇面临的一些涉及面较广的问题，如环境保护等，也不是市县乡镇能独立解决的。这种跨地区的统一公共管理与服务的需要，同原有的市县乡镇相互分割的管理体制之间产生了矛盾。为解决这些矛盾，大都市区在市政体制上进行了重大的调整。

1. 少数大城市允许设立市辖区

市、区的政府分工协作，管理城市公共事务。美国的纽约、法国的巴黎、日本的东京等大城市都设有市辖区。

纽约的市议会和区议会分别由市民选举产生。市政府主要负责交通管理和社会治安等大型公共事务，区政府主要负责环境卫生和社区管理等具体事务。区长在执行区议会决议的同时，也必须办理一些市政府交办的事务。市级法院在各区都设立分院，处理相关事务。

巴黎的市议员和区议员由市民分别选举产生，区议会由本区选出的市议员和区议员组成。区议会主席兼任区长，由区议会选举一位本区的市议员担任，区长既要执行区议会的决议，又必须办理国家和市政府交办的事务。对于本区的重大事务，区议会须向市长报请并提出书面意见，如市长不答复，则由市议会审议。市议会的议案涉及区的利益时，如城市规划、占用土地等，必须事先征求区议会的意见。

2. 大城市对周边县乡镇的部分性管理

大城市对县乡镇的统辖主要是通过如下方式实现的：（1）地区兼并。这种兼并多发生在新开发地区，通过兼并不仅壮大了城市实力与规模，而且也带动了周边地区经济的发展。郊区的乡镇政府仍保留了原有的大部分自治权力，仅把更适合规模经营的事务交给大城市。大城市也获得相应的税收和行政权力。（2）机构合并。县的政府机构可以并入市的政府机构，也可以保留部分职能和人员。原来县内的乡镇可以自行决定是否并入市的行政区域。市政府根据提供服务的多少来决定征税额。（3）功能合并。功能合并是指根据协议，乡镇政府的部分功能并入城市，由大城市政府统一管理，在这些方面，乡镇政府必须接受大城市政府的领导，但在其他方面，仍保留其自治权力。

3. 大城市政府与县乡镇开展不同形式的合作

在西方，多数县乡镇的居民并不愿意所在地区被并入大城市，而是支持县乡镇政府与大城市政府在适合统一管理和提供服务的领域内进行合作。一方面，大城市的公共支出较高，因而大城市居民的税收负担也高于县乡镇居民；并入大城市以后，县乡镇会丧失许多自治权力，不能灵活自主地处理地方事务；政府管理的范围越大，其效率越低，越难以保证服务的质量。因此，多数县乡镇居民不愿意成为大城市居民。另一方面，随着社会的发展，有相当一部分事务县乡镇政府难以很好地处理。因此，又有必要与大城市政府开展合作。这种合作主要表现为：

（1）职能合作协议。非正式的协议，如在特大火灾时消防部门相互支援。正式的协议是市与县乡镇的政府之间签订的合作合同，如县乡镇购买市政府提供的服务、共同管理边界地区、共同办理某项事务等。

（2）职能转移。如上级政府在征求双方意见的基础上，通过立法，把县乡镇的某些职能转移给市，或把市的某种职能转移给县乡镇，双方都有义务为对方提供便利。

（3）政府联合会。政府联合会没有强制权力，只能依靠成员的自觉。政府联合会的性质是协商和咨询组织，由市县乡镇的行政首长、议长或其他的政府代表组成，就共同面临的问题定期开会讨论，并有常设的规划机构协调日常事务。

4.3　我国的市政创新

随着我国城市化进入新阶段，城市内部的问题日益突出。在探寻城市治理之道的过程中，人们对城市管理规律的认识和把握也在不断深化。作为对城市管理变革的回应，我国市政体制也亟待创新。本节选取了市政体制改革的三个典型领域进行描述：从宏观上看，市政体制关注国家和城市的关系，市领导县（“市管县”）体制的改革尤为引人关注；从中观上看，关注城市基层结构，探讨城市社区管理体制；从微观的部门体制管理上看，关注城市政府内部的机构改革，探讨具有代表性的城市管理综合行政执法体制改革。

4.3.1 市领导县的探索

我国地级以及地级以上城市都有领导县的权力，其领导的县也是该市的组成部分。市与其领导的县、县级市之间构成纵向的上下级关系，市对县、县级市拥有绝对的领导权。这种体制被称为市领导县体制，是市政体制的重要组成部分，也是中国市政体制的一大特点。

新中国成立初期我国多实行省、县、乡三级建制或省、县、区、乡（人民公社）四级建制，1959 年，第二届全国人大第九次会议通过了《关于直辖市和较大的市可以领导县、自治县的决定》，在一段时间内短暂掀起了市领导县改革的浪潮。改革开放以来，市领导县体制真正确立并发展起来，主要有三种模式：一是地市合并。将地区行署与该行署驻地的地级市合并，建立新的地级市，领导周围各县，如浙江的温州地区与温州市合并。二是划县入市。从周围划入若干个县归一个地级市领导，如长沙市。三是建市领县，将一个县级市升格为地级市，或将地区行署改为地级市，并由新建市领导周围各县，如江苏省将淮阴县升为淮阴市。

市领导县体制适应了当时我国经济发展水平和政府管理水平，对于以城带乡、促进经济发展起到了一定的积极作用。但随着经济社会的发展和政府职能的转变，市领导县体制的弊端也逐渐显现，包括：缺少充分的法律依据；管理成本增加，行政效率降低；市县矛盾突出，不利于城乡统筹；等等。这种现象被称为“市刮县”“市挤县”。针对这一现象，在国家政策的指引下，许多省份也进行了因地制宜的改革，例如，以“强县扩权”和“省直管县”的实践探索实现了地方社会管理和经济管理的优化增长。

4.3.2 城市管理综合行政执法体制

行政执法与行政立法、行政司法相对立，是行政机关为实现行政职能，依照法定职权和法定程序，执行法律法规和规章的行政行为。城市管理综合行政执法体制，指在城市管理中，一个行政机关或得到授权的组织，依法综合行使多个行政机关或授权组织相应职权的行政执法体制，现实中往往被称为“城管综合执法”“相对集中行政处罚权”“相对集中行政许可权”。针对传统的部门专业执法模式中多头执法、重复执法、执法扰民、以罚代管、争权夺利、推卸责任、行政执法效率低下等问题，综合行政执法模式精简了执法队伍，消除多头执法带来的重复执法，提升了处理违法行为的效率，提升了执法队伍的稳定性和专业水平。

城市管理综合行政执法萌芽于 20 世纪 80 年代中后期一些城市所采取的“联合整顿”或联合执法行动。1996 年，《行政处罚法》第一次以法律的形式确立了相对集中行使行政处罚权制度。2002 年印发的《国务院关于进一步推进相对集中行政处罚权工作的决定》规定：“国务院授权省、自治区、直辖市人民政府可以决定在本行政区域内有计划、有步骤地开展相对集中行政处罚权工作。”2003 年 8 月颁布的《行政许可法》第二十五条规定："经国务院批准，省、自治区、直辖市人民政府根据精简、统一、效能的原则，可以决定一个行政机关行使有关行政机关的行政许可权。"以相对集中行政处罚权为基础的综合行政执法试点工作进入推行阶段。2010 年以后，城市管理综合行政执法改革进一步深化。2010 年，国务院印发《关于加强法治政府建设的意见》，该意见要求继续推进行政执法体制改革，推进综合执法，切实解决多头执法、推诿扯皮等痼疾。2015 年，中央编办印发《关于开展综合行政执法体制改革试点工作意见》的通知，将全国 22 个省、自治区、直辖市的 138 个城市列入试点范围，要求继续减少执法层级、明确各级执法职责、理顺综合执法部门与职能部门的权责合作关系等。至此，我国的城市管理综合执法改革进入了深入推进阶段。

4.3.3　城市社区管理创新

1. 城市社区与城市社区管理

德国社会学家滕尼斯（Tönnies）最早提出"社区"的概念，将其视作由若干具有共同习俗和价值观念的同质人口所形成的社会联合体，后被广泛引申和运用。20 世纪 30 年代，"社区"一词被引入中国。一般而言，社区是指由聚居在一定地域范围内的人们所组成的社会生活共同体。从构成上看，社区由一定的地域、人口、物质设施、组织结构、制度规范、社会心理等要素构成。从功能上看，社区具有社会服务、社会化、社会控制、社会参与等多种功能。从形式上看，社区又分为农村社区和城市社区。城市社区是指在城市的特定区域内，由从事非农业生产劳动的密集人口所组成的，具有综合性社会功能的社会生活共同体。与农村社区相比，城市社区具有物质设施和人口的高度聚集性、社区成员的异质性程度高、社区的开放性和流动性较强等特征。从城市管理体制上看，社区是城市的基本治理单元。改革开放后，集行政职能、经济职能、社会职能于一体的"单位制"逐渐瓦解，个人不再完全隶属、依赖于单位，街道办事处和居民委员会的作用越来越重要，承担了主要的城市基层社会管理工作；20 世纪 90 年代以来，社区建设和社区管理也逐渐开展，社区成为直接联系党和政府、服务居民群众的"最后一公里"。

城市社区管理是指以促进社区各项事业的发展、满足社区居民的物质和精神文化需要、全面提高生活质量和人的素质为宗旨，在城市政府及其职能部门的指导下，以社区自治组织为主体，以社区单位和成员为依托，对社区范围内的各项公共事务和公益事业进行的自我管理活动。其一，城市社区管理的范围一般是指经过社区改革后做了规模调整的居民委员会辖区，也有城市把社区管理的范围扩展到街道办事处的辖区；其二，城市社区管理的主体包括区政府、街道办事处、居民委员会、业主委员会、物业服务企业、政党组织、广大居民等多元主体；其三，城市社区管理的内容广泛，包括社区服务、社区卫生、社区文化、社区教育、社区环境、社区治安、社区经济等；其四，社区管理的性质从根本上讲应该是自我管理、社区自治；其五，社区管理的目的是促进社区各项事业的发展，满足社区居民对美好生活的向往，全面提高生活质量和人的素质，应该体现以人为本的理念。近年来，社区管理创新也是地方治理创新的重点。

2. 党建引领下的城市社区治理创新

以党的领导为核心，推进党建引领下的社区治理创新。加强和改进党的政治领导，落实党对社会治理的领导权和领导力，关键在于建立健全党对社区治理的领导体制，突出牵头和抓总，突出制度和规范，建立纵向到底、横向到边、服务到位的社区治理体系，构建以党建为魂的共建共治共享的社区治理格局。提升各级党委纵向到底的统筹协调能力，强化市、区、街道、社区党组织多级联动，确保社区党组织有充足的资源和能力为群众服务。提升社区党组织横向到边的协同治理能力，强化社区党建、单位党建、行业党建互联互动，确保基层治理的共建共治共享。提升社区党组织服务到位的精准服务能力，强化党建网格与社区治理网格的融合，确保社区服务的全面化和精细化①。

推进社区网格化管理。网格化管理是由北京市东城区于 2004 年提出的一种新的数字化城市管理模式，随后在其他地区（如上海、舟山等）推广，并已成为当前基层社会治理创新最重要的载体和方式之一。网格是在城乡社区、行政村及其他特定空间区划之内划分的基层综合服务管理单元，城乡社区原则上宜按照常住 300 至 500 户或 1 000 人左右为单位划分网格；行政村可以将一个村民小组（自然村）划分为一个或多个网格；对城乡社区内较大商务楼宇、各类园区、商圈市场、学校、医院及有关企业事业单位，可以结合实际划分为专属网格。网格化管理是在不打破现有行政区划的前提下，借助社会力量联结政府层级、职能和部门；集成数字城市技术建立统一、开放的城市管理信息平台，保障市民知情权、参与权、监督权；运用现代信息手段实现对城市网格的全方位覆盖和全时段监控；以网格为单元实现对网格内居民需求的精准识别与及时回应。

可以说，网格化管理开创了城市管理的新时代。随着网格化管理在全国大中城市的推广应用，已经出现了北京模式、舟山模式等多种地方模式，显示出了良好的经济和社会效益，并得到了党中央、国务院有关部委和地方领导及有关专家的充分肯定和支持。尤其是在抗击新冠肺炎疫情中，网格化管理的价值凸显。当下网格化已经在全国城乡推广，在未来的城市治理中还将发挥更大的作用。不过，值得注意的是，随着网格化管理的普遍应用和信息技术的发展，其存在的问题和面临的挑战也将逐渐显露。因此，网格化管理的若干科学和技术内容需要更新、扩充和完善，以应对新的问题和挑战。

关键术语

市政体制　　大都市区管理　　市领导县　　综合行政执法体制　　社区管理　　网格化管理

复习思考题

1. 你是如何理解市政体制的？简述市政体制的主要内容及特点。

---

① 薛伟江，胡雪文．以党建引领社区治理创新．学习月刊，2020（2）．

2. 结合我国现实，分析市政体制的改革对于城市发展的意义。

3. 简述西方市政体制的主要特点及主要形式。

4. 城市群的发展是当前城市发展的新趋势，试分析国外大都市区管理体制对于我国的借鉴意义。

5. 试比较我国市政体制与西方国家市政体制的异同。

6. 结合我国实践，谈谈你对网格化城市管理模式的认识。

延伸阅读

1. 潘小娟. 中国政府体制：结构与运行. 北京：中国言实出版社，2021.

政府是人类文明发展的产物，是一个国家的核心所在。一定意义上可以说，无政府即无国家。政府“提供了政治得以发生于其中的结构框架”，发挥着“保护国民的生命、稳定以及经济的和社会的福利”的作用和功能，在现代社会中具有举足轻重的地位。该书侧重阐释和探究中国政府的正式组织结构、职能结构和运行机制等。因此，该书以有关国家行政机关的规范性文献为依据，侧重对中国政府体制做制度层面的描述，辅之必要的动态分析，力求完整地呈现中国政府的构造、运转以及功能，全面地反映中国行政管理的现实。

2. 景跃进，陈明明，肖滨. 当代中国政府与政治. 北京：中国人民大学出版社，2016.

该书从理解当代中国政府与政治的关键方面——中国共产党领导的政治体制及中国共产党本身入手，在横向维度上分别阐述作为最高权力机关和立法机关的人民代表大会、作为统一战线重要内容的多党合作和政治协商制度、作为最高国家行政机关的中央人民政府、作为“刀把子”的政法系统、作为“笔杆子”的宣传系统，以及作为“枪杆子”的军事系统；在纵向维度上分析中央与地方的关系、地方政府、民族区域自治制度及基层治理四个方面的问题；最后，还探讨了当代中国国家与社会关系的变迁和发展。全书具有两个方面的鲜明特色：第一，将中国共产党作为理解中国政府与政治的钥匙，将“党政体制”作为理解中国政府与政治的关键词；第二，强调历史脉络对于理解中国政府与政治的重要性，并主张应以内在发展和演化的眼光来看待中国政府与政治。

3. 吴晓林. 理解中国社区治理：国家、社会与家庭的关联. 北京：中国社会科学出版社，2020.

人们所在的社区，是一个国家政治社会关系互构频繁的场域。人们可能并不十分了解国家的运行过程，却可以在日常生活的社区触摸国家的脉搏。任何一个国家都会把社区视为稳固政权的根基，进而衍生出不同的社区治理政策。因而，有什么样的国家便会有什么样的社区，进而，有什么样的社区，便会形成怎样的国家。国家生长在社区！该书立足于中国社区治理实践，贯穿中国基层“古代里组织—单位制—社区”的历史发展，综合比较当代中国社区的特有形态、治理的模式，分析中国社区治理的历史逻辑、现实逻辑，并从日常生活入手，剖析中国社区治理中居民对“家”和“国家”的认识。

4. 陆军，等. 营建新型共同体：中国城市社区治理研究. 北京：北京大学出版社，2019.

该书以中国城市基层社区治理为对象，从现状现象、存在的问题等几个角度，深入分析中国基层社区治理状况。同时，通过比较研究深入论证中国城市基层社区治理的定位、目标、内容重点等。该书的特色在于采用城市战略规划设计和公共政策分析的技术路线，围绕解决现存问题、缓解社会矛盾、制定未来发展战略等目标，针对中国国情、区情和市情，同时汲取有益的经验和案例，为打造“美丽、活力、和谐、平安、智慧、人文”的综合社区发展与治理理念和目标，制定出系统可行、有操作性的措施集合。该书依托于中国多省份的基层社会调查经历，对中国城市社区的发展规划具有很强的参考价值和政策启发意义。

5. 德菲利皮斯. 全球资本下的社区治理. 朱春奎，石慧，李玮，等译. 上海：格致出版社，2017.

从20世纪80年代到21世纪初，资本主义的政治经济结构经历了一场剧变。尽管总体经济在时间和空间上都呈增长趋势，但美国全国各地的工人和社区的生活结构却发生了异化，生活水平不断下降。该书就是在此背景下探索这种政治和经济关系的重构。该书的主要内容包括：全球政治经济的转型，以及新城市政治的出现；美国集体所有制与社区控制的历史渊源；集体所有制的实践与现实，探讨了集体所有制在实现地方对生产、再生产和交换的控制中所发挥的作用；地方政治、地方自治和社会转型等问题。作者强调了集体所有制的潜力与缺陷，以期在资本流动与经济全球化的背景下，为地方和社区经济发展指明方向。

第5章

市政与城市政治理论

重点问题

市政学强调对城市政治的关注。发展中的城市政治理论，从不同角度分析城市多元行动者之间的权力分配、城市结构之中的权力表征、城市治理过程中的权力运作以及城市间合作与发展中的权力互动，由此提供一个理解城市中政府角色、把握城市发展方向以及思考城市问题的理论视角。相关理论为把握城市研究的理论脉络、理解城市政治现象提供了有价值的分析思路。

本章主要介绍了城市研究中的理论进展。通过本章的学习，应了解城市政治研究中的重要理论流派，掌握代表性学者的基本观点，并尝试基于城市政治的分析视角，对当前城市发展现实进行批判性思考。

从古至今，城市就同政治活动密切相关。中国古代就有“筑城以卫君，造郭以守民，此城郭之始也”的说法。“政治学”一词的英文“politics”就源自希腊文中的“城邦”(polis)。亚里士多德提出“人类是趋向于城邦生活的动物（人类在本性上，也正是一个政治动物）”①，即现在所说的“人是天生的政治（城邦）动物”这一政治学经典命题。作为现代政治科学的分支学科，从狭义上来讲，城市政治理论的研究对象是发生在城市这一尺度或空间的政治活动以及由此引发的各种城市政治现象；从广义上来讲，城市政治理论的研究对象可以泛化为城市化的社区，甚至延及超出城市行政辖区的大都市区、城市区域抑或都市圈和城市群②。关于城市政治的理论思考主要涉及城市多元主体的权

① 亚里士多德. 政治学. 北京：商务印书馆，2016：7.

② 曹海军. 城市政治理论. 北京：北京大学出版社，2017：4-5.

力角色、城市空间与社会结构中的权力关系、城市公共事务治理中的权力运作、城市间的权力互动等方面。

5.1 城市权力理论：城市中的行动者

从现代政治学的研究层面来看，与国际和国家层面相对，城市政治归于地方层面，属于地方政治与政府的研究范畴。随着城市的发展和城市政治活动的日益复杂，越来越多的研究者认为，城市中的政治现象具有不同于国家政治的独特解释，城市政治可以成为一个独立的学科领域，即“城市政治学”。权力结构、治理过程、城市居民对权力结构与治理过程的反作用力，是城市政治学中最重要、最经典的主题，即“谁使用了城市权力，城市治理的性质，市民是如何影响这些权力和治理以及如何被这些权力和治理所影响的”①。传统市政更多关注于权力的结构，而城市政治理论则透过对城市政治生活的本质、制度运作、发展规律的认识和理解，形成解决城市政治问题的分析框架和研究路径，设计出有效的政治解决方式，实现优良的城市政治生活②。因此，当前在城市政治活动领域形成的理论思考，对于丰富和深化市政思想具有重要的意义。

5.1.1 谁统治城市

城市社区权力理论的发展，在美国城市政治研究中具有重要意义，该理论关注城市社区权力结构，即权力在各阶层的分配状况，主要研究各社会阶层在制定和执行政策过程中的地位和作用③。其基本问题是“谁统治城市”，即城市权力掌握在谁手上？这些权力是如何取得的？权力运作的机制与结果是什么？这些问题构成了城市的政治逻辑。20世纪五六十年代，精英主义理论和多元主义理论围绕上述问题展开了论辩。

1. 城市精英主义

精英主义理论由来已久。学者最早将“国家”“社会”作为研究单位。然而自20世纪50年代起，城市逐渐成为社会有效的微观构成，弗洛伊德·亨特（Floyed Hunter）最早将精英主义理论系统地运用于城市研究。

亨特采用“声望法”在亚特兰大市进行研究。他将权力定义为“在社会中拥有显著的声望”，并在商界精英、市民领袖、政府官员、社会贤达四类群体中，通过细致的访谈和调研，识别出亚特兰大市掌握权力的城市精英群体。

亨特的城市精英主义理论认为，城市中各利益集团的领袖组成联系密切的精英群体，掌控城市权力，通过直接或间接的方式主导城市政策制定，并得到城市官员的配合。在精英群体中，商业精英的地位最为重要。在这种体制下，城市精英基于经济利益，通过

① 戴维斯，英布罗肖．城市政治学理论前沿：第2版．何艳玲，译．上海：格致出版社，2013：1-3.
② 曹海军．城市政治学：研究对象、性质、特点及发展趋势．思想战线，2013（6）.
③ 曹海军．城市政治理论．北京：北京大学出版社，2017：102.

非正式渠道影响决策的制定，剥夺了公众的知情权，背离了代议制民主精神，“地方代议制民主为经济利益的主导提供障眼法”①。城市精英主义理论对人们传统的代议制民主观点产生了巨大的冲击，引起了广泛的争论，促进了政治学在城市研究中的介入，拉开了20世纪中叶美国城市政治研究繁荣发展的序幕。

2. 城市多元主义

罗伯特·A. 达尔（Robert A. Dahl）是多元主义的领军人物，他对亨特的精英主义进行了批判，认为权力应当是行动的实权而非声望。在达尔看来，任何人如果不去使用其所拥有的权力资源，就不能称之为拥有权力。

达尔采用“决策法”在美国纽黑文市进行了研究，考察纽黑文市制定特定公共政策时的权力关系。他选取了城市建设、政治选举和任命、公共教育三个关键议题的决策过程进行研究，通过对开会记录、报纸报道、个人访谈等资料的系统研究，考察了城市决策权力的分配，并于1961年出版了《谁统治：一个美国城市的民主和权力》一书，阐述了多元论的主要观点②。

达尔的多元主义认为，城市权力结构呈现出一种“分散性不平等”的状态。权力资源是多元的，包括：社会地位，获得金钱、借贷及财富的机会，公职、声望及工作的机会，对信息的控制，等等。尽管权力资源的分配不是均等的，多数社区决策集中在少数人手中，但每个团体都在特定的领域拥有一定的权力，没有任何团体能够同时垄断各个领域的城市决策。不同领域的社会名流在各自领域发挥着影响力，而大众通过选举的纽带实现对政治领导人的间接控制。在这一体制下，代议制民主能够实现多元主体的利益协调与平衡，从而防止集权以及权力的滥用。

5.1.2 谁塑造城市

20世纪60年代后期以来，多元主义和精英主义的论辩促进了城市政治研究的繁荣，而新韦伯主义、新马克思主义等学派也进一步丰富了城市研究的理论视角。20世纪70年代，在借鉴政治经济学的研究方法和反思以往城市社区权力争论的基础上，城市政治研究从关注“谁统治”，转向研究在追求各自利益基础上形成的各式各样的政商联盟关系，由此带来了城市增长机器理论和城市机制理论的交锋。

1. 城市增长机器理论

20世纪70年代，西方国家普遍面临城市政治经济的转型，以及城市系统的多元化和复杂化。约翰·罗根（John R. Logan）和哈维·莫洛奇（Harvey L. Molotch）对这些现象进行了研究，在承认“城市中存在利益一致的精英团体”的精英论基础上，进一步追问：为什么这群精英有相同的利益？莫洛奇的解释为：精英对城市增长有共同追求，

---

① 贾奇，斯托克，沃尔曼. 城市政治学理论. 刘晔，译. 上海：上海世纪出版集团，2009：43-65.

② 夏建中. 城市社会学. 北京：中国人民大学出版社，2010：137.

认为“城市的本质就是一部增长机器”。

个体的行为动机是追求个人效用的最大化，这是城市增长机器理论的基础；城市空间是该理论分析的核心框架；土地的使用价值和交换价值是该理论分析的逻辑起点。城市增长机器理论认为，大多数居民珍视所拥有的土地和房屋，是为了日常居住和社区交往，即追求土地的使用价值；土地资本家和政府则开发土地以获取利润，追求土地的交换价值。后者是城市增长的核心力量，主导城市开发进程。

城市增长机器理论强调，城市增长的利益相关者是多元的，既包括试图提升土地交换价值的投资者、金融家，也包括在城市开发过程提供相关服务而获利的当地媒体和公共设施公司，还包括从特定项目中获利的零售商、专门机构等，以及从中获得税收收益的政府部门。没有任何一方能够在不依靠其他利益相关者的情况下单独获利，因此形成了以土地开发和经济增长为纽带的增长联盟。

增长联盟并不能代表社会整体利益，其实质是将财富从普通民众的手里转移到城市增长联盟手里，民众并不平等地共享发展成果，却付出了相应的发展的代价。比如：土地的开发和经济增长增加了生活成本，环境的破坏降低了生活质量，频繁的拆迁破坏了民众对社区的归属感，等等，公众由此组织起来，形成了反对这一城市开发方式的“反增长联盟”。

城市增长机器理论对于城市政治研究具有独特的贡献。它将土地开发等重大的政治经济议题带入了研究之中，为城市权力结构的分析提供了一个更为宏观的架构。同时，城市增长机器理论还回答了在城市决策中“谁得到了什么”等更有实质意义的问题，其理论也因而显示出了较强的批判色彩。然而，城市增长机器理论也具有一定的局限的①。城市增长机器理论将城市发展窄化为土地开发，忽视了其他维度的考察。而且，城市增长机器理论的分析焦点往往局限于一个城市或地方，忽视了国家乃至全球宏观的政治经济因素对城市的影响。

2. 城市机制理论

20 世纪八九十年代以来，城市机制理论（urban regime theory）是在批判城市增长机器理论和新马克思主义城市政治理论的基础上逐渐发展起来的。因为“regime”一词的多义性，这一理论也常被译为城市政体理论、城市政治理论等。

该理论聚焦于政府和非政府之间的合作和协调问题，探讨城市政治的具体形式及政府的角色定位。城市机制理论赞同多元论的观点，认为没有一个团体能够在复杂的城市社会中实施全面控制。因此，对于城市发展而言，重要的是政府和非政府部门认识到彼此的相互依赖性，在团结、信任的基础上展开合作，达成有效的政策行动。城市机制研究在充分利用各自资源优势的基础上形成公共部门之间以及公私部门之间的合作关系，以解决包括促进城市发展和化解社会问题在内的各项议题。城市机制理论的重点是对机制类型进行划分，由此形成了一些具有代表性的观点，包括费恩斯坦（Fainstein）夫妇、埃尔金（Elkin）、斯通（Stone）、英布罗肖（Imbroscio）等在内的学者对于城市机制理

① 何艳玲. 城市的政治逻辑：国外城市权力结构研究述评. 中山大学学报（社会科学版），2008（5）.

论的发展做出了重要贡献，其中斯通是城市机制理论承前启后的集大成者。

城市机制理论深化了“权力”的研究内涵，认为权力的内涵并不是“控制社会行动”，而是“获致行动能量以创造有意义的政策结果”，并且提供了新的研究视角。其认为城市政治既不是精英的意愿，也不是利益集团偏好的综合，而是政府与多元利益主体进行合作的结果。但城市机制理论过于关注城市内部联盟的结构与体制维系，没有充分考虑外部环境对城市机制发展变化的影响力①。城市机制并非一成不变，应当既认识到内部联盟构建的动态发展，又认识到外部条件转变的影响，以便将这种动态发展变化纳入城市机制理论的分析框架②。

城市机制的类型如表5-1所示：

表5-1　城市机制的类型

学者	城市机制的分类
费恩斯坦夫妇	根据政治、经济、社会力量的关系，20世纪50—80年代，美国城市先后出现了指导型机制、特许型机制和保护型机制： 指导型机制：政治精英控制主要决策 特许型机制：在关注经济议题的同时实行一系列社会福利措施 保护型机制：维护资本的利益以促进经济发展
埃尔金	根据城市政治在土地开发联盟、选举政治、政府角色三个变量上的差异，二战后至80年代，美国城市相继出现了多元主义、私利至上主义、联邦主义、商业共和机制： 多元主义机制：相对松散的土地开发联盟和城市政客的联盟 私利至上主义机制：政府全力为城市工商企业主提供服务的紧密政商合作 联邦主义机制：在联邦政府支持下，城市政府自主权和城市政商联盟被削弱 商业共和机制：一种理想的城市机制类型，以协商和公共关怀为基石
斯通	面对错综复杂的社会问题和经济发展重任，政府和商业组织均不能独自担当。根据城市管理主要任务及其所需资源水平的差异，城市机制主要有四种类型： 维持型机制：维持既有社会经济秩序，无意促成重大变革 发展型机制：以土地开发促进经济发展或抵制社会衰退 进步型机制：关注环境保护、历史文化遗产保护、经济适用房建设等议题，提升生活质量 底层阶级机会扩张型机制：为社会底层群体提供教育、职业培训、改善公共交通、扩大就业机会等议题，在很大程度上是一种理想的机制类型
英布罗肖	城市政府、城市社区、中小企业主都是促进城市经济发展的不可或缺的主体，它们所扮演的角色各不相同 基于社区的机制：社会组织倡导的经济运动是城市经济发展的主角 小资产阶级的机制：小型工商企业以及个体户作为城市经济发展的主体 地方-国家主义机制：政府主导城市经济发展 生产至上型机制：政府组织和大资产阶级作为经济发展的主体，促进经济发展以实现资产阶级利益

资料来源：Stephen L. Elkin. Twentieth Urban Regimes. Journal of Urban Affairs，1985，17（2）：11-28. Clarence N. Stone. Regime Politics：Governing Atlanta. 1946—1988. Lawrence：University Press of Kansas，1989；贾奇，斯托克，沃尔曼．城市政治学理论．刘晔，译．上海：上海世纪出版集团，2009：66-85；曹海军．城市政治理论．北京：北京大学出版社，2017：196-231.

① 何艳玲．城市的政治逻辑：国外城市权力结构研究述评．中山大学学报（社会科学版），2008（5）.

② 贾奇，斯托克，沃尔曼．城市政治学理论．刘晔，译．上海：上海世纪出版集团，2009：66-85.

专栏 5-1

美国城市政治的演变

美国学者保罗·诺克斯（Paul L. Knox）将美国城市政治的演变分为六个阶段，各阶段在城市权力结构、城市政府角色、城市问题等方面具有不同的特征。

（1）自由放任主义时期的城市政治（1790—1840 年）。城市发展的主要动力来自商业的发展，商人和富有的地主所组成的政治寡头掌管城市事务。重商主义导致机会主义之风盛行，政客们通常把工作机会分给朋友和支持者，从而产生了腐败。这一时期自由市场被认为是解决所有问题的最有效手段，政府被限定在守夜人角色中，仅提供必要的保障和法制环境。

（2）早期工业化时期的城市政治（1840—1875 年）。此时自由放任主义已经衰落，政府权力扩大，包括如防范火灾、疾病和城市暴动，改善穷人生活，缓解社会矛盾，等等。大量企业家开始掌控城市权力，并且同官员进行政治交易，通过选票来换取政治家所给予的利益，试图使公共政策朝着对自己有利的方向发展。这种现象又被称为“机器政治”。

（3）进步时代的城市政治（1875—1920 年）。广大工人阶级和中产阶级登上历史舞台，联合商人和专业人士，致力于消除由机器政治所导致的普遍腐败，打造“更完善的城市运行环境”。城市的领导者奉行“推动主义”（boosterism）战略，吸引更多的投资，在同其他城市的竞争中脱颖而出。提升城市吸引力的做法是推行“城市美化运动”。改革措施起到了明显的效果，也被称为美国的进步时代。

（4）郊区化时期的城市政治（1920—1945 年）。郊区化带来中心城区的衰落，时任总统罗斯福通过“新政”，增加基础设施建设投资，提供失业救济，消除贫民窟，并为住房抵押保险提供支持。这些措施改善了城市环境，也形成了新的权力结构，形成了“支持增长联盟”：在这一联盟中，过去未能成为代表的选民，有机会向国家政府施加压力；选民的利益横跨城市的工薪阶层和中产阶级；经济发展的主动权从商业集团转移到了公共部门手中。

（5）国家干预时期的城市政治（1945—1973 年）。二战后，城市政府职能不断扩大，对社会经济进行广泛干预。城市中出现了以企业家和政府官员为主的城市增长机器联盟。公众并不能平等地共享发展成果，却付出了相应的发展代价，这导致了“城市社会运动”，反对更新、主张缓慢增长、强调保护传统社区、重视保护环境。

（6）企业化政府时期的城市政治（1973 年至今）。20 世纪 70 年代，城市发展面临“滞胀”危机。新保守主义和新自由主义兴起，重视自由市场，主张弱化政府职能，并由此形成民营化的城市改革风潮，政府和企业建立公私伙伴关系，合作提供公共物品和公共服务。

资料来源：诺克斯，迈克卡西．城市化．顾朝林，汤培源，杨兴柱，等译．北京：科学出版社，2009：527-567.

5.2　城市空间理论：空间的社会转向

空间是城市研究的重要对象。马克思、恩格斯把城市空间看成是资本主义大工业生产的容器和资本积累的重要载体，资本在积累过程中不断催生空间上的对立，形成了二元的空间政治结构；由于阶级意识逐渐觉醒，资本主义城市日益成为阶级矛盾最集中的空间，城市也因而成为工人阶级形成的一个必要条件和重要场所①。20 世纪 60 年代以来，亨利·列斐伏尔（Henri Lefebvre）、曼纽尔·卡斯特尔（Manuel Castells）、戴维·哈维（David Harvey）等学者揭示了“空间”的社会属性，开拓了城市问题的分析视野，提出了具有影响力的理论观点，这些理论有时也被称为新马克思主义城市理论。事实上，城市空间结构与社会结构不再是全然割裂的，城市权力关系内在地嵌入了城市的结构之中。

5.2.1　空间的生产

列斐伏尔是法国著名的哲学家、思想家，他最早揭示了空间的社会属性，将“空间生产”作为城市政治研究的起点，开创了空间政治学的理论分析，并引发了 20 世纪中叶人文社科领域研究中的“空间转向”。

列斐伏尔认为，空间不再是社会关系演变的静止的“容器”或“平台”，其本身也是社会的产物，“（社会的）空间是（社会的）产物”。因此，随着社会的发展，生产已经从“空间中的生产”转变为“空间（本身）的生产”。列斐伏尔进一步指出，空间的生产由“空间实践”“空间的表征”“表征的空间”三个相互联系的环节构成，即空间三元辩证法。

（1）“空间实践”即每一社会构成特有的生产、再生产及具体场景和空间体系。

（2）“空间的表征”与生产关系及实行的秩序相联系，因此也与知识、符号、代码相关联。也就是，统治阶级常常以知识、符号和代码的形式，操纵着有利于保障现有生产关系的意识形态，从而掌握了社会空间秩序的主导权力。

（3）“表征的空间”就是居住者和使用者的空间，反映了城市居民在日常生活中的空间体验，或艺术家在艺术创作中的空间想象。“空间的表征”规定“空间实践”，并修正“表征的空间”。

列斐伏尔认为，日益凸显的城市问题是源自资本主导生产出了同质化的城市空间，对居民日常的差异化的空间需求产生了挤压。他反对由资本主义空间生产的商品性所造成的城市空间的异同，主张人们有机会通过重新“挪用”权力，使空间为人类的目的服务，并重新肯定日常生活的意义和尊严，保障和实现人们所拥有的“城市权利”（right to the city）。

5.2.2　城市的结构

卡斯特尔继承并批判了列斐伏尔的理论思想，并从结构主义的分析视角出发，在城

---

①　曹海军．城市政治理论．北京：北京大学出版社，2017：20-21.

市政治领域的研究中产生了重要的理论影响。

卡斯特尔认为，城市是空间在社会上的投射，城市空间是城市社会的结构性表达，包含了各种系统、要素及其相互关系，由此提出了“城市系统”的概念。“城市系统”由城市经济系统、城市政治系统和城市意识形态系统构成。城市经济系统包括生产要素、消费要素和交换要素，生产要素是指生产商品和信息的全部活动（如工厂、办公室），消费要素是与社会、个人或集体占有的产品相关的全部活动（如住房、公共设施）。城市意识形态系统则由符号要素构成。城市的经济结构、行政结构、意识形态结构决定了城市的经济空间、制度空间、象征性空间。

“集体消费”理论是卡斯特尔的理论基石。卡斯特尔认为，当代消费过程存在个人消费和集体消费之别。相较于个人消费而言，集体消费所提供的经济和社会待遇不是通过市场，而是通过国家机构来实现的。集体消费品的生产也明显有别于私人消费品的生产，其对空间结构产生较大影响，而且其使用价值会保留较长时间，因此集体消费品的生产是城市空间发展和变化的重要因素。集体消费具有以下特征①：

其一，集体消费具有城市性。集体消费问题本身就是城市问题，城市管理不是空间形态的简单设置，城市内部的空间形态实际上反映了居民日常消费模式中的集体行为趋向。

其二，集体消费具有国家控制性。集体消费品的利润较少，但对于社会的发展尤为必要，因此在交通、医疗、住房、教育、闲暇设施等集体消费品的生产和管理中，国家干预的不断增强成为必然趋势。

其三，集体消费品具有竞争性。因其具有国家控制性，集体消费的问题就成为政治权力的问题，包含了各种资本、消费者、居民、有组织的劳动力之间相互竞争的需求。“消费空间生产过程中的基本矛盾，就是剥削空间以谋取利润的资本要求与消费空间的人的社会需要之间的矛盾”②。城市成为各个群体和利益团体的角斗场，由此导致了各类城市社会运动。

5.2.3 资本三循环

戴维·哈维是著名的人文地理学家，他指出城市化的过程就是资本积累的过程。在这一过程中，资本通过三级循环和时空修复来缓和资本过度积累的危机。

“资本的第一循环”指资本用于普通商品生产，即马克思对产业资本循环所做的分析。在这一过程中，资本主义生产的基本矛盾会导致资本“过度积累”的危机。为了化解这一危机，资本向第二循环转移。

“资本的第二循环”，即资本投资于城市这一人为建构的“第二自然”，包括城市建筑在内的固定资产和消费基金项目，推动了城市人造环境的形成和发展，延缓了资本过度积累的危机。但随着投资机会逐渐饱和，资本的第二循环中也逐渐出现过度积累的危机，

① 周立斌，王希艳，朱怡蓉. 空间政治经济学：区域经济学研究的一个批判视角. 北京：经济科学出版社，2014：63.

② 张应祥，蔡禾. 新马克思主义城市理论述评. 学术研究，2006（3）.

由此资本向第三循环转移。

"资本的第三循环"，即资本投资于科学研究和社会公共事业，包括科学技术投入和用于劳动力再生产的各项社会开支。前者是指扩大科学技术在生产领域中的应用，促进社会生产力的革命性发展；后者包括直接改善劳动力素质的投入和通过意识形态、军队等手段同化、整合、镇压劳工力量的投入等。

哈维认为，资本的三级循环只能缓解而无法从根本上消除资本过度积累的矛盾。当前城市危机主要是生产过剩的危机。为此，各国政府普遍采取城市地理扩展、空间重组等方式，或将一部分资本转移到长期项目中，以缓和过度积累的趋势，即资本的"时空修复"。尽管如此，当前西方国家城市发展中的经济社会危机再次证实，资本主义的根本矛盾是无法解决的。无论是"资本循环"还是"时空修复"，都只能在一定程度上缓解而无法根本化解资本过度积累和城市危机。

5.3　城市区域理论：城市间的合作与发展

当前城市间的联系日益密切，都市区、都市圈、城市群等空间组织形式不断发展，在国家经济社会发展和治理体系中具有重要作用。区域发展与区域治理，已成为国内外城市研究的热点理论问题。

5.3.1　国外区域治理理论

国外学者对于区域治理的理论认识经历了一个不断深化的过程，代表性的理论观点包括大都市区政府理论、多中心治理理论和新区域主义理论等①。

1. 大都市区政府理论

大都市区政府理论认为，伴随 20 世纪初美国的乡村城市化浪潮，大都市区成为城市发展的重要形态，内在地要求地方政府在事关大都市区发展的公共问题上展开合作。但区域被人为地分割成诸多县、市、专区，且各地方政府之间地域交叉、功能重叠、协调不足，这种地方政府的"碎片化"导致了政府组织的杂乱无章和治理的混乱。因此，大都市区政府理论强调，区域性的政治利益大于区域内单个地方政府利益的综合，主张通过对大都市区内部政府进行结构性的改革，建立统一的大都市区政府。这一理论在 20 世纪 40—80 年代成为学术界的主流理论并引领实践，各地通过中心城市兼并、市县合并、以行政区划或制度性合并建立"联邦式"大都市区政府等方式展开探索。这在一定程度上缓解了地方政府的碎片化状态，但实践中的成功案例有限，实际收效不大。

2. 多中心治理理论

多中心治理理论是公共选择理论在大都市区政府研究中的应用。公共选择理论认为，

---

① 王佃利. 跨域治理：城市群协同发展研究. 济南：山东大学出版社，2018：47-55.

地方政府是政治市场上公共物品的生产者和提供者，地方政府的数量和规模间接反映了公民对公共物品的偏好。地方政府数量越多，竞争就越充分，公共物品的质量就会越高；地方政府规模越小，就越容易在市场上通过自愿行动达到资源配置的帕累托最优，因此，主张在大都市区建立多中心或多核心的政府体系。蒂伯特（Tiebout）提出“用脚投票”模型，认为居民在了解各地方政府税收和财政支出状况，且有适合不同偏好的足够数量的地方政府可供选择的前提下，能够通过流动的方式，从不符合其偏好的地方退出，进入符合其偏好的地方。

文森特·奥斯特罗姆认为，碎片化政府所带来的复杂性问题，相较于公民更准确表达个体偏好的优势而言是可以接受的，问题只在于“可能因为有太多的政府而无法明了该向哪个政府表达哪种偏好”。多中心治理理论对于提高区域公共服务供给效率来说具有理论价值，但实践中公民“用脚投票”往往成本较高，多中心地方政府难以形成合力。

3. 新区域主义理论

新区域主义理论兴起于20世纪90年代，更加关注区域治理的过程而非区域内部的政府结构。该理论将大都市区治理看作多元利益相关主体之间对话和谈判的过程，超越了对传统科层制或市场化竞争手段的关注。

其一，新区域主义理论强调区域整体利益的维护和实现，同时突破了传统的区域和层级观念，主张建立以合作为基础的政府间关系模式。

其二，新区域主义理论强调主体的多元化和合作的多层次化，形成政府、企业、非政府组织等多元主体之间的网络化合作模式。

其三，新区域主义理论强调中心城市和周边地区的协同共生，充分发挥中心城市的辐射带动作用，实现区域整体利益最大化。新区域主义理论提出了区别于传统大都市区政府集中治理和地方政府间分散化竞争的理论，将区域研究的重点从政府体制转向治理过程，提出多元主体参与、网络化合作治理等主张，具有重要的理论价值。

5.3.2 本土化的区域治理观点

改革开放以来，随着城市间联系日益密切，国内城市研究在借鉴国外区域政治理论的基础上，对区域发展与区域治理进行了本土化的理论探索，形成了许多有影响力的理论观点。

1. 行政区经济

20世纪90年代以来，舒庆、刘君德等学者提出了“行政区经济”概念。我国在从传统计划经济体制向社会主义市场经济体制转轨时期，由于行政区划对区域经济存在的刚性约束，导致了区域经济发展中的分割性同国际上区域经济一体化的普遍趋势相背离①。

① 舒庆，刘君德．一种奇异的区域经济现象：行政区经济．战略与管理，1994（5）；刘君德，舒庆．中国区域经济的新视角：行政区经济．改革与战略，1996（5）；刘君德．中国转型期凸现的“行政区经济”现象分析．理论前沿，2004（10）．

行政区经济表现为行政区划对区域经济联系的阻隔，实际上反映了行政区之间的利益矛盾。为此，应调整区际关系，加强行政区之间的横向经济联系，有三种可供选择的模式：

一是“行政-经济区协调”，依靠自上而下的行政力量进行分级，分区调控；二是“市场-经济区协调”，打破行政区划的约束，依靠市场的力量进行区域调控；三是“中心城市-经济区协调”，依托中心城市的辐射影响力和城市-区域的互动关系进行调控。其中，应加强市场-经济区协调在实践中的应用①。

2. 复合行政

复合行政理论认为，阻碍区域经济一体化的根本原因不是行政区划，而是政府职能未能适应我国市场经济的发展转变。因此，复合行政主张以建立跨区域、跨层级的政府间吸纳非政府参与的合作机制为目的，以提供跨区域公共服务为主要职责，以自主治理为原则。在经济全球化背景下，为了促进区域经济一体化，实现跨行政区公共服务，跨行政区划、跨行政层级之间吸纳非政府组织参与，经交叠、嵌套形成多中心自主治理的合作机制，复合行政理论提供了一种新的思路，即认为解决我国行政区划与区域经济一体化冲突的根本出路在于加快转变政府职能②。

3. 区域公共管理

区域公共管理理论聚焦于大量兴起的区域性公共问题，是国内学者基于国外相关研究进展所开展的理论引进与本土化探索。区域公共管理是以区域政府组织和非政府组织为主体的区域公共管理部门，为解决特定区域内的公共问题，实现区域公共利益而对区域公共事物进行现代治理的社会活动③。区域公共管理理论突破了行政区划的刚性，提升了区域的“广度”和“深度”，以跨越行政区划的外溢性公共问题和区域性公共事务为导向，主张多元主体通过合作、协调、谈判、伙伴关系、确立集体行动目标等方式进行联合治理，针对不同层次、不同类型的区域公共问题，综合应用科层制、市场机制、合作机制、组织间网络、自组织等混合机制进行治理。区域公共管理理论积极回应现实中凸显的区域公共问题，具有重要的理论和实践指导意义④。

21世纪以来，治理理论对公共管理理论和实践产生了极大的理论影响，将治理理论运用于解释我国区域发展与管理问题的区域治理理论也随之兴起。该理论是对区域公共管理理论的发展，指政府、非政府组织、私人部门、公民及其他利益相关者为实现最大化区域公共利益，通过谈判协商、伙伴关系等方式对区域公共事务进行集体行动，其特征在于：（1）多元主体的网络化治理；（2）重视非政府组织与公民参与的重要性；（3）注重以多元弹性的协调方式来解决区域问题⑤。区域治理理论是治理理论在区域公

---

① 刘君德．中国转型期凸现的“行政区经济”现象分析．理论前沿，2004（10）．

② 王健，鲍静，王佃利，等．“复合行政”的提出：解决当代中国区域经济一体化与行政区划冲突的新思路．中国行政管理，2004（3）．

③ 陈瑞莲．区域公共管理导论．北京：中国社会科学出版社，2006：1．

④ 陈瑞莲，等．区域公共管理理论与实践研究．北京：中国社会科学出版社，2008：21-23．

⑤ 陈瑞莲，杨爱平．从区域公共管理到区域治理研究：历史的转型．南开学报（哲学社会科学版），2012（2）．

共事务中的具体应用，目前学界围绕区域治理理论的本土化解释也取得了进一步的发展。

关键术语

城市政治理论　　精英主义　　多元主义　　城市增长机器　　城市机制　　空间生产　　区域治理

复习思考题

1. 谈谈你对精英主义和多元主义的理解。
2. 以你熟悉的一项市政政策为例，谈谈如何实现良好的城市治理。
3. 结合中国城镇化发展实际，以城市增长机器理论谈谈我国城市发展的动力。
4. 结合古今中外的城市实例，谈谈你是如何理解城市空间生产中的社会秩序的。
5. 如何深化区域治理，推进城市的高品质发展？请结合实际，谈谈你的理解。

延伸阅读

1. 曹海军. 城市政治理论. 北京：北京大学出版社，2017.

从政治学和公共行政学科发展的历史脉络来看，随着城市化的推进，在大量实证调查的基础上，西方学者对发生在城市地域空间范围内的包括城市权力结构、城市治理结构、城市增长模式、城市政治形式以及城市社会运动在内的各种政治经济现象进行了认真细致的研究，并取得了丰硕的研究成果。这些研究也促进了城市政治理论的兴起、演变和发展。《城市政治理论》是一本系统介绍国外城市政治理论发展的专著，在该书中，作者对西方学者的研究做了进一步的梳理，并就其中存在的问题进行了反思，理论背景与理论发展详尽，适合相关领域的研究人员阅读。

2. 姚尚建. 城市政治：正义的供给与权利的捍卫. 北京：北京大学出版社，2015.

中国城市政治学的研究尚处于起步阶段。该书认为，中国城市政治学在直面城市化的进程中，应当给出自己鲜明的学术立场，既要关照城市自身发展与治理的问题，更要在城市与政治体系的双向发展中论证中国城市的权力平衡、空间重建、权利保护与正义供给。由此，该书主要从城市权力、城市权利、城市结构与城市过程等方面，比较系统地回答了中国城市化进程中的制度性困境及其解决方案，初步构建了中国的城市政治理论体系，是当前国内研究城市政治的开创性、前沿性著作。

3. 贾奇，斯托克，沃尔曼. 城市政治学理论. 刘晔，译. 上海：上海人民出版社，2009.

该书对构成城市政治争鸣的主要理论进行了全面的介绍，汇集了国际学术界令人尊敬的一群学者，他们对关键议题进行了清晰的阐述，并围绕四个主要问题展开。第一篇着眼于权力的视角，吸纳了传统和近期的理论。第二篇探讨公共官僚机构的本质和城市政府中那些拥有领导角色的官员的重要性。第三篇研究公民参与城市政治过程的方式。

第四篇将城市政治放在社会、经济环境和政府的复杂性结构这些特定的背景中加以考察，这些背景都是城市政治必须运行于其中的。《城市政治学理论》一书为现在城市政治科学中的理论争鸣提供了一个极为出色的概览。

4. STONE C N. Regime Politics: Governing Atlanta, 1946—1988. Lawrence: University Press of Kansas, 1989.

克劳伦斯·斯通是城市机制理论的集大成者，该书是其关于城市机制理论的系统性论述。城市机制是政府和非政府伙伴间长期稳定关系的一种特定类型，对于城市机制的研究关注谁展开合作以及这种合作是如何实现的，进而，关注这种合作在面对持续的社会变化、新参与者进入、由冲突或冷漠带来潜在崩溃风险时，自身是如何维系的。通过对二战后亚特兰大市的案例分析，斯通详细分析了城市机制是如何运作和维系的，以及不同类型城市机制的表现和特征。

5. 萨维奇，康特. 国际市场中的城市：北美和西欧城市发展的政治经济学. 叶林，译. 上海：格致出版社，2013.

该书关注城市发展中的社会阶层及其权力结构，解释城市是如何发展的，揭示其发展的内在力量和外在形态的变化，是当今时代背景下城市理论研究的使命。从城市权力结构的视角看，城市外部的经济竞争压力和内在的政治力量被视为影响城市发展路径选择的两大因素。该书正是基于这种思考，将影响城市发展的政治和经济因素相结合，分析城市发展的动力，解释城市发展因何而不同。该书是城市政治学领域一本具有很大影响力的学术著作，受到了国际城市研究学界的广泛关注。

第 2 篇

市政活动要素

规划、土地、财政、基础设施等要素，是城市运行和市政治理活动开展的重要基础。

本篇包含五章内容，通过“市政与城市经济理论”章节介绍分析相关市政活动要素的理论视角，通过“城市规划管理”“城市土地与房产管理”“城市财政管理”“城市基础设施管理”等章节，考察各类市政活动要素的基本内容、管理实践和理论观点，由此阐释市政治理的依据、体制与机制。

第6章

市政与城市经济理论

重点问题

城市发展是一个持续动态的过程，经济增长是城市发展的重要影响因素。因而，有必要从理论上重新回顾城市的发展动力以及城市经济的增长规律，为当前城市的高质量发展提供理论借鉴。本章围绕城市发展动力、城市经济增长基础以及城市发展要素等方面的主要理论进行介绍，为全面理解本篇内容提供了理论指引并起到了提纲挈领的作用。通过本章的学习，需要掌握城市经营、城市区位、城市竞争力、财政分权、地租地价等与城市经济学相关的理论，并尝试用上述理论理解我国城市发展的外部动力；同时，应尝试运用增长极理论、循环累积因果理论、“中心-外围”理论等分析城市发展过程中的集聚与扩散效应，以此来理解我国城市发生的诸多变化。

6.1 城市发展动力的理论

新中国成立70多年来，我国城市实现了长足的发展。从城市的外部环境来看，城市逐步从单一主体走向区域与城市群体的协调发展，直接表现为城市治理的边界逐步向外蔓延。随着城市经济的不断增长，城市内部的各项运作机制与基础设施都趋于完备，城市结构愈发复杂，城市功能愈发完善。在这一过程中，城市政府的经营策略、城市竞争力的塑造以及城市的组团发展，将成为城市快速发展的重要动力。

6.1.1 城市经营

20世纪中叶，城市经营的思想就已经在国外萌芽①。从严格意义上来讲，国外并无“城市经营”的提法。其内在缘由在于，“管理”和“经营”是同一个词（management），而“城市管理”与“城市经营”又在很大程度上存在内涵交叉，所以人们更多地使用了城市管理（urban management）这一习惯表述，而没有使用“城市经营”这个词，但对“城市经营”这一理念的研究在很多文献中出现过②。在国内，城市经营理念最早是由城市政府提出来的，即用经营的眼光看待整个城市资源，把城市资源当作国有资产来经营③。

作为一种发展理念，城市经营最初是指在城市建设和发展管理中借鉴企业经营的理念，提高城市建设管理的质量和效率。具体来看，城市经营是运用市场机制和市场规律来解决城市发展要求与发展条件之间的矛盾的一项经营管理活动。它通过对城市及其资源的规划、建设、管理和经营，营造城市的最佳投资环境和最适宜的居住环境，创造城市的品牌，提高知名度，吸引要素积累，优化城市资源配置，促进城市经济社会的全面发展，从而提高城市自身价值和综合竞争力。城市经营的主体包括城市政府、企业、中介组织和市民，客体涵盖城市和城市资产等。城市经营旨在采用市场机制管理城市发展，持续推动政府职能转型，保证城市规划实施有利于提升城市竞争力，促进城市可持续发展。

麦吉尔（McGill）认为城市经营的含义应该建立在两个目标之上。“首先是规划，即规划如何供应和维护一个城市的基础设施和公共服务；其次是城市地方政府的合理定位，即地方政府的职责应该是从组织上和财政上确保基础设施和公共服务的供给和维护”④。国外学者普遍认为，城市经营应具有整体性和战略性的特征，即从全盘的角度并面向未来制定城市发展政策；在方式上更为关注城市经营的参与者及参与者间的相互关系，城市政府不是城市经营的唯一参与者，私人部门的介入尤为必要。然而，我国的城市经营已经超越了上述意义上的“managing for city”，而是变形了的“marketing of city”⑤。部分城市管理者将城市经营界定为是把城市当作企业一样来经营，过度追求自身效用最大化，这是对该理念的一种曲解。完整意义上的城市经营，是以城市整体利益最大化为目标，而非单纯的利润最大化；通过市场来有效提供服务，而非以政府代替市场；采用竞争手段来管理城市，而非用垄断和指令包打天下。

6.1.2 城市竞争力

早在20世纪80年代，国外便开始了对城市竞争和城市竞争力的研究。与城市竞争

① 王进富，张道宏，成爱武. 国外城市经营理论研究综述. 科技进步与对策，2006（9）.
② 陈岩松. 城市经营：理论·运作·制度创新. 上海：同济大学出版社，2007：6-8.
③ 周诚君，洪银兴. 城市经营中的市场、政府与现代城市治理：经验回顾和理论反思. 改革，2003（4）.
④ MCGILL R. View Point：Urban Management in Developing Countries. Cities，1998，15（6）：463-471.
⑤ 诸大建，刘冬华，许洁. 城市管理：从经营导向向服务导向的变革. 公共行政评论，2011（1）.

力有关的代表性理论，主要有世界经济论坛（World Economic Forum，WEF）和瑞士洛桑国际管理学院（International Institute for Management Development，IMD）的“国际竞争力理论”、美国哈佛大学迈克尔·波特（Michael Poter）教授的“产业竞争力理论”，以及北京国际城市发展研究院（IUD）的“城市价值链理论”等①。

WEF和IMD提出的国际竞争力指的是，一定经济体制下的国民经济在国际竞争中表现出来的综合国力的强弱程度。这两个组织对国际竞争力概念的理解趋于一致，即国际竞争力是在国家这一层次上的保持经济增长、增加国民财富的能力，这也正是国际竞争力的现代意义。与上述理论不同的是，迈克尔·波特引入了衡量企业运行效果的竞争力理论，指出这一理念同样也可以被用来衡量国家、区域、城市或企业集群的竞争力。波特认为，不同层次的国际竞争力是多种不同因素综合作用的结果，不同层次的国际竞争力共同构成了一个国家的竞争优势。首先是企业国际竞争力。波特在其著作《国家竞争优势》中提出，企业国际竞争力是指企业在国际市场上以全球战略的姿态进行竞争的能力。其次是产业国际竞争力。波特对产业国际竞争力的研究，形成了著名的国家竞争优势的“钻石理论”。他认为：一国在某一产业的国际竞争力，是一个国家能否创造一个良好的商业环境，使该国企业获得产业竞争优势的能力，这就可以把企业、产业和国家竞争力的分析结合起来②。

北京国际城市发展研究院以国际竞争力理论和国家竞争优势理论为基础，建立了城市价值链模型。该理论强调城市竞争力是一个国家的城市在全球经济一体化的背景下，相较于其他城市，在要素流动过程中抗衡甚至是超越现实和潜在的竞争对手，以实现城市价值所具有的各种竞争优势的系统合力③。因此，城市竞争力必须以市场为目标，以战略为核心，以整合为向导，建立起高度区域一体化的全球资源配置机制和运行模式。

专栏6-1

城市竞争和政府的作用

全球城市共同面对的一个问题就是参与城市竞争。哈维总结了城市可以选择的各种战略。第一，在劳动地域分工方面存在竞争，地方可以通过改善技术与基础设施、降低劳动条件获得分工优势；第二，通过吸引、留住游客和高收入居民，参与区域间的消费竞争；第三，致力于成为金融、政治或信息中心，获得由此而来的各种利益；第四，通过正式的城市政策或者对军事技术的国家投资，竞争政府的再分配项目。

有些条件是有的城市先天拥有的，如城市规模、已有的经济中心、地理位置、好的旅游和消费条件；有些条件是部分城市可以通过努力获得的，如国家的政策和投资。除

---

① 王浩．区域产业竞争力的理论与实证研究．长春：吉林大学出版社，2011：48-61.

② 波特，李明轩．国家的竞争优势：上．邱如美，译．北京：中信出版社，2012：32.

③ 周玉波，姚铮．城市综合竞争力模型与评价指标体系构建及实证研究：以长沙市为例．系统工程，2009(4).

此之外，还有大量的一般城市不具备上述的良好条件，可选的战略就只能是利用成本(低的劳动力成本和空间)、改善技术和基础设施等吸引全球/国内投资者的注意，或者是寄希望于一个独特的幸运事件，例如，承办大规模的体育赛事或国际活动，建造一个引人注目的滨水区或者新城。

哈维曾谈到地方政府的“系列复制”战略，建造会议中心、体育设施和滨水开发区等，每个城市都像是一个模子里刻出来的。欧洲的巴塞罗那、卡迪夫和热那亚的城市规划者也模仿了巴尔的摩重建废弃滨水区的模式。雅乌艾希宁（Jauhiainen）分析了这一模仿过程，内容通常包括多个相似的组成部分：水族馆、滨水大道、仿古船只等。几乎每个有可开发滨水空间的城市都建造了这些设施，让人怀疑城市能否通过这种做法获得竞争优势。我国城市发生的情况也如出一辙，很多沿江的城市都在打造滨江大道、滨江商务区，如废旧的工厂、仓库区被改造成各种“创意街区”。在城市竞争中，每个城市都在“营销”自己。

资料来源：张倩．城市规划视野下的城市经济学．南京：东南大学出版社，2019：44-45.

6.1.3 区域经济协同

随着世界经济格局的演变以及城市发展边界的扩张，越来越多的领导人、专家学者将发展视野逐步从城市层面拓展到区域层面，从各城市的独立发展拓展到城市群与区域内部各城市间的协同发展。

美国著名战略专家安索夫（Ansoff）借用投资收益率确立了协同的经济学含义，即为什么企业整体的价值有可能大于各部分价值的总和。在他看来，这是由于公司各部分价值之间实现了良好的匹配，产生了整体功能大于局部功能之和的效应，实现了价值的增值。协同模式的有效性部分是由规模经济带来的。战略学中的协同概念旨在强调部分之间相互匹配的理想状态，强调整体功能大于局部功能之和的效应。物理学家赫尔曼·哈肯（Hermann Haken）的协同学观点认为，协同是指系统的各部分之间互相协作而产生的整体效应或集体效应，这种效应可以使整个系统形成个体层次所不存在的新的结构。与战略协同理论的观点相比，哈肯的协同观点不仅强调功能的放大，而且注重新的、有序结构的产生；不仅注重量的积累，而且注重质的飞跃①。

聚焦到区域层面，区域协同的目标是促进区域内部资源要素的自由流动，实现区域要素共享，增强区域整体竞争力，从而带动区域经济的整体发展。区域协调发展是推动区域经济增长和社会发展的重要途径和根本要求，通过区域内不同城市、不同产业的相互关联、合理分工、有效的竞争与合作，实现调整产业结构、整合流通体系、提升资源利用效率的目标，以提升区域综合竞争力，促进区域经济全面可持续发展。区域协同主要有以下三方面的特征：

第一，区域协同具有系统性、整体性特点。区域协同突破了以往区域内部城市无序

---

① 李辉．善治视野下的协同治理研究．科学与管理，2010（6）．

竞争的状态，通过加强区域内部各城市的系统有机联结，推动区域内所有城市的整体发展。

第二，城市的产业分工是区域合作的基础。区域间产业优势差异及不同的要素禀赋促进了地域间专业化分工的出现，不同区域专注于某一产品领域的生产或深耕具有互补性的专业化服务，通过区域间交换享有彼此专业化的优势成果，使生产要素的分配更为合理，提升劳动生产率，增加社会财富。

第三，区域内外部良好的竞争与合作是实现区域协调发展的关键。随着市场化的发展，城市经营思路由竞争转变为竞合，在竞争意识形态下的合作将成为未来城市发展的主要路径。区域协调发展，就是在特定地理空间范围内如何更好地实现城市间的竞争与合作，在“强强联合”“互惠互利”的愿景下构建区域战略联盟，提升区域内资金、技术、人才等生产要素的配置效率①。

6.2　城市经济增长的理论

城市是区域经济发展的核心领域，也是国民经济活动的空间依托。随着现代市场经济的发展，城市在国家经济中的中心作用也日益增强。J. 雅各布斯（Jane Jacobs）将城市定义为“从自身的经济系统内持续产生经济增长的聚居地”。城市经济增长是理解城市发展的重要切入点，也是城市经济规模的扩张与质量的提高。

从数量上看，一个国家的经济增长往往是指社会总产品的增加及其生产能力的提高。对于一个城市来说，经济增长的内涵仍然体现在城市生产的产品数量增多或城市 GDP 的增长，这与国民经济范畴的经济增长是相似的。然而，由于决定城市生产能力的诸多要素比国民经济更为复杂，生产能力不仅包括一个城市的人力资源、自然资源和资本积累的数量与质量，以及技术水平的高低，还包括空间状态的土地经济和自然资源利用上的规模经济、集聚经济、地方化经济、城市化经济等内容。因此，城市经济增长既包括这些决定生产能力的直接生产要素的规模扩大和质量改进，也包括反映生产能力的生产要素间接影响的程度与水平②。

6.2.1　集聚与扩散效应

城市是各类资源要素的集中地，是人口和产业的集聚地，对经济社会发展具有重要的带动和辐射效应。城市集聚效应是指各种产业和经济活动在城市空间内集中产生的经济效果以及吸引经济活动向城市靠近的向心力，是导致城市形成和不断扩张的基本因素。经济主体在地理上接近和集中，就能够创造更多的价值。城市经济学将这一现象称为集聚。集聚效应往往出现在社会生产力有一定发展之后。在某些空间区域，由于一些必然

① 梁春树，马明．粤港澳大湾区流通要素整合策略探讨：基于区域协同理论视角．商业经济研究，2021（2）．

② 高洪深．城市经济学．北京：中国人民大学出版社，2011：67-68．

的和偶然的要素集聚，如资源禀赋丰饶、水土气候适宜、地理环境优越、交通运输便利、社会政治与军事文化活跃等，该地区的经济发展水平明显高于周边地区。影响城市集聚效应的因素主要有运输成本、规模经济以及外在性（经济中外在于企业的因素变化对企业的有利影响，如知识增加、技术进步导致单个企业的成本下降。这种影响对产业来说是内在的，但是对企业来说是外在的）①。近代产业由于其高度分工协作的需要和对规模效益、集聚效益的追求，在布局上呈集聚态势，形成区域经济核心区。根据缪尔达尔（Myrdal）的“循环累积因果理论”，区域发展到较高的水平，就会产生一种自我发展的能力，吸引生产要素向本区集聚。

与集聚效应对立并存的是扩散效应。扩散效应是指一个特定地方的技术、发明、新产品和新现象等逐渐被其他地方接受、采纳或应用的过程，是一个重要的经济现象。例如，工业革命从英国向全世界扩散，电视机从纽约向美国各地扩散，以及制度、语言的扩散，等等。扩散现象的重要性，在于它改变和加强了不同地区和区位间的相互作用。扩散最典型的特点是距离衰减规律，即扩散的强度往往会随着空间距离的增加而衰减，因而扩散强度与距离成反比②。在城市层面，城市作为一个确定的利益主体，总会不断地以自己所具有的实力拓展自己的腹地空间，为自己的产品、服务寻求足够大的市场。城市以其技术、资金、管理、观念、生产体系等优势提高和带动腹地的经济发展，从而进一步确立了对腹地的主导性作用。一方面，城市在集聚的同时总是在不断地进行扩散与辐射。不难理解，就像贸易中出口和进口的关系一样，扩散是为了更好地集聚。另一方面，扩散是对集聚的一种有效保护，扩散趋势的存在保证了集聚在一个合适的度内进行，从而保证了集聚的规模效益③。综上所述，集聚与扩散是城市经济增长过程中的两种主要效应，其在一定程度上决定着城市发展的进程。

6.2.2 增长极理论

经济增长极的核心内容是：经济增长不会同时出现在所有地方，总是首先由少数区位条件优越的点发展成为经济增长极。增长极的辐射表现为通过增长极的极化效应使资金、能量、信息、人才等向发达地区集中，之后再通过扩散效应把经济动力与创新成果传导到广大的腹地。布代维尔（Boudeville）从理论上将增长极概念从经济空间扩展到地理空间，认为增长极有两种含义：一是在经济意义上特指推进型主导产业部门，二是地理意义上特指区位条件优越的地区。因此，增长极是指由推进型主导产业及相关产业的空间聚集而形成的经济中心，它具有较强的创新增长能力，并能通过扩散效应以自身的研究发展带动其他产业和周围腹地的发展。所以，增长极既包括产业增长极，也包括空间增长极，经济发展中的增长极是一个同时包括重点产业和重点战略区域在内的复合型增长极，这种复合型增长极一般都是发展条件比较好、产业综合优势比较突出、区位条

---

① 栾贵勤，等. 区域经济学. 北京：清华大学出版社，2008：45-46.

② 吴殿廷，等. 区域经济学. 2版. 北京：科学出版社，2009：127-131.

③ 施冬健，张黎. 城市的集聚与扩散效应. 商业研究，2006（5）.

件好、投资环境较为优越、发展潜力巨大的区域①。

6.2.3 循环累积因果理论

1957年，缪尔达尔曾提出循环累积因果理论，他认为经济发展过程是从一些条件较好的区域开始，一旦这些区域由于初始发展优势而比其他区域超前发展时，这些区域就能通过累积因果过程，不断积累有利因素继续超前发展，从而导致增长区域和滞后区域之间发生空间相互作用②。在经济循环累积过程中，同时存在着两种不同的效应：一是回流效应，表现为各生产要素从不发达区域向发达区域流动，使区域经济差异不断扩大；二是扩散效应，表现为各生产要素从发达区域向不发达区域流动，使区域发展差异得以缩小。在市场机制的作用下，回流效应的影响力远大于扩散效应，即发达区域更发达，落后区域更落后③。

1958年，赫什曼（A. O. Hirshman）也提出了与缪尔达尔的扩散效应和回流效应极为相似的极化效应和涓滴效应，指出在经济增长过程中，总是同时存在极化和涓滴两种效应。在经济发展过程中，极化效应使工业向城市和发达地区集聚，促进了城市的扩大和发达地区的经济增长。但当它们达到一定限度后，城市和发达地区因过分集聚产生的环境恶化、土地和水资源有限、地价昂贵、住房紧张、交通堵塞、生活费用高、犯罪率上升、生产成本上涨等问题，又必然使经济出现涓滴效应，即资源由少数发达地区向广大相对落后的不发达地区扩散，使区域、城乡差别缩小，地区发展趋于平衡④。

6.2.4 "中心-外围"理论

弗里德曼（J. R. Friedman）将经济系统划分为中心和外围两部分，两者共同构成了一个完整的二元经济结构。在经济发展初始阶段，二元结构十分明显，中心区发展条件较优越，经济效益较高，处于支配地位，而外围区发展条件较差，经济效益较低，处于被支配地位。因此，经济发展必然伴随着各生产要素从外围区向中心区的净转移。当经济持续增长进入一定阶段后，随着政府平稳发展以及政策干预加强，中心和外围的界限会逐渐消失，经济在全国范围内实现一体化，各区域优势充分发挥，经济获得全面发展⑤。

1991年，保罗·克鲁格曼（Paul Krugman）提出了完善的"中心-外围"理论，它揭示了经济地理聚集内在的运行机制。克鲁格曼在借鉴经典区位理论的基础上引入了世界贸易、新经济增长理论，通过柯布-道格拉斯函数构造了一个农业和工业的两区域模

---

① 栾贵勤，等. 区域经济学. 北京：清华大学出版社，2008：56.

② 杨虎涛，徐慧敏. 演化经济学的循环累积因果理论：凡勃伦、缪尔达尔和卡尔多. 福建论坛（人文社会科学版），2014（4）.

③ 同①57.

④ 刘增. 统筹区域发展必要性的理论和实证分析. 宁波大学学报（人文科学版），2006（4）.

⑤ 同①58.

型，并得出最终会内生成以工业化区域为中心、以农业区域为外围的中心-外围构架。克鲁格曼在严格的假设条件下，通过严密的数学推导过程，从制造业生产集聚的微观层面，解释了制造业“中心”和农业“外围”宏观格局的形成机理①。

6.3 城市发展要素的理论分析

区位、财政、土地是影响城市发展的重要因素。我国在1994年推行的分税制财政体制改革，在一定程度上划分了城市政府的财权与事权。在财政分权的背景下，地方政府基于城市经济发展以及官员政治考核的双重目标，积极展开城市建设。城市政府用土地作为信用基础融资，投资于道路、学校、公园等公共设施的建设和维护，从而进一步提升了城市土地房屋的价值和城市建设。土地财政带来的政府收益直接作用于城市基础设施建设与公共服务发展，而这正是对公共价值的遵循与实践。

6.3.1 城市区位与发展

区位，即事物分布的地区或地点。它包含了一定的地域范围，是用来描述事物的位置，并往往因为特定目标而确定空间的范围②。从内涵上来讲，区位至少包括两层意思：其一是某事物所占场所的位置，其二是该事物与其他相关事物间的空间联系。立足于城市发展实践，后者的意义更为重要③。

区位理论，是在区位概念基础上发展形成的关于人类活动的空间分布及其在空间中的相互关系的学说。19世纪20—30年代，区位理论诞生于德国，其标志是1826年德国农业经济和农业地理学家杜能（J. H. V. Thunon）发表的著作《孤立国同农业和国民经济的关系》。区位理论包括杜能的农业区位论、韦伯（A. Weber）的工业区位论、克里斯塔勒（W. Christaller）的中心地理论和廖什（A. Lösch）的市场区位论等④。

虽然区位理论有多种不同的理论模型，但其基本思想和内在实质是一致的。概括而言，区位理论将某一区位的影响因素抽象为自然因子、社会因子、市场因子、劳动因子、运输因子、集聚（分散）因子等，分析这些因子的个性特征以及各种不同形式的空间组合特征，并且研究不同类型的社会经济活动所需要的理想的区位因子空间配置方式⑤。早期的古典区位理论重点对单个企业的区位选择进行静态的局部均衡分析，很少对单个企业的相对静态或动态区位选择进行分析研究。而现代区位理论则是在古典区位理论的基础上发展形成的。通过不断放宽假设条件，使其能够更好地在一般条件下更准确地分

---

① 段学军，虞孝感，陆大道，等．克鲁格曼的新经济地理研究及其意义．地理学报，2010（2）．

② 孙玉．集约化的城市土地利用与交通发展模式．上海：同济大学出版社，2010：30．

③ 栾峰．城市经济学．北京：中国建筑工业出版社，2012：171．

④ 同②31．

⑤ 崔敬．宏观区位研究：区位因子从微观向宏观的演化及其政策意义．大连：东北财经大学，2012：18-23．

析现实经济社会活动的区位特征①。

区位理论在城市经济研究中至少有以下四个方面的应用：一是分析城市用地的区位条件，选择确定城市用地扩展的主导方向；二是进行城市土地的分等定级，优化城市土地利用结构，确定城市各项公共服务设施的最佳建设布局；三是研究市域城镇体系的建设，优化城镇体系的空间分布格局；四是将城市纳入整个区域发展中，探讨城市在区域或城市群中的区位优势。

6.3.2 城市地租与地价

地租地价理论是土地利用的重要理论，不少经济学家研究了关于地租、土地价格和土地之间的关系，如威廉·配第（William Petty）的名著《赋税论》、亚当·斯密（Adam Smith）的《国民财富的性质和原因的研究》（简称《国富论》）、大卫·李嘉图（David Ricardo）的《政治经济学及赋税原理》，马克思也提出了自己的地租理论。这些理论都从不同角度阐述了地租地价与土地利用之间关系的规律②。

城市地租理论是近代工业革命和城市人口集聚增长与城市化的产物，最早由阿尔弗雷德·马歇尔（Alfred Marshall）提出。简单地讲，马歇尔开创性地提出了关于地租的一系列理论主张，其中包括"稀缺地租"概念③。这一概念是从土地的可供利用性及其供给有限带来的稀缺性共同导出的，即认为稀缺性是地租产生的根本缘由。在此基础上，马歇尔进一步指出，土地的稀缺性与土地的自然级差和不同利用方式间并不矛盾。在地租新理论主张的基础上，马歇尔首次全面论述了城市工商业的土地价值问题，并提出了城市地租理论，明晰了场地价值和区位价值等重要概念④。

约翰·贝茨·克拉克（John Bates Clark）则从生产要素的贡献及分配的角度，提出了土地租金由边际土地的产出决定的理论，即生产要素对产品的生产做出了贡献就应当得到报酬，而地租就是对土地这一生产要素对产品及其价值所做贡献的报酬⑤。克拉克的有关论述对城市地租研究具有重要意义，不仅针对地租的决定提出了清晰的理论主张，而且为解释土地使用在不同行业间的转换提供了线索，即当某一行业因扩大规模需要增加土地时，会因提高地租而将其他行业的土地（如农业用地）转移到该行业。地租和地价理论对于土地资源的综合评价、合理开发利用，以及制定土地利用政策具有重要的指导作用。在地租和地价理论的指导下，根据土地用途与地租之间的关系，可以看出城市土地利用性质和空间布局与相应的地租地价相符。

6.3.3 城市财政与分权

财政分权理论起源于20世纪50年代。1956年，美国经济学家蒂伯特发表了《一

① 栾峰．城市经济学．北京：中国建筑工业出版社，2012：171-172.

② 孙玉．集约化的城市土地利用与交通发展模式．上海：同济大学出版社，2010：30.

③ 马歇尔．经济学原理．廉运杰，译．北京：华夏出版社，2005：496-501.

④ 同①168-170.

⑤ 克拉克．财富的分配：第2版．陈福生，陈振骅，译．北京：商务印书馆，1983：166-181.

个关于地方公共支出的纯理论》一文，标志着财政分权理论的兴起。财政分权理论经过半个多世纪的发展，先后经历了两个阶段：传统财政分权理论和第二代财政分权理论。传统财政分权理论也被称作“财政联邦主义”或“联邦主义经济理论”，其代表人物是蒂伯特、马斯格雷夫（Musgrave）和奥茨（Oates）。传统财政分权理论以新古典经济学的理论为分析框架，研究政府职能在不同级次的政府间进行合理配置以及相应的财政工具如何分配的问题①。该理论认为，分权主要是针对资源配置而言的，即如何就地方性公共物品的供给及其相应的财政来源在中央和地方之间进行分工。在传统财政分权理论框架下，一般认为财政职能在不同级次的政府间应该这样分工：宏观经济稳定职能归中央政府；收入分配职能也主要归中央政府，但地方政府应承担一定的补充责任；而资源配置职能主要应由地方政府承担②。

第一代财政分权理论虽然把政府从一个整体分成中央和地方的多级次政府，但仍然把政府过程视为一个“黑箱”。同时，第一代财政分权理论默认的前提是“只要投入所需的资源，政府就会自动有效率地提供符合公众需要的公共产品和服务”③。这个假设受到了以“委托-代理理论”和公共选择理论为工具的第二代财政分权理论的批评。第二代财政分权理论也被称为“第二代财政联邦主义理论”，即“市场维护型的财政联邦主义”。主要是以蒙蒂诺拉（Montinola）、钱颖一、温加斯特（Weingast）、麦金农（McKinnon）、内希巴（Nechyba）等学者的研究主张为理论核心。他们在财政分权问题上更关注的是如何设计出一套激励相容机制以实现对公共政策制定者的激励。其理论立足点是：一个高效率的市场来自一个好的政府结构，政府行为既要有效果，也要受到约束④。在构造政府治理结构时要考虑相应的激励机制，提供维护市场效率的支持性的政治系统。中央和地方各司其职，在维护和推进市场机制的过程中相互拥有权利和义务，从而使市场交易的各方都能从市场的增进中获得收益⑤。

关键术语

城市经营　城市竞争力　区域经济协同　集聚效应　扩散效应　城市区位　财政分权

复习思考题

1. 选取自己所熟悉的某一城市，尝试从城市经营、城市竞争力以及区域经济协同的角度来分析该城市的发展动力。

① 边维慧，李自兴. 财政分权：理论与国外实践. 国外社会科学，2008（3）.

②③ 黄国平. 财政分权理论对中国经济与社会发展失衡的解释及反思. 理论月刊，2013（2）.

④ QIAN Y，WEINGAST B R. Federalism as a Commitment to Preserving Market Incentives. Working Papers，1997，11（4）：83-92.

⑤ 罗伟卿. 财政分权理论新思想：分权体制与地方公共服务. 财政研究，2010（3）.

2. 请结合我国城市和区域的实际发展，思考增长极理论、循环累积因果理论以及“中心-外围”理论的适用性。

3. 请结合具体案例，谈一谈我国分税制财政体制改革对城市发展的影响。

4. 有学者认为“城市的特征，就是能提供农村所没有的公共产品（服务）。公共产品（服务）是城市土地价值的唯一来源。城市不动产的价值，说到底，就是其所处区位公共产品（服务）的投影”。请结合地租理论与区位理论，谈谈你对这句话的理解。

5. 结合本章理论，简要谈谈在城市化发展的不同时期，我国城市经济发展的影响因素有何不同？

延伸阅读

1. 踪家峰. 区域与城市经济学. 上海：上海财经大学出版社，2021.

该书是国内首部将国际化与本土化相结合，系统地阐述城市经济、区域经济与空间经济的著作，代表了国内该领域的新进展。该书力求反映城市经济基础的理论、区域经济的理论发展和中国的实践问题，可以为该领域的研究者提供借鉴。该书共 18 章：第 1～12 章主要阐述城市与区域经济学的基本理论、产业集聚、城市集聚、区域差异的基本理论，第 13～18 章主要从数理的角度探索城市与区域经济的发展规律。该书适合用作经济类专业、房地产类专业、公共管理类专业、地理与规划类专业的教科书或者作为参考书，也适合广大经济与城市实践工作者阅读。

2. 雅各布斯. 城市与国家财富：经济生活的基本原则. 金洁，译. 北京：中信出版社，2018.

该书是“雅各布斯‘城市-经济’三部曲”的第二部。如今，许多国家都面临着地区发展不平衡的问题——既有极富创造性的进口替代型城市、产业多元化的城市腹地，也有众多产业单一、缺乏活力的落后地区。给落后地区提供贷款、拨款和补贴，引入大型企业，常常被视为改善其经济面貌的手段。然而，该书却对此提出了质疑，指出这些手段并不能为落后地区培育出进口替代型的城市。它们除了能暂时性地缓解贫穷以外，只会造成有惰性的、不均衡的以及永远依赖其他地区的经济模式，无助于创造能够实现自我运转的经济。所以，该书认为，这些被经济发展遗弃的地区只有依靠彼此间活跃的贸易往来，才能走出停滞的局面。此外，作者还提出了一种断裂发展模式的设想，观点独特，讲述了经济发展和城市化进程的新思路，对于中国当前的经济发展和城市化进程有着重要的启示意义。

3. 陆铭. 大国大城. 上海：上海人民出版社，2016.

该书关注的是中国当前城乡经济发展中切实存在的现实问题。房价陡涨、雾霾遮天、交通拥堵，空巢老人、留守儿童、农民工的窘境……中国的城市化进程刚刚过半，但大城市的病状和乡村的隐痛已经成为人们关注的焦点。作者通过比较全球经验，立足本土现状，基于实证，力倡中国发展大城市的重要性。社会问题宜疏不宜堵，只有让市场本身充分发挥对包括劳动力在内的生产要素的调节作用，才能从根本上解决当下棘手的社会问题。政府的功能不是与市场博弈，而是在市场失语的地方，以长远眼光布局科学的基础设施、提供公共服务供给。该书认为，只有以追求人均GDP的均衡取代追求区域GDP的均衡，才能充分发挥出大国的国家竞争力，并提升全体人民的公共利益。

4. 奥沙利文. 城市经济学. 8版. 周京奎，译. 北京：北京大学出版社，2015.

该书是20多年来城市经济学教材中首屈一指的经典之作，主要包括以下内容：第一，解释了城市存在的原因以及是什么引起城市规模的扩大和缩小；第二，探讨了影响城市发展变化的市场力量以及政府在决定土地使用形式中的作用；第三，考察了城市交通系统，探究了城市交通系统的定价与设计及汽车使用的外部性；第四，探讨了城市犯罪的诱因及其空间结果；第五，阐述了住房市场的特征并考察了政府住房政策的效果；第六，探究了纳税人对地方税收的反应等问题。作者将经济学的原理和分析方法极好地运用到城市问题的探究之中。无论是对城市的地租和土地利用等与经济学研究对象相关度较高的问题，还是对城市贫困、种族隔离、教育与犯罪等社会问题，作者都从经济学角度给予了透彻分析。

5. 藤田昌久. 城市经济理论：土地利用与城市规模. 周京奎，等译. 北京：北京大学出版社，2020.

该书为著名区域经济学家、新经济地理学的代表学者和开创者藤田昌久先生的经典著作。全书运用竞价租金方法，在统一的框架下为我们呈现了土地利用与城市规模理论。在该书的第1部分，作者在微观经济框架下，分析了家庭居住区位选择行为，并针对不同的城市环境，讨论了住宅土地利用与城市规模的均衡模式。在该书的第2部分，基础理论被进一步扩展，引入了外部因素，如地方公共品、城市拥挤和堵塞、种族歧视等。在全书中，数学分析都借直观的解释和图形来展开，理论分析结果都通过具体的实例来论证。该书较为适合城市经济学、公共经济学、区位理论、城市地理，以及城市规划领域的学生和研究者参考使用。

第7章

城市规划管理

重点问题

城市规划是描绘城市发展的目标和蓝图，也是政府管理城市的重要公共政策行为。在认识城市规划基本特征的基础上，可以领略各种规划思想展现出的卓越智慧。良好的城市发展始于科学的城市规划管理。

通过学习本章，要了解什么是城市规划，城市规划的功能定位与原则是什么；要掌握城市规划管理的基本理论，了解城市规划理论的发展历程，如何理解当前我国城市规划领域的变革，这是通过本章的学习需要进一步深入思考的问题。

7.1 城市规划的概念

专业、科学的城市规划是城市发展的基础。城市设计者和管理者通过城市规划对城市各种资源要素进行科学、合理的综合配置，实施有效的建设和管理。作为公共政策的城市规划，是一项涉及城市方方面面的系统性工程，是城市未来发展的蓝图，也是城市各项管理工作开展的指南。

7.1.1 城市规划的定义

所谓城市规划，就是根据一定时期内城市的经济和社会发展目标，确定城市的性质、规模和发展方向，合理地利用城市土地，协调城市空间功能及进行各项建设的综合部署和全面安排。也可以说，城市规划是以城市的自然、地理和社会情况为基础，在区域规划的总体指引下，使城市的空间布局结构与城市经济、社会、环境和艺术结构完美结合，构成一个有机体，充分发挥城市生产、居住、休憩、交通四大功能，使之空间化、时序化、艺术化。

从城市规划的定义可以看出，城市规划的目的是通过城市设计者和管理者对城市各种资源要素进行科学、合理的综合配置，实施有效的建设和管理，实现城市的和谐、可持续发展。城市规划的内容和基本任务是对城市的发展目标、土地利用、空间布局和各项建设做出具体安排，其核心是城市的土地利用，即合理用地、节约用地。

城市规划是政府调控城市空间资源、指导城乡发展与建设、维护社会公平、保障公共安全和公众利益的重要公共政策之一。城市规划通过协调人与环境的关系，促进城市经济效益、社会效益、环境效益的和谐统一，最终实现城市总体效益的最大化。在城市建设和发展过程中，城市规划总是处于龙头地位。

7.1.2 城市规划的功能定位

1. 指导城市建设

城市建设是城市规划的重要内容，而城市建设又包含着十分广泛的内容。统一、科学、具有权威性的城市规划能够正确处理城市建设过程中各种错综复杂的关系，发挥城市的整体效应。城市规划是城市建设和发展的蓝图，它根据国家经济发展计划制定城市的发展目标；根据国家生产力布局等因素确定城市的主导和辅助产业规模，确定城市的人口规模和用地规模；根据产业、人口和用地的规模，配置基础设施。科学的城市规划明确了城市发展的目标和规模，对城市建设方向起着指导性作用。

2. 优化资源配置

城市建设是通过利用城市资源进行开发并实现城市功能和价值的过程，其参与开发利用的资源不仅包括常见的物质资源（如土地、建筑、路网等），还包括大量非物质形式的历史文化资源等。为了实现多种资源的优化配置和不同阶段的长效衔接，需要对城市进行系统全面的规划设计。以土地资源为例，城市规划给城市土地使用和建筑提供了科学的规范，同时又通过政府的立法行为给城市政府的规划部门审批城市用地和建筑提供了法律依据。这些规范和法律依据促使城市规划管理部门从节约资源、合理利用土地的角度，综合社会、经济、政治、历史文化等诸多因素，合理地处理城市用地与建筑之间的效益关系，塑造良好的城市形象，从而在城市资源禀赋的基础上，促进城市用地和建筑实现效益最大化。

3. 提升城市内涵

近年来，在国家倡导城市生态建设和提出可持续发展战略的背景下，城市建设也更加关注绿色宜居和保障以人为本的内涵提升。城市社会、经济、环境、生活、安全等各项建设内容和资源利用，都是在城市规划的文本政策指导下进行的。合理的城市规划不仅要通过有关部门制止和处罚各种损害市民生活质量保障的行为，保障和发展公共绿地、道路、居民住房、住宅区的各项公共服务设施，还要通过指导产业设施、基础设施和生活设施的建设，规划建设图书馆、公共体育场馆、公园、博物馆和美术馆等，满足广大市民日益增长的物质和文化生活需求，提高市民的生活质量。城市规划只有坚持以人为本的发展理念，并统筹城市人文、历史资源、居民生活，才能切实提升城市的内涵。

4. 规范市场秩序

随着城市化进程的不断加快，人民日益增长的美好生活需要与城市建设不平衡不充分的矛盾日益凸显。因市场在资源配置中所具有的难以避免的自发性弊端，城市规划更需要从宏观角度进行调控和引领，主要体现在城市规划的编制、审批和管理等方面。把握好规划的编制、审批、管理这些环节并通过城市规划的制度和文件安排，可以实现政府对城市资源在城市空间上的合理配置，规范市场秩序，实现城市经济、社会的协调和可持续发展。

7.1.3 城市规划的基本原则

1. 公平科学原则

城市规划是城市政府在一定时期内关于城市发展建设的目标和蓝图，关系到城市的性质和发展方向，是一项城市空间形态方面的发展战略，体现着国家意志层面的公共性安排和科学有效的指导。城市规划作为一项政府职能，是城市政府维护公众利益的体现，是城市政府的工作目标和发展手段。另外，作为一个专业性较强的学科，城市规划同样需要政府与各界专家共同进行编制实施来保障其科学性。城市规划必须在政府的公共价值指引下进行科学有效的管理，进而推动城市建设与发展。

2. 系统优化原则

城市是一个由多种要素组成的复杂系统，各要素之间存在密切联系。城市的活动包含生产和生活、物质和精神两大对应方面。城市规划工作要坚持系统优化的原则，统筹安排好城市的各项建设，如在确定城市的性质、规划时，要综合考虑可能遇到的经济和技术方面的问题；在设计城市的空间组合、建筑的布局形式、城市的风貌、城市的园林绿化时，则应考虑城市的地形、地貌、交通条件、历史传统等各项因素。

3. 动态持续原则

城市规划的动态持续原则是指城市规划者应该与时俱进、因时而异，依据不同时期的实际情况和环境变化，经过科学、周密的调查研究分析，使制定出的城市规划具有灵活性和阶段性的特点。城市规划的动态性原则并不否定其在一定时间内的持续稳定性，每个阶段的城市规划尤其是总体规划必须具有一定的长效性，使其成为指导城市发展的纲领性文件。

4. 区域特色原则

每一个城市都具有其特有的地理环境、建设条件、历史发展特点，以及已经形成的区域经济联系、城市经济和用地结构特征等。城市规划必须按照各城市自身的条件及特点，依据区域特色原则，从现实出发，选择符合城市自身特点的生产规模、发展速度与城市化水平。城市规划要注意制定切实可行的城市建设（包括各项设施）标准，深入挖掘反映不同时代历史和民族文化特点的文物旅游资源，突出反映城市的文化特色，避免与其他城市雷同。

7.2 城市规划的理论

自城市出现后，人们便开始了对城市规划的探索与实践。有关城市规划的理论成果也在实践中指导了城市的发展，同时城市规划的实践和时代发展的要求也推动了城市规划理论的演进。理论与实践的互动，很好地促进了城市的长远发展。

7.2.1 城市规划理论的历史缘起

1. 古代城市规划理论

世界四大文明古国中的古希腊和古罗马是古代城市发展较快的地区，有关城市规划的理论较早就在这些地区有了系统的体现和描述。

古希腊的建筑师希波丹姆（Hippodamus）提出把城市分为圣地、公共活动中心和住宅区，这是世界上最早的城市功能分区思想之一。古罗马的维特鲁威（Vitruvii）所著的《建筑十书》是世界上最早的城市规划著作之一，书中论述了城市选址、地段划分和广场规模等问题。

欧洲的城市在中世纪早期经历了衰落时期，公元 9 世纪以后城市重新复苏，11 世纪至 13 世纪是中世纪欧洲城市的大发展时期。文艺复兴时期的意大利人菲拉雷特（Filarate）著有《理想的城市》一书，提出设计市中心为六角形广场、放射形道路用三条环路连接等思想，后来欧洲国家设计的许多城堡都受他的影响。

我国古代城市规划理念，最早见于《周礼·考工记》，其中的营国制度就是西周王国国都的城市规划设计制度。“营”是建造；“国”就是城，特指王城；营国制度就是城市规划和营建制度。营国制度规定了各诸侯国都的规模、面积、城高、门宽及道路宽度等。这种服务于宗法礼制和等级制度的城市规划理念，体现了专制时代国君至高无上的思想。

在规划实践中，我国古代城市布局经历了从里坊制到街巷制的转变。里坊制大约形成于东周时期，一直延续到唐朝。以都城规划为例，皇宫居中偏北，东西集中分列有两市。城市居民区分隔成许多里坊，里坊内部有井字形道路系统，四周筑有高墙，坊墙不得开店，夜晚实行宵禁。坊内实行连保制度，便于统治与管理。到了北宋，许多城市都纷纷拆除坊墙，使街坊直接面向街道；沿街开设店铺，并沿着通往街道的小巷建造居民点。这种布局打破了原来的封闭和等级森严的城市布局，使城市布局朝着开放式的方向发展，促进了城市的繁荣与发展。

2. 近代城市规划理论

进入资本主义时期之后，欧洲经济进入了快速发展阶段，城市化的进程逐渐加快，城市问题也随之浮出水面，有关城市规划的理论不断涌现，给当时的城市建设提供了理论依据。这一时期的城市规划理论开始关注工业化带来的“城市病”，如环境污染、交通拥挤、城乡差距等问题，从城市空间设计、布局以及空间的扩展等方面来规划城市。

（1）“带形城市”理论。

1882 年，西班牙工程师 S. Y. 马塔（S. Y. Mata）提出了“带形城市”理论，认为城市化应该走发展“城市带”的道路，即沿着交通路线发展城市化地区。“带形城市”有以下优点：“带形城市”沿铁路或公路干线而建，干线一侧为工业区，另一侧为生活区，互不干扰；大部分居民日常上下班横向往来于干线两侧，可节约时间，减少交通拥堵；“带形城市”横向宽度有限，因此居民与乡村比较接近；“带形城市”将原有的城市连接起来，形成城市网络。这种规划理论对各国城市化道路选择以及城市规划策略产生了较大影响。

（2）“田园城市”理论。

1902 年，英国记者霍华德（Howard）修订了《明日的田园城市》一书，提出了“田园城市”理论。他认为，为避免大城市的弊病，必须建设将城市与乡村的优点结合起来的田园城市。他主张：城市人口以 3 万人左右为宜；吸引足以维持居民经济生活的工业；建设必要的公共服务设施；市中心保留必要的空地，城市应有相当面积的绿地，以维护生态平衡；合理利用土地；城市外围是广阔的农业地带；制定城市规划，并严格管理。

霍华德的“田园城市”理论第一次打破了城市和农村在空间和形态上截然对立的观念，创造了一种城乡结合的新型城市。这一理论关注城乡人口密度、城市经济、绿化等重要问题，把城市当作一个整体来观察和研究，具有理论和实践意义。1911 年，澳大利亚首都堪培拉的城市规划和建设全面参照了这一理论；第二次世界大战后英国的一批新兴城市的规划设计也深受“田园城市”理论的影响。今天，在世界各国的城市建设中，都能看到这种理论的影响。

（3）“卫星城市”理论和“有机疏散”理论。

1922 年，英国伦敦规划委员会总顾问昂温（Unwin）受“田园城市”理论的启发，提出了“卫星城市”理论。他主张用绿地把大城市包围起来，以限制大城市无限度地向外扩张发展，在绿地之外建立“卧城”、半独立的卫星城和完全独立的卫星城。这一方面有利于克服大城市市区过分拥挤、结构老化和环境恶化等弊端，另一方面有利于城市郊区和农村的发展。该理论对各国解决大城市问题产生了广泛的影响。“卫星城市”理论希望用这种规划模式实现疏散城市人口、控制城市规模的良好愿望。

芬兰建筑师沙里宁（Suarinen）于 1943 年出版了《城市，它的生长、衰退和将来》一书，提出了“有机疏散”理论，认为应该把工业疏散到郊区去，在市区可以保留事业单位和行政管理部门；把个人日常的生活和工作集中布置，开辟所谓“日常活动区域”，以减少市民上下班的时间和交通拥挤。“有机疏散”理论是为了缓解功能过分集中所导致的各种问题，对第二次世界大战后欧美城市的重建产生了重要影响。

（4）“邻里单位”理论。

1929年，美国规划师佩里（Perry）首先提出“邻里单位”概念，主张以城市干道所包围的区域作为邻里单位。20世纪30年代，“邻里单位”理论开始在美国盛行。它摒弃了过去将住宅规划从属于道路划分的居住区规划思想，而是主张：以小学生上学不穿越交通干道为邻里单位的人口和用地规模标准；邻里单位内配置各类居民生活必需的服务设施；邻里单位内采用尽端式道路系统，限制外部车辆穿越；居住房屋的布局应有最佳朝向和合理间距。佩里提出的“邻里单位”理论成为城市规划中设计居住小区的指导思想。第二次世界大战后，英国等西方国家广泛运用“邻里单位”理论来规划新城建设。

（5）《雅典宪章》的思想。

《雅典宪章》是这个时期最具代表性的城市规划理论成果。1933年，国际现代建筑协会在希腊雅典召开会议，讨论和通过了第一个国际性的城市规划大纲，即《雅典宪章》。它综合反映了当时各国城市规划理论的最新成果，成为城市规划理论史上一个重要的里程碑。

《雅典宪章》的主要内容是：第一，居住、工作、游憩和交通是城市的四大基本活动，城市规划的目的是保证这四大功能的发挥。第二，居住是城市的第一个活动，住宅区应该占用城市中最好的地区。建造间距较远的高层住宅，留出必需的空地，以便配置公共娱乐设施和停车场所，而且应该使住宅得到阳光和景色，严禁沿着交通要道建造住房。第三，人的需要和以人为出发点的价值衡量是城市规划成功的关键，城市规划应该满足广大居民生理和心理的最基本需求。第四，城市规划是一种基于长宽高三维空间而不是长宽二维空间的科学，必须注重高的要素。第五，必须使城市规划成为法律，避免机械时代的无计划和无秩序给城市造成的混乱，以保证城市规划蓝图的实现。

《雅典宪章》所阐述的这些基本观点，至今仍然具有很强的指导作用。《雅典宪章》提出有“计划”与有“秩序”地发展城市的原则，批判私人利益的不断增长，呼唤公共利益的思想。它对现代城市规划理论的发展具有很强的指导意义，同时也为世界各国的城市规划师所信守。

7.2.2 城市规划理论的现代革新

1. 现代城市规划理论

第二次世界大战后，现代化大工业迅速发展，城市化进程加快，很多国家的城市人口激增，用地规模空前扩大。在美国等发达国家，由于城市环境恶化等原因，大批富人和中产阶级家庭从市区迁往郊区，导致市区日益衰落。城市发展遇到的新机遇和新问题引起了人们的思考，促进了现代城市规划思想的发展。这一时期的城市规划理论除了关注城市化带来的问题外，更多地从城市资源禀赋的角度出发，强调资源的合理利用和城市的可持续发展，同时也注重将先进的科学技术应用到城市规划中来，促进城市和谐发展。

(1)“增长极核”理论。

1955年，法国经济学家帕鲁（Perrour）提出了“增长极核”理论。该理论认为，大城市本身的优势会使资金、人才、技术流向中心城市，它们往往是经济、文化发达的地区，中心城市同时也创造了很多就业机会，吸纳了大量的劳动力，形成经济的聚集效应。“增长极核”是指大城市这种较高的经济聚合能力会吸引更多的企业，产生经济活动的极化效应，导致城市的进一步扩张。这种效应同时可以带动极核周围地区经济的发展。该理论揭示了大城市的经济聚集规律和带动中小城市以及农村经济的作用。

以后又有许多学者对这一理论进行了充实发展。其主要观点是，在地域中选择区位条件比较好的一个点（城市），集中投入生产要素，以促使这个点快速增长和首先繁荣；然后再通过点（城市）向外辐射，带动区域共同发展。

“增长极核”理论对建设和发展中心城市、促进区域经济发展起到了积极的作用，但这种理论的副作用是，中心城市的规模过分膨胀会引发大城市病问题。

(2)《马丘比丘宪章》的思想。

1977年12月，国际建筑协会于秘鲁首都利马，以《雅典宪章》为出发点进行了讨论，在秘鲁古文化遗址马丘比丘通过了包含若干要求和宣言的《马丘比丘宪章》。该宪章认为，《雅典宪章》所规定的原则对当时欧洲城市的发展起到了积极的指导作用。

但《马丘比丘宪章》旨在对《雅典宪章》进行修正，它着重指出：第一，城市规划应为需要、问题和机会的分析提供必需的系统方法，一切与人类居住点有关的政府部门的基本责任就是要在现有资源限制之内对城市的增长与开发制定指导方针；第二，规划必须在不断发展的城市化过程中反映出城市与其周围区域之间基本的、动态的统一性，并且要明确邻里之间、地区之间，以及其他城市结构单元之间的功能关系；第三，只有当一座建筑的设计能与人们的习惯、风格自然地融合在一起的时候，这座建筑才能对文化产生最大的影响；第四，人的相互作用与交往是城市存在的基本依据，城市规划、建筑设计必须努力去创造一个综合的、多功能的环境；第五，城市应规划并维护好公共运输系统，在城市建设要求与能源衰竭之间取得平衡，其设计应当允许随着增长、变化及城市形式做经常的试验，将来城区交通的政策显然应当是使私人汽车从属于公共运输系统的发展。

除此之外，《马丘比丘宪章》还涉及自然资源的保护和环境污染的治理、文物和历史遗产的保存与保护、城市与建筑设计，以及城市的住房问题。所以说，《马丘比丘宪章》对《雅典宪章》进行了继承和发扬，同时又针对时代问题提出了解决思路，对当时的城市规划具有很强的指导意义。

(3)《北京宪章》的思想。

1999年，国际建筑师协会第20届大会在中国北京举行。会议回首过去、剖析现在，以期在21世纪里能更自觉地营建美好、宜人的人类家园。会议通过了由吴良镛教授主持起草的《北京宪章》。《雅典宪章》《马丘比丘宪章》《北京宪章》是城市规划理论发展史上颇具影响力的三大文献。

《北京宪章》更倾向于从人文的角度分析现代城市规划的思想。第一，20世纪既是伟大而进步的时代，又是患难与迷惘的时代，人类为了生存得更好，聚居于城市，但人类对自然和文化遗产的破坏已经危及自身的生存，而用历史的眼光看，我们并不能拥有自身所居住的世界，仅仅是从子孙处借得，暂为保管罢了；第二，技术是一把双刃剑，其建设力和破坏力在同时增加；第三，文化是历史的积淀，存留于建筑间，融汇在生活里，对城市的营造和市民的行为起着潜移默化的作用，是城市和建筑的灵魂。

《北京宪章》的核心主张是“从传统建筑学走向广义建筑学”，即通过城市设计的核心作用，从观念和理论基础上把建筑、地景和城市规划学科的精髓整合为一体，讲求整体的环境艺术，即整体的协调美和“秩序的真谛”。《北京宪章》是指导人类21世纪建筑实践的重要文献，也是现代城市规划理论的重要文献。

2. 城市规划的理想追求

城市规划是一门古老的科学，又处于不断的发展之中。根据城市规划中对理想城市的价值追求，现代城市规划的理论在发展中形成了各具特色的三种思潮，我们可以从宏观的角度了解这三种思潮的发展趋势①。

（1）理想主义思潮。

自古以来，不同历史时期人们对城市的发展有着不同的规划理想。15世纪欧洲文艺复兴时期就出现了关于“理想国”“理想城市”的规划思想，反映了当时人们对城市设防以及市民生活等功能的要求。17—18世纪，由于资本主义工业城市存在大量问题和丑陋现象，出现了空想社会主义思想。空想社会主义主张重视城市公共生活、实现城乡结合。这种思想影响到霍华德提出的“田园城市”理论，后者主张发展一种集结城乡优点而摒弃两者缺点的新型城市。这种理想化的规划理论产生了深远的影响。

长期以来，城市规划的理想主义思潮的核心表现，就是通过对人造环境与自然环境这对矛盾越来越深的认识，提倡城市与乡村结合的思想。20世纪初，为解决城市人口和建筑过度密集这种脱离自然的倾向，开始了在城区中建设“人造公园”（公园、绿地）和进行美化市区的运动，后来发展到城市绿地系统的整体规划。随着生态学被引入城市研究领域，以及城市环境污染加剧，人们认识到城市与自然和谐共生的重要性，进而提出“生态城市”的理想和目标。20世纪80年代后各国普遍接受的可持续发展战略，是关于城市、人口、经济、资源、环境必须实施可永续利用的协调发展理论，这是对城市规划理想主义思潮的丰富。

我国的城市规划在20世纪前半期就引入了西方“田园城市”“有机疏散”“卫星城市”等理论。新中国成立后，一贯提倡严格控制大城市规模，积极发展中小城市。20世纪60年代提倡“工农结合、城乡结合、有利生产、方便生活”的城市建设指导方针；80年代提出“农村城市化”，随后又探讨“城乡一体化”建设；90年代不少城市提出建设“园林城市”“生态城市”的目标。这些主张在某种程度上都是理想主义思潮在我国城市规划建设领域的反映。实际上，城市规划的理想主义不仅表现在制约城市发展的政治和经济领域，还表现在对城市生活环境、物质形体、美学要求、文化内涵等各个方面的影响上。随着国家综合实力和人民生活水平的日益提高，人民对城市规划的要求会越来越高，

① 邹德慈．城市规划导论．北京：中国建筑工业出版社，2002：275-276.

而理想主义思潮的发展趋势将会越来越集中到“城市人居环境”这个中心问题上。

（2）现代主义思潮。

与现代建筑运动同步兴起的现代主义思想，是现代城市规划理论的另一重要来源。19世纪后半期，随着科技的进步，从少数国家兴起而后蔓延到世界范围的现代建筑运动，使过去的建筑从内容到形式都发生了根本的变化，呈现出崭新的面貌。建筑形式的变化极大地影响了城市面貌，特别是20世纪初期，在少数国家出现的高层建筑，既适应了现代城市新功能的需要，也改变了传统城市的尺度和空间轮廓。同时，大量出现的为解决大规模人口居住和工作需要的“工业化”建筑，成为城市建筑的主流。现代城市经济和交通运输功能的极大发展，特别是现代化交通工具的大量使用，要求城市建设现代化的道路交通网络。这些新型的构筑物系统，往往需要空间上的多层次和立体化，由此出现了大型车站、港口以及交通枢纽等。所有这一切，又需要有现代化的市政基础设施予以支撑。因此，以巨大的尺度（包括高度）、现代的工程技术、多层次的空间结构、现代风格的艺术形式等为主要特征的现代主义思潮，在20世纪时风靡全球很多国家，我国也不例外。这与我国改革开放以来国家工业化、城市现代化的追求也是一致的。

现代主义思潮在工业化国家和处于工业化时期的城市有其合理性，但是随着社会经济的发展，它也日益显现出局限性，主要是：现代主义重功能、技术，忽视人文、历史与传统；工业化时期的城市单调、枯燥、形式趋同、缺乏特色；因过度依赖汽车交通而造成资源浪费和土地使用不合理；等等。

（3）人文主义思潮。

在20世纪60年代，工业化国家开始发生新的社会经济变化，进入所谓的“后工业”社会，少数学者开始对工业化时期的现代城市进行反思。比较有代表性的有J.雅各布斯所著的《美国大城市的死与生》等。一些学者提出在城市规划中要重视人的心理、行为特点，重视人的需要和交往，强调大城市的多样性和功能的混合，重新唤起人们对传统城市、街道、街坊邻里的怀念，包括在城市设计中注重人的尺度、人情味。

早在20世纪50年代欧洲城市大规模恢复重建时，就已经开始注重对城市的历史保护和对旧城区原貌的恢复，反对大规模旧城改建计划，限制旧城中心区的汽车交通，实施“步行化”。这股思潮在我国尚未成为主流，但已经在城市规划工作中越来越被重视。

理想主义、现代主义、人文主义这三种思潮将会长期影响现代城市规划的理念，成为现代城市规划理论的基础。当代城市规划越来越一致的共识是：城市规划的核心问题是人，城市发展建设最终是为了人的发展。城市规划要解决的基本问题就是人的工作和人的居住，规划的战略和策略思想应是人和城市的可持续发展。

专栏7-1

刘易斯·芒福德的人文城市观点

美国著名的城市理论家、社会哲学家刘易斯·芒福德认为，城市，无论在物质上还是在精神上都是人类文化的沉积。因而，他始终倾注全力于研究人类文化和城市的相互作用。他的两部力作《城市文化》和《城市发展史：起源、演变和前景》都集中反映了这一思想。下面是芒福德有关人类与城市关系的论述：

在城市环境中，时间变成可以看得见的东西，建筑物、纪念碑，以及公共要道、大街小巷，样样都比书写的文字记载更加公开而真实。城市起因于人类的社会需要，并使这些需要的表达方式和方法变得更强烈。在城市中，外来的力量和内在的影响相互混合，它们的冲突和协调对于推进城市的发展一样重要。

最初城市是神灵的家园，而后城市本身变成了改造人类的主要场所，人性在这里得以充分发挥。进入城市的是一连串神灵，经过长期间隔后，从城市走出来的是面目一新的男男女女，他们能够超越神灵的局限，这是人类最初形成城市时所始料不及的。

城市的主要功能是化力为形，化权能为文化，化朽物为活灵灵的艺术形象，化生物繁衍为社会创新。城市起因于人类的社会需要，并使这些需要的表达方式和方法变得更强烈。城市乃是人类之爱的一个器官，因而最优化的城市经济模式应该是关怀人、陶冶人。

资料来源：根据刘易斯·芒福德的《城市文化》和《城市发展史：起源、演变和前景》中的相关论述整理而成。

7.3 我国城市规划的管理实践

由于我国近代城市的发展是在半殖民地半封建的社会背景中产生的，加之工业化发展落后，造成了我国近代城市及其相应规划的基础薄弱、积累甚少的现实状况。1949 年新中国成立后，我国虽然认识到城市发展的重要性，但计划经济体制或多或少地阻碍了城市按照其自身规律发展。直至 20 世纪 70 年代末，我国的城市发展与城市规划才走上了一条相对稳健的道路。目前，我国的城市规划正处在一个变革时期，面对新的时代要求，城市规划面临着新的机遇和前所未有的挑战①。

7.3.1 我国城市规划管理的演变历程

1. 新中国成立初期（1949—1957 年）

新中国成立后，党的工作重点由以农村为根据地的战争转向以城市为重点的和平时期建设。1952 年，第一次全国城市建设座谈会讨论了“城市建设管理机构的建立健全”“城市规划的开展”等议题。

在“一五”计划时期，城市建设与城市规划围绕着众多工业项目的建设全面展开。1956 年国家建设委员会正式颁布的《城市规划编制暂行办法》，是新中国成立后第一个带有城市规划立法性质的文件。这一时期，城市规划被正式纳入国民经济发展计划，计划经济体制下的城市规划模式得以初步确立。因此，这一时期又被称为我国城市规划的第一个

① 谭纵波．城市规划．北京：清华大学出版社，2005：409-414.

春天。

2. “大跃进”及“文化大革命”时期（1958—1976年）

在“大跃进”中，由于违背客观规律的“左”的思想的错误引导，城市规划中暴露出大量的问题，如片面强调工业建设，城市规划的普遍规律及科学态度被严重忽视，对城市规划的认识产生误区，城市规划遭受严重打击，等等。

自“文化大革命”开始，在城市建设与规划领域，中央政府主管城市建设与规划的部门停止了工作，各地方城市中的规划部门与建设管理机构被撤销，工作人员被下放，大量城市规划图纸资料被销毁，城市规划遭受了毁灭性的打击。

3. 改革开放初期（1977—1989年）

1976年，长达十年的“文化大革命”结束。1978年12月，党的十一届三中全会召开，城市建设与城市规划工作从此走上了拨乱反正、继往开来的正确道路。1984年，国务院正式颁布《城市规划条例》，这是新中国成立后正式颁布的第一个城市规划条例。虽然还不是真正意义上的城市规划立法，但它标志着我国的城市规划开始向法制化的方向迈进，这一时期是我国城市规划的第二个春天。

4. 当代的城市规划（1990年至今）

进入20世纪90年代后，尤其是1992年党的十四大召开后，建立社会主义市场经济的目标被提出来，我国社会逐渐进入了转型期。面对新的社会形势，我国的城市规划领域始终保持着与时俱进的姿态。例如，针对房地产开发及开发区过热的现象及其中的问题，1996年国务院发布了《关于加强城市规划工作的通知》，提出城市规划的基本任务是“统筹安排城市各类用地及空间资源，综合部署各项建设，实现经济和社会的可持续发展”。

1999年12月，建设部召开全国城乡规划工作会议，再次强调“城乡规划要围绕经济和社会发展规划，科学地确定城乡建设的布局和发展规模，合理配置资源”，提出城乡规划要尊重规律、尊重历史、尊重科学、尊重实践、尊重专家。

2008年正式实施的《中华人民共和国城乡规划法》规定了城乡规划的法定地位，大大提高了城市规划建设管理的法治程度，并于2015年和2019年进行了两次修订，再次强调了城乡统筹、以人为本的立法思想，突出了城乡规划的公共政策属性和公共服务职能等重要内容。除作为主干法的《中华人民共和国城乡规划法》外，我国还有大量与城市规划相关的行政法规、规章、地方性法规和规章。比如中央层级的行政规章有《城市规划编制办法》《城镇体系规划编制审批办法》等；在地方层面，具备地方立法权的城市也围绕着地方性立法（条例）建立起了相应的法规、规章体系。例如，上海市就颁布了作为地方性法规的《上海城市规划条例》等。此类中央与地方间的城市规划法律体系联动从多角度完善了我国城市规划的演进，但我们也应清醒地看到，在当前快速城市化的背景下，应对市场经济体制的城市规划体系尚未完善，城市规划中的许多理论问题与现实问题还有待进一步探索和解决。

7.3.2 我国城市规划管理面临的困境

新中国成立以来，我国的城市规划工作经历了曲折的发展历程。在充分肯定我国在城市规划发展道路上取得的成绩的同时，还必须重视城市规划面临的现实挑战以及存在于规划管理中的问题。

1. 城市规划编制内容的科学性、协调性不足

（1）城市总体规划滞后，城市建设调控能力不强。

城市规划应具有前瞻性的特点，它是对城市的各种资源进行综合部署、合理配置的过程，是政府的战略性行为。

目前来看，很多城市出现了规划失效的现象。比如，许多城市总体规划尚未到期，但城市建设规模和实际发展要求已经完全突破原定的框架，为期 20 年的规划指标在 5 年内完成的情况在许多城市屡见不鲜。而另一些城市总体规划的实施进程滞后于规划期限，基础设施不能合理布局和相互衔接。

（2）区域化规划或协调机制不健全，城市聚集功能不强。

从城市规划的发展趋势和要求来看，区域规划的趋势越来越明显，即城市规划不再单单考虑某个城市的规划，而应该考虑与周边城镇的协调发展，与周边其他城市的协调、合作，形成“区域城市群”的集聚优势，发挥区域产业优势。

目前，我国一些规划部门仍拘泥于“城市规划”的旧框架，忽视了城市与周边城镇的协调发展，尚未突破“只见单个城市，不见区域城市群”的传统思维，使城市发展的良性循环遭到破坏。

2. 城市规划对城市建设的引导、控制不力

（1）城市建设存在时序错误，建设严重不足和重复建设并存。

城市建设不仅包括城市地面建设，还包括城市地下基础设施的建设。由于地下基础设施建设具有隐蔽性，所以往往容易被忽视。例如，房子成批盖起来，但道路、供水、排水、供热等基础设施严重短缺。建筑建设和地下设施建设本应该同步进行，这种先盖房后修路、再修下水道的错误建设时序，常使城市市政出现混乱局面。

在城市建设过程中，很多城市注重塑造城市形象，大搞建设工程、形象工程，建造标志性建筑，很多建筑在较短时间内被拆了重建，造成了严重的资源浪费。

（2）城市建设特色不明显，历史文化风貌受到严重破坏。

许多城市建设盲目追求大、新、洋，缺乏对城市特有资源的调查、分析，规划决策存在主观臆断和追求时髦的因素，导致城市发展缺乏科学、合理的资源配置。大广场、宽马路、大草坪、豪华办公楼、景观房产、欧化建筑席卷各地，而城市特色却荡然无存，出现建设风格雷同的局面。

本来能够代表城市特色的历史文化遗产，包括历史建构筑物、特色街巷，或者具有纪念意义的建筑在城市建设中遭到严重破坏，给城市的长远发展造成了无法计量的损失。

3. 城市规划管理体系效率低、公众参与不足

（1）城市规划管理体系混乱，行政执法效率不高。

在城市规划管理体系上，机构设置较为混乱，部门之间缺乏协调机制，人员配备不足，专业水平不高。我国的大多数城市设立城市规划管理委员会、城市建设管理委员会、城市规划局、城市建设局等部门，有的城市建设管理委员会下设城市规划局，有的城市建设管理委员会与城市规划局是平级的行政单位，在相关行政机构命名上也存在不统一的问题。同时，这些部门的职能设置存在交叉、重叠的内容，部门之间缺乏有效的协调机制。这些都降低了行政效率。

有部分工作人员存在业务素质不高的问题，具备城市规划设计专业素养的工作人员严重缺乏，导致决策不科学、执行不顺畅的现象时有发生。

（2）政府监督力度不够，公民参与程度较低。

如今我国众多城市都不同程度地存在违法建筑蔓延的现象。尤其在城乡接合部，集体土地未经征用就进行开发建设，违法建设现象呈愈演愈烈之势。

究其原因，首先是我国有关城市规划管理的监督机制不健全，这导致城市规划的执行力不强，城市规划缺乏应有的权威性。一些地方违法的机会成本远低于守法的机会成本，导致违法建设行为屡禁不止，严重损害了规划的权威性和严肃性。

其次是公民作为城市规划的重要相关利益群体，在城市规划与管理中参与的程度不高。虽然政府会通过民意调查、座谈会等形式了解民情民意，但由于缺乏相应的组织机构和法律法规的保障，公民参与的制度化和规范化不强，尤其在规划决策方面，公民参与表现薄弱，公民对城市规划管理的监督权也得不到充分的法律保障。

7.3.3 我国城市规划管理的趋势

目前，在城市转型的背景下，我国城市规划也在进行着一系列的变革。城市规划的变革必须有明确的定位和价值方向。对此，我国学者朱喜钢等人认为，城市规划变革主要体现为四个方面的转变：在规划功能方面，由单一技术工具向公共政策转变；在城市规划的价值方面，由效率优先向公平优先转变；在规划理念上，由精英规划向公众参与转变；在技术变革方面，由城市规划终极蓝图向过程规划转变①。

具体来讲，针对我国城市规划面临的挑战和存在的问题，也有必要对我国的城市规划管理进行探讨和变革，从而更好地促进我国城市的建设与发展。

1. 实施科学的城市管理办法

挖掘城市的特色，确定城市的核心竞争力，应该成为确定今后城市发展目标的重要依据。特别是一些中小城市，要结合城市拥有的各种自然资源、人文资源等资源系统，确定城市赖以长期发展的核心竞争力。

---

① 朱喜钢，等. 规划视角的中国都市运动：城市转型与有机集中. 北京：中国建筑工业出版社，2009.

在改变城市发展理念的同时，要及时更新城市的管理办法与原则。当前，在城市规划理论界，“生态城市”理论、“四条线”管制办法、理性预期收益管理对我国的城市建设具有一定的借鉴意义。

“生态城市”理论要求合理确定城市发展的最大环境容量和城市规模上限。如果现有的城市发展的环境容量已近极限，城市要进一步发展，就应当跳出老城区，致力于拓展和建设新城，实现新城和老城的有机结合，这样可以实现城市的可持续发展。近年来提出的“城市双修”（生态修复、城市修补），便是治理城市病、改善人居环境并转变城市发展方式的重要理念视角。“城市双修”理念既能够有步骤地恢复城市生态系统，又可以不断提升城市公共服务质量并改善市政条件，进而实现城市整体效益和规模优化发展。

“四条线”管制办法是保护城市中不可再生资源的有效规划措施。国务院原建设部分别颁发了《城市绿线管理办法》《城市紫线管理办法》《城市蓝线管理办法》《城市黄线管理办法》①。绿线管制是要确定城市的绿地系统，紫线管制是管制城市的历史保护区，蓝线管制着城市的水系，黄线管制是城市的交通规划管制。

理性预期收益管理是通过城市规划预先对重大建设项目的周边土地进行管制，可以很好地经营城市资产，保障公共利益的实现与增值，这与“黄线管制”的结果相吻合。国外很多城市通过这种理性的预期经营，把前期的基础设施投资收回来，既提高了城市公共财政的利用率，也增加了公共福利。

积极引进先进的科学技术成为目前城市规划管理的一大趋势。很多国家在积极引进遥感、地理信息系统、全球定位系统、计算机辅助设计等技术对城市规划进行改革，目前一些城市提倡的数字化城市建设也体现了信息技术在城市规划管理中的具体应用。

2. 提高城市规划管理机构的权威性和行政效率

要完善城市政府管理机制，应理顺城市规划管理等相关部门的权责关系。

强化中央政府的调控和监督职能。为了实现城市之间、城乡之间的协调发展，协调解决城市公共发展中存在的问题，国家设立了城乡规划的综合协调机构。

发挥省市级规划管理机构的协调作用。省会城市、经国务院批准的较大的市和多数地级市的市政府，都设立了城市规划管理局，以加强城市规划的管理工作。一般的县级市，由市政府的城市建设局负责管理城市规划，在城市建设局设城市规划管理科，行使城市规划日常管理的职能。因此，省市级城市规划管理机构处于承上启下的位置，既要贯彻落实国家宏观层面的规划指示，又要对县级规划进行指导监督，进而提升城市规划管理的整体效率和通达程度，以保障城市规划管理法制的权威。

3. 健全城市规划的公众参与机制

城市规划是公共利益的代表。公众的参与监督，对于协调城市规划主体的各方利益、

① 《城市绿线管理办法》，2002 年 9 月 9 日经建设部第 63 次常务会议通过，自 2002 年 11 月 1 日起施行。《城市紫线管理办法》，2003 年 11 月 15 日经建设部第 22 次常务会议通过，自 2004 年 2 月 1 日起施行。《城市蓝线管理办法》，2005 年 11 月 28 日经建设部第 80 次常务会议通过，自 2006 年 3 月 1 日起施行。《城市黄线管理办法》，2005 年 11 月 8 日经建设部第 78 次常务会议通过，自 2006 年 3 月 1 日起施行。

保证公共利益的实现具有十分重要的意义。民主监督机制的完善则有利于政府机制的科学化。在城市规划有关法律法规中应增加公民参与的明确规定，包括公民参与的程序、权利、义务等内容。积极拓宽征求意见的渠道，保证城市规划中的公众参与度，提高公众意见、专家意见的受重视程度。

座谈会和论证会是当前有关规范性文件规定的、除听证外可以选择的两种征求意见的方式。应当进一步明确上述两种方式各自的适用范围、参与人员及适用效力等问题。具体落实已有征求意见程序的同时，还要结合当前城市规划实践需要及可以采用的各种技术手段，拓展征求意见的范围，尽量增加公众参与城市规划的可能性。

近些年来，针对传统的多部门分割、多主体主导、多规划各自为政的静态城市规划无法满足城市发展要求的现状，一些学者提出了多维度的协同规划研究。2013 年，中国城市规划年会以“城市时代，协同规划”为会议主题，突出了城市规划的公共政策属性。

专栏 7-2

协同规划理论体系

协同规划是以协同论为理论基础，通过建立规划协同平台，使得规划过程不断实现协调、优化与整合，并以反馈机制为依托形成良性的循环过程。政府、社会、市场之间的对话和协同努力，不同层级、不同类型的规划之间的合作与协调，以及城乡规划工作各方面的一致，将有助于促进城市的健康发展（见图 7-1）。

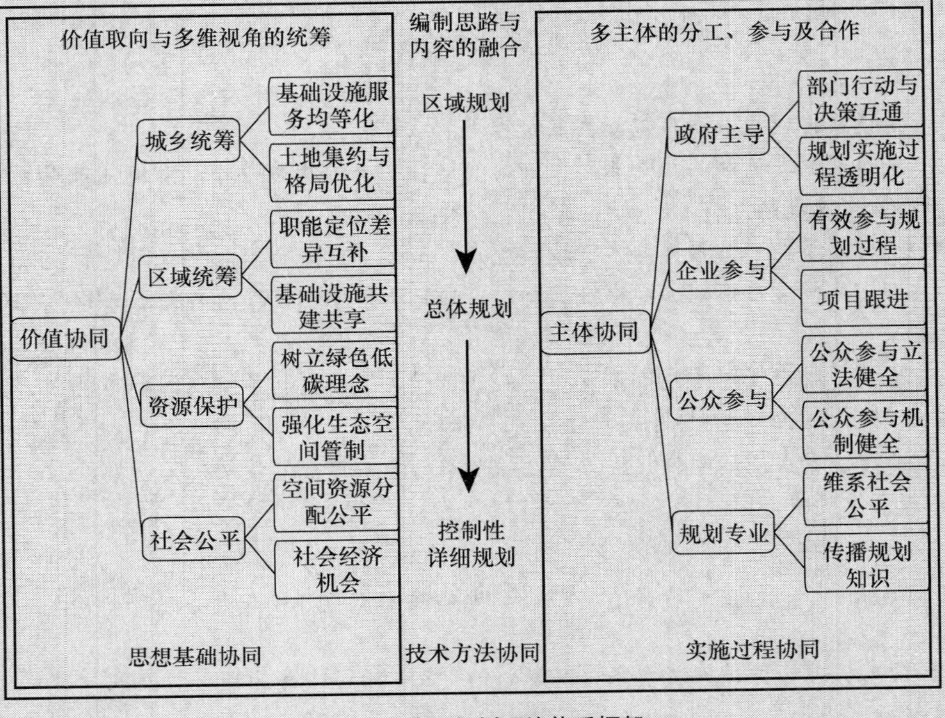

图 7-1　协同规划理论体系框架

资料来源：祝春敏，张衔春，等．新时期我国协同规划的理论体系构建．规划师论坛，2013（9）．

4. 完善城市规划法律体系

《中华人民共和国城乡规划法》于 2008 年开始实施，这是对原来的《城市规划法》的一大超越。新法将规划的范围扩展到城乡，而不仅限于城市规划，县级以上地方人民政府应当鼓励并指导乡、村制定和实施乡规划、村庄规划。这个法律彻底改变了长期以来我国的城乡分割规划的历史，对于改变城乡二元结构、促进城乡统筹具有很重要的意义。

要注重城市规划法制建设，还要进一步完善我国城市规划行政法治体系，增强城市规划的权威性。要确保城市规划的权威性，一是要保证城市规划的编制、执行、修订有法可依，二是要保证城市规划程序的公正、公开、合法。2008 年的《城乡规划法》实施后，完善与《城乡规划法》配套的各项法规就成为当务之急。因此，我国要进一步完善从中央到地方的城市规划法规、专门法和相关法，提高城市规划管理的法律地位，增强其执行过程中的权威性，确保公共利益得到法律的有效保障。

关键术语

城市规划　田园城市　人文城市　卫星城市　有机疏散　邻里单位　增长救援　城市总体规划　协同规划

复习思考题

1. 请谈谈你对我国城市规划内涵及作用的认识。

2. 城市规划理论和实践是相互促进的。结合教材的相关内容，谈谈城市规划理论是如何影响城市发展的。

3. 结合刘易斯·芒福德的人文城市观点，阐述你对城市规划核心问题的认识。

4. 请找一份城市规划编制审批的材料，通过具体案例，理解我国城市规划编制和审批的程序。

5. 科学的城市规划是城市建设和发展的前提。结合教材了解我国城市规划面临的困境，尝试提出自己的解决思路。

6. 请结合城市规划的公共政策属性，搜集相关城市规划案例，分析各参与主体之间的博弈与合作机制。

延伸阅读

1. 田莉，叶裕民，等. 城乡统筹规划. 北京：清华大学出版社，2020.

该书对国内十多年来的城乡统筹规划实践进行了梳理，并结合国际城乡空间规划的经验，提出了我国城乡统筹规划的框架，明确了城乡统筹规划的概念、理论框架、性质与任务，提出了城乡人口、产业、就业和社会、住房、城镇体系与空间结构、城乡土地利用、公共服务设施规划等城乡统筹发展规划的核心内容，并就城乡统筹规划的编制、实施和管理及制度架构与政策支持进行了较为充分的讨论。该书作为面向城乡规划专业的教材，尝试建构起社会、经济和空间规划的较为全面的城乡统筹规划框架，为减少我国城乡发展差异、实现可持续的新型城镇化战略提供了参考，同时，也是对党的十九大提出的建构统一的空间规划体系和乡村振兴战略的积极响应。

2. 王辉. 城市美学. 北京：中国建筑工业出版社，2021.

该书系统讲述了城市美学的基本知识与相关理论，包括城市美学概述、中国传统城市美学的基本内容、西方城市美学的发展历程、城市之美的影响要素与对象系统、城市认知审美的方式机制、城市之美的形式规律、城市之美的设计创造、当代中国城市美学再建构等内容。该书关注学科基本理论问题，并将理论与实践相结合、古今中西相融贯讲解城市美学的各种问题，进而帮助学生丰富知识层次、提高理论修养、树立良好的城市美学观。

3. 吴志强，李德华. 城市规划原理. 4版. 北京：中国建筑工业出版社，2011.

该书系统地阐述了城乡规划的基本原理、规划设计的原则和方法，以及规划设计的经济问题。主要内容包括城市与城市化、城市规划思想发展、城市规划体制、城市规划的价值观、生态与环境、经济与产业、人口与社会、历史与文化、技术与信息、城市规划的类型与编制内容、城市用地分类及其适用性评价、城乡区域规划、总体规划、控制性详细规划、城市交通与道路系统、城市生态与环境规划、城市工程系统规划、城乡住区规划、城市设计、城市遗产保护与城市复兴、城市开发规划、城市规划管理。

4. 霍尔. 明日之城：一部关于20世纪城市规划与设计的思想史. 童明，译. 上海：同济大学出版社，2009.

该书是一部关于20世纪城市规划的理论与实践的历史，也是一部关于引导城市规划形成的社会经济问题和机遇的历史。作者以极其娴熟的技巧将20世纪割裂的城市规划潮流编织成一幅丰富多彩的挂毯，生动地展现了它复杂的关系，透彻地描述了当今规划职业的基础，睿智地揭示了该领域持久的问题和焦点。《明日之城》堪称一部经典的、令人信服的、可读性强的鸿篇巨制。

5. 雅各布斯. 美国大城市的死与生：60周年致敬版. 金衡山，译. 南京：译林出版社，2020.

该书自1961年出版以来，即成为城市研究和城市规划领域的经典名作，对当时美国有关都市复兴和城市未来的争论产生了持久而深刻的影响。作者以纽约、芝加哥等大城市为例，深入考察了都市结构的基本元素以及它们在城市生活中发挥功能的方式，挑战了传统的城市规划理论，加深了人们对城市的复杂性和城市应有的发展取向的理解，也为评估城市的活力提供了一个基本框架。有评论者称该书是“有史以来关于城市的最出色著作之一……并无故作高深的方法，一切皆出自作者的眼睛与心灵，但它以精妙的研究，让我们明白城市的生命和精神来自何处”。这是一部由非专业人士撰写的专业著作，它改变了美国当局有关城市规划和建筑领域的游戏规则。

6. 利维. 现代城市规划. 张景秋，等译. 北京：中国人民大学出版社，2003.

该书是美国最具影响力的城市规划导论性经典教材，系统阐述了现代城市规划的原理与实务，总结了现代城市规划的发展历程，分析了城市规划与政治、法律、社会和经济等各方面的关系。该书内容广博、完整，有助于城市规划专业人员、政府工作人员以及公众认识和理解现代城市规划。

第8章

城市土地与房产管理

重点问题

对城市土地和房产的管理，是城市政府规划和建设的重要基础。城市土地和房产管理政策的变迁，反映着不同时期政府政策重心的差异。推进我国城市土地管理制度和房产管理制度的完善，是当今政府在城市管理方面的重要着力点。

通过本章的学习，要了解和掌握城市土地的特性、城市土地管理的基本内容，重点了解我国城市土地管理体制、土地使用制度的变革，重点了解现阶段我国城市房地产管理相关内容以及城市住房保障体系存在的主要矛盾、成因及今后的改革方向。

8.1 城市土地管理概述

8.1.1 城市土地管理的界定

1. 土地资源与资产

土地具有自然和社会经济的双重特性。土地的自然特性包括位置固定性、面积有限性、质量差异性和利用的永续性。土地的社会经济特性包括土地供给的稀缺性、土地报酬递减的可能性、土地的保值增值性、土地的区位性、土地权属的可转移性和土地利用方向变更的困难性等。

从土地的社会经济特性看，土地具有资源和资产两个特征。土地资源是指在一定技术条件和一定时间内可为人类利用的资源，认识土地的资源属性主要是强调土地的使用价值和效用特性。同时，土地还是一项重要的社会财产，具有资产特性，又称地产。

一般意义上，如果把土地界定为资产而不是资源，城市土地与房产管理就是房地产管理。在实际运作中，城市房地产是实物、区位、权益三者的综合体。房地产实物是指房地产中看得见、摸得着的部分；房地产区位是指房地产的空间位置；房地产权益是指房地产中无形的、不可触摸的部分，包括权利、利益和收益。为体现城市房地产在实物、区位、权益上的不同特征，本章将分别论述城市地产管理与城市房产管理。

2. 城市土地及其特性

城市土地是一个与城市人口、城市经济活动相关联的地域性概念，它是城市形成和发展的前提，也是城市人口生存和开展各种活动的基础。在我国，城市土地一般是指城市市区内的土地，属于国家所有。

把握城市土地特性是研究城市土地问题、开展城市土地管理的基础。综合城市土地众多的自然特性和社会经济特性，对城市土地管理影响较大的特性主要有以下几种：

（1）城市土地的差异性和区位性。城市土地在自然条件如地质、地貌、水文等方面存在差异，导致其使用价值和使用方向存在差异。相对于自然条件的差异性，不同区位对城市土地价值的影响更大。城市土地的价值主要取决于城市土地的位置及该位置的区位条件，如繁华（集聚）程度、交通条件、设施状况和环境质量等。这一点与农业用地质量主要由土地肥力决定、受位置影响小的特点截然不同。

（2）城市土地供应的稀缺性和可垄断性。城市土地供应在总量上虽然具有扩张的可能，但由于区域内农业和非农用地的争地矛盾，及各类土地用地在自然供给短缺下的非平衡，导致城市土地供给相对短缺，尤其是随着城市化进程的加快，对土地的需求量增加，这种稀缺性更加明显。供给的稀缺性带来了城市土地的可垄断性：特定位置的地块只能为高出价者垄断。正如伊利（Ely）和莫尔豪斯（Morehouse）说："在这里面有个原理，即土地的高价利用有排挤土地的低价利用的趋势。"

（3）城市土地报酬的递减性和聚集效应。土地报酬递减性是指在某一面积的土地上连续投入的劳动力和资本在投入量达到一定水平时，会导致边际产出、平均产出甚至总产出的减少。根据聚集和规模经济理论，土地报酬递减现象短期内在城市土地中表现得并不明显。由于多轮聚集效应的持续存在，城市土地在长时期内处于效益递增阶段，递减时刻的到来会大大推迟，递减的区段也会大大延长。而且从城市整体角度讲，递减的效应主要来自城市的拥挤成本，特别是环境成本。

3. 城市土地管理

城市土地管理是城市政府在国家有关土地法律法规的指导下，为调整土地关系、组织土地合理开发利用所进行的各项工作的统称。城市土地管理的任务是对城市土地的占有、分配、流转及使用进行规划、组织和监控，借以调整城市土地关系，保护和开发城市土地资源，保护土地所有者和使用者的合法权益，促进城市社会经济的可持续发展。

城市土地承载着庞大的城市人口和城市生产生活的全部设施，在人类的生活中发挥着巨大的不可替代的作用；城市土地是一种有限的、不可再生的资源，它的位置是固定的，这些都要求对土地进行科学合理的保护、开发和利用。城市政府加强对城市土地管理的必要性体现在以下几个方面：

第一，提供城市基础设施用地。为保证城市开发与城市公用设施建设的配套进行，城市政府需要对基础设施项目用地进行科学的设计和管理。一旦建筑物完工后再拓宽街道、安置给排水系统将会导致高昂的成本和严重的浪费。

第二，减少土地利用中的外部性。对于私人用地来说，唯一考虑的是用地的边际成本。为避免个人决策给他人带来外部不经济，减少由此产生的社会成本，一些大规模的土地使用政策往往由国家或地方政府从社会的长远利益出发来制定。

第三，保证土地市场的稳定运行。政府有关城市用地的相关政策，可以为城市土地市场的运行和私人交易提供良好的、有秩序的外部环境。

第四，促进公平分配。城市政府通过相关的土地政策加强对城市土地的管理，有助于在横向上和纵向上公平合理地分配城市土地资源。

由于城市人多地少，城市空间结构存在许多不合理之处，在经济迅速发展、城市规模迅速膨胀、城市改造加速的形势下，合理开发和利用土地是城市政府面临的大挑战。

8.1.2 城市土地管理的基本内容

城市土地管理的内容非常广泛，主要包括以下基本内容：

1. 城市土地规划管理

城市土地规划是在空间上合理组织利用城市土地的综合性措施，它是城市政府合理分配或安排城市土地、调整城市土地关系、确定城市土地不同应用方向的过程。

城市土地规划的目的是通过合理组织土地利用，落实土地的点、线、面组织，实现对土地利用的“五定”，即定性、定量、定点、定时和定强度，最终达到最佳土地利用结构、布局、方式和强度，提高土地利用率和产出率，实现最佳综合效益。

城市土地利用规划一经批准，就具有法定效力，必须执行。根据规划的性质和目的，城市土地利用规划分为土地利用总体规划、土地利用专项规划和土地利用计划三种类型。

专栏8-1

城乡建设用地的空间管制

1998年起，我国开始实行土地用途管制制度，即国家编制土地利用总体规划，规定土地用途，将土地分为农用地、建设用地和未利用地。要求严格限制农用地转为建设用地，控制建设用地总量，对耕地实行特殊保护。

《全国土地利用总体规划纲要（2006—2020年）》明确提出实行城乡建设用地空间管制制度，其主要内容有以下三个方面：

实行城乡建设用地扩展边界控制。各地按照分解下达的城乡建设用地指标，严格划定城镇工矿和农村居民点用地的扩展边界，明确管制规则和监管措施，控制城乡建设用地盲目无序扩张。

落实城乡建设用地空间管制制度。城乡建设用地扩展边界内的农用地转用，要简化用地许可程序，完善备案制度，强化跟踪监管；城乡建设用地扩展边界外的农用地转用，只能安排能源、交通、水利、军事等必须单独选址的建设项目，提高土地规划许可条件，严格许可程序，强化项目选址和用地论证，确保科学选址和合理用地。

完善建设项目用地前期论证制度。加强前期论证，强化土地利用总体规划、土地利用年度计划和土地供应政策等对建设用地的控制和引导。

从总体上来看，城乡建设用地空间管制的主要精神是：扩展边界内的土地用作非农建设要简化审批程序，而扩展边界外的土地用作非农建设要从严进行审批和监管，通过行政经济手段，引导城乡建设向扩展边界内集中。

2. 城市土地权属管理

城市土地权属管理简称地权管理，即对土地的所有权和使用权的归属进行管理。它包含两个方面的内容：其一是对土地所有者和土地使用者依法享有的占用、收益及处分权利进行保护；其二是对土地所有者和使用者的这些权利进行限制和调节，主要采取法律、经济和行政手段。

城市土地权属管理具有十分重要的意义。从对土地占有权管理的层面来看，可以防止土地集中在极少数人手中而形成难以驾驭的力量，从而维护社会稳定；从对土地使用权的管理上来看，由于在法律上界定了土地使用者只能在相对范围内使用自己的土地，土地的使用不得妨碍他人和公共利益，从而使土地的使用符合社会经济运行规则；从对土地收益权的管理上来看，由于对土地所有者地租的征收以及对土地买卖过程中的地价做出了限制，从而有效地避免了因地价暴涨而引起的公众利益受损；从对土地处分权的管理上来看，由于对土地的买卖、出租、继承等做出了限制，使得土地的流转朝着有利于公共利益的方向进行。

3. 城市地籍管理

城市地籍管理是国家为取得有关地籍资料和全面研究土地的权属、自然和社会经济状况而采取的以土地调查（测量）、土地登记、土地统计和土地评价等为主要内容的土地管理工作。地籍管理的对象是作为自然资源和生产资料的土地，地籍管理的核心是土地权属问题。

4. 城市土地市场管理

从狭义上讲，土地市场是指以土地为交易对象进行交易的场所。从广义上讲，土地市场是指土地这种特殊商品在流通过程中发生的各种经济关系的总和。

城市土地市场结构反映的是市场体系内部的组成状况及其相互关系。按照城市土地的用途，城市土地市场包括城市各类用地的市场，即住宅用地市场、商业用地市场、工业用地市场等。从市场层次来看，城市土地市场包括一级市场、二级市场和三级市场。

5. 城市国有土地资产经营管理

国有土地资产是国家依据法律拥有的土地资产，是国有资产的重要组成部分。国有土地有偿使用制度的实施导致了国有土地资产经营问题。由于土地具有保值增值的特性，为了保证国有土地资产的保值增值，政府作为土地所有者的代表必须对国有土地资产的经营负责，以充分实现土地所有权的经济价值。

8.1.3 我国城市土地管理体制

1. 我国城市土地管理体制的变革

土地管理体制是指由国家关于土地管理机构设置和管理职能权限划分所形成的体系和管理制度。土地管理体制依照土地管理机构设置来划分，一般有统管、分管、统管与分管相结合三种模式。统管是指国家依法设立独立的土地管理专门机构，统一管理全国土地；分管是指分部门、分系统，根据实际情况需要，设立土地管理机构，负责管理本部门、本系统所使用的土地；统管与分管相结合则是指国家设立土地管理机构，按照法律规定的职权统一管理全国土地，各部门、各系统也设立土地管理机构，负责管理本部门、本系统的用地。世界各国和地区的土地管理体制大多经历了一个由分散、分权、多头管理不断向集中、集权、统一管理转变的过程。

新中国成立以来，我国土地管理体制的发展大致可以分为两个阶段：一是1986年以前的分头分散管理体制，二是1986年以后的统一管理体制。1986年国家土地管理局成立，标志着全国城乡统一土地体制的确立，并形成了中央、省（自治区、直辖市）、市（地）、县（市）、乡（镇）五级管理体系。这种体制在业务上实施垂直管理，即土地职能部门接受自上而下贯通的“条条”管理；在行政上实施分级管理，即土地职能部门还要接受本级政府的领导，实施“块块”管理。这种“条块”结合、以“块块”为主的分级管理体制对改变城乡土地管理的混乱局面起到了积极作用。

1998年，根据国务院机构改革方案，国家土地管理局与其他相关部门共同组建的国土资源部成为我国土地管理的统管机构。1998年修订的《土地管理法》第五条规定：“国务院自然资源主管部门统一负责全国土地的管理和监督工作。县级以上地方人民政府自然资源主管部门的设置及其职责，由省、自治区、直辖市人民政府根据国务院有关规定确定。”可见，我国建立的是全国土地统一管理体制。在中央，统管全国土地的机构是中华人民共和国国土资源部；在地方，统管土地的机构是各级地方人民政府的土地管理部门，即地方各级人民政府土地（国土）管理局（厅）。

2004年，我国对土地管理体制进行了调整，在全国实行省级以下土地垂直管理体制，形成了半垂直管理（中央到省不垂直）的土地管理体制，这对我国土地管理体制产生了很大的影响。当前我国所建立的土地垂直管理体制，主要是指省级以下基层土地部门的用地审批权和领导干部的人事权，由地方党委管理为主改为由上级国土部门管理为主；中央到省并不垂直管理。省级以下土地管理体制的改革，本意是在一定程度上强化省级人民政府及其国土资源主管部门的执法监察职能，遏制土地违法行为的发生。

2006年，为切实加强土地管理工作、完善土地执法监察体系，我国建立起国家土地督察制度。国务院授权国土资源部代表国务院对各省级单位以及计划单列市政府的土地利用和管理情况进行监督检查。设立国家土地总督察1名，由国土资源部部长兼任；兼职和专职副总督察各1名，负责组织实施国家土地督察制度。在国土资源部设立国家土地总督察办公室（正局级）。由国土资源部向地方派驻9个国家土地督察局，其主要职责是：监督检查省级以及计划单列市人民政府在耕地保护、土地执法、土地调控政策、土地管理调查等方面的情况。

2020年修改的《土地管理法》，在土地征收、农村宅基地管理和集体经营性土地入市等方面有了较大变化：明确了公共利益的范畴，防止随意侵占土地，加大补偿力度；允许进城落户农民依法自愿有偿推出宅基地；规定农村集体经营性土地可以直接入市流转，从而有助于破除城乡二元体制，推进城乡一体化。2021年，新修订的《土地管理法实施条例》出台，一方面在明确土地征收程序、细化农用地专用和土地征收的审批内容、规范国家土地督察制度等方面，进一步细化了最新修订的《土地管理法》中的相关内容；另一方面，以国土空间规划取代土地利用总体规划，在控制耕地“非农化”的同时控制耕地“非粮化”，对宅基地推出和流转提出底线要求，对违法占用永久基本农田发展林业果业和挖塘养鱼明确法律责任规定，弥补《土地管理法》的不足，并进一步落实集体经营性建设用地入市的相关规定①。

2. 我国城市土地管理机构的职责

我国城市土地管理涉及众多的机构，其中最主要的有：

国务院。主要负责全国土地管理中重大问题的决定，负责确定土地使用权的最高年限，规定基准地价、标定地价，并公布具体的实施办法，规定采取双方协议方式出让土地使用权出让金的最低价等。

自然资源部。它主管全国土地的统一管理工作，其主要职责为：拟定和贯彻、执行关于土地的法律、法规与方针、政策；主管全国土地的调查、统计、登记和发证工作；组织有关部门编制土地利用总体规划；管理全国土地征用和划拨工作，负责需要国务院批准的征、拨用地的审查、报批；调查研究，解决土地管理中的重大问题；对各地、各部门的土地利用情况进行检查、监督，并做好协调工作；会同有关部门解决土地纠纷，查处重大违法案件；等等。县级以上地方人民政府土地管理部门主管本行政区域内的土地的统一管理工作，机构设置由省、自治区、直辖市根据实际情况确定，一般都设置了土地管理局。在基层，乡级人民政府负责本行政区域内的土地管理工作。自然资源部主

① 魏莉华. 新《土地管理法实施条例》的功能定位与实施着力点. 中国土地，2021 (8).

要土地管理机构设置情况如图 8－1 所示：

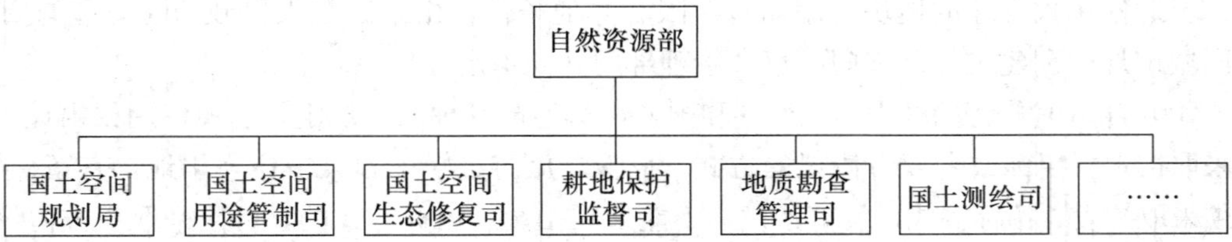

图 8－1　自然资源部内设的主要土地管理机构

县级以上地方人民政府。在城市土地的管理方面，主要是根据省级以上人民政府的指示依法批准划拨所必需建设用地的使用权，拟定用于房地产开发的年度土地总面积方案等。

城市自然资源和规划局。它是市人民政府的职能部门和行政执法部门，主管全市土地的统一管理工作，其主要职责在于拟定本市的土地资源利用规划，审核土地征用的范围、数量，管理土地的流转、批租以及实施土地监督等。城市自然资源和规划局统一负责城市土地的管理和监督工作，是城市土地最主要的行政执法部门。

城市房屋管理局（住房保障与房屋管理局）。其主要职责是对已经开发使用的城镇建设用地进行管理。

8.1.4　我国城市土地基本制度

1. 我国城市土地所有制

新中国成立初期，我国土地所有制的性质大致分为公有土地和私有土地。公有土地的形式主要有：交通设施基地，文化设施基地，行政、工厂企业基地及其他一切公共建设用地。私有土地主要有：由私人住宅、商店和企业所占有的土地。随后，政府通过接管、没收、赎买等方式逐步将各种形式的土地收归国有，建立起了社会主义土地公有制。

根据我国宪法和《土地管理法》的规定，我国现行的土地所有制为社会主义土地公有制，即全民所有制和劳动群众集体所有制。2018 年修订的《宪法》第十条规定：“城市的土地属于国家所有。农村和城市郊区的土地，除由法律规定属于国家所有的以外，属于集体所有；宅基地和自留地、自留山，也属于集体所有。国家为了公共利益的需要，可以依照法律规定对土地实行征收或者征用并给予补偿。”2019 年修订的《土地管理法》第九条规定，“城市市区的土地属于国家所有”。这里所说的城市，是指国家设立市建制的城市。

2. 我国城市土地使用制度

我国城市土地使用制度经过十几年的改革探索，已经形成了一种既能维护土地公有制，又能适应市场经济发展的新制度。按照我国土地所有权与使用权分离的原则，城市实行国有土地使用权出让、转让制度，具体包括以下内容：

（1）土地使用权出让。

土地使用权出让，是指国家以土地所有者的身份将土地使用权在一定年限内让渡给土地使用者，并由土地使用者向国家支付土地使用权出让金的行为。土地使用权出让应当签订土地出让合同。

土地使用权出让的地块、用途、年限和其他条件，由市、县人民政府土地管理部门会同城市规划和建设管理部门、房产管理部门共同拟定。

2007年8月修订的《中华人民共和国城市房地产管理法》规定，土地使用权出让，可以采取拍卖、招标或者双方协议的方式。商业、旅游、娱乐和豪华住宅用地，有条件的，必须采取拍卖、招标方式；没有条件，不能采取拍卖、招标方式的，可以采取双方协议的方式。采取双方协议方式出让土地使用权的出让金不得低于按国家规定所确定的最低价。

（2）土地使用权转让。

土地使用权转让，是指土地使用者将土地使用权再转移的行为，包括出售、交换与赠与。土地使用权转让，其地上建筑物、地上附着物所有权也随之转让。土地使用权转让价格明显低于市场价格的，市、县人民政府有优先购买权。当土地使用权转让的市场价格出现不合理上涨时，市、县人民政府可以采取必要的措施予以抑制。

（3）土地使用权出租。

土地使用权出租，是指土地使用者作为出租人，将土地使用权随同地上建筑物、其他附着物租赁给承租人使用，由承租人向出租人支付租金的行为。土地使用权出租后，出租人必须继续履行土地使用权出让合同。

（4）土地使用权抵押。

土地使用权可以抵押。抵押时，其地上建筑物、附着物随之抵押。

8.2 城市土地储备、开发与经营

8.2.1 城市土地供应与储备

1. 我国现行城市土地供应方式

城市土地的获得有两种来源：一种是进行旧城改造，将城里年代久远、破败危旧的建筑物拆除，在此基础上重新进行平整开发；另一种是将城乡接合部的土地开发成城市的用地，即将农业用地转化为非农用地，非农建设用地可以通过征用和非征用两种方式实现转变。随着城市化的发展，城市土地的供应方式越来越受到人们的关注。

（1）城市土地的划拨和出让。

从供应方式来看，目前我国城市土地供应分为划拨和出让两种方式。

土地使用权划拨，是指县级以上人民政府依法批准，在土地使用者缴纳补偿、安置等费用后将该幅土地交付其使用，或者将土地使用权无偿交付给土地使用者使用的行为。2007年8月修订的《城市房地产管理法》规定，以划拨方式取得土地使用权的，除法律、行政法规另有规定外，没有使用期限的限制。划拨的范围主要包括：国家机关用地和军事用地，城市基础设施用地和公益事业用地，国家重点扶持的能源、交通、水利等项目用地，法律、行政法规规定的其他用地。上述建设用地的土地使用权，可以由县级以上人民政府依法批准划拨。

土地使用权出让，是指国家将国有土地使用权（简称“土地使用权”）在一定年限内出让给土地使用者，由土地使用者向国家支付土地使用权出让金的行为。城市规划区内集体所有的土地，经依法征用转为国有土地后，该国有土地的使用权方可有偿出让。土地使用权的出让方式，可以采取招标、拍卖或者双方协议的方式。

招标出让，是指出让方根据地块的要求，发出招标邀请，由竞标者投标后，出让方从中择优确定中标者。招标方式在一定程度上引进了竞争机制，但是出让方并不一定以出价高低作为唯一考虑因素，设计方案、施工进度、环保意识、企业信誉等级等因素也十分重要。

拍卖出让，是指由出让方委托专业拍卖机构或个人通过公开叫价方式将土地使用权出让给出价最高者的法律行为。拍卖方式充分引入市场竞争机制，可使土地出让收益最大化，适宜于竞争性较强的营利性房地产项目用地。

协议出让，是指由出让主管机关根据用地的性质和功能确定土地使用权的受让人，或由有意愿的受让人直接向出让方提出，然后经双方协商、谈判以达成出让协议。这种方式受政府部门行政干预较强，在实际运作中，由于政府出让部门不能正确评判出让土地的市场价值，或出于短期利益考虑，协议出让土地一般价格较低。另外，由于协议出让土地的程序不公开，缺乏必要的社会监督机制，容易滋生寻租腐败行为，甚至在某些地区会引起土地投机热。

（2）划拨和出让的区别。

城市土地供应方式的不同，影响土地使用权的权能和价格。土地使用权划拨和土地使用权出让存在以下不同点①：

第一，取得方式不同。划拨土地使用权是通过行政划拨取得的，这种方式属于行政方式；出让是以合同方式进行的，它创设了可流转的民事财产权或物权。

第二，是否支付对价。划拨土地不需要支付出让金，可以说是一种无偿取得土地使用权的方式。当划拨的土地属于农民集体土地时，正规的做法是由国家支付补偿金；即使由单位支付补偿金，这笔补偿金也不属于土地使用权的出让金范畴。以出让方式获得土地使用权要一次性交付一笔出让金，这种出让金相当于一定年限土地使用权的对价。

第三，存续期限不同。按照现行法律规定，划拨土地使用权的存续期限是长期的或无期限的；而出让土地使用权则存在一定期限，在合同期限届满后，未申请续期或续期未获批准的，使用权即告灭失。

第四，使用权的法律性质不同。划拨土地不可进入市场，是一种不可交易的财产，只能自己使用，而不能处分（租赁、买卖、抵押等）；出让土地使用权可以进入市场，属于民法上可交易的财产范畴。

（3）城市土地有偿供应制度的发展。

土地供应的双轨制以及划拨和有偿出让两种方式权利义务的明显差异，诱发了我国土地市场的混乱。如许多单位通过各种渠道争取划拨土地，而不愿意通过公开出让市场

---

① 郑华. 中国房地产政策研究：堵漏、体改、维权. 北京：电子工业出版社，2004：55-56.

获得土地使用权；在原来体制下获得划拨土地的单位和新划拨的土地使用权单位在经济利益的驱动下，纷纷以隐蔽形式将划拨土地使用权投入市场，进行转让、租赁、抵押等处分，形成所谓的隐形市场，扰乱了正常的土地市场秩序，侵害了国家的利益。

另外，我国又不能完全取消划拨土地的土地供应方式，主要是因为划拨土地使用权定位在公益事业和国家重点工程建设上。如果这种用途的土地使用权也实行有偿出让的方式，势必会提高公益事业的成本。如果允许这类土地进入市场，同样将会妨碍公益目的的达成。因此，在土地使用权方面保持双轨制是一种现实的选择。

但问题在于，我国目前的划拨土地并不是完全用于公益目的，使不该划拨的土地采用了划拨方式，然后又以各种方式上市，导致大量划拨土地进入市场。

因此，要完善土地供应的管理制度，严格规定真正用于公益用途的土地才适用划拨方式，经营性用地必须使用出让方式。在完善划拨土地供应制度的同时，另一个重要的问题是把出让供应方式中协议出让的渠道尽可能地紧缩，逐渐改为以拍卖、招标的方式进行土地出让。

2. 我国城市土地储备制度

（1）土地储备制度的发展。

土地储备制度是指由政府按照法定程序，运用市场机制，按照土地利用总体规划和城市总体规划，通过收回、收购、置换和征用等方式取得土地，直接储备或进行前期开发后储备，并以公开招标、拍卖的方式按需供应土地，调控各类建设用地需求的制度①。

1996 年，上海市成立第一家土地收购储备机构——上海市土地发展中心。1997 年 8 月，杭州市成立了杭州市土地储备中心。由于效果比较突出，1999 年全国集约用地市场研讨会对杭州市土地储备制度的经验和成果进行了推广。2001 年 4 月，国务院在《关于加强国有土地资产管理的通知》中明确要求："为增强政府对土地市场的调控能力，有条件的地方政府要对建设用地试行收购储备制度。"随后，土地储备制度得到快速发展，成为土地政策参与宏观调控和实施土地收益分配的重要工具，也是我国土地供应制度的重要组成部分。

（2）我国土地储备制度的运行方式。

我国现行城市土地储备制度的基本特点是：土地储备机构代表国家统一征用、统一开发、统一管理土地；采用"招、拍、挂（挂牌出让）"等市场化运作方式供应土地；土地收益上缴财政，除中央政府参与分成的部分外，其余留给城市政府。城市土地储备制度的运行方式分为收购、储备、出让三个主要阶段。

收购阶段，即土地储备机构采用农用地征用、城市出让地置换、购买和到期回收等方式将土地集中起来。

储备阶段又分为两个环节。首先，储备机构将收购集中起来的土地进行开发和再开发，通过拆迁、平整、归并整理和基础设施的配套建设，形成可供出让和出租的熟地；其次，储备机构将已经完成开发的熟地进行储备，等待出让。

---

① 周江. 完善土地储备制度 改善土地调控. 新浪网，2007-08-18.

出让阶段，储备机构根据城市土地出让年度计划，有计划地将储备土地出让和出租。

在实际运行中，由于各地政府和市场在土地储备中的作用、地位不同，在政府收购方式、土地储备机构的权力和职责、收购土地的范围等方面都存在许多差别，形成了土地储备制度的不同运行模式。

（3）实施土地储备制度的作用和成效。

首先，为政府提供了调控土地市场的手段。各地不同程度地实现了以政府为主导、相对集中统一的供地机制，逐步改变了“土地跟着项目走”的被动状况，使城市政府在理论上拥有了能够根据城市和产业发展要求适时适量向市场供应建设用地的手段，能够调控用地需求，引导投资和建设。

其次，推进了存量土地的盘活和土地的集约利用，有利于土地利用总体规划和城市规划的落实。土地储备制度为各地盘活存量土地创造了条件，控制了存量，盘活了增量。通过对城市存量土地利用结构、布局和功能的调整，发挥了城市土地的综合效益。

最后，实现了土地资产市场化运营，为招标、拍卖、挂牌等市场化供地方式创造了实施条件，提高了土地市场竞争的透明度，同时也为城市政府增加了财政收入，有力地支持了城市基础设施建设，推动了城市快速发展。

不可否认的是，当前土地储备制度也还存在一些问题，主要有：土地储备机构稳定土地市场的调控职能与追求土地收益的经营目标之间存在内在矛盾，土地储备制度在推动出让形式市场化的同时掩盖了土地市场化发育不足的问题，土地储备贷款可能导致金融风险，土地储备制度缺少国家层面统一的法律依据，等等。

8.2.2 城市土地开发与经营

1. 城市土地开发

（1）城市土地开发的内涵和形态。

我国的土地产权制度决定了土地既是政府提供公共产品的重要资金来源，又是政府实施城市规划、产业规划、促进城市社会经济发展的重要工具。城市土地开发，是指城市土地开发主体在遵循国家法律法规的条件下，按照国民经济和社会发展规划、城市规划和土地利用规划的要求，对开发内容进行综合策划，对开发过程等进行全面管理，进行市政基础设施建设和其他配套设施建设的过程①。

根据城市空间的拓展方式，可以将城市土地开发分为两种开发形态：土地初始开发和土地再开发。土地初始开发也叫土地增量开发，是指对土地进行有目的的利用，从而改变土地的原始形态和用途的行为。典型的土地初始开发，通常发生在新城区，对新城区未开发的土地进行开发利用，又称为新城开发。土地再开发又叫土地存量开发，是指建立在城市土地初始开发的基础上，从效益最大化的角度，对原有的用地类型、结构和空间布局等进行升级置换的行为。典型的土地再开发通常发生在城市建成区中，对建成

① 张敏莉．城市土地管理．北京：化学工业出版社，2010：230.

区中衰退地区进行改造重建，又称为旧城改造①。

（2）城市土地开发的模式。

根据城市土地开发投资主体的不同，可以将城市土地开发模式分为完全政府投资模式、企业投资模式和政企共同投资模式②。

在完全政府投资模式下，土地开发发生的一切费用均由政府承担，同时政府获得土地开发的全部收益。该模式的特征是：若政府的财力雄厚，可以迅速集中资金对土地进行开发；有利于城市规划和产业结构的调整；需要政府加强监管；土地开发成功与否取决于政府招商引资的能力。

在企业投资模式下，政府仅制定城市规划、土地利用规划、土地利用政策，具体的开发项目由企业通过市场竞争获取，并按照规划和其他政府制定的规章实施。该模式的特点是：规划体系完备；规划深度可以指导具体的开发项目；政府不需投入巨额资金，但要向企业支付一定比例的土地收益。

在政企共同投资模式下，政府和企业双方共同出资参与土地开发的过程，实质上是政企双方共同入股参与土地开发，并按照各自股份所占的比例分享相应的开发收益和风险。该模式的特征是：政府和企业共同出资、企业建设、政府主导、分别核算。

（3）城市土地开发用地的类型。

在城市规划和城市建设管理领域，主要是根据土地使用的性质和功能对城市用地的类型进行划分。我国《城市用地分类与规划建设用地标准》（GB50137—2011）将城市建设用地分为八大类：

居住用地分为一、二、三类居住用地，包括住宅用地、保障性住宅用地和服务设施用地。

公共管理与公共服务用地，包括行政办公用地、文化设施用地、教育科研用地、体育用地、医疗卫生用地、社会福利设施用地、文物古迹用地、外事用地和宗教设施用地。

商业服务设施用地，包括商业设施用地、商务设施用地、娱乐康体用地、公用设施营业网点用地和其他服务设施用地。

其他用地类型还包括工业用地、物流仓储用地、交通设施用地、公用设施用地和绿地。

2. 城市土地经营

（1）“城市经营”理念。

近年来，城市经营的理念在国内流行开来，许多大中城市将城市经营作为城市发展的战略选择，对我国城市化的发展产生了深远的影响。所谓城市经营，就是政府通过运用市场经济手段，对构成城市空间和城市功能载体的自然生存资本、人文资源及其相关延伸资本进行集聚、重组和运营，其实质是将城市作为特殊商品，运用经营手段，实现城市资源合理配置。具体来说，就是政府通过规划、开发、建设及管理等方式，运作城市内的土地、房产、市政设施及其延伸的无形资产等各种资源，实现城市的迅速发展③。

根据经营对象的不同，城市经营的内容可分为有形资产经营和无形资产经营。有形资

---

① 张敏莉．城市土地管理．北京：化学工业出版社，2010：231.

② 同①233-234.

③ 同①239.

产经营包括城市土地资源经营和基础设施项目经营，无形资产经营包括城市冠名权与广告权、城市形象设计和城市品牌的树立。其中，城市土地是城市资金的主要来源，是政府掌握的最大的城市资产，各国普遍将城市土地经营作为城市经营最重要的内容。通过城市土地经营实现最大收益，因此，城市土地经营是城市经营的关键，也是城市快速发展的基础①。

（2）对城市土地经营的理解。

城市土地经营，是指城市政府运用市场经济的手段，按照市场机制和市场规律，对构成城市空间和城市功能载体的自然生成资本——土地，进行集聚、重组、运营，实现经济效益和社会效益最优化的过程。

从政府的角度出发，土地经营就是对土地资源进行资本、资产运作和管理。城市土地作为人类生产和生活的载体，对城市产业的空间布局有重要的作用。城市用地结构调整后，产业空间布局也要随之调整。产业空间布局的调整，又会带动城市功能的改善。因此，城市土地经营，不仅是对城市用地进行改变，更是对城市功能进行完善的过程②。

（3）城市土地经营的模式。

根据《土地管理法》的相关规定，城市土地的管理主体是国务院和各级人民政府，而城市土地的经营主体是政府和土地使用者。根据政府在城市土地经营中的干预模式、干预力度和干预目的，城市土地经营可分为成本主导型和收益主导型两种经营模式③。

成本主导型的土地经营模式，是指政府通过行政手段改变土地要素价格，降低经济运行成本，从而达到城市发展和满足居民需求的目的。成本主导型的经营方式主要有两种：一是政府通过划拨形式向城市保障性住房建设供应土地，二是政府以低价形式向外资企业出让土地。在该模式下，政府在供地过程中起支配性作用，供地行为具有明显的行政色彩，城市土地的供给价格也远低于市场价格，大大降低了土地使用者的成本，但也容易使土地粗放利用，阻碍土地利用效率的提高。

收益主导型的土地经营模式，是指政府对土地进行市场化运营，以达到为城市建设提供资金支持的目的。收益主导型的经营方式主要是政府的间接调控手段，运用经济手段和价格杠杆引导市场行为，而非通过行政手段进行直接干预。在该模式下，政府干预具有间接性，不再直接指定土地划拨或出让价格，而是根据市场需求状况，通过增加或减少城市土地供给量，引导城市土地市场的供求关系变化，从而影响土地的市场价格。

专栏8-2

我国城市土地三级市场

按照市场交易主体、交易梯次和市场运行过程，可以将城市土地市场分为三级市场结构，即一级市场、二级市场和三级市场。三级市场结构是我国目前土地市场的基本构成。

一级市场，是国家凭借对土地的所有权，把一定时期的土地使用权批租或出让给土地的经营者和使用者，是土地使用权在国家与土地经营者或使用者之间的单向、纵向流动而

① 张敏莉．城市土地管理．北京：化学工业出版社，2010：239-241.

② 徐惠蓉，王岚．经营城市：21世纪中国经营城市的理论与实践．兰州：甘肃人民出版社，2004：128.

③ 同①244-247.

形成的各种经济关系的总和。土地一级市场主要包括土地使用权出让和土地使用权租赁。

二级市场，是指土地使用权在土地经营者与使用者之间的横向流动或转让过程中形成的各种经济关系的总和，具体表现为获得土地使用权的经营者（使用者）直接将土地投入市场流通，或通过建设商品房等方式间接地将土地投入市场流通，如新建商品房的销售。

三级市场，是指土地使用权在土地使用者之间的横向流动或转让中所形成的各种经济关系的总和，具体表现为城市土地的使用者通过房产交易间接地使城市土地进入市场流通，如二手房的转让市场。

上述三级市场形成了梯级的批发、零售、调剂三种互相联系的市场形态。其中，一级市场是二、三级市场的基础和前提，起着导向作用；二、三级市场是一级市场的延伸和扩大，能促进土地市场的发育和繁荣。我国建立和完善土地市场的基本政策是垄断一级市场，搞活二、三级市场。

资料来源：张敏莉．城市土地管理．北京：化学工业出版社，2010：135-136.

8.3 城市房产管理概述

8.3.1 城市房产管理的界定

城市房产与城市房地产两个概念之间有密切的联系。关于房地产的含义，各方面有较大的争议，其焦点主要集中在要不要把土地纳入房地产中，由此形成了对房地产的广义界定和狭义界定。

广义的房地产是指土地、建筑物与固着在土地、建筑物上不可分离的部分及其附带的各种权益。房地产的土地与房屋具有不可分离性、位置固定性和不可移动性，因此，它们又被称为不动产。狭义的房地产是指城市土地之上的房屋等建筑物及构筑物，也可以称为房产。本书从土地和房产之间以及土地管理与房产管理之间的区别与联系出发，将城市土地管理和城市房产管理区别开来①。

城市房产管理就是城市人民政府对城市房产规划、建造、使用所进行的一系列工作的总称。对城市房产进行系统、科学的管理，有利于改善居民的住房条件，促进城市的发展，维护社会安定和正常工作、生活秩序。

在城市房产中，最核心和最为人所关注的就是城市住房。住房是城市生活的基础条件，住房问题是城市重大的社会问题，解决城市住房问题是城市政府的重大职责。为了唤起各国政府和全社会对解决住房问题的重视，号召全世界为构筑未来的人类居住环境共同承担责任，1985 年第四十届联合国大会确定每年 10 月的第一个星期一为“世界人居日”（亦称“世界住房日”），并每年确定一个主题。历年主题有：“住房是我的权利”

① 本节的“房地产”取狭义的房地产概念，即房地产管理等同于房产管理，“房地产”与“房产”可以互用。出于表述习惯，在本节的叙述中，有时用“房产”，有时用“房地产”。

“为无家可归者提供住房”“住房和社区”“持续发展住房”等。

8.3.2　城市房产管理的基本内容

城市房产管理是一个系统工程，它既包括统筹规划与宏观调控、制定与完善法律法规等宏观内容，又包括城市住房规划管理、房地产开发管理、房地产交易管理、房地产权属登记管理、房产物业管理等具体内容的房产市场体系建设。

1. 城市住房规划管理

住房规划是搞好城市住房建设的首要环节，是为市民创造良好居住条件的基础工作。城市住房规划包括住宅区选址、建设规模、建设速度和平面布局的规划。城市政府在制定城市住房发展规划时，需要依据城市的性质、规模和结构，充分考虑城市住房的自然、经济、社会条件以及技术要求。

科学的城市住房发展规划应当坚持以下原则：第一，符合城市总体规划的要求。第二，充分考虑采光、通风、消防、抗灾等要求，为居民创造优美、卫生、方便的居住环境。第三，合理利用城市土地和空间，实现经济效益、社会效益和生态效益的有机统一。第四，展示城市住宅区的建筑多样化和个性特色。第五，搞好住宅区的公共服务和配套设施规划。

2. 房地产开发管理

房地产开发是指在依法取得国有土地使用权的土地上进行基础设施、房屋建设，从事房地产转让、房地产抵押和房屋租赁等业务。房地产开发的主要内容包括三部分：房地产开发项目的土地使用权的取得、拆迁安置和房地产开发项目产品。

其中，在房地产开发过程中，获得土地是首要的工作，而房屋拆迁又是获得土地之后首先面临的困难环节。房屋拆迁涉及群众的重大切身利益。2001 年，国务院通过了修订后的《城市房屋拆迁管理条例》，拆迁管理进入了市场经济体制下的新阶段，确定了拆迁补偿方式可以采用货币补偿或者房屋产权调换。2007 年 3 月，十届全国人大五次会议表决通过《中华人民共和国物权法》，《城市房屋拆迁管理条例》与《中华人民共和国物权法》的有关规定不一致，面临停止执行的问题。2007 年 8 月 30 日修订的《中华人民共和国城市房地产管理法》增加了一条：“为了公共利益的需要，国家可以征收国有土地上单位和个人的房屋，并依法给予拆迁补偿，维护被征收人的合法权益；征收个人住宅的，还应当保障被征收人的居住条件。具体办法由国务院规定。”这是一个具有承前启后意义的条款：它在法律层面上给城市房屋拆迁戴上了公共利益的“紧箍”，并以此为原则来解决《城市房屋拆迁管理条例》中存在的潜在问题。

3. 房地产交易管理

房地产交易是指个人之间、法人之间、其他组织之间及其相互之间进行的有偿转移房屋所有权或使用权及相关土地使用权的行为，包括房地产的买卖、交换、抵押、典当、租赁等。房地产交易的内容主要有：

房地产买卖。房地产买卖包括商品房现售和商品房预售两类。商品房现售是指房地产开发企业将竣工验收合格的商品房出售给买受人，并由买受人支付房价款的行为。商品房预售是指房地产开发企业将正在建设中的商品房预先出售给买受人，并由买受人支付定金或者房价款的行为。房地产开发企业可以自行销售商品房，也可以委托房地产中介服务机构销售商品房。

房地产抵押。房地产抵押是指抵押人将其合法的房地产以不转移占有的方式向抵押权人提供债务履行担保的行为。当债务人不履行债务时，抵押权人有权依法以抵押的房地产拍卖所得的价款优先受偿。我国法律规定，依法取得的房屋所有权连同该房屋占用范围内的土地使用权，可以设定抵押权。

房地产租赁。房地产租赁是指出租人按照约定将房地产交给承租人使用，承租人按照约定交纳租金并于合同终止时将房地产返还给出租人的法律行为。

房地产评估。世界各国一般都实行房地产价格评估制度，未经房地产估价机构评估的房地产，房地产管理部门不予办理房地产交易和产权变更手续。

4. 房地产权属登记管理

房地产权属登记是指房地产管理部门依据相关规定以及国家赋予的职权，对房地产权利人合法拥有的土地使用权和房屋所有权，以及由上述权利所产生的抵押、设典等他项权利，登记于政府特定的簿册上的行为。

建立权属登记制度是为了保证房地产权的交易安全，起到确认、公示和保护的作用。在这个制度中，核心内容应规定登记机关和登记人享有什么样的权利和义务，保护财产权利的效力如何，出现错误过失应如何救助。

从理论上讲，房屋土地是不可分的，在房屋交易过程中必然包含土地交易，但是我国的登记政策规定房屋、土地的登记是分别进行的，有关政策分别由自然资源部与住房和城乡建设部分别制定和发布。按照《城市房屋权属登记管理办法》，房屋登记由房屋所在地人民政府房地产行政主管部门负责；按照《土地登记规则》，土地登记由县级以上人民政府土地管理部门负责。

5. 房产物业管理

根据 2018 年修订的《物业管理条例》，房产物业管理是指业主通过选聘物业服务企业，由业主和物业服务企业按照物业服务合同约定，对房屋及配套的设施设备和相关场地进行维修、养护、管理，维护相关区域内的环境卫生和秩序的活动。

国务院建设行政主管部门负责全国物业管理活动的监督管理工作，县级以上地方人民政府房地产行政主管部门负责本行政区域内物业管理活动的监督管理工作。

房屋的所有权人为业主，物业管理区域内全体业主组成业主大会。同一个物业管理区域内的业主，应当在物业所在地的区、县人民政府房地产行政主管部门或者街道办事处、乡镇人民政府的指导下成立业主大会，并选举产生业主委员会。但是，只有一个业主的，或者业主人数较少且经全体业主一致同意，决定不成立业主大会的，由业主共同履行业主大会、业主委员会职责。业主大会应当代表和维护物业管理区域内全体业主在物业管理活动中的合法权益，业主委员会是业主大会的执行机构。业主大会和业主委员会作为物业管理的自治组织，其目的在于使业主自治管理能够有效地运行。

在经济社会发展的过程中，房产管理是一项专业性、社会性、群众性、形象性很强的工作，涉及建设、财政、资源、金融、税务、规划、统计等多个政府部门。因此，协调政府部门职能，运用多种调控手段，如货币政策、财政政策、产业政策、行政指令，按调控目标沿同一方向配套运用是房地产管理的重要内容。

8.3.3 我国城市房产管理体制

根据我国《城市房地产管理法》，国务院建设行政主管部门、土地管理部门依照国务院规定的职权划分，各司其职，密切配合，管理全国房地产工作。县级以上地方人民政府房产管理、土地管理部门的机构设置及其职权由省、自治区、直辖市人民政府确定。

由于城市土地和房屋的不可分离性，城市房地产的管理也涉及了土地管理部门。单就住房来讲，城市的住房管理由建设部门负责，原建设部是全国最高一级的房产行政管理机关。2008年国务院政府机构改革后，原建设部重组为住房和城乡建设部，其职责中突出了住房建设和管理的功能（见图8－2）。这次机构调整明确提出了住房和城乡建设部要“加快建立住房保障体系，完善廉租住房制度，着力解决低收入家庭住房困难问题”。保障城镇低收入家庭住房、推进住房制度改革、规范住房和城乡建设管理秩序、规范房地产市场秩序，就成为该系统的重要职责。

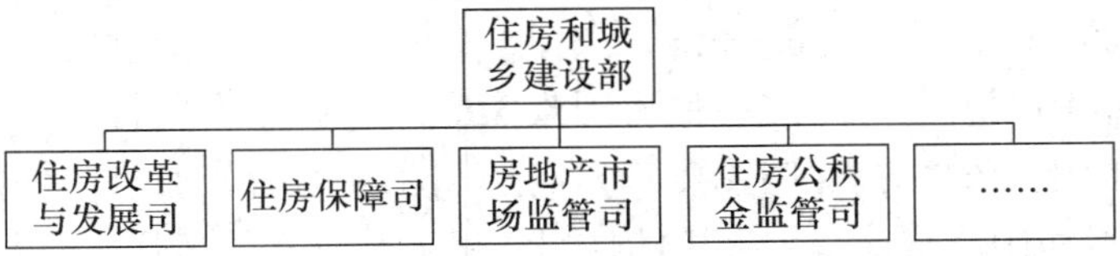

图8－2 住房和城乡建设部内设的主要房屋管理机构

2008年中央政府机构改革之后，地方政府在城市规划、土地管理、房屋管理等职能行使方面采取了有别于中央政府的政府设置。直辖市的设置差别较大，如北京市在2009年机构改革中，分别设立规划委员会、国土资源局、住房和城乡建设委员会，由住房和城乡建设委员会负责城市的房屋行政管理和住房制度改革；上海市分别成立了城乡建设和交通委员会、规划和国土资源管理局、住房保障和房屋管理局，由住房保障和房屋管理局负责城市住房建设管理和房地产市场调控；天津市则设立了规划局、城乡建设和交通委员会、国土资源和房屋管理局，由国土资源和房屋管理局负责城市住房行政工作；重庆市设立了规划局、城乡建设委员会、国土资源和房屋管理局，由国土资源和房屋管理局负责城市住房工作。各省和自治区较为统一，由住房和城乡建设厅负责。

各城市负责住房管理部门的名称并不一致，有的叫城乡房产管理局，有的叫住房保障和房屋管理局，等等。国家住房保障制度的完善将进一步理顺相关部门的关系，完善房产管理体制。同时，城市房产管理部门的职责将得到进一步明确，即对城市房产进行行政管理，对专业化经营单位的业务进行指导。

8.4 城市住房保障

现代社会中，居住权是一项重要的社会权利。城市中高密度的人口聚集、有限的土地供应空间，使城市中的住房问题尤其突出。城市政府高度重视住房问题，致力于保障城市住房供应、解决居民住房需求。其中，围绕公共住房政策的实施、为低收入家庭和特殊困难群体提供住房服务形成了各具特色的管理和服务系统，这就是住房保障体系。

8.4.1 城市住房保障概述

现代城市中，人口和产业的高度集聚形成了对城市土地和住房供应的巨大需求，住房紧张、价格高涨带来住房供应的短缺和住房价格超越低收入家庭支付能力这两个根源相同而又相互矛盾的问题。为了保障居民的居住权、促进社会的稳定和发展，政府必须承担起提供基本住房保障、解决低收入家庭住房困难的重任，即建立住房保障制度，使得城市中“居者有其屋”，让每个城市居民都有一个“体面的家”。

1. 住房保障的基本内涵

住房制度是国家在解决居民住房问题方面制定的基本原则和方针。相应地，住房政策是国家或地方制定的具体方法和措施，住房保障政策是针对困难群体的住房政策。

住房保障是指政府作为责任主体，为解决居民住房困难和改善居住条件，尤其是为解决低收入家庭的住房问题，通过经济、法律、政策的支持所提供的具有福利性质的保障体系。住房保障制度就是针对这些住房困难家庭的一些制度安排和政策措施。它实质上是在住房领域内施行的社会保障制度，是利用国家的力量，通过国民收入再分配，为中低收入阶层、住房困难群体提供适当的住房，保障其基本的居住水平。

通过住房保障政策提供的住房称为保障房。由于这类住房传统上是由政府拨款建造的，相对于私人部门供给的商品房，这种保障住房也被称为公共住房（public housing）。如今，保障住房的范畴不再局限于政府拨款兴建的住房，还包括所有享受政府一定优惠政策的住房（半公共品或准公共品），保障住房已经不再完全属于公共产品，但人们习惯上会把所有通过住房保障政策提供的住房都称为公共住房。

公共住房在不同国家和地区的名称有所不同。例如，新加坡的“组屋”相当于我国内地的廉租房和经济适用房；我国香港的公屋、居屋也分别对应内地的廉租房和经济适用房；美国的可承受住房（affordable housing）类似于我国的经济适用房。

2. 住房保障制度的建设原则

住房保障制度是一项政策性、社会性强，涉及面广的复杂系统。在建设住房保障制度时应遵循以下原则[①]：第一，充分考虑住房保障需求状况和财政支付能力，要让低收

① 孙光德，董克用. 社会保障概论. 6版. 北京：中国人民大学出版社，2019：211－212.

入阶层享受到经济发展的成果，在政府财力充足时，应不断扩大保障对象范围、提高保障水平；第二，注重保障水平的层次性和保障手段的多元化，要根据保障对象不同层次的需求和支付能力确定保障水平，多渠道、多方式地满足不同的需求；第三，处理好住房保障与市场机制之间的关系，政府作为住房保障的责任主体，并不意味着要替代市场机制，二者应相互协调，以满足不同层次的住房需求。

政府通过各种政策实现住房保障，其实质就是政府对市场进行干预。政府的干预也有一个演变历程：在工业社会之前，多数国家没有把住房问题纳入政府职责范围，主要采取自由主义的不干预措施；进入工业社会，尤其是在城市中，各国都开始采取干预措施，只不过干预程度随国家意图、经济实力不同而不同。

从理论上说，住房保障有两种途径：一是供应主义途径，就是增加供给，如增加经济适用房、实物配租形式的廉租房，甚至直接实施价格管制；二是需求主义途径，就是对消费不起最基本住房的人给予补贴，如发放住房津贴等。不同程度的干预，针对供给方和需求方两方采取的措施都不同，具体情况如表 8－1 所示：

表 8－1　政府对住房市场的干预方式

干预对象	干预供给方	干预需求方
无干预	—	—
低度干预	劝告（支持私人建房）、规范（设立标准、计划）	劝告（如消费者导向政策）、规范（通过课税或公民权实现）
中度干预	针对建房者的税收优惠、经济补贴	针对购房者的税收优惠、资助和补贴
深度干预	国家房屋供给量控制、综合控制住房市场	个人金融援助措施（如退税、住房福利等）

资料来源：黄晨熹. 社会政策. 上海：华东理工大学出版社，2008：303.

住房保障制度的完善过程是与国家的经济和社会条件变化紧密联系的，下面以美国住房保障政策的演变加以说明。表 8－2 展示的是美国住房保障政策的演变过程。美国联邦政府最初执行的是政府直接兴建公共住房，直接向低收入者提供住房的供应政策；后来逐渐过渡到补贴私人开发商建房；最后向为房客提供房租补贴的需求政策演变。目前，房租补贴的租金优惠券计划已经成为美国住房政策的主流。

表 8－2　美国住房保障政策的演变

时间	保障政策	政策目标	运作机制
20 世纪 30—60 年代	公共住房建造计划	解决住房短缺问题	政府直接建设住房
20 世纪 60—70 年代	私人开发商建新房的补贴计划	利用市场建设住房，增加低价、低租金住房供给	政府提供低息贷款、利息补贴等优惠政策，鼓励住房建设
20 世纪 70 年代至今	租金优惠券和租金证明计划	降低租房者房租负担	政府为租房者提供租金补贴

资料来源：陈杰. 城市居民住房解决方案：理论与国际经验. 上海：上海财经大学出版社，2009：40.

3. 住房保障的实现手段

就政府干预市场的具体手段来看，住房保障政策主要有财政政策、金融政策和土地政策三种①：

一是财政政策。住房保障的财政政策是政府为了实现住房保障政策目标，选择和运用各种财政政策工具，或刺激经济适用房等公共住房的建造和消费，或鼓励私有房主将房屋出租给中低收入家庭，以解决中低收入家庭的住房问题。

住房保障政策的财政政策主要有拨款补贴和减免税收两种。其中拨款补贴又有四种具体的形式：第一种是政府拨款建设公共住房或补贴建设公共住房；第二种是补贴公共住房的运营费用，以补贴运营成本和实际收取房租的差额；第三种是为旧公共住房提供房屋维修和养护补贴；第四种是补贴符合条件的租房家庭。

二是金融政策。住房保障的金融政策是指政府通过对货币信用的调控，运用各种金融工具，刺激经济适用房等公共住房的建造和消费，或鼓励私有房主将房屋出租给中低收入家庭，以解决中低收入家庭的住房问题。

住房保障的金融政策包括提供低息贷款或贴息贷款，建立抵押贷款一、二级市场，政府设立或鼓励私人机构设立住房储蓄银行，提供或鼓励私人机构提供住房抵押保险业务，成立住房合作社，等等。

三是土地政策。住房保障的土地政策是政府为了实现住房保障政策目标，在土地供应量、土地使用费用、土地价格等方面的优惠和调控，刺激或抑制经济适用房等公共住房的建造和消费，以解决中低收入家庭的住房问题。例如，我国现行的经济适用房政策中的土地无偿划拨就是特殊的优惠政策。

与世界上许多发达国家和地区一样，我国政府采取了土地、金融、税收和货币等手段来调节住房的供应和需求。具体的手段有：划拨土地、限制开发商的利润（我国经济适用房的相关文件，都规定开发经济适用房的利润“不高于3%”）、限制住房售价（我国对经济适用房的价格实行审核制，规定价格为“成本加不超过3%的利润”）、减免税收和开发贷款优惠、提租补贴政策、公房优惠出售、公房转让（也称为公房上市）、贴息贷款、公积金贷款、购房退税等。

8.4.2 我国城市住房保障制度的变革

住房保障是政府的重要职责，但是由于受到意识形态、经济发展、政策水平的影响，政府制定的住房政策在不同时期会有较大的差异。改革开放以来，我国住房政策领域发生的变化堪称是“革命性”的②。根据住房政策目标的变化，可将城市住房保障制度变革分为以下阶段：

1. 计划经济体制下的福利性住房保障

在计划经济体制下，我国城市实行的是以公有制为基础的住房实物福利分配体制：住房是国家或单位提供给职工的一种福利，政府通过行政手段来调节住房的供应和分配，

---

① 钱瑛瑛．房地产经济学．上海：同济大学出版社，2004：73.

② 岳经纶，陈泽群，韩克庆．中国社会政策．上海：格致出版社，2009：240.

以福利分房与低租金的方式实行实物分配。这是一种依赖于政府和单位、覆盖面广、福利不均衡的住房保障制度。这一时期的住房制度有以下特点：

（1）产权归国家所有。政府统一规划，组织建设，进行管理和维修。到 1978 年，绝大多数的城镇住房已经属于国有或企事业单位所有，私产占极少数。

（2）住房投资的公共性。投资基金来源于政府财政拨款和企事业单位的部分福利基金，投资形成的住房固定资产属于公共住房。家庭申请住房的主渠道是所供职的单位。

（3）住房实物分配。分配范围是国家机关事业单位和国有企业职工，分配标准更多地与非经济因素挂钩，如职级、工龄、家庭人口结构，与职工的劳动贡献关系不紧密。

（4）职工不承担住房建设投资的责任。国家通过单位将建好的住房以低租金分配给职工居住，住房成为社会福利待遇。分配所得的住房也以租赁的名义享受无限期的使用权，所支付的租金十分低廉，维修费也由国家或单位负责。

这种住房制度将住房排除在市场之外，政府几乎承担起全部的住房责任。公共财政的有限性和人们所形成的“等、靠、要”的思想，加剧了住房供给与需求之间的矛盾，这种城市住房福利制也加剧了财政的困境。

2. 改革初期的住房双轨制的探索

改革开放之后，伴随着市场经济的步伐，通过艰难、曲折的改革，我国已经逐步形成一个新的住房制度及相应的保障制度框架。这个变革的过程可以分为以下几个阶段：

（1）公房出售的试点阶段（1978—1985 年）。

改革的主要内容是在低租金、实物福利分房制不变的情况下，进行公房全价出售、公房补贴出售的试点。1980 年，中央提出：“准许私人建房、私人买房，准许私人拥有自己的住宅”，这种城市住房商品化的政策导向，拉开了我国城镇住房制度改革的序幕。

1982 年在郑州、常州、四平、长沙四个城市试行按标准价由职工个人、所在单位和国家（当地政府）各负担 1/3 的办法补贴出售新建公房，即所谓的“三三制”售房。但是由于补贴售房没有触及低租金制，多数居民仍不愿意自己花钱购房。

（2）提租补贴改革阶段（1986—1993 年）。

改革的主要内容是以提租为切入口，同时以优惠价出售公用住房。1986 年，国务院住房制度改革领导小组负责领导和协调全国的房改工作。1988 年，国务院发布了《关于印发在全国城镇分期分批推行住房制度改革实施方案的通知》，标志着住房制度改革进入了整体方案设计和全面试点阶段。

这是我国出台的第一个房改总体方案，它提出分期分批地推进房改：第一步改革旨在通过全面提高租金，做到以租养房，促进购房；第二步改革则是理顺分配关系，提高职工的经济负担能力，实现住房的商品化、社会化和专业化。这个方案也被称为“提租补贴方案”。

（3）住房市场化改革的推进阶段（1994—1997 年）。

改革的主要特点是明确了住房改革的市场化的思路。1994 年 7 月，国务院下发《关于深化城镇住房制度改革的决定》，标志着中国城镇住房制度改革进入全面深入的阶段。

该决定提出房改的目标是实现住房的商品化和社会化，建立公积金制度；建立以中低收入家庭为对象、具有社会保障性质的经济适用住房供应体系和以高收入家庭为对象的商品房供应体系。该决定的颁布为房改明确了发展方向和目标，全国出现了房改热潮。到 1997 年，住房私有化率迅速提高，城市中普遍建立了住房公积金制度。同时，住房的市场供应体系和住房金融体系初步形成，人们开始形成购买经济适用房的意识。

由于工资较低、住房实物分配没有彻底切断，出现了商品住房和福利分房同时并存的"双轨并行"的局面。

3. 住房货币化改革以来的新体系

这一阶段是以住房货币化为中心的深化改革阶段（1998—2007 年）。自 1998 年全国城镇住房制度改革与住宅建设工作会议始，国务院发布《关于进一步深化城镇住房制度改革加快住房建设的通知》，宣告福利分房制度终结。

这一阶段改革的方向是全面实行以市场化供应为主的住房货币化改革，建立和完善以经济适用房为主的多层次城镇住房供应体系。同时，加强房地产宏观调控和发展住房金融，培育和规范住房交易市场。至此，住房不再被视为城镇居民的一项应得福利，而被理解为一种商品与投资，住房的获得主要依赖于市场。

至此，以市场为主导、以经济适用房和廉租房为辅的住房体系开始形成，政府更多地运用住房补贴、公积金优惠贷款、税收等经济手段对房地产进行宏观调控。

4. 当前多层次住房保障体系的构建

2007 年 8 月，国务院通过《关于解决城市低收入家庭住房困难的若干意见》，该文件首次将廉租房明确为住房保障的重点。随后召开的全国城市住房工作会议决定加强廉租住房制度建设，解决好城市低收入家庭住房困难问题。

这一会议议题被称为"中国住房体制第三次变革"，标志着政府住房调控思路的转变，"保障性住房"或"保障房"被提到了前所未有的高度，住房保障重点由经济适用房转向廉租房建设，意在改变"重市场轻保障"的住房模式。住房保障体系成为新时期的政策重点。

2010 年住房和城乡建设部等七部门联合发布《关于加快发展公共租赁住房的指导意见》，提倡大力发展公共租赁住房，以完善住房保障体系。国家"十二五"规划纲要提出要"构建以政府为主提供基本保障、以市场为主满足多层次需求的住房供应体系"，重点发展公共租赁住房，逐步使其成为保障性住房的主体，由此丰富和完善了我国的多层次住房保障体系。

8.4.3 我国的城市住房保障体系

1998 年我国就提出了建立以经济适用房为主的多层次城镇住房供应体系的目标。到 2008 年，我国的多层次住房保障体系已经基本建成。

从广义上看，我国的保障类住房供应主要包括四种：保障性（政策性）住房配售、各类棚户区改造（包括城市棚户区、国有工矿棚户区、国有林区棚户区、国有垦区危房等)、旧住宅小区整治、城中村改造。

从狭义上看，我国的住房保障体系主要是指保障性（政策性）住房，包括限价商品住房、经济适用住房、公共租赁住房、廉租住房四种。本部分内容主要关注的正是狭义的保障性住房，表 8－3 展现的是保障性住房的供应体系框架。

表 8－3 保障性住房的供应体系框架

	限价商品住房	经济适用住房	公共租赁住房	廉租住房
供应对象	中等偏下收入者、拆迁户	有一定支付能力，中等偏下收入	中等偏下收入住房困难家庭，部分新职工和外来务工人员	低收入家庭，住房十分困难家庭
政策	90 平方米套型为主	严格控制面积、价格标准、准入标准	新建单套在 60 平方米以下、集体宿舍	政府投资建设，政府租赁补贴
运作	出售，不租	出售，不租	合同出租，一般为 3～5 年	长期性租赁，不售

资料来源：建设部课题组．多层次住房保障体系研究．北京：中国建筑工业出版社，2007．有改编。

当前我国保障性住房的供应方式，在住房供应上，表现为限价商品住房出售、经济适用住房供应、公共租赁住房供应、廉租住房配租；在财政金融上，表现为住房公积金和财政住房补贴。

（1）限价商品住房出售。

限价商品住房是一种限价格、限套型（面积）的商品房，主要解决中低收入家庭的住房困难，是目前限制高房价的一种举措。政府力图通过对房地产开发过程中的地价、房价、套型和销售对象等的限制，来调节住房市场的供应结构、控制供应对象。

与一般商品房不同的是，限价商品住房在土地挂牌出让时就已被限定房屋价格、建设标准和销售对象，政府对开发企业的开发成本和合理利润进行测算后，设定土地出让的价格范围，从源头上对房价进行调控。限价商品住房按照“以房价定地价”的思路，采用政府监管、市场化运作的模式。具体的操作模式主要有两种：一种是“竞地价”，在限定房屋销售价的基础上，使购买土地出价较高且开发资质条件好的企业获得开发权；另一种是“竞房价”，就是让房屋销售价格较低且开发资质条件好的企业获得开发权。

这类住房针对的主要对象是：不符合经济适用房保障条件，但收入水平在政府规定的享受限价商品住房政策范围内的特定人群。包括具备一定房产消费能力的群体，以及定向购买的拆迁户。

限价商品住房存在限价供应的对象、政府限价如何与市场变化相适应等问题，在实际操作中容易引起争议。

（2）经济适用住房供应。

经济适用住房是指已经列入国家计划，由城市政府组织房地产开发企业或者集资建房单位建造，以微利价向城镇中低收入家庭出售的住房。它是具有社会保障性质的商品住宅，具有经济性和适用性的特点。经济性，是指住房的价格相对同期市场价格来说是适中的，与中等及低收入家庭的负担能力相适应。适用性，是指在房屋的建筑标准上不能削减和降低，要达到一定的使用效果。因此，经济适用住房是由政府扶持的政策性住房。

与普通商品房相比，经济适用住房的特殊性质在于其社会保障性质。它享受政府相关政策扶持与控制，如通过行政划拨获得建设用地、免收土地出让金、大部分税费减免、享受贷款利息优惠等。但是其价格受政府政策的约束和限制，开发商利润按规定应该控制在3%以下，买方仅享受有限产权，上市交易和转让等都受到政策限制。

经济适用住房供应对象的家庭收入标准和住房困难标准都由城市政府规定，实行动态管理，一般来说要符合：无房或住房面积低于政府确定的困难家庭住房标准，家庭收入符合政府划定的收入线标准。

经济适用住房能够增加中、低价位的住房供给，抑制市场产权房的需求和供给；但是容易与市场商品房形成双轨制。

（3）公共租赁住房供应。

公共租赁住房是由政府投资建设（筹集）或政策支持其他机构投资建设（筹集），限定建设标准和准入条件，以低于市场水平的租赁价格，面向中等偏低收入住房困难家庭和特殊群体出租的保障性住房。

公共租赁住房由政府、企业及其他机构投资建设（筹集）和管理，房源可以通过新建、配建、改建、收购、合建、其他住房转换、长期租赁等多种方式取得。出租人与承租人应当签订书面租赁合同，市、县人民政府在统筹考虑住房市场租金水平和供应对象的支付能力等因素后合理确定租金水平，并按年度实行动态调整。

公共租赁住房是为了解决“夹心层”群体住房困难，即那些暂时没有能力购买经济适用房，但是又不属于廉租房保障对象的群体。因此，公共租赁住房的供应对象主要是城市中等偏低收入住房困难家庭、新就业职工、部分外来务工人员。

（4）廉租住房配租。

廉租住房是指政府以租金补贴或实物配租的方式，向符合城镇居民最低生活保障标准且住房困难的家庭提供社会保障性质的住房。它是针对住房困难的最低收入家庭实施的一种社会救助，具有社会公共福利和住房社会保障性质。

廉租住房的保障方式是以发放租赁住房补贴为主，以实物配租、租金核减为辅。租赁住房补贴，是指政府向符合条件的申请对象发放补贴，由其到市场上租赁住房；实物配租，是指政府向符合条件的申请对象直接提供住房，并按照廉租住房租金标准收取租金；租金核减，是指产权单位按照政府规定，在一定时期内对承租公用住房的城镇最低收入家庭给予的租金减免。

廉租住房保障资金来源于住房公积金增值收益、土地出让净收益、各级政府财政预算、社会捐赠和其他资金。廉租住房保障资金实行专项管理、分账核算、专款专用，专项用于廉租住房保障开支，包括收购、改建和新建廉租住房开支以及向符合廉租住房保障条件的低收入家庭发放租赁补贴开支。

（5）住房公积金制度。

住房公积金制度是一种强制性的住房储蓄制度，由职工及其所在单位按照职工工资的一定比例向职工的公积金账户存款，以此增加单位职工住房资金积累的制度。单位和职工个人必须依法履行缴存住房公积金的义务，职工个人缴存的住房公积金以及单位为其缴存的住房公积金，实行专户存储，归职工个人所有。这是为居民购买住房而筹集资金的一种政策性住房金融制度，属于法定的住房社会保障制度，具有强制性、互助性和保障性的特点。

住房公积金制度由上海在借鉴新加坡中央公积金制度的基础上于 1991 年率先建立，经过试点和推广后于 1999 年成为全国性的制度。随着住房货币化改革的深入与公积金制度的发展，它在住房建设和住房消费领域所扮演的角色越来越重要。

（6）财政住房补贴。

住房补贴是国家为职工解决住房问题而给予的补贴资助，即将单位原有用于建房、购房的资金转化为住房补贴，分次（如按月）或一次性地发给职工，再由职工到住房市场上通过购买或租赁等方式解决自己的住房问题。

在具体执行中，特指国家行政机关、事业单位对无住房职工或住房面积未达到规定标准的职工发放的现金补贴。住房补贴发放的原则是：坚持效率优先、兼顾公平的原则，由各地政府根据当地经济适用住房平均价格、平均工资，以及职工应享有的住房面积等因素具体确定。住房补贴发放的对象是职工。目前，经济发达地方的行政机关和事业单位已经实施，企业根据自身的条件参照执行。

关键术语

城市土地开发　　城市土地经营　　土地市场　　土地使用权出让　　土地使用权划拨　　城市房产管理　　住房保障

复习思考题

1. 城市土地管理的基本内容有哪些？
2. 我国现行的城市土地供应方式有哪些？
3. 谈谈对我国城市土地储备制度的认识。
4. 谈谈我国城市土地经营开发的现状。
5. 城市房产管理的基本内容有哪些？
6. 我国住房保障政策采用的手段有哪些？
7. 我国城市住房保障的供应形式有哪些？

延伸阅读

1. 陈杰，斯蒂芬斯，满燕云. 公共住房的未来：东西方的现状与趋势. 北京：中信出版社，2015.

20 世纪，在欧洲与亚洲等诸多国家与地区，随着其经济的增长与城市化进程的加快，提供公共住房成为这些国家与地区应对城市化和解决城市住房问题常见的措施。该书分析了亚洲以及其他新兴经济体，包括中国、新加坡、韩国、日本等国家发展城市公共住房的历史、现状与趋势；同时，介绍了欧美地区，包括美国、英国、法国、荷兰、瑞典、匈牙利等国家的公共住房政策体系与发展经验。该书既有国家层面的分析，也有城市案例分析，还有东西方公共住房发展的比较，通过对东西方公共住房的理论与实践进行全面梳理总结，力图找出公共住房的一般发展规律和个性化经验教训，并为公共住房的未来发展指明了方向。

2. 蒋贵国，何伟. 城市土地管理. 2版. 北京：科学出版社，2019.

该书全面系统地介绍了城市土地管理的原理、内容和方法。全书共分为三大部分：第一部分介绍城市土地管理的原理及基础理论；第二部分介绍城市土地管理的主要内容及方法，包括地籍管理、土地权属管理、土地利用管理、土地集约利用潜力评价、土地市场管理、土地信息管理；第三部分介绍境外城市土地管理的经验。该书对于我们了解近年来的土地管理实践有所助益。

3. 吕萍. 中国城乡住房保障与住房市场：城镇化背景下的困境与出路. 北京：中国人民大学出版社，2020.

该书聚焦新时期中国城乡住房问题，从多个角度对城乡住房保障与住房市场的热点和难点问题展开研究。全书以城乡住房的发展和演变历程为轴线，对二元结构下城乡住房制度的形成、变化和调整进行了系统回顾和剖析，对二元结构转变背景下城乡住房发展的内在动因、发展动态和模式进行了深入分析和探索。在此基础上，分析了住房发展的各个历史阶段的主要矛盾，针对城乡住房制度割裂问题，明确了建立城乡住房市场统一、城乡住房保障统一的思路，提出了城乡住房融合的构想。此外，该书密切结合实际，对我国住房发展中的诸多重点和热点问题进行了深入探究，涉及多维度住房保障动态调整机制、多主体供应的住房保障体系、农村住房和宅基地制度改革、小产权房问题等等。

4. 齐慧峰. 住房权塑造：20世纪中国城市住房政策. 北京：中国建筑工业出版社，2018.

该书跨越传统历史分期以1949年为界的限制，以20世纪为一个完整的长时段，借由城市住房政策的解析，研究现代化进程中个人住房权利的演变与发展。该书的住房权研究分为3个历史时段，即晚清至民国时期、社会主义计划经济时期、社会主义市场经济时期。各个历史时段的住房政策数量繁多，内容庞杂，涉及多种类型；而对于住房政策的梳理，从自由交易、自建住房、自由迁移、收入支配、社会救济、住房分配等方面展开。通过对这些政策烦琐复杂的内容细节与相互关联的研究，深入探讨住房权的生长过程与现实问题。

5. 毕宝德. 土地经济学. 8版. 北京：中国人民大学出版社，2020.

全书分为土地利用、土地制度、土地市场三篇，系统阐述了土地经济学的理论与实践，涉及土地的分区利用、集约利用、规模利用、可持续利用及规划利用，土地所有制、土地使用制、土地管理体制、我国港澳台地区及国外土地制度，土地市场、地租理论、地价理论、土地金融、土地税收等内容。第8版着重对土地规划利用、土地使用制、地租理论、房地产税等内容进行修订，并紧扣中国土地管理实践发展，将相关政策法规和数据资料的最新变化反映到教材内容中，特别是反映了《土地管理法》《农村土地承包法》等新修改的法律法规及政策的新精神和新内容。

第9章

城市财政管理

重点问题

城市财政是城市政府职能履行的物质基础，在城市发展中起着不可或缺的作用。城市财政管理是城市政府职能的重要组成部分，也是城市政府其他各项职能发挥作用的前提条件。

通过本章的学习，应理解城市财政的职能和功能定位，掌握城市财政管理的主要内容，明晰我国城市财政管理的演变历程，把握高质量发展进程中城市财政管理体制改革的思路。

9.1 城市财政概述

城市是人类最伟大的发明与最美好的希望，城市政府在其中发挥的作用越来越重要。城市财政是城市政府职能履行的物质基础，是决定城市崛起与衰落、现状与未来的关键性因素和外在表现。

9.1.1 城市财政的内涵

1. 城市财政的含义

"财"者是指政府收支，"政"者是指政府收支的治理，财政就是政府收支及其治理，实际上属于经济与政治共同作用的产物，是经济与政治的二元体。

财政是国家治理的基础和重要支柱。城市财政是城市政府为满足城市社会公共需要而进行的分配活动，是国家财政的最主要组成部分。城市财政同样也是城市治理的基础，在城市治理中发挥着十分重要的作用。理解城市财政，就不能仅仅从城市政府收支的视角来审视，更要注重城市财政的政府治理内容，要从经济学与政治学结合交叉的角度来研究城市财政问题。

2. 城市财政的特征

城市具有人口和生产要素集聚、财富和资金集聚以及公共需要高度集聚的特点，由此决定了城市财源财力的基本结构与公共支出的基本方向，形成了城市公共财政的基本特点①。

第一，城市的工商业发达，经济资源集中，纳税人众多，由此形成了丰厚的财源，尤其是现代城市的第三产业发达，相较于传统的第一、第二产业，现代服务业、高科技产业、风险投资等具有更高的附加价值，由此产生的财源尤为丰盛。

第二，城市的社会财富集中，土地利用率高，因此，除了与国民经济流量直接相关的商品劳务类税源外，与国民经济的存量资产和社会财富相关的财产类税源具有很大的潜力，在整个城市政府财源中居于重要地位甚至主体地位。

第三，城市经济的发展、大量人口的流入和生产要素的集聚、交汇与流动，必然伴随着城市空间结构与基础设施的发展变化。因此，城市发展中以交通、道路、桥梁、水电、通信等为主的基础设施需求大、投入多，成为城市财政的投入重点。

第四，城市中的人口规模庞大，大量居民家庭高度密集生活，与民生相关的各种公共事业、公共服务、社会福利、社会保障等公共需要亦高度集中。因此，为城市居民提供大量的公共品服务、满足城市居民公共需求，成为城市财政的另一个投入重点。

第五，现代城市金融业比较发达，大量资金集聚交汇，银行理财机构众多，特别是在大城市和特大城市还往往有便于直接融资的资本市场，有条件发行地方公债和运用其他融资手段，因而政府理财与投融资的空间比较大，城市财政在提供基础设施与各项民生公共品方面具有较大的回旋余地。

9.1.2 城市财政的职能

财政职能与政府职能密切相关，财政职能是政府职能的重要组成部分。城市财政是履行和实现城市政府职能的手段，城市财政职能本质上属于城市政府职能。基于市场失灵和政府的职能范围，通常认为，城市财政具有资源配置、收入分配和经济稳定三项职能。

1. 资源配置职能

城市资源配置职能是城市财政的核心和首要职能，保证城市公共基础设施的提供。

---

① 上海金融学院城市财政与公共管理研究所．促进“两个中心”建设的上海城市财政．北京：中国财政经济出版社，2010：2.

聚集在城市，企业和居民的生产和生活不仅需要干净的自来水、便捷通畅的道路和公共交通、快捷的通信、充足的电力供应和燃气供应、高效的污水和垃圾处理系统，还需要健全的安全、教育、文化、卫生、体育、绿化、消防、医疗、保健等公共服务设施。随着城市人口的增长和经济发展水平的提高，城市居民和企业对包括上述基础设施在内的公共产品的需求量大幅增加，且需求层次也在提高，上述需求的满足都需要更有力的财政支持。

2. 收入分配职能

城市收入分配的核心问题是实现社会公平。尽管城市财政的分配职能没有中央财政显著，但它通过征收个人所得税、企业所得税、营业税、房地产税等，可以调节当地的要素收入分配，通过对教育、社会保障、社会福利的财政支出，缓解城市社会各阶层间的收入差距矛盾。例如，发放住房补贴，建立城市廉租住房保障制度；发放医疗救助卡；给下岗职工再就业提供税收优惠；实行城市居民最低生活保障制度；等等。在人口可自由流动的情况下，城市的收入分配政策可能会面临一定程度的外溢，低收入者的迁入和高收入者的迁出会削弱城市收入再分配政策的效果。

3. 经济稳定职能

城市财政经济稳定的职能包含充分就业、物价稳定和收支平衡等多重含义。作为宏观调控政策的主要手段，财政政策和货币政策的主动权都掌握在中央政府手中。因此，城市财政的稳定职能在很大程度上是从属于中央财政的，即贯彻执行中央确定的宏观调控政策。然而，城市财政贯彻中央宏观调控政策的执行力度对于国家宏观经济的稳定具有显著影响。同时，城市财政在社会保障、社会救济等方面扮演的重要角色，使其客观上也具有了一定的经济稳定职能。

9.1.3 城市财政的功能地位

改革开放以来，我国城市规模和数量明显增加，城市人口众多，经济发达，对国家以及地方财政政策的执行起着至关重要的作用。党的十九大以来，面对新时代中国特色社会主义的全新内涵和构建新发展格局的重大战略决策部署要求，城市财政更需要体现出新的功能定位。

第一，城市财政是城市构建新发展格局的重要政策工具和制度保障。加快构建以国内大循环为主体、国内国际双循环相互促进的新发展格局，是以习近平同志为核心的党中央根据我国新发展阶段、新历史任务、新环境条件做出的重大战略决策，是着眼于我国长远发展和长治久安做出的重大战略部署。城市财政政策和财政体制涉及供需两端，是促进生产、分配、流通、消费等各个环节有效顺畅运行，推动构建新发展格局的重要政策工具和制度保障。

第二，城市财政是城市治理的基础和重要支柱。城市治理是国家治理的重要部分，城市经济发展和城市管理的重要参与者是城市政府。适应新时代的要求，城市政府担当着改革现代城市财政体制的重任，实现城市治理以及城市治理能力现代化同样离不开城市财政，城市财政是城市治理的基础和重要支柱。

第三，城市财政是支持城市经济发展的重要力量。作为城市财政的核心功能，促进城市经济高质量发展，振兴城市经济，城市财政理应担当重任。城市财政通过支持城市经济发展，提供城市公共品，满足辖区居民需求，增强城市核心竞争力①。

第四，城市财政是防控城市公共风险的重要保障。新时代我国经济社会发展呈现出新的阶段性特征，各类矛盾和风险交织叠加且复杂程度加深，公共安全风险增多，防范化解管控难度加大。新时代城市财政的使命是解决发展不平衡、不充分的问题，实际上就是解决新时代面临的公共风险问题，城市政府要善于运用财政手段应对各类矛盾和不确定性，防范和化解各种公共风险。

9.2 城市财政管理的内容

城市财政管理是城市管理的重要内容，是政府收支活动正常运转的基础，是城市政府职能的具体体现，是城市财政职能得以实现的现实基础。根据城市财政活动所涉及的“生财”“聚财”“理财”“用财”四个相互联系的环节，城市财政管理的基本内容包括城市财政预算管理、城市财政收入管理和城市财政支出管理。

9.2.1 城市财政预算管理

根据《中华人民共和国预算法》的规定②，全国预算由中央预算和地方预算组成。地方预算由各省、自治区、直辖市总预算组成，地方各级总预算由本级预算和汇总的下一级总预算组成。从内容上看，我国财政预算管理主要包括一般公共预算、政府性基金预算、国有资本经营预算、社会保险基金预算。

1. 一般公共预算管理

一般公共预算是对以税收为主体的财政收入，安排用于保障和改善民生、推动经济社会发展、维护国家安全、维持国家机构正常运转等方面的收支预算。

中央一般公共预算包括中央各部门（含直属单位）的预算和中央对地方的税收返还、转移支付预算。中央一般公共预算收入包括中央本级收入和地方向中央的上解收入。中央一般公共预算支出包括中央本级支出、中央对地方的税收返还和转移支付。

地方各级一般公共预算包括本级各部门（含直属单位）的预算和税收返还、转移支付预算。地方各级一般公共预算收入包括地方本级收入、上级政府对本级政府的税收返还和转移支付、下级政府的上解收入。地方各级一般公共预算支出包括地方本级支出、

① 赵兴罗．新时代城市财政可持续发展探讨．财政监督，2018（16）．

② 《中华人民共和国预算法》，2014 年 8 月 31 日修订颁布，2015 年 1 月 1 日正式施行。

对上级政府的上解支出、对下级政府的税收返还和转移支付。

2. 政府性基金预算管理

政府性基金预算是对依照法律、行政法规的规定在一定期限内，向特定对象征收、收取或者以其他方式筹集的资金，专项用于特定公共事业发展的收支预算。政府性基金预算应当根据基金项目收入情况和实际支出需要，按基金项目编制，做到以收定支。

3. 国有资本经营预算管理

国有资本经营预算是对国有资本收益做出支出安排的收支预算。国有资本经营预算应当按照收支平衡的原则编制，不列赤字，并安排资金调入一般公共预算。

4. 社会保险基金预算管理

社会保险基金预算是对社会保险缴款、一般公共预算安排和其他方式筹集的资金，专项用于社会保险的收支预算。社会保险基金预算应当按照统筹层次和社会保险项目分别编制，做到收支平衡。

一般公共预算、政府性基金预算、国有资本经营预算、社会保险基金预算应当保持完整、独立。同时，政府性基金预算、国有资本经营预算、社会保险基金预算也应当与一般公共预算相衔接。

9.2.2　城市财政收入管理

城市财政收入是城市政府为实现其职能，依据一定的权力原则或生产资料的所有权，从分散在各个微观经济主体的社会产品价值中集中起来的一部分货币收入。一般来说，按财政收入的形式，城市财政收入管理包括税收管理、非税收入管理、债务收入管理三大类。

1. 城市税收管理

税收是政府凭借政治权力，按照法律规定的标准，强制地、无偿地向一些法人和个人取得财政收入的一种形式。它是城市政府最主要和最稳定的收入形式，占城市全部财政收入的绝大部分。

城市税收管理是城市税务机关依据客观经济规律、税收法律法规和税收分配的特点，对税收分配全过程进行决策、计划、组织、监督和协调，以保证城市税收及时、足额入库，发挥城市税收职能的一种管理活动。从管理的流程看，城市税收管理具体包括税务登记，账簿凭证的管理，纳税申报，税款征收与检查，发票管理，税收法律责任，税务代理，以及税务行政处罚、复议、诉讼和赔偿等方面的管理制度和操作程序。

（1）我国现行城市税收的分类。

我国现行的城市税收种类很多，按征税对象大致分为以下五类①：

---

① 中国注册会计师协会. 税法. 北京：中国财政经济出版社，2020：13-20.

商品（货物）和劳务税类。包括增值税、消费税和关税，主要在生产、流通或者服务业中发挥调节作用。

所得税类。包括企业所得税、个人所得税、土地增值税，主要是在国民收入形成后，对生产经营者的利润和个人的纯收入发挥调节作用。

财产和行为税类。包括房产税、车船税、印花税、契税，主要是对某些财产和行为发挥调节作用。

资源税和环境保护税类。包括资源税、环境保护税和城镇土地使用税，主要是对因开发和利用自然资源差异而形成的级差收入发挥调节作用。

特定目的税类。包括城市维护建设税、车辆购置税、耕地占用税、船舶吨税和烟叶税，主要是为了达到特定目的，对特定对象和特定行为发挥调节作用。

通过中外典型城市的税收制度比较可见，由于各国城市化水平和税收管理体制的差异，各国城市税收的主体税种和税收收入来源有所不同，城市化水平较高的城市税收以财产税为主体税种。

（2）城市税收征收管理的原则。

城市税务机关在进行税收征收管理时应注意遵循几个原则，包括统一领导、分级管理的原则，依法征税的原则，简便高效的原则，纳税人依法申报纳税原则和与群众及其他部门密切合作的原则，以保证税收征管合法、有效地进行。

2. 城市非税收入管理

非税收入是指除税收以外，由各级国家机关、事业单位、代行政府职能的社会团体及其他组织依法利用国家权力、政府信誉、国有资源（资产）所有者权益等取得的各项收入。具体包括：行政事业性收费收入、政府性基金收入、罚没收入、国有资源（资产）有偿使用收入、国有资本收益、彩票公益金收入、特许经营收入、中央银行收入、以政府名义接受的捐赠收入、主管部门集中收入、政府收入的利息收入和其他非税收入①。本部分简要介绍如下几类非税收入：

（1）行政事业性收费收入，是指国家机关、事业单位等依照法律法规规定，按照国务院规定的程序批准，在实施社会公共管理以及在向公民、法人和其他组织提供特定公共服务的过程中，按照规定标准向特定对象收取费用形成的收入。

（2）政府性基金收入，是各级政府及其所属部门依据国家的法律、法规，向公民、法人和其他组织征收的为兴办、维持或者发展某种事业而储备的资金款项。政府性基金收入是政府筹集资金的一种手段，是政府非税收入的重要组成部分。

（3）罚没收入，是指国家行政执法机关依据国家法律、法规及规章制度，对当事人的违法违规行为收取的罚款、罚金，以及没收非法所得、没收非法财物、没收财产、追缴赃款赃物所形成的收入。

（4）国有资源（资产）有偿使用收入，是指矿藏、水流、海域、无居民海岛以及法

---

① 中华人民共和国财政部于2016年3月15日发布《财政部关于印发〈政府非税收入管理办法〉的通知》（财税［2016］33号）。

律规定属于国家所有的森林、草原等国有资源有偿使用收入，按照规定纳入一般公共预算管理的国有资产收入等。

3. 城市债务收入管理

有些城市财政收入形式既不属于税收收入，也不属于非税收入。城市债务收入是其中最典型的一种形式。城市债务收入是指城市政府为了解决正常财政收入的不足，或者实施特定的经济调控政策，以信用形式筹集资金形成的债务。与由中央政府发行的国债不同，城市债务属于地方债的范畴，所筹资金由地方政府支配并负责偿还。

城市债务收入在城市建设发展中发挥了重要作用。城市债务也经历了由相对无序到规范有序的过程。《中华人民共和国预算法》规定，经国务院批准的省、自治区、直辖市的预算中必需的建设投资的部分资金，可以在国务院确定的限额内，通过发行地方政府债券举借债务的方式筹措。举借债务的规模，由国务院报全国人民代表大会或者全国人民代表大会常务委员会批准。省、自治区、直辖市依照国务院下达的限额举借的债务，列入本级预算调整方案，报本级人民代表大会常务委员会批准。举借的债务应当有偿还计划和稳定的偿还资金来源，只能用于公益性资本支出，不得用于经常性支出（除前款规定外），地方政府及其所属部门不得以任何方式举借债务，以省级政府名义发放债券是地方政府取得债务收入的唯一形式。除法律另有规定外，地方政府及其所属部门不得为任何单位和个人的债务以任何方式提供担保。相关法律规定赋予了城市政府组织债务收入的权利，并对债务风险进行了控制，促进了城市债务收入的良性发展。

9.2.3 城市财政支出管理

城市财政支出是城市政府为履行其职能而消耗的一切费用的总和，它反映了城市政府干预和调节市场经济的领域和力度，是考察城市政府活动的重要方面。城市财政支出管理的内容有多个分类标准。一般来说，主要包括以下几方面的内容。

1. 城市财政投资性支出管理

城市财政投资性支出主要包括城市基础设施建设支出和公共住宅建设支出。

城市基础设施主要包括公共设施、公共工程和其他交通设施，它们为城市整个社会生产和消费提供共同的生产和生活条件。城市财政对基础设施的投资支出一般采取财政资金直接拨款、建立专项基金、政策性银行贷款担保、项目融资担保等方式。

为了改善城市低收入群体的住宅状况，公共住宅建设的投资支出是城市财政投资性支出的一项重要内容。城市公共住宅建设的投资支出主要体现为旧城改造支出和针对低收入者的住宅投资支出。为了改善城市低收入家庭的居住条件、缓解社会收入差距过大所带来的负面影响，城市政府往往采取向低收入家庭提供低租金公共住宅、房租补贴、低息住宅贷款等多种措施。

2. 城市财政社会消费性支出管理

城市财政社会消费性支出是指城市财政用于社会共同消费方面的支出，主要包括行政管理费用支出和教科文卫事业费用支出等。

行政管理费用支出是城市财政用于城市权力机关、行政管理机关、司法检察机关和外事机构行使其职能所需要的费用支出。行政管理费用支出是保证城市政府各部门正常运转的基础，因此是十分必要的，且与经济总量、经济发展水平、城市政府的职能范围、行政机构设置方式、行政效率等密切相关。城市财政部门应坚持保障供给和厉行节约的原则，合理安排行政管理支出总量，提高行政管理支出效率。

科技实力是城市竞争力的核心体现，也是城市经济与社会长期快速发展的助推剂。城市政府往往通过设立科研奖励基金、财政补贴、风险贷款贴息等方式加大科研支出，引导和鼓励技术创新和高新技术产业化。城市财政教育支出在城市财政支出中占有重要地位。

城市财政教育支出的方式主要有两类：一是直接开办公立学校，对学生免费或收取较低的学费；二是鼓励私人部门办教育，并提供各种形式的奖励或补贴。

城市财政的文化支出以支持公共文化产品的生产和推广、满足城市居民的公共文化需求为重点。包括免费开放的游乐园、公园、文化广场、图书馆、博物馆和展览馆，公益性演出，以财政补贴与税收优惠手段支持城市文化团体的发展，等等。

3. 城市财政社会保障支出与财政补贴管理

作为一种城市社会安全制度，广义的城市社会保障一般包括社会保险、社会福利、社会救济和社会优抚等内容。

社会保险是社会保障体系的核心部分，具有强制性、社会互助性、受保人权利义务对称等性质。通常来讲，社会保险资金由受保人、工作单位和政府财政共同承担。社会福利是政府和社会向老年人、孤儿和残疾人等生活中需要特别关怀的人群提供的必要的社会援助。社会救济的对象是城市有困难的特殊群体，城市居民最低生活保障、灾害救助、流浪乞讨人员救助是社会救济的具体形式。而社会优抚的对象一般是现役军人及其家属、烈属和退伍军人等。

城市财政补贴是城市政府为了某种特定需要而向企业或居民提供的无偿补助，包括价格补贴、企业亏损补贴、住房补贴、就业补贴和财政贴息等类型。

9.3 城市财政管理体制

城市财政管理体制是国家财政体制中重要的一部分，它指的是以财政分级管理为核心的财政关系，具体包括城市与中央政府、省政府，城市与所辖区、县、乡之间的预算管理权限划分、财政收支划分、财力转移等内容。城市财政管理体制的核心是处理好集权与分权的关系。新中国成立以来，我国的财政管理体制历经多次改革，于 1994 年初步确定并不断完善了以分税制为基础的分级财政管理体制。党的十八届三中全会后，我国持续推进新一轮财税体制改革，并提出了“财政是国家治理的基础”的重要论断和“建立现代财政制度”的目标。在中国特色社会主义进入新时代的关键时期，建设现代财政制度对于推进国家治理能力现代化、推动经济发展尤为重要。

9.3.1 城市财政管理体制的内容

1. 政府间的支出责任划分

事权与财权相统一是财政分权的一项基本原则。事权与财权相统一是指政府所享有的财政权力在质和量上都要与其承担的社会经济事务方面的责任相匹配，从而保障其责任的履行。

1959 年，西方财政学家马斯格雷夫（Musgrave）提出，财政联邦主义的核心在于应允许各州根据其居民的偏好实行差别性的资源配置政策，但再分配和稳定目标主要是中央政府的责任。这一经典论述确定了中央政府与地方政府间事权划分的基本原则，即国防、外交、国际贸易、金融与货币政策、宏观稳定的财政政策、管制地区间贸易、全国性的立法和司法、全国性的大型基础设施等均为中央政府的职责，而教育、卫生、公共住宅、供水和排水、垃圾处理、警察、消防、公园、社会福利等大部分为地方政府的职责，或者由中央政府与地方政府分担，而分担比例各国之间不完全相同。同时，事权的划分不仅涉及中央政府与地方政府的分工，还应涉及地方政府间的分工，即省（州）、市（县）以及基层政府之间的分工。

2. 政府间的收入划分

在财政收入的划分方面，通常作为中央税的税种是涉及稳定经济或再分配目标的税种，或税基流动性较大的税种。因为如果此类税种分配给地方政府，则地方政府容易因纳税人的流动而难以运用对税率的调整权。另外，税基在各地区间分配不均匀的税种应该由中央政府保留。

与此相对，分配给地方政府的税种或收入通常应当具备以下条件：税基流动性不宜过大，基于受益原则的税种、使用费和规费，应能够帮助地方政府筹集足够和不断上升的收入，应便于地方政府对税收的管理。一般认为，最适宜作为地方税的税种是土地税、财产税和一定范围内的个人所得税。税基流动性比较大的消费税、资本收益税，尤其是公司所得税等不太适宜充当地方税种。

3. 政府间的转移支付

政府间的支出责任划分与收入划分，往往会导致财政的横向和纵向不平衡。前者指的是社会经济发展水平不同等原因导致的同一级别的不同地方政府之间的财政能力差距，后者指的是某一级政府的自有收入与其支出的不匹配。为了使各级政府都能够正常地履行其应有的职能，国家通常利用政府间的转移支付手段来消除这些不平衡。政府间的转移支付是发生在政府间的资金的无偿转移，一般情况下是由上级政府向下级政府的转移。

政府间转移支付主要有两种基本类型：无条件补助和有条件补助。无条件补助是指对补助资金的用途不做限定，由受补助政府自主决定和支配，有时也被称为收入分享或一般性补助。有条件补助是指附带条件的补助，受补助政府必须按照指定的条件使用补助资金，比如专门用于教育、道路建设、环境保护等特定用途，因此又被称为专项补助。有条件补助又可分为配套补助和非配套补助。配套补助是受补助的政府不仅需要按照指定的用途使用资金，而且还需要提供一定数额或比例的配套资金。非配套补助则由提供补助的政府提供一笔固定的资金，并规定用于指定的项目，不需要受补助政府提供配套资金。有条件配套补助又分为封顶的配套补助和不封顶的配套补助，前者规定了受补助政府可以得到的补助款的最高限额，而后者没有做此规定。

9.3.2 城市财政管理体制的历史沿革

1. 1979 年以前的财政体制改革

新中国成立初期，为适应当时高度集中的计划经济体制，我国财政收入的绝大部分都要纳入国家预算，财政收支实行“统收统支”。随后的财政体制虽进行了多次调整，但是万变不离其宗，这些变动都没有改变我国财政“统收统支”的实质，只不过是“统”和“放”的程度不同而已。

这一时期财政管理体制的主要特点是：第一，一切收支办法、收支项目、收支标准都由中央政府统一规定；第二，一切财政收支都要纳入国家预算；第三，预算权限主要集中在中央。该体制适应了当时政治经济形式的要求，在很短的时间内稳定了国家的政治经济状况。但是，这种财政体制不利于调动地方政府和国有企业增加收入和节约资金的积极性。

2. 1979—1993 年的财政体制改革

党的十一届三中全会以后，我国财政体制开始了真正的重大改革，并成为我国经济体制全面改革的突破口。1980 年我国开始实行“划分收支，分级包干”的财政管理体制，由原来的“一灶吃饭”改为“多灶吃饭”，财力的分配由以“条条”为主，改为以“块块”为主，地方财政的收支也由过去的中央统一平衡改为各地自求平衡，对全国各地的财政体制不做硬性规定，体制也由“一年一变”改为“一定五年不变”，大大增强了地方财政自主的积极性。

1983 年和 1984 年，我国实行利改税改革，将国有企业的利润直接上缴改为向财政部门缴纳所得税，明确了政府作为社会的管理者，主要靠税收来筹集收入。为了适应利改税，1985 年我国开始实行“划分税种、核定收支、分级包干”的财政管理体制。

但为了解决 1986 年以后财政包干中日益严重的“两个比重”（中央财政收入占全国财政收入的比重和全国财政收入占国民生产总值的比重）下降问题，1988 年又开始实行“收入递增包干”“总额分成加增长分成”“上解额递增包干”等六种包干体制，形成了中央政府和地方政府的“一对一”讨价还价的不规范、不公平的财政关系，中央和地方政府的关系仍未理顺，政府和企业的分配关系也存在问题，不利于社会主义市场经济条件下的公平竞争。

3. 1994年以来的财政体制改革

针对财政包干的诸多弊端，1994年我国开始实行新的财政体制改革——分税制财政体制。分税制财政体制坚持了以下基本原则：正确处理中央与地方的分配关系，调动中央与地方的积极性，促进国家财政收入合理增长，合理调节地区间财力分配；坚持统一政策与分级管理相结合；坚持整体设计与逐步推进相结合。这次改革的主要内容包括：

（1）初步建立与市场经济相适应的税收体系。

税收制度的全面改革是这次分税制改革得以顺利进行的重大前提。在流转税方面，形成了以增值税为主体，以营业税和消费税为补充调节手段的流转税体系。在所得税方面，统一了内资企业所得税，统一了个人所得税，大大简化了税制，为建立社会主义市场经济体制创造了良好的条件。

（2）以分税种的形式初步规范中央与地方的财政收入分配关系。

新体制规定，中央税归中央，地方税归地方，共享税根据不同的比例在中央和地方之间分配。同时，收回了地方政府减免税收的权力。如果确实需要减免，必须经过中央有关部门的批准。

（3）按照中央和地方分立的原则改革税务征管机构。

我国同时设立了中央和地方两套税务机构，各级政府征收自己的税收，互不干涉，共享税由中央征收，然后按照比例在中央和地方之间分成。

1994年分税制财政体制改革以分税种的形式确定了中央政府和地方政府之间财政收入划分的基本格局，标志着我国初步建立起了分级财政体制的基本框架，形成了中央税、地方税和共享税，但支出的划分基本未进行调整。中央政府与地方政府之间的支出责任划分不稳定、不规范，地方政府常常处于被动地位。分税制体制也只进行到省这一级，省以下包括城市分税制财政体制未能得到统一的明确和规范。

分税制改革构建了社会主义市场经济体制下财政体制的基本框架，初步理顺了中央与地方、国家与企业的分配关系。此后，随着经济社会发展与体制改革的不断深化，对财政体制运行中的一些方面进行了有针对性的调整，主要内容包括：调整中央与地方收入安排，完善政府间转移支付制度等，并于2000年前后全面启动了以部门预算、政府采购和国库集中收付制度为核心的预算改革。近年来，又进行了营改增、国地税合并等改革。当前，上述改革仍在不断探索深化中。

9.3.3　城市财政管理体制改革的基本思路

党的十八届三中全会以后，《中华人民共和国预算法》《中华人民共和国预算法实施条例》先后修订、颁布和实施，迈出了加快现代财政制度建设的坚实一步[①]。《中华人民共和国国民经济和社会发展第十四个五年规划和2035年远景目标纲要》明确提出了建立现代财税体制的目标要求、主要任务和实现路径。据此，新时代下城市财政管理体制改

---

① 贾康，吴园林．“十四五”时期我国财税体制改革问题及对策．全球化，2020（5）．

革的基本思路主要有①：

第一，深化预算管理制度改革。政府预算体现国家的战略和政策，反映政府的活动范围和方向。现代预算管理制度的基本特征可以概括为“完整性、统一性、可靠性、公开性和年度性”。“十四五”时期，要进一步完善预算管理制度，在挖掘潜力、规范管理、提高效率、释放活力上下更大功夫。要推进财政支出标准化，建立国家基础标准和地方标准相结合的基本公共服务保障标准体系。要以预算公开提升财政透明度，进而强化对权力运行的制约监督。要深化绩效管理改革，将绩效理念和方法融入预算编制、执行和监督全过程，推进预算和绩效管理一体化。

第二，理顺中央和地方财政关系。中央和地方财政关系调整必须建立在“有利于发挥中央和地方两个积极性”的基础上。同时发挥两个积极性，才能极大增强党和国家的生机活力，从而提升国家治理效能，真正契合社会主义市场经济体制的本质属性。“十四五”时期中央和地方财政关系调整的主线，是围绕有利于发挥中央和地方的积极性，明晰中央和地方政府事权与支出责任，健全省以下财政体制，增强基层公共服务保障能力。要着力建立权责清晰、财力协调、区域均衡的中央和地方财政关系，推动形成稳定的各级政府事权、支出责任和财力相适应的制度。

第三，完善现代税收制度。现代税收制度区别于传统税收制度的基本特征，就在于日趋凸显“促进税收公平正义”。“十四五”时期税收制度改革的主线，就是围绕促进税收公平正义来优化税制结构，完善与之相匹配的税收征管制度。要建立健全有利于高质量发展、社会公平、市场统一的税收制度体系，优化税制结构，同时提高税收征管效能。要健全地方税体系，培育地方税源。要健全直接税体系，逐步提高直接税比重。

第四，健全政府债务管理制度。政府举债融资不仅事关财政收支自身平衡和风险防控，而且牵动经济社会发展稳定全局，理应在财政需要和风险防控、短期平衡和长期发展之间保持协调。要进一步健全政府债务管理制度，既有效发挥政府债务融资的积极作用，又坚决防范化解风险，增强财政可持续性。要完善常态化监控机制，防范化解地方政府隐性债务风险。

专栏 9-1

现代预算制度的建设过程

自国家出现之日起，就有了财政管理活动，并对财政收支进行记录。但是，现代意义上的预算管理则形成于19世纪的欧洲国家。

19世纪以前，尽管所有的国家都有财政活动，但是，在财政管理上普遍存在两大问题：一是在政府内部缺乏集中的行政控制，无论是收入还是支出管理都非常分散；二是对政府的财政活动缺乏外部监督，缺乏一套制度来确保政府的财政活动是对人民负责的。由于缺乏有效的监督与控制，不仅财政资金的征收与使用效率很低，而且经常出现各种贪污、腐败与浪费的现象。

① 刘昆．建立现代财税体制．国有资产管理，2021（1）．

进入19世纪，由于代议制民主制度的确立，欧洲各国逐渐确立了按年度编制和批准预算的制度，由财政部门在政府内部集中控制资金的分配和使用。同时，由议会审批政府预算并监督政府按照批准的用途使用经费。预算制度的建立，使政府征收和使用财政资源的方式发生了根本性的转变。预算管理也成为财政管理的核心职能，在国家治理中发挥着越来越重要的作用。

19世纪以来西方国家的预算管理发展大体可以分为两个阶段：

第一个阶段，从19世纪预算制度建立到20世纪中叶，预算管理的主要任务是建立一套有效的监督控制体制，通过建立各种预算控制约束政治家、政府官员以及每个公共管理者的活动，确保所有的财政资源都用于公共目的，同时减少各种浪费。19世纪以来形成的年度性、全面性、一致性、约束性等经典预算管理原则，以及相应设计的预算管理流程和规则，鲜明地反映了这种监督控制取向，更加强调预算管理的“合规”。年度性原则意味着政府每年都要到议会去争取政治支持，从而为议会监督政府预算创造了条件。在政府内部，年度性原则意味着各个支出机构每年都必须接受财政部门的审查，从而加强了政府内部的预算控制。但是，如果政府和各个机构拥有独立的不受议会或财政部门监督的预算外资金，议会和财政部门的监督控制就会形同虚设。所以，全面性原则要求所有的政府收支都必须放进预算内，受预算过程约束。同样地，一致性原则也是以预算控制为目的的。因为，如果预算体系内某些收入或支出获得了特殊待遇，即使它们已经被放进预算内，对它们的预算控制也会弱化。最后，约束性原则要求预算一经批准，即应形成严格的约束。它的主要目的是增加预算承诺的可靠性，约束政府或支出机构的机会主义行为。约束性原则通常是通过在预算执行中由财政部门对各个支出机构的支出活动进行事前事中控制来实现的。

第二个阶段，从20世纪中叶开始，许多国家越来越多地运用财政政策调节宏观经济并且开展福利国家的建设，政府支出和赤字规模不断扩大，带来了越来越沉重的债务负担，并威胁经济稳定增长。因此，各国意识到需要通过预算管理合理控制财政支出总额增长，在实现短期宏观财政政策刺激目标和维持财政可持续性之间取得平衡。同时，在实现财政资源用于公共目的这个基本目标的基础上，为了应对财政危机以及社会公众对于削减政府支出和改善公共服务的社会压力，各国都在不断地改革预算制度，创新预算管理模式，改进财政资源的配置效率。预算管理在依法合规的基础上，开始重视讲求绩效，希望在预算投入与产出或结果之间建立起紧密的联系，要求科学、有效率地配置有限的财政资源，并且要求经批准的预算得到有效而经济的执行。这一时期出现了许多新的预算管理模式，包括绩效预算、计划项目预算、零基预算、新绩效预算等，结果导向的预算模式越来越成熟。随着各国不断地总结这些预算改革的经验与教训，预算制度优化资源配置、调节收入分配、支撑宏观经济调控、改进公共治理、保障政策规划和实施等方面的功能和作用越来越受到重视，预算管理也进入了一个新的发展阶段。

资料来源：王小龙，李敬辉．预算管理一体化规范实用教程．北京：经济科学出版社，2020：8-9.

关键术语

城市财政　　政府性基金预算　　社会保险基金预算　　城市税收收入
城市非税收入　　城市债务收入　　现代预算制度　　政府间转移支付

复习思考题

1. 如何理解城市财政的职能和地位？
2. 请谈谈我国城市财政的功能定位。
3. 我国的财政收入有哪些？如何进行财政收入管理？
4. 从财政支出的项目出发，谈谈如何优化我国的财政支出结构？
5. 结合实际，谈谈你对我国城市财政管理体制改革的看法。

延伸阅读

1. 米克塞尔. 公共财政管理：分析与应用：第 9 版. 苟燕楠，马蔡琛，译. 北京：中国人民大学出版社，2020.

该书是美国知名公共财政研究者米克塞尔教授的代表作，同时也是一部风行于市场经济国家的公共财政管理类经典教材，自 1982 年首次出版以来，被美国众多高校的公共行政或公共事务学院选为教材。该书从公共部门管理的视角出发，系统阐述了以美国为代表的市场经济国家公共财政管理的理论与实践。全书从公共财政的基本原则谈起，分析了预算程序的逻辑，在此基础上，重点阐述了美国联邦、州和地方政府的预算结构与制度、预算方法及其实践、预算改革等内容，进而对财政收入来源、结构及其管理进行了详细论述，并对联邦、州和地方政府的债务管理进行了深入分析。

2. 联合国人居署，卡米亚，张乐因. 财政规划：写给城市领导者. 王伟，等译. 北京：中国建筑工业出版社，2018.

该书对快速城市化所带来的问题进行了及时、全面和深入的分析，并且提供了各种各样可供城市使用的财政融资工具。通过为城市领导者提供大量强调可持续性、包容性和财政自主性的融资方案，进一步推动了城市在重大资本支出、基础设施运营维护以及公共服务等领域展开对话交流。在第三次人居会议上提出新的城市化方案以应对日新月异的城市运作体系所带来的挑战势在必行。该书是一本具有里程碑意义的出版物，它集供职于 15 个以上公共、私营以及多边机构的 30 多位合作者专业知识之大成，意图为城市实现持久繁荣贡献各种政策工具。

3. 周小林，等. 公共财政管理. 北京：北京大学出版社，2018.

该书以现代管理理论为基础，以财政管理实践活动为主体，内容基本涵盖政府财政活动的各个方面，包括“公共财政管理的基本原理”和“公共财政管理的基本范畴”两篇，共 17 章。该书对每一特定管理内容的具体管理方法从总体上进行了介绍，重点讨论为实现这一特定内容的管理目标所应选择的规范性制度和管理措施，讨论这些制度和措施的必要性和作用。作者在编写中特别注意对公共财政具体的管理方法和相关的管理制度进行介绍，并运用财政理论、管理理论对一些具体方法的利弊进行一定的分析。

4. 李孟，张如飞．应对城市化：中国城市管理与财政的战略选择．邹立文，等译．北京：中国财政经济出版社，2003.

该书是亚洲开发银行/中国财政部技术援助研究报告。它从城市公共财政的角度，以描述中国城市化趋势对城市财政系统改革的重要影响为先导，给出了中国的城市机构框架。该书的主要内容包括城市公共财政的目标、中国城市财政的主要问题与战略选择、市政支出管理合理化、增加可持续性收入、发展市政信贷等，书中有许多翔实的数据和分析可供借鉴。

5. 奥茨．财政联邦主义．陆符嘉，译．南京：译林出版社，2012.

该书从经济学的角度，论述了中央政府和地方政府之间的职能分工，以及有效行使其职能所需要的财政工具。作者通过一系列假定，提出了分权化提供公共产品的比较优势，即著名的奥茨“分权定理”，并以此为基础，对联邦财政理论进行了经验研究和动态分析。

第 10 章

城市基础设施管理

重点问题

城市基础设施是城市赖以生存和发展的基本条件，它不仅影响市民的生活水平和质量，而且反映了城市建设和发展的现代化程度。城市的良性发展依赖于健全的城市基础设施和完善的公用事业管理。

城市基础设施的内涵和内容是什么？城市基础设施具有哪些特性和作用？城市基础设施管理的目标和原则是什么？这是本章学习的基础。作为城市基础设施管理内容的融资和运营管理，其各自的含义、渠道和模式是什么？这是学习本章需要了解并掌握的内容，同时应进一步了解并思考我国城市公用事业的现状、存在的问题及发展策略。

10.1 城市基础设施与公用事业

10.1.1 城市基础设施的含义

城市基础设施，是为城市的物质生产和生活提供基本条件的具有公共服务性质的设施的总称，是城市赖以生存发展的基础。

从城市生态系统平衡的角度看，城市基础设施是城市中直接为维持城市生产和生活正常秩序、保证城市发展提供的必不可少的物质条件；从社会再生产的角度看，城市基础设施是为城市进行物质的、精神的以及人本身的社会再生产而创造的一般的、共同的、社会化的物质条件。

城市基础设施的内容有广义和狭义之分。广义的城市基础设施范围较广，是指城市生存和发展所必须具备的工程性基础设施和社会性基础设施的总称①。其中，工程性基础设施一般指能源供应、给水排水、交通运输、邮电通信、环境保护、防灾安全等工程设施，社会性基础设施则指文化教育、医疗卫生、科技、体育等设施。狭义的城市基础设施只包括工程性基础设施。

城市公用事业是城市基础设施的重要组成部分。城市公用事业按行业分为市政工程、公用事业、园林绿化、市容和环境卫生四大部分，包括供水、供气、供热、公共交通、园林绿化、市容和环境卫生、排水、防洪等具体专业②。

关于城市基础设施内涵的阐释图如图 10－1 所示：

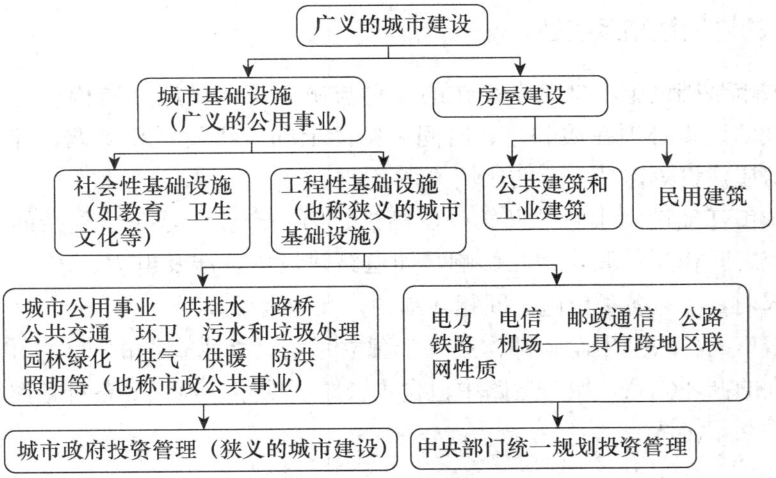

图 10－1　关于城市基础设施内涵的阐释

资料来源：秦虹．城市建设融资．北京：中国发展出版社，2007：4.

城市基础设施的内容范围不是一成不变的。从历史发展来看，这是一个从少到多，从简单到复杂，从低级到高级不断扩展的过程。随着生产力的发展和科学技术的进步，既有城市基础设施将得到进一步完善，新的城市基础设施项目也将涌现。

10.1.2　城市基础设施的特性

1. 服务的公共性和两重性

城市基础设施服务的公共性主要体现在两个方面：一是它提供的产品和服务是为整个城市的发展和全体市民生活水平的提高服务的；二是它具有公共物品的一些特性，如非排他性、非竞争性。非排他性是指一个人的消费不能排除他人的同时消费。非竞争性是指增加一个人的消费其边际成本为零。

---

① 参见中华人民共和国原建设部 1999 年 2 月发布的《城市规划基本术语标准》。

② 秦虹．城市建设融资．北京：中国发展出版社，2007：4.

城市基础设施服务的两重性是指城市基础设施既为生产服务，又为生活服务。

2. 能力形成的同步性和建设的超前性

城市基础设施的同步性，是指保持城市基础设施与城市发展的步调一致。在计划安排上，应该使城市基础设施与其他设施在形成能力的时间上达到同步。比如，居民住宅在入住时，应做到通水、通电、通气、通热、通道路、通公交。

城市基础设施建设的超前性，是指为解决能力同步形成的问题，必须从基础设施建设项目的特点出发，超前于城市其他项目进行建设。一般来说，基础设施建设具有建设规模大、施工周期长、耗资数额大、技术要求高等特点。超前时间约为城市基础设施与其他项目施工的周期差。

3. 运转的协调性和系统性

首先，城市基础设施不是孤立存在的，它与城市其他设施共同构成一个大的系统。所以，城市基础设施必须在质和量、时间和空间上同城市发展相协调，即与城市人口、生活水平、房屋建设等保持一定的比例关系。

其次，城市基础设施本身涉及第一、第二、第三产业，是一个复杂的综合性系统。内部各子系统之间相互关联，相互影响，如道路建设中，涉及电力、水、气、园林、环保、消防等部门，而且各类设施之间相互制约，互为因果。

最后，城市的各项基础设施都构成一个独立系统。如水资源的净化、供给、排水等环节构成独立的循环体系；城市道路中包含了公路、铁路、地铁等各种道路和交通标志，它们之间也要互相协调。

4. 经营管理的多样性和垄断性

城市基础设施的建设和运营是一个投资、建设和产出的过程，因此它不仅为生产活动服务，其本身也是生产活动。这就决定了城市基础设施必须要有偿使用，以维持和提高其服务水平。在经营管理中，对于城市基础设施的补偿主要有三类：市场补偿、财政补偿和两者的结合。市场补偿是指完全依靠市场的供求关系，依据成本-收益制定使用价格，对消费者进行收费来收回成本、获取利益；财政补偿是指对消费者实行免费，其经营管理的费用完全由政府财政支出支付；两者的结合是对消费者收取一定的费用用于经营管理的维持和提高，不足的资金由政府财政支付。在实践中，基础设施有的以财政补偿为主，有的以市场补偿为主，视具体基础设施的性质而定。

垄断是指竞争的不完全状态。城市基础设施具有规模经济、非竞争性、非排他性、社会性等多种属性，这就决定了它不可能像私人物品那样实行完全的市场竞争，其经营管理过程必然伴有垄断性。从经济属性上看，城市基础设施可以分为经营性城市基础设施和非经营性城市基础设施。前者的产品和服务可以通过市场进行流通或交换，包括能源、供水、公共交通、邮电通信等；后者属公共服务类型，其服务对象没有选择性，包括道路、防灾、绿化等。对经营性基础设施来讲，其技术和经济特性要求以集约化的方式进行，以达到最佳的规模经济效益。对非经营性基础设施而言，要求统一规划、布局、建设。值得注意的是，垄断性并不代表不能导入竞争，比如，供水和排水在同一地点、同一城市往往很难建设两套管网，这种具有自然垄断性质的基础设施也可以采取将垄断的权力以在市场上拍卖的方式让企业之间形成竞争。

10.1.3　城市基础设施的作用

城市基础设施与城市系统中的其他构成要素相互联系、相互制约、相互作用，使其发挥越来越大的作用。城市基础设施的作用具体表现在以下方面：

1. 为城市生产提供物质技术条件

现代化的生产，不论是第一产业、还是第二、第三产业，都离不开城市基础设施提供的各种产品和服务。城市基础设施提供的能源、水资源、交通、通信和排污等产品和服务，成为企业生产必不可少的生产要素。城市基础设施提供的产品和服务的数量、质量、技术、时间等直接决定和影响企业的生产效率和产品质量，企业的生产效益和竞争能力在很大程度上取决于所在城市的基础设施的完善程度，这正是企业选址时把城市的基础设施纳入考虑范围的原因。

2. 为市民生活提供基本条件

现代城市居民对城市基础设施的依赖性与日俱增。城市基础设施提供的水、电、热、气、道路桥梁、公共交通、排污设施等直接影响市民的生活水平和质量。没有城市基础设施提供的产品和服务，市民就不可能维持基本的生活；没有城市基础设施的扩展改善和技术提高，市民就不可能享受现代文明和科学成果带来的生活水平的提高。

3. 为城市生产和生活提供安全保障

很难想象一个城市如果没有安全方面的基础设施，将如何应付各种自然或人为造成的灾害。城市的防洪、防火、防震、防空设备、医疗卫生等设施能够起到预防、救护的功能，减轻各种“天灾人祸”带来的损失，为城市提供安全保障。

4. 为城市提高聚集效益提供物质基础和动力

城市是区域人口、物质、资金、信息的聚集地，在社会化大生产和专业化协作的背景下，合理的城市基础设施能够把区域内的经济、社会、生活有机地联系在一起，起着纽带、桥梁的作用，把城市的各种要素整合为有机整体，从而提高城市经济社会综合效率和效益。

5. 是城市辐射效益实现的条件与前提

城市的发展必须经常保持与区域腹地人、财、物、信息的交流，而基础设施则是沟通城市与外界的桥梁和纽带。可以说，城市基础设施越完备、越先进，城市对外的辐射半径就越大，就越能从广域范围吸纳资源与要素，实现更高层次的规模经济和效益。同时，良好的城市基础设施也能够吸引投资，增强城市的经济实力和综合服务能力，从而增强辐射能力，带动整个地区的经济社会发展。

总之，基础设施是城市存在和发展的必要前提，是经济建设和社会发展的重要组成部分。它既为社会生活服务，也为社会生产服务，是人民生产和生活不可缺少的重要事业。没有较为完善的城市基础设施，就没有社会化大生产的运行，也不可能有现代城市生活。

10.2 城市基础设施管理

城市基础设施作为城市的上游产业，其功能的发挥对于保障城市可持续发展与提高市民生活水平具有重要意义。然而，要发挥城市基础设施的功能必须加强对城市基础设施的管理。城市基础设施管理作为一项复杂的管理活动，涉及基础设施融资管理、基础设施建设管理、基础设施运营管理等多个方面，下面将重点探讨基础设施的融资管理和运营管理。

10.2.1 城市基础设施管理的目标与原则

1. 城市基础设施管理的目标

《中国21世纪议程》提出，我国城市可持续发展的目标是：建设成为规划布局合理，配套设施齐全，有利工作，方便生活，住区环境清洁、优美、安静，居住条件舒适的城市①。基础设施作为为城市经济运行和市民生活提供基本服务的物质设施，其发展和完善程度对于城市可持续发展目标的实现具有重要意义。结合国内外城市基础设施管理的经验，本书认为我国城市基础设施管理的目标是：适应国民经济和城市可持续发展的需要，建设规划合理、投资主体多元、服务功能全面、市场竞争有序的现代化城市基础设施体系。为实现这一目标，应重点做好以下工作：加强道路交通系统建设，推进城市轨道交通建设，有序开展综合管廊建设，构建供水安全多级屏障，全面整治城市黑臭水体，建立排水防涝工程体系，加快推进海绵城市建设，优化供气供热系统建设，完善垃圾收运处理体系，促进园林绿地增量提质，全面实施城市生态修复，推进市政设施智慧建设。

2. 城市基础设施管理的原则

（1）社会效益优先，兼顾经济效益。

城市基础设施是一个城市赖以生存和发展的基础，具有公共性。它的服务对象是城市社会的全体，是为整个城市的生产和生活服务的，不具有排他性。任何主体都需要基础设施提供的产品和服务，任何主体都不能排除别的主体享受城市基础设施提供的产品

---

① 鞠齐．基于城市可持续发展的基础设施建设研究．经济师，2006（6）．

和服务。这就决定了城市基础设施管理应该把社会效益放在首位，而不能像市场中的其他企业管理那样把经济效益作为首要目标。由于城市基础设施具有生产性，应该是有偿使用的，因此在管理中要兼顾经济效益。这样不仅有利于筹集资金，减轻财政负担，而且能够使人们爱惜城市基础设施，使其更好地发挥作用。但要注意的是，兼顾经济效益的前提是社会效益优先，不能颠倒了主次。

（2）统筹规划，注重同步性和超前性。

城市基础设施应该统筹规划，与城市的生产设施和生活设施相配套，与城市的经济和社会发展相协调。城市基础设施提供的服务具有双重性，既为生产服务，又为生活服务。因此，城市基础设施的建设应该考虑到生产和生活的需要，考虑到现有和将来城市生产设施和生活设施的情况，正确认识三者之间的比例关系并据此合理规划，而不能与其他城市盲目攀比，胡乱建设。另外，城市基础设施具有能力形成的同步性和超前性等特点。为了与生产设施和生活设施同时交付使用，要在时间上超前建设，在空间上为以后的城市发展留有余地，这就要求合理规划，把握好时间差和空间布局。只有这样，城市的基础设施才能与城市的经济和社会发展相协调，既不造成浪费，也不制约城市的发展。

（3）加强城市基础设施之间的协调和协作。

把握城市基础设施内部各子系统之间的关系，加强协调和协作。城市基础设施本身就是一个复杂的综合性系统，并且每个单项基础设施也是一个独立的系统。城市基础设施所涉及的各个部门之间、单项基础设施内部各环节之间互相影响、互相制约。城市基础设施负荷能力的高低、提供产品和服务的质量好坏同各子系统之间和各子系统内部关系是否协调有极大关系。因此，在管理中必须正确处理它们之间的关系，加强协调和协作，使之发挥“1＋1＞2”的综合效益。在具体操作中，要做到在建设时合理规划，在管理中相互合作。

（4）引入竞争机制，开展市场化改革。

城市基础设施一方面具有服务公共性的特点，一方面具有经营垄断性的特点。由于城市基础设施涉及社会的公共利益，因此各国都把其作为政府调控的主要领域，对其保留强有力的控制。在该领域内，一般不允许多家企业进入该行业展开自由竞争，而是只允许极少数甚至是一家企业进入，故而城市基础设施的经营存在着垄断性。服务的公共性使政府要求企业为保障公众利益而追求最佳的社会效益和环境效益，要力争以尽可能低的价格提供尽可能好的服务、创造尽可能好的环境。而经营的垄断性则使经营城市基础设施的企业为了追求利润最大化，总是力争凭借垄断的优势以尽可能高的价格来提供政府规定标准的产品和服务。另外，垄断本身就容易使企业出现平均主义、效率低下、降低服务水平等问题。一方面是政府行为，追求社会效益最大化，另一方面是企业行为，追求利润最大化，这一矛盾是各国都要面对的。处理的策略不能仅仅是加强政府的管理和监督体系，更重要的是，随着技术条件和手段的改善，在设施的经营中引入竞争机制，让多家企业同时开展竞争，加快市场化进程，减轻政府财政负担，减少财政补贴，提高经营效率和服务水平，从而推动城市基础设施的健康发展。

10.2.2 城市基础设施的融资管理

1. 城市基础设施融资的含义

城市基础设施融资是指政府、企业、个人等融资主体通过多种途径和方式筹集基础设施建设资金的过程。从该定义可以看出，城市基础设施融资的主体是多元的，融资的渠道和方式也是多元的。这种对城市基础设施融资主体及融资方式的新认识，从根本上克服了传统上对城市基础设施融资的狭隘界定，政府不再是城市基础设施的唯一投资主体，财政投入也不再是城市基础设施的唯一资金渠道。同时，这种新认识也为城市基础设施市场化改革铺平了道路。

从各国城市基础设施融资的经验来看，财政投入是城市基础设施的重要资金来源。此外，非财政投入即市场化运作筹资也占有重要份额，其主要途径有：发行市政债券、与私人部门合作、以国家信用为担保的低息融资等，融资按照市场化原则进行，并且对融资规模和额度进行监督①。

2. 我国城市基础设施的融资渠道

计划经济时代，我国城市基础设施的融资渠道比较单一。随着改革开放的深入和传统计划经济体制向社会主义市场经济体制的转变，我国城市基础设施的融资渠道不断拓宽。按照我国现行管理体制，城市基础设施融资主要以地方为主，国家适当补助，多途径、多渠道筹措资金。主要渠道有：

（1）政府财政支出。目前对许多城市来说，城市基础设施建设的资金来源主要是财政拨款，中央和地方每年都有一定的基础设施建设专项拨款、国家预算内基建投资以及地方的机动财力。

（2）城市维护建设税、公用事业附加费和城市基础设施配套费。城市维护建设税按照纳税人所在地实行差别税率，市区为7%，县级和建制镇为5%，其他为1%②。公用事业附加费和城市基础设施配套费没有固定、统一的征收标准，各省市在遵循国家相关规定的前提下，结合当地实际，制定符合当地发展要求的征收标准。

（3）土地批租收入。20世纪90年代初，由于成功地进行了城市土地使用制度改革，对经营性土地实行有偿转让，收取的大量出让金主要用于城市基础设施建设，土地出让收入和土地使用费收入成为城市基础设施资金的主要来源。

（4）城市基础设施有偿使用费和企业化经营的收入。在社会效益优先的前提下，根据所在行业的特点，制定合理的基础设施产品和服务的价格，同时推行企业化经营和管理，提高效率，降低成本，努力提高运营收入，为城市基础设施的建设提供部分资金。由于资金有限，国内外城市主要把这部分资金的收入用于城市基础设施的维修、管理开

---

① 潘宏胜，黄明皓．部分发达国家基础设施投融资机制及其对我国的启示．经济社会体制比较，2014（1）．

② 参见《中华人民共和国城市维护建设税法》，2020年8月11日第十三届全国人民代表大会常务委员会第二十一次会议通过。

支和员工的劳动报酬。

（5）利用国内外贷款，进行基础设施债券和股票融资等。城市基础设施建设可以向国内工商、建设、交通等银行和非银行的金融机构贷款，但这部分贷款多为短期性、高利息贷款。外国政府贷款和国际金融组织贷款同商业银行相比，还贷时期较长，并且利率也低，缺点是有时附加条件较多。

（6）地方政府债券。2014 年 8 月 31 日通过的新《预算法》规定，经国务院批准的省、自治区、直辖市预算中必需的建设投资的部分资金，可以在国务院确定的限额内，通过发行地方政府债券以举借债务的方式筹措。2020 年 1 月 1 日起施行的《地方政府债券发行管理办法》规定，地方政府依法自行组织本地区地方政府债券发行和还本付息工作。地方政府债券发行兑付工作由地方政府财政部门负责办理，地方财政部门应当切实履行偿债责任，及时支付债券本息，维护政府信誉。同时，地方财政部门应当在国务院批准的分地区限额内发行地方政府债券。

专栏 10－1

地方融资平台：作用与问题

地方融资平台是指地方政府发起设立，通过土地、股权、规费、国债等资产，迅速包装出一个资产和现金流均可达到融资标准的公司，必要时再辅之以财政补贴作为还款承诺，以实现承接各路资金的目的，进而将资金运用于市政建设、公用事业等肥瘠不一的项目。地方政府融资平台主要表现形式为地方城市建设投资公司（简称“城投公司”），其名称可以是某城建开发公司、城建资产经营公司等。

2010 年，国务院下发《关于加强地方政府融资平台公司管理有关问题的通知》（国发〔2010〕19 号），地方政府投融资平台的数量和融资规模飞速发展，地方政府投融资平台的负债规模也在急剧膨胀。大规模的投融资也给地方政府带来了居高不下的债务率。“地方债”再次被推到舆论的风口浪尖上。来自银监会的统计数据显示：到 2009 年 5 月末，全国各省、自治区、直辖市合计设立 8 221 家投融资平台公司，其中县级平台公司数量高达 4 907 家。而从地方平台公司贷款债务与地方政府财力进行对比的角度来看，前者的债务率为 97.8%，部分城市平台公司贷款债务率超过 200%。

多年来，地方政府及其部门和机构等设立的融资平台公司，能为地方经济和社会发展筹集资金，在加强基础设施建设以及应对国际金融危机冲击中发挥了积极作用。但是，如前所述，它也出现了规模增长过快、运作不规范等问题。为有效防范财政金融风险，保持经济持续健康发展和社会稳定，必须加强对融资平台公司的管理。2011 年，发改委文件明确规定，城投公司主营收入中的 70%需要来自自身，政府补贴只能占 30%。这一政令具有一定的前瞻性，可预防地方政府财政开支太大，间接带来中央政府大规模财政赤字问题的发生。

2014 年 8 月 31 日，十二届全国人大常委会第十次会议表决通过了《全国人民代表大会常务委员会关于修改〈中华人民共和国预算法〉的决定》，并重新颁布修订后的预算法，该决定自2015年1月1日起施行。新预算法首次赋予地方政府举债权。地方政府获得发行地方政府债券的法定权力后，会对地方政府融资平台无节制地盲目举债现象起到一定程度的遏制作用。

截至2017年年底，全国在银监会名单的政府平台公司就有11 734家，除此之外，还有部分公司在“名单”之外。财政部预算司的统计资料显示，2020年1—11月，全国发行地方政府债券62 602亿元，地方政府债券平均发行期限14.8年。截至2020年11月末，全国地方政府债务余额255 595亿元，控制在全国人大批复的限额之内①。

10.2.3 城市基础设施的运营管理

1. 城市基础设施运营管理的含义

城市基础设施的运营管理，即政府、企业、个人等行为主体采取多种方式和手段对城市基础设施运营进行管理的过程。该定义体现了城市基础设施运营管理的多主体参与以及多种运营方式的协调配合，它是对城市基础设施传统运营方式弊端的克服和对新的实践经验的总结。传统模式下，城市基础设施运营由政府独家垄断，政府通过直接生产、建立公共企业等方式提供城市基础设施。随着实践的发展及人们对城市基础设施的新认识，这种政府垄断的方式受到越来越多的批评，新的实践形式随之诞生。

2. 城市基础设施的运营模式

城市基础设施运营模式即城市基础设施建设和经营方式。一直以来，我们都将城市基础设施界定为具有规模经济、非排他性、非竞争性、社会公益性等特性的纯公共物品，想当然地认为政府是城市基础设施建设和运营的唯一主体。随着技术的进步，城市基础设施的非竞争性、非排他性等技术特性逐步减弱，人们对城市基础设施的认识也发生了转变，不再不加区分地认为城市基础设施是纯公共物品，而是对不同的城市基础设施区别对待。同时，政府也不再被认为是城市基础设施唯一的建设和运营主体，其他社会主体也应该参与城市基础设施的建设和运营。综观中外城市基础设施的建设运营方式，可以将其归结为以下三种模式：

公营模式，即政府运营模式。在这种模式下，政府垄断了城市基础设施建设和运营的全过程，通过直接生产、建立公共企业等多种方式提供城市基础设施。公营模式的优点在于政府可以统筹考虑，注重城市基础设施的社会效益，可以充分发挥城市基础设施的潜在效用，满足社会公众的需求。当然，此种模式也有缺点：它缺乏投资竞争压力和投资破产风险机制，投资成本高、效益差、亏损较为严重；投资生产的产品和提供的服务品种单一、供给质量低，使消费者处于无选择余地的被动地位。

公私合营模式，即政府与私人部门共同运营城市基础设施的模式。这种模式顺应了

① 李锦. 地方政府投融资类公司亟待市场化转型. 经济参考报，2019-02-20（5）.

实践发展的需要，是在政府财政困境及传统公营模式弊端日益凸显的情况下产生的，为城市基础设施的建设和运营提供了全新的思路。在这种模式下，政府不再是城市基础设施运营的单一主体，它允许其他社会主体参与城市基础设施运营，通过与其他社会主体的合作共同运营城市基础设施。公私合营模式的优点在于：政府实现了自身职能的转变，能够更好地适应市场经济发展的要求；私人投资的加入有利于增强城市基础设施的竞争，提高效率；个性化的建设运营有利于满足城市居民不同层次的需求；此外，多元主体的参与有利于加强对政府的监督，防止城市基础设施建设中出现腐败行为。这种模式的缺陷在于：它要求政府进行角色转换，而实际上政府很难在短时间内实现这种转换；它有可能造成私人部门间的恶性竞争和政府寻租。

分析当前城市基础设施的运营模式，公私合营模式已经成为一种潮流，同时它也顺应了人们对城市基础设施性质的新认识，是对"市场失灵"及"政府失灵"的回应。依照社会资本介入的深度，可以将目前比较流行的公私合营模式总结为表 10－1。

表 10－1　公私合营模式的类型

公私合营模式类型	英文简称	中文意思
Contribution Contract		捐赠协议
Operation & Maintenance Contract	O&M	经营维护
Public Private Partnership	PPP	公私伙伴关系
Design Build	DB	设计—建造
Design Build Major Maintenance	DBMM	设计—建造—主要维护
Design Build Operate	DBO	设计—建造—经营
Lease Develop Operate	LDO	租赁—开发—经营
Build Lease Operate Transfer	BLOT	建造—租赁—经营—转让
Build Transfer Operate	BTO	建造—转让—经营
Build Own Transfer	BOT	建造—拥有—转让
Build Own Operate Transfer	BOOT	建造—拥有—经营—转让
Transfer Operate Transfer	TOT	转让—经营—转让
Build Own Operate	BOO	建造—拥有—经营
Buy Build Operate	BBO	购买—建造—经营

资料来源：黄如宝，王挺．我国城市基础设施建设投融资现状及创新模式研究．建设投融资，2006（10）．有改编。

私营模式，即政府将某些城市基础设施授权私人运营的模式。在这种模式下，政府不再承担城市基础设施运营主体的责任，而是通过市场化的方式将其转交给私人企业。这种模式完全按照市场化方式运行，价格和竞争成为调控的主要手段，政府通过购买城市基础设施产品和服务的方式为公众服务。这种模式的优点在于重新界定了城市基础设施的边界范围，将一些具有私人物品性质的产品以市场化的方式运营，丰富了城市基础设施的运营方式，市场机制的引入有利于促进竞争、提高效率。当然，此种模式也有缺点：政府的退出有可能造成城市基础设施供给不足或供给中的"撇奶油"现象，城市基础设施的私营模式可能是政府为缓解财政压力而采取的"甩包袱"行为。

10.3　城市公用事业管理

城市公用事业这一概念，是在我国行业行政管理条块分工体制上形成的，是指由国家城市建设行政主管部门（原建设部，现住房和城乡建设部）分工进行行业管理，具体由城市政府组织实施管理的部分城市基础设施[①]。具体包括：城市供水、供气、供热、公共交通等城市公用事业，城市道路、排水（包括污水处理）、防洪、照明等市政工程，城市市容、公共场所保洁、垃圾和粪便清运处理、公共厕所等市容环境卫生事业，城市园林、绿化等园林绿化业。这一范围根据政府机构调整和城市特点，在不同城市中呈现出许多差异[②]。

城市公用事业是一个城市发展的生命线。城市公用事业与城市基础设施关系紧密，它是城市基础设施中更直接地服务于城市生产、流通和居民生活的那一部分，侧重于依托基础设施来为城市居民、企事业单位提供服务，其服务质量和水平直接影响到市民福利和城市发展。

10.3.1　我国城市公用事业管理的现状

1. 我国城市公用事业的管理体制

张国庆认为，体制是以一定的具有公信力和权威性的制度所规定的组织形态及其关系模式。其中“规定”和“关系”的基本内涵，是体制所涉及各权力主体的相互关系以及诸项权力的归属、再分配和实际运作问题。借鉴其对体制的界定，本书认为城市公用事业管理体制即一定法律框架下的城市公用事业管理机构及各机构之间的权力关系。目前，我国城市公用事业管理体制还处于由计划经济体制向社会主义市场经济体制转型的阶段，具有明显的转型特征，其管理情况大致如下：

在中央一级，2008 年国务院机构改革后组建住房和城乡建设部（原建设部），其城市建设司承担管理城市公用事业的主要职责。2016 年经中央编办批复，住建部内增设城市管理监督局，负责拟订城管执法的政策法规，指导全国城管执法工作，开展城管执法行为监督，组织查处住房城乡建设领域重大案件等。2018 年，住建部职责机构调整，其原有的城乡规划管理职责划入自然资源部，其原有的风景名胜区、自然遗产管理职责划入国家林业和草原局，公安部指导建设工程消防设计审查职责划入住建部。当前，住建部研究拟订城市建设的政策、规划并指导实施，指导城市市政公用设施建设、安全和应急管理拟订全国风景名胜区的发展规划、政策，负责国家级风景名胜区的审查报批和监督管理，组织审核世界自然遗产的申报，会同文物等有关主管部门审核世界自然与文化双重遗产的申报，会同文

---

① 王德起，谭善勇．城市管理学．北京：中国建筑工业出版社，2009：135．

② 随着管理体制的改革，市政行业由建设部门大一统的局面已经改变，有些行业已经不再由城市建设行政部门主管，如城市公交管理职能已经划归交通行政部门主管，市容环境卫生事业由城市环卫部门管理，园林绿化业由园林部门管理，但对这些行业进行监管都属于地方政府的职责。

物主管部门负责历史文化名城（镇、村）的保护和监督管理工作。另外，城市客运的管理职能移交给新组建的交通运输部。除此之外，国家发展和改革委员会、水利部、生态环境部、国资委等相关部门在自己的职权范围内也负有管理城市公用事业的职责。

在地方层级，一些大中城市设立了城市管理局、住房和城乡建设局等行政机构对城市公用事业进行统一管理。上述统一管理机构的职权大致为：执行与城市公用事业相关的法律法规，编制城市公用事业发展规划，进行行业管理，指导所属市政公用企业的工作。此外，在地方也存在专门管理机构之外的辅助管理机构，这些机构主要包括：发展和改革委员会、交通运输局、水务局、园林和林业绿化局等，它们在各自职权范围内负责城市公用事业的管理。

2. 我国城市公用事业的改革

新中国成立以来，公营模式一直是我国城市公用事业运营的唯一模式。在这种模式下，政府控制了城市公用事业融资、建设、管理的全过程，实行垄断经营。该模式初步适应了新中国成立初期的国情，有利于集中有限资金迅速发展城市公用事业、满足市民需求。但随着经济体制改革的深入进行，该模式的弊端日益暴露：政府垄断经营导致效率低下；资金来源渠道单一，建设资金严重不足；企业亏损严重，财政补贴压力越来越大；产品与服务单一，消费者缺乏选择权；所有者缺位，企业经营缺乏激励因素。为解决这些问题，促进城市公用事业更好更快发展，政府开始着力推进城市公用事业改革。

1993 年，建设部颁布了《全民所有制城市供水、供气、供热企业转换经营机制实施办法》，1995 年又颁布了《市政公用企业建立现代企业制度试点指导意见》。但是城市公用事业部门的经营机制转换仍然步履维艰。2001 年 12 月，国家计委发布了《关于促进和引导民间投资的若干意见》，提出要逐步放宽投资领域。2002 年 3 月，国家计委发布了《外商投资产业指导目录》，第一次允许外资进入燃气、热力、供排水行业，城市公用事业对外开放的步伐加快。同年 12 月，建设部发出了《关于加快市政公用行业市场化进程的意见》，提出要鼓励外资和民资以多种形式参与市政公用事业建设，形成多元投资结构。要通过招投标、竞争机制的引入和特许经营制度的建立尽快形成与社会主义市场经济体制相适应的市政行业市场体系。2004 年 2 月，建设部颁布了《市政公用事业特许经营管理办法》，明确提出要在城市供水、供气、供热、公共交通、污水处理、垃圾处理等行业实行特许经营制度，从而加快推进市政公用事业市场化的进程，规范市政公用事业特许经营活动。2012 年，住房和城乡建设部出台了《关于进一步鼓励和引导民间资本进入市政公用事业领域的实施意见》。2017 年，国务院印发了《关于进一步激发民间有效投资活力促进经济持续健康发展的指导意见》，鼓励社会资本参与政府和社会资本合作（PPP）项目，促进基础设施和公用事业建设。

3. 我国城市公用事业的发展现状

城市公用事业作为城市的基础产业，它的发展水平事关整个城市的现代化水平，事关市民整体生活水平的提高。据国家统计局的数据，截至 2019 年年底，我国城市公用事业发展的大致情况如表 10－2 所示。

表 10-2　城市公用事业基本情况

项目	1995 年	2000 年	2010 年	2015 年	2019 年
供水、供气及供热					
全年供水总量（亿立方米）	481.6	469.0	507.9	560.5	628.3
生活用水量（亿吨）	158.1	200.0	238.8	287.3	340.1
人均生活用水（吨）	71.3	95.5	62.6	63.7	65.7
用水普及率（%）	58.7	63.9	96.7	98.1	98.8
人工煤气供气量（亿立方米）	126.7	152.4	279.9	47.1	27.7
家庭用量（亿立方米）	45.7	63.1	26.9	10.8	5.6
天然气供气量（亿立方米）	67.3	82.1	487.6	1 040.8	1 608.6
家庭用量（亿立方米）	16.4	24.8	117.2	208.0	347.0
液化石油气供气量（万吨）	488.7	1 053.7	1 268.0	1 039.2	1 040.8
家庭用量（万吨）	370.2	532.3	633.9	587.1	491.7
供气管道长度（万公里）	4.4	8.9	30.9	52.8	78.3
燃气普及率（%）	34.3	45.4	92.0	95.3	97.3
集中供热面积（亿平方米）	6.5	11.1	43.6	67.2	92.5
市政设施					
道路长度（万公里）	13.0	16.0	29.4	36.5	45.9
每万人拥有道路长度（公里）	3.8	4.1	7.5	7.9	8.8
道路面积（亿平方米）	16.5	23.8	52.1	71.8	91.0
人均拥有道路面积（平方米）	4.4	6.1	13.2	15.6	17.4
排水管道长度（万公里）	11.0	14.2	37.0	54.0	74.4
公共交通					
公共汽电车运营数（万辆）			37.5	48.3	58.4
轨道交通配属车辆数（标台）			0.8	2.0	4.1
每万人拥有公共汽电车辆（标台）	3.6	5.3	10.7	12.2	13.1
出租汽车数量（万辆）	50.4	82.5	98.6	109.2	110.2
城市绿化					
园林绿地面积（万公顷）	67.8	86.5	213.4	267.0	315.3
人均公共绿地面积（平方米）	2.5	3.7	11.2	13.3	14.4
公园个数（个）	3 619	4 455	9 955	13 834	18 038
公园面积（万公顷）	7.3	8.2	25.8	38.4	50.2
环境卫生					
生活垃圾清运量（万吨）	10 671	11 819	15 805	19 142	24 206
每万人拥有公厕（个）	3.0	2.7	3.0	2.7	2.9

注：人均和普及率指标均按城市人口计算，2006 年以前为城市人口，2006 年起为城区人口与城区暂住人口之和，以公安部门的户籍统计和暂住人口统计为准。

资料来源：根据《2020 中国统计年鉴》的相关数据整理而成。

10.3.2 我国城市公用事业发展存在的问题

1. 城市公用事业法规体系不健全，缺乏指导改革的系统性政策法规

城市公用事业包含多个行业，其本身的基础性、公益性、社会性、外部性、规模经

济等特性决定了其改革必然是一个系统工程，会涉及复杂因素，需要调整多方面的利益关系。西方国家公用事业改革的成功实践已经表明，城市公用事业的改革必须立法先行，建立完善的法规体系。只有立法先行，建立完善的法规体系，才能明确城市公用事业改革的目标，搞好改革的统一规划，协调改革中各相关主体的利益冲突和矛盾，为城市公用事业改革提供稳定的源泉。然而，我国城市公用事业改革的立法工作明显滞后，法规体系建设尚不完善，这种不完善主要体现在三个方面：

（1）法规体系建设缺乏完整性。从英国公用事业改革的实践来看，城市公用事业改革涉及的每一行业一般都要制定指导改革的总法规，同时还要配以各种专门法规。以英国供水行业改革为例，首先制定了《自来水法》，将其作为指导供水行业改革的总法规，然后制定了完善价格、水质、投资等方面的专门法规，从而形成了指导供水行业改革的完整法律体系。但在我国城市公用事业改革过程中，尚没有制定指导供排水、供热、燃气、市政等行业改革的专门法规，只是制定了一些零散的法规和政策性文件，城市公用事业法规体系的建设明显缺乏完整性。

（2）法规的层次较低，权威性不足。目前，我国制定和颁布城市公用事业改革相关法规的主体主要是住房和城乡建设部及国家发改委，它们在国家机关系统中的层级已经决定了其通过的行政规章层次较低、权威性不足。这种低层次、低权威性的法规指导和规范作用往往有限，不利于城市公用事业改革的深入推进。

（3）法规较为抽象，缺乏可操作性。我国城市公用事业是在政府财政包袱沉重、企业经营效率低下、消费者怨言四起、国际新公共管理运动深入推进的背景下开始改革的，可以说这是一种压力型的被动改革，即面对内外部压力而被动采取的一种改革举措。面对这种改革形势，已制定的法规往往力求规范性和抽象性，其主要目的是为改革指明方向，但这样的法规其操作性明显较弱。

2. 投资能力明显不足，与城市公用事业发展的要求尚有较大差距

根据联合国的建议，发展中国家城市基础设施投资比例应该达到国内生产总值的 3%～5%或固定资产投资的 10%～15%，以满足工业化和城市化发展的需要。我国与这一比例尚有较大距离。住房和城乡建设部《2016 年城乡建设统计公报》显示，2016 年完成城市市政公用设施固定资产投资 17 460 亿元，比上年增长 7.7%，占同期全社会固定资产投资总额的 2.88%。因此，尽管我国城镇化速度极快，市政公用基础设施建设速度加快，但投资能力整体不足。全社会固定资产投资 2018 年为 645 675 亿元，2019 年为 560 874 亿元，市政公用事业投资能力不足直接造成了我国城市公用事业发展滞后于城市化发展水平，影响了市民生活水平的提高。

3. 垄断现象依然存在，有效竞争体制尚未形成

计划经济时代，我国城市公用事业实行的是政府垄断经营。随着经济体制改革的推进，政府垄断经营的坚冰开始慢慢融解，城市公用事业的竞争机制开始形成。其中包括：允许外资和社会资本进入城市公用事业领域，对某些项目实行招投标，特许经营制度的实施，BOT、TOT、PPP 等公私合作形式的推行，等等。但总体来看，我国城市公用事

业领域中的垄断现象依然存在，还未形成有效竞争体制。这主要表现为：

（1）行政垄断现象依然存在。所谓行政垄断就是政府行政权力的运用所造成的限制竞争的现象。在我国城市公用事业改革的过程中，有些城市政府为了早日甩掉城市公用事业所造成的财政包袱，往往在缺乏有效竞争者的情况下将一些城市公用事业授权给某个企业经营。这种缺乏竞争的政府授权往往是一种垄断授权，其结果就是某一企业对城市公用事业中的特定行业实行垄断经营。

（2）地域垄断现象严重。目前，我国城市公用事业运营仍然沿袭传统计划经济体制下以地域为界运营的特点。这种以地域为界运营的典型表现即是各城市都拥有独立的城市公用事业运营体系。在该体系下，城市公用事业往往以城市为单位划分为不同的地域，实行地域垄断经营。这种垄断经营造成了不同地域间交流的欠缺，影响了规模经济的实现，最终造成了城市公用事业运营效率低下。

4. 城市公用事业价格体系不合理，缺乏激励性定价机制

目前，我国城市公用事业价格体系基本上是以“成本＋税金＋微利”为基础的价格形成机制，这种定价方式具有明显的计划定价特点。其弊端显而易见：

（1）在该定价体系下，城市公用事业价格往往成为企业谋利的工具。一般而言，物价部门依据企业申报的成本，参考市民购买力、物价水平变动等因素确定城市公用事业的价格。然而在物价部门与企业之间存在严重信息不对称的情况下，物价部门所获得的企业成本只是个别成本而非社会平均成本。这样以个别企业成本为基础形成的城市公用事业价格往往高于实际价格，成为企业谋利的工具。

（2）该定价体系缺乏对企业的激励，容易导致企业低效运营。在成本、税金、利润这三个影响城市公用事业价格的因素中，税金和利润都是由政府确定的，而且在一段时间内是相对固定的，它们对城市公用事业价格的影响基本是固定的，这样成本就成为影响价格的主要因素。然而由于信息不对称，价格主管部门很难了解企业的真实成本，企业可以通过虚报成本的方式达到逐利目的，而不需要提高运营效率。因此，该定价体系容易导致企业低效运营。此外，这种定价体系还缺乏有效的社会和民众的参与。

5. 政府监管体系尚不健全

监管是具有法律地位的、相对独立的政府监管者（机构），依照一定的法规对被监管者（主要是企业）所采取的一系列管理和监督行为[①]。城市公用事业具有规模经济、外部性、网络性、社会性等属性，这就决定了单纯的市场机制无法实现帕累托最优，因而政府必须加强对该领域的调控，监管无疑是政府加强调控的重要方式。目前，我国城市公用事业改革已经全面展开，确保改革过程中政府、企业、社会、消费者多方利益的协调无疑是政府监管的重要目的。但目前我国城市公用事业政府监管体系还存在不少漏洞，主要包括：监管法规建设滞后，无法适应政府监管的需要；监管机构间权责模糊，缺乏制度性协调机制；监管方式单一，无法适应市场化改革的需要；社会监督机制缺乏，公

① 仇保兴，王俊豪. 中国市政公用事业监管体制研究. 北京：中国社会科学出版社，2006：4.

民、非营利组织缺乏制度性的参与渠道。

10.3.3　促进我国公用事业健康发展的策略选择

1. 完善城市公用事业法规体系，建立完善的政策法规系统

城市公用事业改革必须立法先行，完善的法律体系是改革的前提和保证，它对于明确改革的目标和方向具有重要意义。为解决我国城市公用事业法规体系不健全的问题，可以从以下三个方面进行改进：

（1）加紧制定指导各行业改革的总体性法规。这里所说的总体性法规就是指能够对整个行业改革起宏观指导作用的法规。只有制定总体性法规，才能将改革的目标、改革的内容、改革的时间顺序以及改革的机构和各机构之间的权力以制度的形式加以固化，才能坚定人们对改革的信心，推动改革持续进行，防止改革循环或倒退现象的产生。

（2）提高法规的层次，增强法规的权威性。目前，我国城市公用事业法规的一个突出问题就是法规层次比较低，权威性不足，缺乏对城市公用事业改革的规范和指导作用。为解决这一问题，我们必须提高法规的层次，增强法规的权威性。首先，要加紧制定指导城市公用事业发展的城市公用事业法；其次，要提高现有涉及城市公用事业的部门规章和政策文件的法律层次；最后，要加强对现有法规的执行力度，增强其权威性。

（3）增强法规的可操作性。法律法规要发挥其规范和指导作用必须加强执行，而执行的前提是法律法规具有可操作性。针对目前城市公用事业法规可操作性差的问题，必须采取以下措施：首先，加强对现有法规的解释，以增强法规的可操作性；其次，加强社会公众对立法过程的参与，从而增强法规的可操作性。

2. 健全城市公用事业投融资体制

目前，我国城市公用事业投资能力不足，城市公用事业滞后于城市建设与发展的需要。造成这种问题的主要原因是城市公用事业投融资体制不健全。为解决这一问题，有必要从以下几方面入手：

（1）加大政府财政投入。城市公用事业的特殊属性决定了仅靠市场机制不可能实现资源的有效配置，政府与市场机制的结合才是最佳选择。同时，我国经济发展的转型特征也决定了财政投资仍是今后城市公用事业投资的主要形式。

（2）吸纳国内社会资金进入城市公用事业领域。目前，我国已经出台了一系列的政策措施鼓励社会资本参与城市公用事业的建设和运营，同时各地在引进社会资本方面也积累了一些经验。今后，要进一步通过扩大政策优惠、建立投资可信机制等方式创造适合社会资本发展的环境，积极引入社会资本，促进我国城市公用事业的发展。

（3）积极引入外国资本。目前，外资已成为我国城市公用事业主要的资金来源之一。随着我国融入世界经济步伐的加快，外资也将越来越多地涌入中国。在今后发展城市公用事业的过程中，既可以通过发行国外债券融资，也可以向国外金融机构融资，还可以通过 BOT、TOT、PPP 等形式引入外资。

3. 打破垄断，促进有效竞争机制的形成

有效竞争是城市公用事业改革的重要目标，也是改革成功的重要保障。针对目前我国城市公用事业领域存在的行政垄断和垂直垄断现象，可以从以下方面引入竞争：

（1）将垄断性领域与非垄断性领域分离。城市公用事业作为一个整体，包含多个行业，而各个行业的垄断性是不同的。世界银行根据公众的消费特点、收费的权力、设施服务的公平性、市场的竞争能力以及环境的外部性这五项指标，对城市公用事业进行分级，市场化程度最高的定位为3，最低的定位为1。除城市道路为1.2外，绝大部分城市公用事业都在1.8以上，其中城市垃圾处理为2.8、污水分散处理为2.4、公共交通为2.2、污水集中处理为2.0①。从世界银行的分级来看，城市公用事业所包含的各行业垄断性程度差别较大，完全可以区分垄断性领域与非垄断性领域，在绝大多数行业引入竞争机制。

（2）实行垄断性业务与非垄断性业务的分离。世界银行为我们区分了城市公用事业所包含的不同行业的垄断性程度。即使在同一行业内部，不同业务类型的垄断性也有差异。一般来说，管网业务的垄断性较强，非管网业务的垄断性较弱。这就要求我们在改革的过程中，实行垄断性业务与非垄断性业务的分离，以便于竞争机制的引入。

（3）实行区域比较竞争。区域比较竞争是指将具有垄断性的企业划分为多个区域性企业，通过不同企业之间的竞争来提高企业运营效率。城市公用事业的某些行业可以区分出垄断性业务与非垄断性业务，以便于竞争机制的引入。但有时候，这种区分与现实是不相符的。在这种情况下，区域比较竞争无疑是一种可能的选择。通过引入区域比较竞争机制，可以为不同地域企业的竞争创造条件，也有利于政府监管机构获取企业运营的真实信息。当然，区域比较竞争的适用条件比较苛刻，它也有可能造成区域垄断。

4. 完善城市公用事业定价机制，发挥价格的激励作用

完善的城市公用事业定价机制必须能够实现三大目标：提高社会分配效率、刺激企业生产效率、维护企业发展潜力②。然而，目前我国城市公用事业的定价机制不仅无法实现这三大目标，还会阻碍目标的实现。针对我国城市公用事业定价机制存在的缺陷，本书认为可以从以下几方面进行改革：

（1）设计科学合理的定价模型。科学合理的定价模型是发挥价格激励作用的重要保障。借鉴英国的最高限价模型，我国城市公用事业在确定价格模型时要力争做到：垄断性业务与竞争性业务的分离、经营性价格因素与政策性价格因素的分析、激励企业的经营效率。

（2）完善城市公用事业价格信息披露机制。企业与价格主管部门信息不对称是造成城市公用事业价格不合理的重要原因，为此必须建立城市公用事业价格信息披露制度。通过信息披露，价格主管部门可以掌握企业的真实成本，从而为定价确立科学的依据。

（3）建立城市公用事业价格监督机制。目前，城市公用事业定价过程是提出申请、

---

① 参见“完善社会主义市场经济体制和推进市政公用事业市场化改革”课题组. 市场化改革势在必行. 瞭望新闻周刊，2006（4）.

② 根据仇保兴、王俊豪等《中国市政公用事业监管体制研究》中的观点整理而得。

举行听证、核准价格。在这个定价过程中，与消费者相比企业处于明显的优势地位，它往往能够通过信息垄断俘获价格主管部门，从而达到提价目的。消费者由于处于弱势地位，往往成为提价的牺牲品。为促进城市公用事业价格的公平合理，必须建立消费者参与定价过程的制度化机制，主要包括：完善价格听证制度；建立制度化的消费者获取信息机制；建立消费者组织，增强消费者的谈判能力；建立消费者质询制度。

5. 建立和健全城市公用事业的政府监管体系

城市公用事业市场化改革有利于提高效率和服务质量，实现政府、企业、社会、消费者的共赢，这已经为国际改革的实践所证明。目前，我国城市公用事业市场化改革正在如火如荼地展开，已取得了相当大的成就。但也应该看到，市场化改革不是灵丹妙药，它不能解决所有的问题。同时，市场化改革也不能成为政府逃脱责任的借口，市场化改革的成功需要有效的政府监管。但目前，我国城市公用事业政府监管还存在很多问题，为此我们必须从以下几方面进行改革：（1）建立和健全政府监管法律体系，从而为政府监管提供法律保障。（2）整合监管权力，设立相对独立的监管机构。（3）明确各监管机构之间的权责，设立制度性的协调机制。（4）丰富监管内容，扩充监管手段。（5）设立制度化的社会参与机制，建立和健全第三方监督制度。

关键术语

城市基础设施　　城市公用事业　　城市基础设施融资　　城市基础设施运营管理
公私合营

复习思考题

1. 城市基础设施与市民的生活息息相关，了解城市基础设施的定义并结合生活实际，谈谈你所熟悉的城市基础设施。

2. 我国城市基础设施采取的是分部门管理的形式，请结合城市基础设施管理的目标和原则，谈谈你的看法。

3. 什么是城市基础设施的融资管理？我国城市基础设施的融资渠道主要有哪些？

4. 如何理解城市基础设施的运营管理及城市基础设施的运营模式？

5. 当前城市公用事业存在什么问题？其改革策略是什么？

延伸阅读

1. 韦尔曼，斯皮勒．城市基础设施建设：融资与管理．方芳，译．大连：东北财经大学出版社，2020.

城市基础设施是城市正常运行和健康发展的物质基础，对于改善人居环境、增强城市综合承载能力、促进城市运行效率、提高我国社会主义现代化城市治理能力和水平具有重要作用。该译著正是一本贯穿城市各类基础设施融资、交付和管理的治理与决策过程的专业著作，是由澳大利亚多位致力于城市基础设施管理的专家学者和资深从业人员合作撰写的。该书运用跨学科的研究方法，通过综合运用金融、城市治理、城市规划和城市管理的知识，分析了城市中涉及的各类基础设施部门的特点与效率，提出了能有效协调和整合各部门能力的举措，重点介绍了澳大利亚的悉尼、墨尔本和堪培拉等几大城市在城市基础设施融资与管理方面的探索与实践案例，系统地总结了城市基础设施融资与管理的方向、途径和做法，理论与实践并重。因此该译著对于从事城市管理政策制定、城市规划、PPP模式探索，以及基础设施、公共服务设施投融资、建设和运营管理方面的学生、研究者与从业人员等极具参考价值。

2. 王秀云. 城市基础设施投融资体制改革比较研究. 北京：中国金融出版社，2020.

该书选取英国、美国、法国、德国和日本等发达国家以及我国的投融资体制改革作为研究对象，从城市基础设施投融资主体、融资渠道、政府的支持政策及监督法规等方面对投融资体制改革进行全方位的比较研究。通过比较和分析，总结出国外城市基础设施投融资体制改革的基本做法和经验，分析我国城市基础设施投融资体制现状及不足，对我国城市基础设施的投融资体制改革提出政策建议。该书主要从理论分析的角度来探讨基础设施投融资的概念和内涵、基础设施投融资体制的概念和内涵，并在此基础上，对国内外城市基础设施投融资领域的理论研究成果进行综述，随后对相关理论展开深入研究。

3. 曹现强. 合作治理：市政公用事业发展模式研究. 济南：山东人民出版社，2017.

这本书选取跨部门合作治理、公私合作治理和跨区域合作治理三大形式，选择典型城市和行业，深化应用研究，探讨市政公用事业如何实现均衡、协调、高效、可持续发展。其在深化合作治理的本土化适用性研究方面，具有重要的理论意义，同时对政府推进市政公用事业改革决策亦具有重要参考价值。

4. 周沅帆. 城投债：中国式市政债券. 北京：中信出版社，2010.

该书从中国分税制财政体制改革后地方政府融资所存在的问题，以及市政债券产生的理论基础出发，同时结合发达国家市政债券的发展状况，探讨了中国城投债的产生背景、意义及发展现状；并结合中国实际情况，对中国城投债的发行与定价规则，以及城投债的评级（包括评级思路，与一般企业债券评级的不同，增信以及增信中所存在的问题）进行了深入研究。随后，该书结合中国城投债的特点，分析其信用风险来源，并从制度和法律法规等多方面提出了防范城投债信用风险的对策及建议。在对前述问题进行详细分析的基础上，该书系统性地分析了中国城投债所存在的问题并提出了城投债发展的建议。最后，对中国发展市政债券的必要性和可行性进行了分析，并提出了中国发展市政债券的具体方案。

5. 格里姆赛，刘易斯. 公私合作伙伴关系：基础设施供给和项目融资的全球革命. 济邦咨询公司，译. 北京：中国人民大学出版社，2007.

该书是商业思想在基础设施民营化的鲜活体现。它将基础设施及公用事业中建立公私合作伙伴关系的理论与实践结合起来，借助丰富的案例，深刻地分析了PPP模式成功实施的要点。涉及的内容有：合作伙伴关系的本质、基础设施领域的革命、合作协议的框架、公私合作伙伴关系中的风险管理等。

第 3 篇

市政管理议题

人们来到城市是为了生活，人们居住在城市是为了生活得更好。目前日益突出的城市公共问题是制约人们生活品质的重要影响因素，也是城市管理实践和理论关注的重点。

本篇包含六章内容，通过“市政与城市公共服务理论”章节介绍通过公共服务供给解决城市公共问题的基本理论立场，从“城市交通管理”“城市环境管理”“城市社会保障管理”“城市公共安全管理”“城市公共事业管理”等章节阐述典型城市公共问题的表现、管理实践和治理之道，聚焦城市发展中重要的政策议题。

第11章

市政与城市公共服务理论

重点问题

随着责任政府、服务型政府的持续推动和逐步完善，城市政府的责任意识和市民的公共需求也不断得到提升和满足。作为我国政府基本职能之一的公共服务职能，成为近年来各级政府改革和治理的重中之重。城市公共服务不仅直接关乎市民的满意度，也成为城市综合实力提高的关键因素。可以说，城市公共服务是理解市政运行机制、城市公共政策、公用事业管理、城市社会保障以及政府职能转向等方面的重要载体和分析视角。本章将围绕城市公共服务本体认知、公共服务供给中的政府监管，以及社会福利相关的主要理论进行介绍。通过本章的学习，需要掌握公共物品分类，了解政府在城市公共服务供给中的监管职能及范围，并尝试基于福利经济相关理论的分析视角，对具体案例进行分析解读。

11.1 公共物品理论

公共服务是现代政府承担的一项重要职能，其目的是满足和保障公众生存发展的利益需求和社会的共同福祉。从广义上来说，公共服务可以纳入公共物品的范畴，主要包括与公众生活需求息息相关的公共安全、医疗卫生、教育文化、社会保障、公共事业、生活环境等具体内容。政府或公共部门的很多活动基本都围绕着公共物品或服务而展开，那么，如何认识公共物品或服务？如何理解公共物品或服务的供给主体及关系？如何实现公共物品或服务的有效供给？对于上述问题的具体分析，构成本节的基本内容。

11.1.1 公共物品的分类

1. 纯公共物品

1954 年，萨缪尔森（P. A. Samuelson）发表了《公共支出的纯理论》一文，首次将经济产品二分为“私人消费品”和“集体消费品”（collective consumption goods），标志着现代公共物品理论的诞生。他认为，集体消费品应具备这样的性质：“每个人对这种产品的消费都不会导致其他人对该产品消费的减少”，并将这种性质称为“共时消费性”（enjoy in common simultaneously），进而对其有效供给进行了详细的理论探讨。马斯格雷夫夫妇在《财政理论与实践》一书中将“共时消费性”表述为“非竞争性”，提出“公共产品是指非竞争性和非排他性的货物”①，完善了公共物品的当代定义。此后的学者在进行公共物品分类或相关理论研究时，都紧紧围绕着这两个基本特征而开展。

消费中的非竞争性（non-rivalness），是指无论是否增加人来消费公共物品，都不会影响其他人的获得效用和产品成本的改变，既不排斥其他主体的消费享用，也不减少公共物品或服务的数量或质量，也即增加的消费者的边际成本为零②。受益中的非排他性（non-excludability），是指在技术上无法阻止不付费者同样享受和消费公共物品或服务，也即无论是否支付费用都能够享受该公共物品或服务所提供的效益。具备两个特征的纯公共物品包括国防安全保障、有效率的政治制度、基础科学等。

2. 俱乐部物品

萨缪尔森对经济产品的简单二分忽略了大量介于两级之间的中间产品。随着公共物品理论的进一步发展，学者们发现了大量处于二者中间的“混合物品”，而这些“混合物品”无法直接归于任何一类。布坎南（J. M. Buchanan）在 1965 年提出了“俱乐部物品”，来对中间的“混合物品”进行连续性处理。他认为，俱乐部物品适用于从纯私人物品到纯公共物品的所有情况。从俱乐部的成员规模来看，如果仅对一个人开放，那么此时的物品为“纯私人物品”，如果成员规模无穷大，那么此时的物品为“纯公共物品”，因此大多数公共物品只是具有某种程度上的“公共性”。

从俱乐部的特征来说，俱乐部物品的产权归属于全体会员，生产成本可以通过会员费（membership fee）的形式在会员中进行分摊，俱乐部产品的特征在于具有“拥挤效应”，即消费者或使用者超过一定规模后彼此间的相互干扰会显著增强，导致使用成本上升。当新成员加入现有俱乐部共享俱乐部物品时，一方面会分摊生产成本，使边际生产成本减少，另一方面也会带来拥挤成本，因此，当减少的边际生产成本等于增加的边际拥挤成本时，成员数量就是消费该产品的最优俱乐部规模。同时，因自愿结社形成的俱

---

① 理查德・A. 马斯格雷夫，佩吉・B. 马斯格雷夫. 财政理论与实践. 北京：中国财政经济出版社，2003：44.

② SAMUELSON P A. The Pure Theory of Public Expenditure. The Review of Economics and Statistics，1954，36 (4)：387-389.

乐部内部有其自身的激励和约束机制，也可保证公共物品供给的高效性和俱乐部规模的稳定性①。对俱乐部物品的认知将公共物品理论从学理层面拉回现实层面，现实生活中的电影院、图书馆、收费公路等都属于俱乐部物品。

3. 公共池塘资源

在“混合物品”中还有一类公共物品，因具备非排他性和竞争性特征而被埃莉诺·奥斯特罗姆称为“公共池塘资源”（Common-pool Resources），或“共有资源”。这个概念指的是“一个自然或人造的资源系统，这个系统大得足以使排斥因使用资源而获取收益的潜在受益者的成本很高（但并不是不可能排除）”②。此类公共物品通常会随着消费人数的增多，而减少每个消费者从中获得的效益或数量，如公共渔场、牧场、地下水资源、农田灌溉系统等。

奥斯特罗姆发现，在这类公共物品的供给和使用过程中，“拥挤效应”和“过度使用”问题长期存在，进而导致“公地悲剧”“囚徒困境”“集体行动困境”等非合作博弈困境。其意为由于公共物品的特殊属性和个人的理性经济人假设，个体理性在共同利益的追求过程中往往会导致集体非理性，因此导致公共事物出现一些悲剧性的结果，这也被传统的集体行动理论认为是难以避免的问题。但是，奥斯特罗姆通过制度理性分析证明了在政府国有化与市场私有化之外还存在“第三条道路”，即公共池塘资源的共享者们可以通过自组织进行有效的自主治理。

专栏 11－1

集体行动困境中的“公共治理之道”

2009 年，瑞典皇家科学院将诺贝尔经济学奖颁给了政治学背景的埃莉诺·奥斯特罗姆，以奖励她对经济治理的贡献。她的理论贡献主要表现为：在企业理论（科斯）和国家理论（诺斯）的基础上提出了自主治理（self-governance）理论，在市场理论（亚当·斯密）和主权理论（托马斯·霍布斯）的基础上开发了多中心治理（polycentric governance）的公共经济理论，并在公共池塘资源自主治理理论的基础上展开了制度与可持续发展理论的进一步论述。奥斯特罗姆创建的印第安纳大学政治理论与政策分析研究所是公共选择理论的三大学派之一，作为公共选择和制度分析的创始性代表人物，她获得诺贝尔经济学奖可谓“功到自然成”。

早在古希腊时期，亚里士多德就曾指出：“凡是属于最多数人的公共事物常常是最少受人照顾的事物，人们关怀着自己的所有，而忽视公共事物。”针对公共池塘资源治理问题，传统的集体行动理论认为“公地悲剧”“囚徒困境”“集体行动困境”是难以避免的。经济学家提出的解决方案不是市场的私有化就是政府的国有化，但是市场追逐自利的原则不能解决一切问题，政府管理又往往会出现信息不对称、效率低下等问题。奥斯特罗姆教授从研究五千多个小规模公共池塘资源案例出发，应用制度分析与经验分

---

① BUCHANAN J M. Demand and Supply of Public Goods. Chicago：Rand Mcnally，1968.

② 奥斯特罗姆. 公共事物的治理之道：集体行动制度的演进. 余逊达，陈旭东，译. 上海：上海译文出版社，2000：52.

析的方法，证明了政府与市场之外的“第三条道路”的存在，即公共池塘资源的共享者们可通过“自组织”进行有效的自主治理，这就是“公有”和“私有”中间的“第三条道路”：公共池塘资源的自主组织和自主治理。

要解决集体行动困境和实现自主治理，需要解决三个关键难题：制度供给、可信承诺和相互监督。首先，奥斯特罗姆认为在公共池塘资源系统中，只要人们不断沟通、相互交往，就有可能形成共同的行为准则和互惠的处事模式，也即拥有了为解决集体行动困境而进行新制度安排的社会资本。当然，一个新制度的形成并不是一蹴而就的，而且制度本身也处于不断的变化之中，自主组织和自主治理的制度供给本身就是一个渐进、连续和自主转化的过程。其次，在循序渐进地解决了新制度供给之后，为规避“搭便车”、逃避责任和各种机会主义诱惑，要摒弃外部强制式的协助约束，通过增强人们的自主组织能力和建立自我激励机制来保持对规则的遵守。最后，第三方监督并非唯一途径，只要人们对遵守规则做出了权变的策略承诺，就会产生监督他人的动机，既增强了组织成员相互监督的积极性，又降低了监督成本。

资料来源：张克中．公共治理之道：埃莉诺·奥斯特罗姆理论述评．政治学研究，2009（6）．

11.1.2 公共物品供给中的公私伙伴关系

公共物品或公共服务根据其属性的不同可以由不同的供给主体提供，比如：政府提供、私人供给、自愿供给或联合供给。随着城市公共服务需求日益的多元化和复杂化，单一的供给主体已经无法满足城市发展的现状，因此公共物品供给中的公私伙伴关系得到了越来越多的重视。对公私伙伴关系（public private partnerships，PPP）的探索是实践早于理论，早在 20 世纪 70 年代，为应对二战后福利国家体制带来的巨大财政压力，英国撒切尔政府开始了“私有化”改革运动，该运动迅速在整个欧美世界风靡，并在新公共管理改革运动中得到了进一步的推广和应用，PPP 的应用范围从道路、轨道交通、供水、燃气、垃圾收集等传统市政公用事业，扩展到监狱、学校、医院等基础设施的建设运营，甚至在国防和航天等领域也得到了应用①。

联合国发展计划署在 1998 年给出了公私伙伴关系的定义：政府、营利性企业和非营利性组织基于某个项目而形成的相互合作关系的形式。通过这种合作形式，合作各方可以达到比预期单独行动更有利的结果。合作各方在参与某个项目时，政府并不是把项目的责任全部转移给私人部门，而是由参与合作的各方共同承担责任和融资风险②。萨瓦斯（Savas）认为可从三方面理解公私伙伴关系：其一，从广义上来说，PPP 是公共和私人部门共同参与生产和提供物品与服务的任何安排；其二，它包括了一些复杂的、多方参与并被民营化了的基础设施项目；其三，它是企业、社会贤达和地方政府官员为改善

① 张万宽．公私伙伴关系的理论分析：基于合作博弈与交易成本的视角．经济问题探索，2008（5）．
② 贾康，孙洁．公私伙伴关系（PPP）的概念、起源、特征与功能．财政研究，2009（10）．

城市状况而进行的一种正式合作①。

1. 公私伙伴关系的理论基础

交易成本理论认为，所有的契约都是不完全契约，应根据生产成本和交易成本最小化原则采用不同的治理结构（市场、混合、科层官僚组织）。其中，交易成本主要受到"资产专用性"所影响，当最优资产专用性水平较小时，市场采购具备优势；当最优资产专用性水平较高时，科层管理具备优势；当最优资产专用性水平中等时，混合治理具备优势，而 PPP 就是混合治理形式的一种②。在此基础上，迈克尔·埃西格（Michael Essig）和亚历山大·巴特兰（Alexander Batran）又将"战略重要性"与"资产专用性"结合，共同作为衡量交易成本的关键维度，认为二者均较低时意味着交易成本低，政府可以采用购买方式提供公共服务；二者均较高时意味着交易成本高，应采用政府制造来直接提供公共服务；当介于中间时，则可灵活采用 PPP 模式③。

产权经济学理论认为，产权代表着收益的剩余控制权和索取权，因此，产权在交易活动中是极为重要的。由于有限理性和机会主义的前提假设，未来所有可能发生的情况无法全部被包含在合约中，因而需要把产权安排给投资重要的一方或者是不可或缺的一方。在此基础上，奥利弗·哈特（Oliver Hart）提出了一个初步的 PPP 模型，他认为 PPP 的关键特征是将公共服务设施的建设和运营捆绑在一起。在不捆绑的情况下，建设者既没有内化社会收益，也没有内化运营成本，需要进行尽可能少的生产性投资；而在捆绑情况下，建设者虽不内化社会收益，但需要内化运营成本，生产性投资和非生产性投资都增加了。因此，一个项目是否采取 PPP 方式取决于二者的结果是否容易明确界定和测量。如果服务设施本身质量（也即公共服务设施的建设）容易界定，而提供的服务质量（也即服务设施的运营）不容易界定时，适合采用传统的"非捆绑"方式。相反，如果服务设施本身质量不容易界定，而提供的服务质量容易界定时，适合采用"捆绑式"，也即 PPP 模式④。

2. PPP 的运营模式

从政府传统采购到私人完全拥有之间，公共服务的采购方式有很多种选择。根据毕马威国际会计公司统计，目前各国所采用的 PPP 模式主要有 BOT、BOO、DBFO 等方式。

BOT（Build-Operate-Transfer），也即"建设-运营-移交"模式。在该模式下，合作双方会约定一个较长的特许经营期，由私人部门负责设计、融资和建设新的公共设施项目，在特许期内享有运营管理的权力，并向设施使用者收取费用来获取投资回报，在

① 萨瓦斯. 民营化与公私部门的伙伴关系. 北京：中国人民大学出版社，2000：4.

② 张万宽. 公私伙伴关系治理. 北京：社会科学文献出版社，2011：18.

③ ESSIG M，BATRAN A. Public Private Partnership：Development of Long-term Relationships in Public Procurement in Germany. Journal of Purchasing & Supply Management，2005（11）：221-231.

④ HART O. Incomplete Contracts and Public Ownership：Remarks，and an Application to Public-private Partnerships. The Economic Journal，2003（113）：69-76.

经营期满后将公共设施的所有权无偿或有偿转移给公共部门。这是公私伙伴关系中最基础的模式，私人部门享有建设权和经营权，但却没有项目所有权，能够较好地解决政府因资金短缺而无法有效建设城市基础设施等问题，适用于那些产权受法律、法规、制度限制而不能转让的城市基础设施项目，但要求私人部门有较高的融资能力和管理技术。比较典型的案例有英法海底隧道、中国香港东区海底隧道、泰国曼谷二期高速公路等项目。

BOO（Build-Own-Operate），也即“建设-拥有-运营”模式。在该模式下，合作双方约定由私人部门来进行融资和建设公共设施项目，且项目建成后可以永久地拥有设施的所有权和经营权。但这种所有权的获得并不是无条件的，公共部门会在特许协议中对基础设施服务的定价、质量、安全、未来发展等方面做出规定，以及拥有对私人部门的监督权。与 BOT 模式相比，BOO 的私有化程度更高，适用于那些已有的、需要升级改造的城市基础设施，从而达到在无须政府投资的情况下，使城市基础设施功能得到进一步提升。比较典型的案例有阿根廷发电项目、南澳大利亚水处理厂等。

DBFO（Design-Build-Finance-Operate），也即“设计-建设-融资-运营”模式。这种模式最早由英国高速公路局提出，是指在长期的特许经营期限内，由私人部门负责公共设施项目的设计、建设、融资和运营，并在经营期满后移交给公共部门。与 BOT 模式相比，DBFO 实行全面代理制，社会性风险更高，私人部门需要承担实质性的经营风险，但其社会投资回收方式更为灵活，包括：政府补助部分建设成本，政府根据运营期内服务水准对价给付，向使用设施的社会公众收取费用。比较典型的案例有英国 M25 高速公路、英国 Sky Bridge 公路桥等。

11.1.3 公共物品供给的共同生产

“共同生产”（coproduction）概念起源于 20 世纪 70 年代的美国城市服务研究，最早由奥斯特罗姆在自主治理理论中使用，其意为公共服务在生产中由非同一组织中的生产者共同投入进来的生产过程①。“共同生产”概念的产生是为了回击当时主导城市服务供给的政府集权思潮，并试图建构一个公民与政府共同参与的服务供给模式。但在 90 年代时，相关研究一度停滞，有学者认为是共同生产实践面临许多管理困难，也有部分学者认为新公共管理理论的兴起转移了公共行政学的研究范式。随着 21 世纪治理理论在全球范围的扩散和实践，共同生产理论重新获得了公共管理学界的关注，许多国家都已经形成了以该理论为指导的公共服务改革实践②。

共同生产理论指向的对象是公共服务，意指政府与公民在公共服务的供给过程中是同等重要的参与者，必须一起努力才能共同生产出满意的公共物品和公共政策结果。在共同生产过程中，政府作为服务生产中的专业人士，被称为“常规生产者”，公民因其对

---

① OSTROM E. Crossing the Great Divide: Coproduction, Synergy, and Development. World Development, 1996, 24 (6): 1073-1087.

② 张云翔. 公共服务的共同生产：文献综述及其启示. 甘肃行政学院学报，2018 (5).

公共服务的感知、需求和消费，被视为“消费生产者”[①]，在共同生产模式下，常规生产者和消费生产者都需要投入资源、时间、劳动或者技术，从而促成某种公共物品的生产或者推动公共服务供给得以有效进行[②]。

共同生产理论中的生产者被赋予了全新的角色意义，其所强调的不再是政府为公民服务且需承担服务提升的全部责任，公民也不再只是公共服务的需求表达者或消费评价者，更是公共服务的共同生产者和服务质量的共同负责者，因此共同生产的参与者是一个涵盖公民和政府在内的联合体[③]。奥斯本和斯托克奇（Osborne & Strokosch）根据运营、战略和服务环节中的用户参与差异划分出三种共同生产模式：其一，消费者共同生产（consumer coproduction），注重用户在生产过程操作阶段的参与，其目的是用户授权，旨在平衡用户服务需求与服务体验间的关系；其二，参与式共同生产（participative coproduction），关注用户在规划设计阶段的参与，其目的是用户参与，旨在通过用户咨询、参与式规划等机制来提高公共服务质量；其三，增强型共同生产（enhanced coproduction），关注用户在实际服务和消费阶段的参与，其目的是形成以用户为主导的服务交付新系统，旨在将消费机制与规划参与机制结合起来，实现对公共服务的协同创新和持续性绩效[④]。

11.2　公共服务与政府监管理论

公共物品理论和公私伙伴关系理论为公共服务主体间的多元合作提供了重要的理论支持，但必须承认的前提是，政府在公共服务供给中仍占据最主要的核心地位，因此，如何认识政府主体在公共服务供给过程中的责任义务和监管方式成为一项重要议题。改革开放后，源自西方国家的“regulation”（通常被译为“管制”或“规制”）理论被引入中国，并在学界占据主流，但由于党和国家在相关文件的表达中普遍倾向于使用“监管”一词，并且“市场监管”作为我国政府的一项重要职能更突显出了监管的重要性，因此有学者认为统一使用“监管”之译法更契合中国话语体系且能够更好地为实践服务[⑤]，因此，本节所使用的“监管”一词的学术含义等同于社会主义市场经济体制下的“管制”或“规制”。

11.2.1　政府监管的理论解释

政府监管本身就是政府向社会提供的一种特殊的公共物品或服务，通过强制力这一

① BRUDNEY J L，ENGLAND R E. Toward a Definition of the Coproduction Concept. Public Administration Review，1983，43（1）：59-65.

② 朱春奎，易雯. 公共服务合作生产研究进展与展望. 公共行政评论，2017（10）.

③ WHITAKER，G P. Co-Production：Citizen Participation in Service Delivery. Public Administration Review，1980，40（3）：240-246.

④ OSBORNE S P，STROKOSCH K. It Takes Two to Tango? Understanding the Co-production of Public Services by Integrating the Services Management and Public Administration Perspectives. British Journal of Management，2013（24）：31-47.

⑤ 王俊豪. 中国特色政府监管理论体系：需求分析、构建导向与整体框架. 管理世界，2021（2）.

资源来矫正市场失灵现象，运用“有形的手”调控市场活动来解决不公平或无效率等问题。由于监管的供应权具备垄断性，所以监管主体必须是政府；客体是各类经济主体，主要是企业，也包括提供公共物品、从事市场交易活动的其他公共组织；手段包括各类行政、法律、经济、技术等多种方式。

市场经济体制下的现代监管理论源起于西方国家，以自然垄断产业为主要研究领域，典型产业包括电力、铁路运输、自来水等产业，由于这些业务领域主要由一家或极少数家企业提供产品或服务，具有相当大的市场垄断力量，如果不进行有效的政府监管，则会扭曲社会分配效率和公共价值，因此早期的监管理论尤为关注对自然垄断领域的产权监管，其中较有代表性的有以下两个理论：

1. 监管公共利益理论

监管公共利益理论（public interest theory of regulation）产生的直接基础是市场失灵现象，并在很长一段时间内占据传统监管理论的主流地位。它假设“政府是公共利益的代表”，因此监管的目的在于矫正市场失灵、提高资源分配效率、增进社会公共利益和经济福利最大化。马歇尔在1890年的《经济学原理》中提到，自然垄断、外部效应、信息不对称等都会导致市场失灵，这成为政府监管理论形成的基本逻辑起点。因此，当市场失灵现象出现时，政府需要通过政策介入做出反应，以纠正市场错误。欧文和布劳第根（Owen & Braentigam）认为监管是一种服从公共需要且降低市场运作风险的方式，从而反映出政府对公共利益的追求和维护。

然而，监管公共利益理论想要生效必须满足三个条件：“道德人”、“完全理性”和“监管有效”，也即政府必须在追求公共利益的目标下，具备完全信息、充分有序的偏好且能够根据复杂的市场信息进行完全理性的计算，从而使监管活动达到帕累托最优，实现社会经济的善治。正是由于这三个严苛的前提假设，该理论也遭到后来学者们的各种批判和质疑，例如：阿弗奇和约翰逊（Averch & Johnson）认为，仅通过“有限理性”的基本现实就可以从根本上否定政府能够制定“最优”决策和监管完全有效的命题。施蒂格勒和弗里德兰（Stigler & Friedland）发现即使在自然垄断领域进行监管，也不总能有效约束企业的定价行为，从而否认了公共利益理论对价格极强的约束作用。

2. 监管俘获理论

随着学界对公共利益理论的反思和批评，一些研究发现政府监管有的时候会朝向有利于生产者的方向发展，例如，波斯纳（Posner）发现，政府监管并不必然与外部效应或垄断市场结构相关，很多时候厂商会主动要求以政府监管介入，借此来压缩其他竞争者的生存空间①，学者们开始关注政府监管中“供给”与“需求”的决定因素，进而推动了监管俘获理论的发展。

监管俘获理论（capture theory of regulation）又被称为规制俘虏理论或部门利益理论。与公共利益理论相反，规制俘获理论认为监管是为了满足产业对监管的需要而产生

---

① POSNER R A. Theories of Economic Regulation. Bell Journal of Economics，1974（5）.

的。在监管过程中，利益集团会不断说服政府运用其权力为本集团服务，并提供给政府有利条件。政府等监管者并非遵循“道德人”假设，他们在监管活动中作为“经济人”，会选择有利于自身的行为从而进行寻租活动。一方面，这使监管的供给越来越适应产业对监管的需求（立法者被监管中的产业所“俘获”）；另一方面，监管机构也逐渐被产业所控制（监管者被产业所“俘获”）。因此，该理论的基本观点是：不管监管方案如何设计，监管机构对某个产业的监管实际是被这个产业所“俘获”，监管的本质是提高了产业利润而不是社会福利①。

1971 年，曾获得诺贝尔经济学奖的乔治・施蒂格勒在《经济规制论》中提出，监管的设计运作主要是为监管产业自身利益而服务，受监管的产业并不比无政府监管的产业具有更高的效率和更低的价格②。1976 年，另一位芝加哥学派的经济学家佩尔兹曼（Peltzmann）也认为，政府监管立法总是对那些组织良好的利益集团更有利，因为他们能够更有效地提供政治支持，只要监管者分享的利益不超过垄断利润，企业的这种“寻租投资”就是值得的③。但也有批评者认为，现实实践中仍有一些经验监管与该理论相矛盾，例如交叉补贴、偏向小规模生产者，以及规制后某些产业利润水平的下降等，但无论如何，监管俘获理论仍然为政府科学制定与实施监管政策敲响了警钟。

11.2.2　城市公共服务的监管重点

20 世纪 70 年代，西方学界开始关注一些社会性产业的政府监管问题，并开始在实践中设立有关健康、安全和环境保护的政府监管机构，我国在 20 世纪 90 年代开始对监管理论进行引介、融合，也推动了监管实践和理论的进一步发展④。早期受到传统监管理论的影响，以往学者将政府监管领域分为经济性监管和社会性监管。根据中国国情和政府监管的实际情况，为更好地契合公共服务的监管要求，可以将政府监管的重点进一步归纳为产业监管、环境监管、卫生健康监管和安全监管四个基本领域⑤，这也符合本书对监管理论和实践情况的基本判断。

1. 产业监管

产业监管的范围包括垄断性产业监管、竞争性产业的反垄断监管和系统性风险产业监管三种类型。其中，垄断性产业监管又可以分为两类：其一，自然垄断产业监管，例如，有线通信、电力、铁路运输、自来水和管道燃气供应等具有物理传输网络的产业；其二，特许经营垄断产业监管，此类产业虽然不具有自然垄断属性，但却是能够提供公共利益的基础设施产业，例如，邮政、城市水务、公共交通、垃圾处理、环境卫生、园

① 于立，肖兴志．规制理论发展综述．财经问题研究，2001（1）．

② 杨宏山．政府规制的理论发展述评．学术界，2009（4）．

③ PELTZMANN S. Toward a More General Theory of Regulation. Journal of Law and Economics，1976（19）：211－240．

④ 王俊豪．政府管制经济学导论：基本理论及其在政府管制实践中的应用．北京：商务印书馆，2017：38．

⑤ 王俊豪．中国特色政府监管理论体系：需求分析、构建导向与整体框架．管理世界，2021（2）．

林绿化等产业[①]。对于垄断性产业监管而言，放松规制是总体方向，同时需要完善基于普遍服务的价格监管和政府绩效考评指标体系。

竞争性产业的反垄断监管对象主要是竞争性领域中具有市场垄断力量的垄断企业及其垄断行为，同样也包括由于政府滥用权力而造成的行政性垄断行为。需要进一步保护和打造有利于公平竞争的营商环境，通过完善竞争政策一方面制止不正当竞争行为，另一方面更好地发挥生产要素在不同区域间的自由流动，保护经营者和消费者的合法权益，最大限度激发资源的优化配置效率。

系统性风险产业监管是基于严重的信息不对称问题，其中金融业是最有可能出现该问题的产业。周仲飞等认为，在金融科技背景下，以命令和控制为特征的传统金融监管范式难以有效防范多种金融风险，因此应从金融监管机构、金融监管规则制定和金融监管方式等方面来创新金融监管范式[②]。

2. 环境监管

环境监管涵盖了大气污染、水污染、固体废弃物污染、环境噪声污染、土壤污染等领域，是生态文明和可持续发展背景下需要重点加强的监管领域。环境污染是一种典型的负外部性问题，为解决企业为了自身利益发展而忽视生态环境的市场失灵问题，政府必须加强对环境领域的监管。近年来，政府不仅在法律上逐步加强了相应针对性法律的颁布和修订，也通过多种政策工具和手段不断推动着环境监管的力度。以城市固体废弃物污染的监管为例，《固体废物污染环境防治法》自 1995 年颁布以来先后经历了 5 次修订，并且围绕其制定了固体废物环境影响评价和“三同时”制度、固体废物申报登记制度、固体废物转移管制制度、危险废物经营许可证制度、危险废物污染事故报告处理制度等多项管理制度。

3. 卫生健康监管

卫生健康监管涉及食品、药品、医疗卫生等内容，它们直接关系到人们的身体健康和生命安全，同样成为政府监管的重要领域。郁建兴等人认为转变政府职能与构建有效市场监管治理体系是相互依赖、共同演进的关系，政府职能转变是构建市场监管治理体系的前提，而市场监管能力的提升又是政府职能转变的支撑[③]。2020 年暴发的全球新冠肺炎疫情，对人民生命安全和社会经济造成的巨大危害，促使中国政府更加重视卫生健康监管，进一步推动国家公共卫生管理体系的健全完善。

4. 安全监管

安全监管可以分为职业安全监管、安全生产监管和产品安全（特别是食品药品质量安全）监管，每种监管类型都有丰富的监管内容，对政府监管能力提出了更高的挑战。

---

① 王俊豪．中国特色政府监管理论体系：需求分析、构建导向与整体框架．管理世界，2021（2）．

② 周仲飞，李敬伟．金融科技背景下金融监管范式的转变．法学研究，2018（5）．

③ 郁建兴，朱心怡，高翔．政府职能转变与市场监管治理体系构建的共同演进逻辑：基于疫苗监管治理体系及应对危机事件的案例研究．管理世界，2020（2）．

以食品安全监管为例，2015 年新修订的《食品安全法》不仅在条文数量上比 2009 版多了 50 条，而且在企业主体责任、社会主体参与、违规违法等制度设计上都进行了相应更新，也进一步强化了社会共治和政府监管的责任义务。

11.3　公共服务与福利经济理论

城市公共服务关注的内容不仅包括各类基础设施、公用事业的建设健全，基本公共物品或服务的有效供给，对自然垄断产业和重点公共领域的监管，同样也包括对社会公平和弱势群体的福利保障。正如罗尔斯（Rawls）在《正义论》中所提到的“差别原则”：在人们分配所得到的财富和资源不平等的基础上，如何使最少受惠者最有利，这体现了一个社会的公平标准和福利化水平。

人类社会经济发展飞速发展到现阶段，物质的繁荣与幸福感之间却并不直接相关，例如，澳大利亚华人经济学家黄有光在对后发达国家的情况进行考察后指出：东亚地区已经取得了较高的收入水平，且拥有较快的经济增长率，人们本应感觉到更幸福才对，然而事实却恰恰相反，出现了“东亚快乐鸿沟”①。显然，单纯以 GDP 为导向的经济发展观无法给人们带来真正的美好生活。习近平总书记在党的十九大报告中指出：“我国社会主要矛盾是人民日益增长的美好生活需要和不平衡不充分的发展之间的矛盾”。因此，如何满足人民日益增长的美好生活需要，如何不断提高保障和改善民生水平，不仅成为政府职能转变和治理能力提升的重要目标，也同样给城市公共服务的供给内容和福利保障提出更大的挑战。

11.3.1　福利多元主义

福利多元主义（welfare pluralism），又被称为混合福利经济，是当前西方福利经济和社会政策领域的主流理论。二战后的西方发达国家普遍建立起了较为完善的现代福利国家体制，而 20 世纪 70 年代的经济危机却为战后资本主义经济发展的黄金时代画上了一个紧急休止符。随着政府财政压力的增大和对福利国家的检讨反思，一些代替“福利国家”的概念逐渐开始盛行，例如，“新福利国家”（new welfare state）、“新福利混合经济”（new mixed economy of welfare）、“福利国家私有化”（privatization of the welfare state）等，其共同性在于主张通过引入市场力量来弥补政府缺陷，从而提高整体福利供给能力和水平，主张发展一种多元、混合的福利制度，其中，“福利多元主义”成为经典理论代表。

福利多元主义理论的出发点是：“如果一个自由的经济市场增加了产量，并通过较低价格上的较大选择增加了消费者的利益，那么，为什么不能将其应用于福利服务的供应

---

① 高启杰，等. 福利经济学：以幸福为导向的经济学. 北京：社会科学文献出版社，2012：222.

上?"① 这意味着福利多元主义致力于发展一个“福利市场”，将自由市场的竞争机制、产品质量、合理价格等优势引入福利服务的供给中，为目标对象提供更多选择，而政府在其中需要转换承担责任的方式。目前，福利多元主义的发展已经经历了二元论、三分法、四分法、五边形等四种理论形态。其中，前两者只是福利多元主义的发展雏形，而福利三角形、福利四分法和福利五边形则是福利多元主义的实际范式。

德国学者伊瓦斯（Evers）提出的福利三角形由市场、国家、家庭三个主体构成，展现了主体之间互为补充、供需平衡的动态互动关系。其中，家庭是福利对象的直接供给者，国家是公共福利的基本保障者，市场是满足多元化需求的供给主体，三者的平衡状态一旦被打破就会出现社会福利危机，福利三角形为福利多元主义理论的纵深发展奠定了基本的理论范式。此后，无论是约翰逊的四分法（家庭、市场、国家、志愿部门），还是克雷斯·德·纽伯格（Chris de Neubourg）的五边形（家庭、市场、国家、社会网络、会员组织）都是在此基础上对多元形态、主体结构及互动关系的进一步探索。

11.3.2 社会福利社会化

在新中国成立伊始的计划经济时期，社会福利主要由国家包办的福利制度提供，城市职工由所属单位负责，困难人员和特殊群体由民政部负责，具有明显的单一性和救济性。随着改革开放的时代浪潮的发展和人民福利诉求的日益多元化，这种单纯依靠国家和单位制供给的社会福利制度出现了很多弊端，20 世纪 80 年代民政部随之提出了“社会福利社会办”的思路，开启了社会福利社会化的进程。1991 年，在社会福利事业发展的理论研讨会上，提出了社会福利社会化的五个主要方面：服务对象社会化、资金来源社会化、管理社会化、服务设施社会化和服务队伍社会化，在学界第一次正式提出了“社会福利社会化”概念。2000 年，国务院进一步规范了“社会福利社会化”的“四化”要求：投资主体多元化、服务对象公众化、服务方式多样化和服务队伍专业化，要求各级政府重点加大对基础性、示范性社会福利机构建设投资的同时，采用“民办公助”的新思路，要“基本建成以国家兴办的社会福利机构为示范、其他多种所有制形式的社会福利机构为骨干、社区福利服务为依托、居家供养为基础的社会福利服务网络”②。

社会福利社会化与福利多元主义虽然都涉及了多元主体在社会福利供给中的参与合作，但其在理论基点和价值旨归上均有不同。总的来说，社会福利社会化的理论基点是马克思主义的福利观和“生产社会化”理论，并不是完全依赖市场竞争机制来提供物美价廉的服务产品，而是站在服务供给立场上，通过吸纳和整合更多的资源来提高劳动效率，实现社会福利最大化，并且政府要在其中发挥治理、服务、监管等多方面的能动作用。国内学者们也在社会福利社会化思想的指导下，进一步推动理论的发展，例如，田北海等学者提出了一个包括国家、社区、市场、社会四个主体在内的四元分析框架，

---

① 史蒂文森. 社区照顾：概念和理论//夏学銮. 社区照顾的理论、政策与实践. 北京：北京大学出版社，1996：5-18.

② 唐咏，徐永德. 中国社会福利变迁下养老服务中非营利民间组织的发展. 深圳大学学报（人文社会科学版），2010 (1).

并认为社会福利社会化所蕴含的价值理念是：福利目标由最低标准向社会质量转变、服务对象由被动受助者向能动主体转变、福利主体由独立支撑发展为多元合作、福利协作机制由行政主导型向民主对话型转变①。

关键术语

公共物品　公私伙伴关系　共同生产　政府监管　监管俘获　福利多元主义　社会福利社会化

复习思考题

1. 结合公共物品的性质及特征，试举例并说明城市公共服务中的纯公共物品、俱乐部物品以及公共池塘资源。

2. 以一项你熟悉的城市基础设施建设或公共服务供给为例，谈谈公私伙伴关系在其中的作用、模式以及管理重难点。

3. 试论共同生产理论对我国城市公共服务供给的启示。

4. 试论监管公共利益理论与监管俘获理论对我国政府监管的启示，并以一项具体的市政政策或实践为例进行详述。

5. 如何推动“社会福利社会化”在城市品质发展中的进一步落实，请结合福利多元主义理论给出你的理解。

延伸阅读

1. 王俊豪. 政府管制经济学导论：基本理论及其在政府管制实践中的应用. 北京：商务印书馆，2017.

该书分析了政府管制这种特殊公共产品的需要与供给、成本与收益；从总体上阐述了经济管制与社会性管制、政府管制过程、信息不对称下的政府管制理论和政府管制俘虏理论等基本原理；深入探讨了自然垄断理论、进入管制理论和自然垄断产业的经济理论；并以电信、电力和自来水供应这三个自然垄断产业为例，较为详细地讨论了上述管制理论在实践中的具体应用问题。在探讨外部性理论和信息不对称理论的基础上，该书讨论了政府对环境和产品质量的管制问题，最后对中国放松经济性管制与加强社会性管制这两大发展趋势做了预判，并提出了相应的政策思路。

2. 陶希东. 全球超大城市社会治理模式与经验. 上海：上海社会科学院出版社，2021.

该书从界定和分析全球超大城市特征及其面临的重要社会问题（贫困、老龄化、不

① 田北海，钟涨宝. 社会福利社会化的价值理念：福利多元主义的一个四维分析框架. 探索与争鸣，2009（8）.

平等、服务短缺、安全危机、利益冲突等）入手，梳理了全球超大城市社会跨界治理的理论框架，并对全球超大城市涉及人口调控、公共服务供给、公共安全、社会公平、社会融合、大型群体性活动等方面的治理案例予以剖析，总结了全球超大城市社会治理的经验和教训。同时，基于中国政治经济发展的历史过程视角，对我国北京、上海、深圳、广州等超大城市社会治理的现状模式、成效及面临的主要问题和挑战进行着重分析，以尝试探讨我国超大城市社会治理进一步优化的基本思路与战略选择。

3. 奥斯特罗姆. 公共事物的治理之道：集体行动制度的演进. 余逊达，陈旭东，译. 上海：上海译文出版社，2000.

面对哈丁的“公地悲剧”，一些人建议由“国家”对绝大多数自然资源实行控制，以防止它们的毁灭；另一些人则认为把这些自然资源私有化就能解决问题。但我们在现实世界中看到的是：无论是国家还是市场，都未能成功地解决“公地悲剧”；反而是许多地方和社群中的人们，借助既不同于国家也不同于市场的制度安排，对某些资源系统成功地实行了适度治理。该书尝试回答的问题是：对于一个地方和社群中互相依赖的公民而言，如何才能实现真正有效的自我组织和治理，从而在所有人都面对“搭便车”、规避责任或其他机会主义行为诱惑的情况下，取得持久的共同收益？作者通过对高山草场、灌溉制度、渔场等各种公共池塘资源案例的实证考察，首次系统地总结了人们用以分析公共事物解决之道的理论模型，并探索了政府与市场之外自主治理公共资源的可能性。

4. 高启杰. 福利经济学：以幸福为导向的经济学. 北京：社会科学文献出版社，2012.

该书较为全面、系统地阐述了福利经济学的基本理论。主要内容包括福利与发展的关系，福利经济学的产生与发展，福利变化的评价标准，市场均衡与政府干预，垄断、外部效应、公共物品、信息不对称等与社会福利的关系，公共选择理论及其在有关制度改革与政策制定中的运用等。该书的视角新颖，内容全面，简明扼要，通俗易懂。在介绍和评价西方福利经济学基本内容时，忠实于原意，同时避免使用复杂的图表、公式与数学模型。该书可用作经济和管理类相关专业学生的教材或参考书，也可供从事相关领域特别是发展研究、公共管理、社会保障等方面的科研、教学、管理与决策人员参考。

5. 西达克，史普博. 美国公用事业的竞争转型：放松管制与管制契约. 宋华琳，等译. 上海：上海人民出版社，2012.

该书利用了大量美国电信、电力等网络型产业改革的实证材料，对放松管制、管制契约、公正补偿、管制与竞争等诸多问题给出了颇具见地的看法，并再次强调了管制相对于竞争的优越性。该书认为通过拓展放松管制可以实现更具竞争性的经济，且不会损坏契约和财产权这一竞争性经济的基础。同时，以他们关于有效和补偿性网络接入定价的结论为基础，列出了网络产业放松管制的原则。该书为法学和经济学的基础理论做出了贡献，并为城市垄断性产业的监管给出了极具参考性价值的建议，尤其有助于推动网络型公用事业的管制改革与结构转型，以及公用事业管制与公用事业法的研究。

第12章
城市交通管理

重点问题

城市交通是城市的动脉，良好的交通管理是城市有序运行的重要表现。城市交通管理主要包括对车、人、路的管理，是一个复杂的管理系统。近年来，我国城市交通问题日益凸显，城市交通管理亟待完善，公共交通成为缓解城市交通问题的重要选择。

人们对城市交通管理认识的深化经历了哪几个阶段？我国现行的交通管理体制是什么？城市公共交通管理的主要内容是什么？如何改善我国的城市交通管理？这是本章应学习的重点内容。通过本章的学习，应理解交通管理理念的演进脉络，掌握我国的城市交通管理体制，了解公共交通管理的内涵和主要内容，认识当前我国城市交通管理所面临的困境和改革思路、举措。

12.1 城市交通管理概述

城市交通系统是由交通设施、交通工具和出行主体组成的复杂系统，也一直是全球各大城市关注的焦点和难点问题。随着社会的进步，人们对于交通管理的认识也在不断深化，我国也形成了多元主体共管的多层次城市交通管理体制。

12.1.1 城市交通系统

1. 城市交通的内涵

随着我国城市化进程的加速以及机动车数量的迅猛增长，大中城市的交通拥挤问题也日益突出。面对私人汽车的发展浪潮，城市交通面临着更加严峻的挑战。城市交通已经成为制约城市资源流动和运转效率的瓶颈问题、影响城市生活品质提升的重要民生问题，并成为关系城市可持续发展的重要领域。

城市交通是一个由人、货、车、路和环境组成的相当复杂的动态系统。具体来说，城市交通是指城市道路（地面、地下、高架桥、水道、索道）系统间的公众出行和客货运输。其中，城市公共交通，是指在城市人民政府确定的区域内，利用公共汽（电）车、轨道交通车辆等公共交通车辆和有关设施，按照核定的线路、站点、时间、票价运营，为社会公众提供基本出行服务的社会公益性事业。

2. 城市交通系统的构成

城市交通系统是城市社会经济系统的一个子系统，其本身也是一个立体化、综合化的系统。城市交通系统由交通设施、交通工具和交通出行主体三要素构成。

（1）交通设施。

城市道路是最主要的交通设施，是指乘客、货物可以在不同位置之间移动的空间通道，包括地面、水运、空运等。城市道路主要由车行道、人行道和分车带几个部分组成。根据组成情况，可以将道路断面分为一板块、两板块和三板块等几种基本形式。各种不同断面的道路按照规划设计功能主次协调配合，形成道路系统。在城市中，根据道路在城市道路网络中的地位和作用，可以把道路由高到低分为快速路、主干路、次干路和支路四个等级。

除道路外，城市交通设施还包括停车场、交通信号及其设备、调度站、加油站、库房等城市道路配套设施，它们是专门为车辆行人出行提供服务的。

最主要的城市公共交通设施包括综合换乘枢纽、首末站、中途停靠站、停车场、保养场等城市公共交通场站，以及调度（控制）中心、乘客服务信息系统、城市轨道交通专用设施等保障城市公共交通运营的设施。

（2）交通工具。

城市中的交通工具包括机动车辆和非机动车辆。城市交通中最为突出的特征就是拥有发达的公共交通系统。随着城市的不断发展，城市公共交通工具已由以单一的公共汽车为主转变为公共汽车、电车、出租汽车、地铁、轮渡和客运索道等公共客运方式相互协调的综合交通运输体系。

城市轨道交通日益成为城市公共交通工具的骨干，按照用途的不同，城市轨道交通可分为城市铁路、市郊铁路、地下铁道、轻轨交通、城市有轨电车、独轨交通、磁悬浮线路、机场联络铁路、新交通系统等。

(3) 交通出行主体。

城市交通是服务于人们特定活动目的的人和货物的流动。根据不同的标准，城市交通可以划分为不同的类型：

从出行方式来看，分私人交通和公共交通。所谓私人交通，是指城市区域内徒步出行和以私人交通工具（如自行车、小轿车和摩托车等私人交通工具）为出行方式的出行；城市公共交通是指在城市以及郊区内，为方便公众出行，用公共客运工具进行的旅客运输。

从出行内容来看，分货运交通和客运交通。城市货运主要是为城市生产服务的，城市客运则主要是为了满足人们工作、学习和娱乐的需要。

从出行范围来看，分对内交通和对外交通。城市对内交通是城市交通系统的主体，城市交通运输的问题主要集中于此，它的建设、组织和管理也是重点；城市对外交通（铁路、公路、港口和航空港）的组织和管理，不仅是城市经济发展的重要条件，而且通过和内部交通的衔接协调使城市内部交通运输问题得到缓解。

12.1.2　城市交通管理的理念发展

城市交通管理与城市居民的生活息息相关，是城市政府行政工作的重要内容之一。交通管理理念体现了人们在管理交通工具和交通设施、缓解城市交通问题时的核心思路、基本立场，反映了人们在交通管理中的价值导向和行为倾向。

随着时代的变迁、科学技术的进步以及社会对交通要求的提高，交通管理理念也在不断变化。这种变化体现出人们对交通问题的认识不断深入，对交通管理活动的认识逐渐系统化、科学化。交通管理理念的发展主要经历了四个阶段①：

1. 传统交通管理

汽车交通出现初期，城市交通所产生的问题主要来源于汽车造成的交通事故。这一时期交通管理的重点在于规避交通事故的发生。从管理内容上说，主要包括：修筑适合汽车行驶的道路；克服快速汽车交通引起的频繁交通事故，保障交通安全；应用有针对性的分道行驶、限制车速、交叉口指挥等管理技术。

早期，汽车带来的交通通行量的增长尚未超过道路的交通承载能力，人们关注汽车交通事故的应对。然而，随着汽车越来越普及，城市道路拥堵的问题也愈发突出，逐渐引起人们的广泛关注。缓解交通拥堵开始成为这一时期交通管理的另一重点。缓解交通拥堵的管理举措主要包括：增建道路以满足交通需求的增长；缓解交通拥堵、疏畅交通，提高道路通行效率；强调单向交通、变向交通、交通信号控制等管理技术的应用。

总的来说，传统交通管理以规避交通事故和缓解交通拥堵为主要管理命题，强调修建新的道路，以满足汽车交通需求的增长，即按需增供理念。

2. 交通系统管理

20 世纪 70 年代，传统的交通管理理念面临两大挑战：一是新道路修建所带来的城

① 吴兵，李晔. 交通管理与控制. 6 版. 北京：人民交通出版社，2020：11-12.

市道路交通承载能力的提升速度远远滞后于城市交通需求的增长速度，供需矛盾进一步加剧，交通拥堵情况日益严重；二是此时西方主要资本主义国家面临国际石油危机以及由此引发的国内财政危机，城市建设中可供开发利用的土地资源受到限制，由交通量增加所带来的环境污染引起了人们对于环境保护的关注。这使传统交通管理理念提出的修建新道路的主张遇到了巨大的阻力。与此同时，系统管理的理念开始出现。

交通系统管理的理念基于20世纪70年代迅速发展的系统工程技术以及计算机工程技术。这一理念强调将所有的交通方式视作相互联系的整体，而非孤立的交通工具；通过新技术手段的应用，协调私人汽车、出租车、公交车等各种城市交通工具的运行，从而使整个城市交通运输系统的整体效益最大化。

交通系统管理相对于传统交通管理具有明显的优势。在交通事故规避上，传统交通管理基于孤立、片面的视角，着眼于局部交通事故的规避和处理，能够对局部交通事故起到缓解的作用，但无法阻止交通事故“转移”；交通系统管理则基于整体性视角，将城市交通视作整体系统，着眼于整体功能和效益的最大化。在交通拥堵治理上，传统交通管理采取大规模新建道路的方式，随着交通需求的增加，难以摆脱“建设—拥堵—再建设”的循环；而交通系统管理则强调提升现有道路的通行利用效率，变相地增加道路的供给，试图避免持续的道路建设。

3. 交通需求管理

20世纪70年代末，交通管理面临着新的问题。无论是传统的交通管理还是交通系统管理，本质上都遵循“按需增供”的理念，直接或间接地增加道路供给。

但是，美国学者安东尼·当斯（Authony Downs）的研究提出，无论是新建道路还是提升现有道路的通行能力，都难以从根本上缓解交通拥堵的现象。因为，如果政府不对城市交通进行有效的管制和控制，新建的道路设施又会诱发新的交通量，而交通需求总是倾向于超过交通供给。这一观点又称为“高峰期交通拥堵的当斯定律”（Law of Peak-Hour Expressway Congestion）。

此外，汽车交通的普及和随之而来的交通拥堵给城市环境带来了巨大的压力，造成严重的环境污染，而按需增供的方式只会进一步恶化交通所带来的城市环境污染问题。

为有效回应交通拥堵和环境污染问题，基于对交通管理理念的反思，人们将解决问题的思路从“供给”转向“需求”，提出了“交通需求管理”的理念。交通需求管理的核心内容是：对城市居民的交通需求加以管理和有效调节，降低其需求量，尤其是个人交通工具的需求量，从而使需求量适应现有道路的交通承载能力。这一理念的提出是人们在交通管理理念上的一次重要变革，意味着人们的关注点从“按需增供”转移到“按供管需”上来，以实现交通建设的可持续发展。

4. 智慧交通

20世纪80年代后期，交通管理理念进一步发展。信息技术、人工智能技术、计算机技术和通信技术不断发展并逐渐推广应用于交通管理领域，“智慧交通系统”（intelligent transportation system，ITS）成为各交通发达国家在科研、技术与产品市场竞争的热点。智慧交通也成为 21 世纪交通管理的新理念，标志着交通管理进入信息时代。智慧交通同时也意味着一种可持续交通发展能力，既不损害当前和未来基本的人类和生态价值，又能够满足自由交通、机会获取、交往沟通、对外贸易的当代社会需求。与此同时，近年来出现的顺风车、单车分时租赁等共享经济形式，也在进一步革新着城市生活的交通出行方式。

因此，建立完善的城市智慧交通系统，要制定与城市规划、城市经济战略相适应的智慧交通发展战略；坚持以客户为中心，整合各种交通方式，改善客户的通勤体验，通过交通网络的优化引导人们改变出行方式；探寻多元化的资金筹集方式；提高使用专门的信息和网络技术手段进行交通管理的能力。

12.1.3 城市交通管理体制

1. 城市交通管理的内涵

城市交通管理是指城市政府为保障交通设施能向城市经济和市民生活提供良好的服务，综合利用各种手段，科学合理地组织城市中人与物运输的管理活动。

根据管理对象的不同，交通管理可以分为交通规划管理、交通设施管理、交通工具管理、交通法规管理等内容。

根据管理方式的不同，交通管理可以分为直接管理和间接管理。直接管理是指对道路、交通工具、交通设施等硬件的直接调控、指挥。间接管理则是通过法规、政策、税收票价等政策性和经济性手段，对交通进行调控与指挥。

根据城市交通管理的要素，城市交通管理可分为城市交通管理理念、城市交通管理体制、城市交通管理法规政策、城市交通管理技术等。城市交通管理理念关系到城市交通追求的价值目标，是确定交通资源分配的依据；城市交通管理体制是管理主体之间权力和责任的配置关系；城市交通管理法规政策是体现政府意图的抽象和具体的行政行为，需要把握好法规政策的导向和各种政策之间的衔接与配合；城市交通管理技术在信息化社会背景下，更加强调智能化交通的发展。

根据管理的性质不同，城市交通管理可以分为交通行政管理、交通秩序管理、交通运行管理。

2. 我国的城市交通管理体制

我国城市交通管理的主体是多元的，主要有城市交通管理部门、城市规划管理部门、城市建设管理部门、城市公安部门等。其中，城市交通管理部门主要负责城市的交通运输系统管理工作；城市规划管理部门参与组织城市交通规划的制定工作；城市建设管理部门主要负责城市道路等交通基础设施的建设和维护工作；城市公安部门主要负责城市道路交通安全管理工作。这些部门涉及交通行政、交通秩序和交通运行的管理职责，构成了一个整体系统。一般来说，城市交通管理体制如图 12－1 所示。

交通行政管理是最高层次的交通管理，宏观的交通行政管理是指从全社会整体协调发展及社会全体成员的需要出发，对交通体制、交通政策、交通规划、交通组织领导等

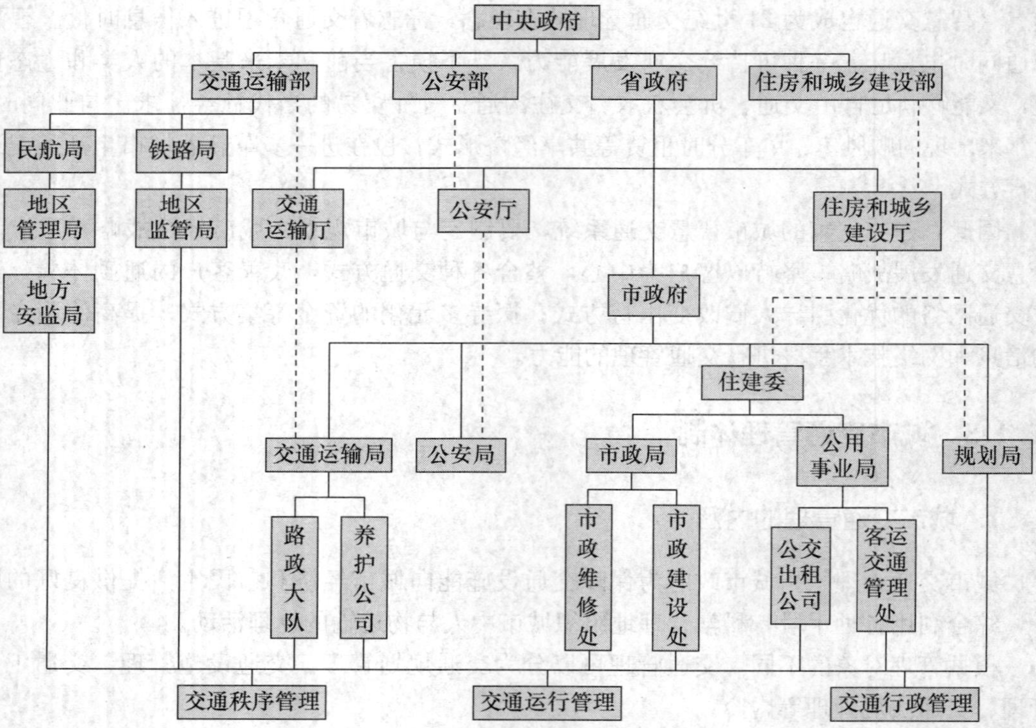

图 12-1　我国典型的交通管理体制

资料来源：吴兵，李晔．交通管理与控制．6 版．北京：人民交通出版社，2020：14．

方面进行的管理活动；微观的交通行政管理则指交通主管部门采取规范、命令、指示等强制性手段，对交通事务进行直接协调、指挥和控制①。

交通秩序管理即交通执法管理，是指按照交通法规对道路上的车流、人流及与交通有关的活动进行引导、限制和组织协调。《中华人民共和国道路交通安全法》和《中华人民共和国道路交通安全法实施条例》是我国交通秩序管理主要的法律依据。交通立法的目的并不是要把不必要或不合理的限制强加给道路交通使用者，而是以法律的形式和正确应用法律的权威来保障交通安全、舒适与通畅，以维护道路交通的合法使用者不受其他不正当使用者的伤害或骚扰。我国交通法规分为全国性法规、地方性法规和局部性管理措施，城市交通秩序管理主要包括城市通行秩序管理、城市道路使用管理、城市道路交通安全违法与事故处理、城市交通管理设施以及高速公路通行秩序管理②。

交通运行管理是指通过交通管理技术而非修建更多道路设施来解决交通问题，有效使用交通设施，最大限度地发挥现有交通系统潜能，提高和改善交通设施的服务功能。交通运行管理主要涉及行车管理、步行管理、停车管理、平面交叉口交通管理、快速道路交通管理和交通组织优化等内容③。

---

① 吴兵，李晔．交通管理与控制．6 版．北京：人民交通出版社，2020：25．

② 同①29．

③ 同①57．

12.2　城市公共交通运行

发展城市公共交通是缓解城市交通拥堵的重要举措。城市公共交通价格管理、城市公共交通运营管理以及系统管理、需求管理和应急管理相结合的城市公共交通综合管理，是保障城市公共交通良好运行的重要内容。

12.2.1　城市公共交通的构成与特征

1. 城市公共交通构成

城市公共交通是城市中供公众使用、经济方便的各种客运交通方式的总称，具体是指在规定的路线上，按固定的时刻表，以公开的费率为城市公众提供短途客运服务的系统。城市公共交通系统应由三部分构成：一是“硬件系统”，即城市的交通工具和交通设施；二是“软件系统”，包括运营管理、政策法规和方案规划等；三是城市公共交通客流（见图 12－2）。

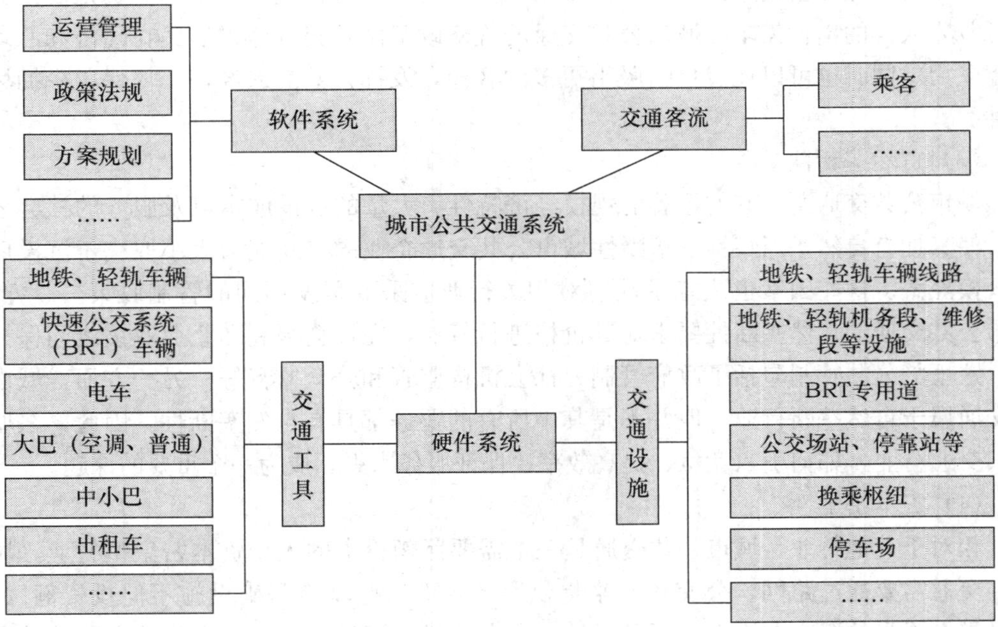

图 12－2　我国城市公共交通系统的构成

资料来源：王江，王镜．博弈分析视角下的城市公共交通定价与补贴．北京：中国铁道出版社，2009：24.

2. 城市公共交通的特征

城市公共交通行业，具有战略性、正外部性、自然垄断性、资本密集性和网络效应特性等特征①。

（1）战略性。

以城市公共交通枢纽为主体的基础设施与公共交通载运工具共同构成的城市公共交通运输体系，是支撑城市经济的最主要的基础产业之一。此外，城市公共交通是城市社会生活和经济运行的大动脉。随着现代化和城市化进程的加速，任何城市中人们的活动都需要借助安全、高效的城市公共交通系统来实现，良好的城市公共交通系统在改善城市投资环境及经济发展方面会发挥巨大的带动作用。城市公共交通，由于是在城市及所辖区域内为人们提供位移服务，以满足人们各种各样的出行需求，因而具有很强的服务特性。城市公共交通行业，不仅本身属于第三产业，而且是第三产业发展的先行行业和重要基础。

（2）正外部性。

城市公共交通系统通过各种交通设施、交通工具，运用各种交通运营手段为实现乘客的位移提供服务。它扩展了人们在流动方面的规模、密度和广度，创造了更多的就业机会，为人们参加社会经济活动、享受各种娱乐提供了条件。城市公共交通为城市提供了相当大的经济和社会效益，其所创造的巨额无形价值融于社会各生产企业和流通领域中，但这些社会效益无法完全计入公共交通服务的价格中。同时，城市公共交通行业自身的发展与消耗也会促进其他产业的繁荣。城市公共交通行业的最基本职责是满足城市中低收入人群的出行需求。城市公共交通的价格政策需要充分考虑居民在经济和心理上的承受力，同时也可以通过价格吸引更多的客流，发挥公共交通经济、环保、少拥堵的特性。

（3）自然垄断性。

城市公共交通所具有的显著的规模经济特性、大量的沉没成本以及服务的社会公益性，使其拥有自然垄断特性。垄断性城市公共交通企业的垄断能力大小取决于沉没成本与规模经济。这些因素也决定了政府对相关行业应采取程度不同的管制政策。一方面，城市公共交通的自然垄断性要求对其价格进行管制，在社会福利和企业业绩之间保持平衡，这里的公共管制包括了政府管制、社会机构监管和公众监督等；另一方面，城市公共交通属于自然垄断行业，但并不是其中所有的业务都具有自然垄断性。因此，在城市公共交通行业，如何引入竞争、提高效率、保证服务水平，成为一个重要的课题。

（4）资本密集性。

相对于其他行业，城市公共交通是一个需要巨额投资的大型资本密集型行业。城市公共交通需要通过路网、公交场站来提供服务，而这些城市基础设施不但投资额巨大，而且具有很强的资产专用性、不可逆性，存在大量的沉没成本。城市公共交通基础设施的投资往往是城市固定资产投资总值最大的部分，这些投资大都具有沉没成本的特性，即投资后一般很难移作他用，具有不可逆性。

（5）网络效应特性。

城市公共交通网络特性具体表现为：规模经济效应性、相容性和扩展性。规模经济

① 王江．王镜．博弈分析视角下的城市公共交通定价与补贴．北京：中国铁道出版社，2009：25-31.

效应性是指城市公共交通网络具有因其规模不断扩大、客运量及客运周转量的增加而导致其平均成本不断下降的现象。相容性是指城市公共交通场站、公共交通停靠站、换乘枢纽与各条线路间必须具有较好的相容性，以保证网络整体功效的发挥。扩展性是指由于城市公共交通的经济先导和正外部性的作用，城市公共交通的发展会进一步推进城市化的进程，城市化进程的加速又会进一步聚集和吸引新的客流，推动城市公共交通的发展。

12.2.2　城市公共交通的价格管理

城市公共交通的价格管理，是城市公共交通有效管理的关键环节，涉及票制结构、定价管理、补贴管理和参与者管理四项管理内容。其中，票制是票价结构的整体安排，票价是消费者获取公共交通服务的直接支付，补贴是政府为补偿公共交通企业政策性亏损所造成的经济损失，票制、票价和补贴政策的制定都涉及公共交通参与者（乘客、企业、政府）之间的利益协调①。

1. 城市公共交通票制

票制是票价制式的简称，是票价水平和比价关系的表现形式和调节手段，是票价整体结构的安排。根据不同的标准，常见的公共交通票制可以划分为不同类型。

根据收费结构的不同，票制可划分为单一票制、累进票制和混合票制。单一票制指持票人乘坐公共交通工具时根据票面价格按次计算，票价与乘坐距离无关；累进票制是指规定一个基础里程的基础票价，在此基础上，超出的里程持票人须支付额外费用；混合票价指不同公共交通工具之间的价格混合。根据乘客类型划分，可以按乘客年龄分成青年票、成年票、老年票等，也可按社会身份分成学生票、军人票、残疾人票等特殊票种。根据有效时间特征划分，可以分成日票、月票、季票、年票等。

（1）票制的影响因素。

经济发展水平。城市公共交通的票制应当与该城市的经济发展水平相适应，能够匹配不同市民阶层的可承受能力和多样化的乘客出行需求。

城市整体交通规划。票制的制定必须能够起到引导消费的作用，从而提高公共交通的分担率，缓解个人交通工具带来的交通拥挤和环境污染问题。

现有技术条件。多样化、灵活性的票制设计依赖于复杂、完善的技术基础。城市公共交通票制的制定必须有与之相适应的信息技术、网络技术的支撑。

（2）票制的制定原则。

比价合理原则。一是不同票种比价合理，合理确定不同票种之间的价格梯度，体现特殊票种的优惠性，比如学生票和老年票、残疾人票相对普通票应有优惠性，以照顾特殊人群；又如月票、年票相比单程票应有优惠性，以鼓励市民长期使用。二是不同公共交通工具间比价合理，根据普通公交车、BRT、轨道交通等不同公共交通工具的运营成

---

① 交通运输部道路运输司. 城市公共交通管理概论. 北京：人民交通出版社，2011：145-149.

本和服务质量，在价格上体现合理差异性，以满足不同乘客的出行需求。

满足多样化的出行需求。一是设计多样化的票种，适用于不同类型的乘客，尽量避免票制设计的单一性，提高公平性；二是通过优惠措施鼓励市民选择公共交通工具出行。

2. 城市公共交通定价管理

城市公共交通属于典型的准公共产品，具有一定的竞争性。因此，为维护公交企业的正常运转、补偿生产耗费，必须收取一定的票价。定价作为城市交通项目中最敏感的因素，是发挥其社会效益、引导交通需求的重要经济杠杆，也是改善城市公共交通财政状况、发展多元化投资等多个方面的基本经济手段①。

（1）定价的影响因素。

居民收入水平。作为一种经济杠杆，公共交通票价会对居民出行的交通方式选择产生重要的影响。因此，公共交通定价要充分考虑居民的承受能力，使其能够适应居民的支付水平，鼓励居民使用，从而起到缓解由私家车出行带来的交通拥堵和减少环境污染的作用。

企业经营成本。企业在制定价格时，需综合考虑企业内部的成本和定价目标，以及企业外部的供求关系、竞争与公共交通价格政策等。公共交通企业受本身的性质和国家政策的限制，在公共交通票价制定过程中不能过度追求利润最大化，但同时作为独立的经营性主体仍需充分考虑企业经营成本。

政府财政支出。《关于优先发展城市公共交通若干经济政策的意见》明确指出："城市公共交通发展要纳入公共财政体系，建立健全城市公共交通投入、补贴和补偿机制，统筹安排，重点扶持。"为此，政府应当对低票价带来的公共交通企业的政策性亏损部分实施补贴，进一步健全和完善公共交通补贴机制，使公共交通企业能在低票价下运营，充分体现公共交通的公益性特征。

（2）定价的基本原则。

公益性原则。城市公共交通需要考虑低收入阶层的可承受能力，在充分满足社会各个阶层和每个公民的交通需求基础上，尽量控制公共交通的经营成本，实现社会福利最大化。

效率原则。首先，城市公共交通虽不能以利润最大化为经营目标，但必须以经营成本为底线，其运营成本必须在价格中得到补偿；其次，能够通过控制价格促进经营者节约成本，提高生产率；最后，通过制定具有竞争力的公共交通票价水平，引导人们使用具有资源利用率高、能耗少、污染少等优点的公共交通方式出行。

比价合理原则。一是同种交通方式内部的比价关系，如空调车与非空调车、高档车与普通车之间的比价关系；二是不同交通方式之间的比价关系，比价合理原则强调通过价格梯度充分反映公共交通服务质量的不同。

可持续发展原则。城市公共交通的运营是以社会和自然资源的耗用为基础的，这就要求城市公共交通票价的调整应考虑环境保护、资源可持续利用的需要。在价格调整为

---

① 王江，王镜. 博弈分析视角下的城市公共交通定价与补贴. 北京：中国铁道出版社，2009：37-46.

社会各界所接受的同时，也应按照环境保护的要求对有关废物、废气或污水的处理成本加以考虑。

3. 城市公共交通补贴管理

在市场经济条件下，公共交通企业无疑应以经济效益为中心，但公共交通的公益性使得企业又不能以盈利为唯一目标，必须体现社会效应，以低于或等于运输成本的车票定价向乘客提供客运服务。因此，由公共交通的公益性功能而造成的企业政策性亏损理应由政府进行财政补偿①。

（1）补贴的影响因素。

补贴对象。政府补贴对象应是政策性亏损，经营性亏损则由企业自负。

补贴资金来源。目前补贴资金大多来源于地方财政，给地方政府带来了较大财政压力，应当尝试拓展其他途径，争取足够的财力支持。

补贴金额的测算方式。目前我国现行的政企协商制度往往造成政府讨价还价和企业亏损逐年增加，因此，确定合理规范的公共交通补贴测算方式是进行财政补贴的重要前提。

补贴考核指标体系。从合理成本和服务质量的角度对政府补贴效果进行考核，将其作为补贴政策调整的依据。

（2）补贴的基本原则。

正确区分政策性亏损和经营性亏损。以社会效益最大化为目标，其票价不能按成本还原运作的公益性客运服务所造成的亏损称为政策性亏损；以营利为目的，其票价能按成本还原运作并能自负盈亏的经营性客运服务所产生的亏损称为经营性亏损。前者应由财政补贴，后者应由价格补偿。

普遍性与特殊性相结合。综合考虑影响公共交通运营的公共交通线路等级、当地经济发展水平、区位、国家宏观战略等因素，为亏损公共交通企业制定不同的补贴政策。

以效率为导向，兼顾公平。一方面，要保证社会效益显著但受资金约束存在运营困境的公共交通企业能够维持运营，国家给予一定补贴以实现这些企业的社会外部经济效益；另一方面，要限定补贴的范围，提高补贴效率，充分促进公共交通在发展中求生存，特别是促使国营公共交通企业冲破“等、靠、要”思想的束缚，提高运营效率。

4. 城市公共交通参与者管理

在城市公共交通价格制定与补贴计算的过程中，主要的参与者涉及政府、企业、乘客三方。三方的利益诉求各有不同，城市公共交通的价格制定和补贴过程，其实质也是三方利益的博弈和协调过程②。

---

① 王江，王镜. 博弈分析视角下的城市公共交通定价与补贴. 北京：中国铁道出版社，2009：37-46.

② 同①97.

乘客在城市公共交通中委托政府和运营企业提供可以满足其出行需求的位移服务，同时这种服务的成本（乘客出行成本）应该最低，其中票价水平是大多数市民可以接受的。由于补贴使用的是纳税人的税款，市民需要监督政府对运营企业的补贴是否合理、交通的公益性服务是否得到体现。

城市公共交通的运营企业接受政府的委托为市民提供可以满足其出行需要的服务。在市场化体制下，运营企业确定票价以实现利润的最大化，但城市公共交通的公益性使企业同时要接受政府的价格管制与财政补贴。

政府的首要目的是实现社会福利最大化，因此政府接受市民的委托对城市公共交通运营企业进行准入与价格管制，同时监督运营企业为市民提供满足其出行需要的服务，并保证财政补贴的合理与有效使用。

12.2.3 城市公共交通的运营管理

城市公共交通的运营管理，是城市公共运输企业在行业管理机构的监督下，根据公共交通乘客的出行需求，对企业运营过程进行指挥、调节，提供有序运营服务，最大限度满足市民出行需求的管理活动，是对城市公共交通运营服务过程的计划、组织、实施和控制等各项管理工作的总称。

1. 城市公共交通的运营

城市公共交通运营管理主要包括三项内容①：

（1）线路经营权的管理。城市公共交通行业管理机构依照法定程序，授予符合资格的企业经营者在规定期限内经营公共交通线路的权利，主要有政府直接审批授权和政府公开招标授予两种方式。对于不符合管理要求的经营企业，城市政府可取消其线路经营权。线路经营权管理，实质就是城市公共交通企业的市场准入与退出管理。

（2）日常运营管理。日常运营管理是行业管理机构对公共交通企业日常运营服务规范执行情况与质量进行监管，督促运营企业不断提高公共交通服务质量，为乘客提供安全、便捷、经济、可靠的客运服务，包括对公共交通企业的运营线路、站点、车辆设施、票务、行业和从业人员等多方面的监督管理。

（3）运营成本管理。政府有关部门通过合理界定企业运营收入和成本范围，建立公共交通行业单位成本标准，科学核算、审核和评价企业经营状况，并将运营成本以适当方式向社会公开，促进公共交通企业进行成本控制、规范营收。

2. 城市公共交通的运营模式

基于交通运输部道路运输司所编的《城市公共交通管理概论》中对城市公共汽车、城市轨道交通运营模式的归纳总结，以及萨瓦斯所著的《民营化与公私部门的伙伴关系》

---

① 交通运输部道路运输司．城市公共交通管理概论．北京：人民交通出版社，2011：105-112.

中对公共物品供给方式的划分，同时结合我国城市公共交通的发展实际，本书认为，根据城市公共交通服务的供给主体性质及政府的职责权限，城市公共交通主要分为三种运营模式：

（1）直接运营模式。

在直接运营模式下，城市公共交通服务由国有公共交通企业承担，政府控制票价与线路规划。政府通过和国有公共交通企业签订合同，将城市公共交通的线路经营权授予国有公共交通企业，国有公共交通企业按照合同规定提供公共交通服务，因票价收入不足导致的政策性亏损部分由政府出资承担。

（2）补贴运营模式。

在补贴运营模式下，国有或民营的公共交通企业均有权参与城市公共交通的服务供给。政府控制票价与线路规划，各类运营企业均可通过竞标方式获得线路经营权。公共交通的票款收入不进入企业账户，统一上缴到城市公共交通管理机构的票务结算中心，再由政府对票款进行再分配，返还运营企业，对因票价收入不足导致的政策性亏损部分予以企业补贴，通过票款收入和补贴保证企业享有一定的利润率。

（3）市场化运营模式。

在高度市场化运营模式下，城市公共交通运营企业对票价和线路规划拥有一定的自主调整权，政府不再直接控制票价和线路规划，而是对其合理性进行监督管理。同时，政府不再对公共交通运营企业进行直接补贴，而是代之以减免税费、采取 BOT 模式建设公共交通基础设施等扶持政策对其进行补偿。这样，公共交通企业可以比较灵活地控制收支，享有一定利润率，也有助于减轻因直接补贴带来的政府财政负担。

12.2.4　城市公共交通的综合管理

随着城市公共交通的多样化和普及化，人们对于城市公共交通的认识也在不断深化。多样化的城市公共交通工具已经形成了相互影响、相互支撑、相互联结的城市公共交通体系；城市交通拥堵所带来的出行效率低下和环境污染，使人们意识到转变出行方式、实现低碳绿色出行的必要性；牵一发而动全身的城市公共交通系统，要求相关部门在紧急交通问题出现时具有快速反应和应急管理能力。

基于对城市交通发展现状和未来趋势的判断，结合我国新型城镇化的发展路径选择，以及对城市公共交通管理认识的不断深化，提升以系统管理能力、需求管理能力、应急管理能力为核心内容的城市公共交通综合管理能力，是城市政府未来在公共交通领域管理的一项重要内容。

1. 系统管理

交通管理是一项长期、复杂的社会系统工程。国内外长期的交通管理实践证明，将系统工程的思想、理论、方法应用在交通管理中，从交通系统的整体出发，着眼于交通系统的整体安全和效率，来协调交通管理中道路使用者、车辆、道路交通资源和交通管理控制措施之间的矛盾，往往能取得事半功倍的交通管理效果①。

根据美国联邦公路管理局1975年规划条例的定义，交通系统管理是把私人汽车、公共交通、出租汽车、行人和自行车等看成一个整体城市交通运输系统的多个组成部分，城市交通系统管理的目标是通过运营、管理和服务政策协调这些个别的组成部分，使这个系统在整体上取得最大交通效益。

相较于传统交通管理，交通系统管理的显著特点是：传统的交通管理采用着眼于局部交通祸害的单一孤立的治理措施，而交通系统管理则是从整个交通运输系统着眼，探求能使现有系统发挥其最大效益的综合治理方案，可避免因局部措施的实施使交通祸害转移地点的弊端，又可得到系统效益最优的方案。

交通系统管理的措施，根据目标的不同主要分为提高效率的管理措施、改善供应的管理措施、调整需求的管理措施和促进均衡的管理措施，具体的措施选择如表12-1所示。

表12-1　交通系统管理措施根据目标进行的分类

目标效果	管理思路	具体措施
提高效率	改善公共交通	公交优先措施、公交辅助系统、公交运行管理
	限制小汽车	限制拥有、限制使用
	鼓励合乘	HOV车道*、合乘收费优惠、合乘补贴
改善供应	工程技术措施	交叉口改善、单向交通、可变方向车道
	科学技术措施	智能控制
调整需求	时间调整	弹性工作日、错时上下班、家中上班
	价格杠杆	拥挤收费
	空间调整	限制过境车辆、区域执照
促进均衡	交通组织	快速路系统、慢行交通系统
	科学技术措施	路径诱导
	交通衔接	综合交通枢纽、客运交通枢纽、货运交通枢纽

*HOV（high occupancy vehicle）车道，又称“大容量车辆车道”，在这种车道上只能行驶公共汽车或“拼车”族的车，或供乘坐两人以上的车辆使用，坐多名乘客的车辆可以免费通过收费桥梁或道路等。

资料来源：吴兵，李晔．交通管理与控制．6版．北京：人民交通出版社，2020：139．有改动。

2. 需求管理

交通需求管理的理念起源于20世纪70年代末的欧美，该理念使管理的焦点从交通供应转向交通需求。如果说交通系统管理是对已经发生的交通进行管理，那么，交通需求管理就是对将要发生的交通进行管理。

交通需求管理并非指限制人们所用的汽车数量、限制汽车出行等限制性管理措施，其基本理念是“引导人们采取科学的交通行为，理智地使用（不滥用）道路交通设施的有限资源”。简而言之，交通需求管理是指管理“人们理性地使用汽车”，而不是

① 吴兵，李晔．交通管理与控制．6版．北京：人民交通出版社，2020：136．

“人们是否拥有汽车”①。

交通需求管理的策略选择包括三个层次②：一是制定用地规划，综合控制各行业在城市不同区域内的发展规模，合理引导人们的出行活动方式，从源头上缓解交通拥挤问题；二是改变交通方式，加强公共交通吸引力，将大量的个人交通转变成高效节能的公共交通；三是调整交通发生的时间和空间，采取措施分散高峰路段、高峰时间的交通量。

交通需求管理的主要措施包括：提供交通信息与路线导行、替代出行（允许人们利用通信系统在家里工作以减少上下班的交通出行）、停车管理、车辆拥有管理、车辆使用管理引导出行行为、停车换乘和合乘车等。

3. 应急管理

应急管理是针对突发事件所导致的道路通行能力暂时下降或交通需求非周期性异常所进行的公共交通管理行为。

特殊事件根据能否提前为交通管理部门和受影响人群获知，可分为突发性事件和计划性事件。突发性事件具有不可预测性，可能减弱甚至使原有道路通行能力丧失，对人们生命财产和社会生活造成一定影响（见表 12－2）。

表 12－2　突发性事件分类及应对

事件分类	对交通需求的影响	对道路通行能力的影响
交通事故	导致背景交通量转移到其他平行道路上	造成部分道路或车道堵塞
车辆故障抛锚		
短期临时养护作业		需封闭部分道路或车道
气候影响	导致交通需求降低	车速降低将影响道路通行能力
灾害等紧急事件	疏散人群可能产生额外交通需求	部分路段无法通行
公共卫生安全危机	人群疏散、保障安全距离增加交通压力	部分地区封闭隔离导致周边道路运输压力增加
管理措施：快速道路控制、城市道路控制、交叉口控制、紧急事件处理、交通信息采集和发布、交通监控和静态交通管理		

资料来源：吴兵，李晔．交通管理与控制．6 版．北京：人民交通出版社，2020．有改动。

计划性事件是人们事先已对其进行了规划，并知晓其对道路交通所产生的重大影响。计划性事件应急管理的目标在于提供交通预测、保证交通安全和实现交通系统运行效率的最大化。因此，计划性事件的应急管理重点在于规范、合理的管理流程（见图 12－3）。

以传染病疫情防控为例的公共卫生安全危机同样为公共交通应急管理带来重大调整。自然灾害和事故灾难场景等传统交通应急管理经验并不适用于公共卫生危机，在此情境下，交通实名制、交通轨迹查询等现代化智能技术的应用和普及，日益成为交通应急管理的改进重点。因此，新型城镇化下的公共交通发展趋势要求政府更新管理理念，提升管理能力，既要树立整体性治理观念、按供管需观念，培养危机意识；又要提升公共交通管理的规划能力、技术水平和执行能力。

① 吴兵，李晔．交通管理与控制．6 版．北京：人民交通出版社，2020：141.

② 吴兵，李晔．交通管理与控制．6 版．北京：人民交通出版社，2020.

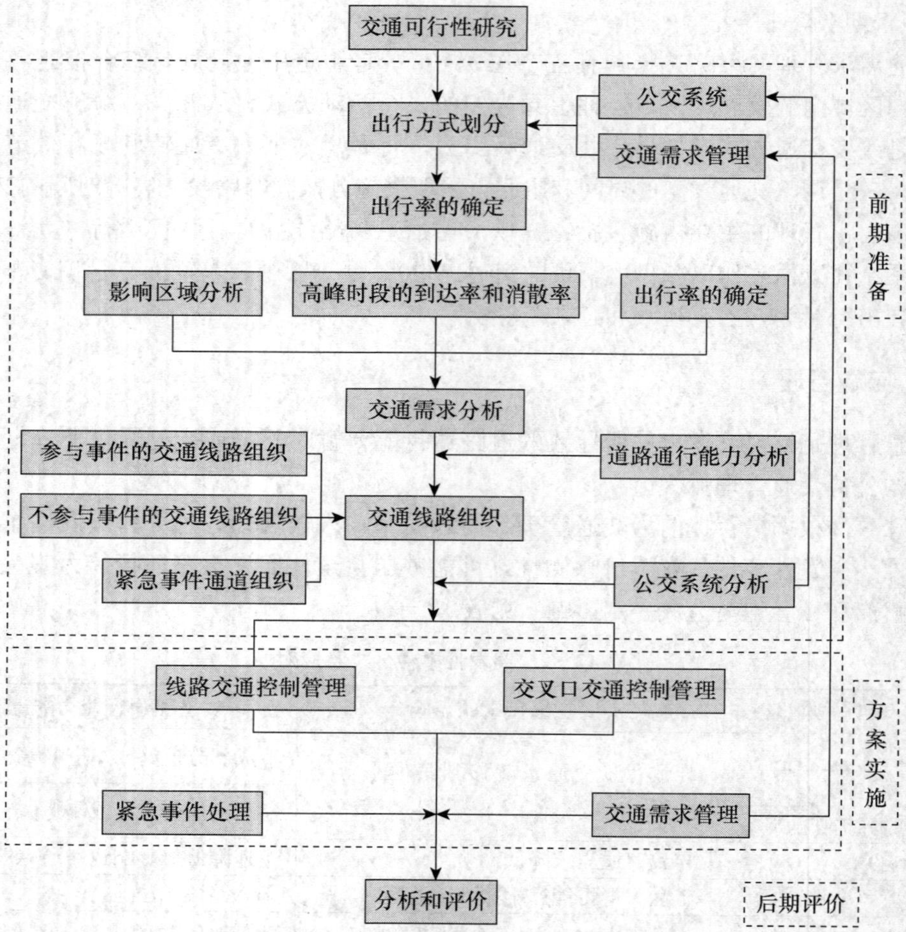

图 12－3　计划性事件的应急管理流程

资料来源：吴兵，李晔．交通管理与控制．6 版．北京：人民交通出版社，2020：155.

12.3　城市交通问题与管理策略

当前，我国城市公共交通的发展存在许多问题，制约着城市公共交通的优化。为此，应当树立现代化的城市交通管理理念，明确城市公共交通的发展思路，通过具体措施构建以公共交通为主体的城市机动化出行系统。

12.3.1　我国城市交通面临的困境

当前，城市一方面面临由于私人小汽车数量的快速增长带来的交通量的迅速增长，另一方面又必须面对有限的交通资源限制。在这样的背景下，大中城市的交通拥堵问题特别突出。从城市交通面临的环境变迁和交通系统自身而言，主要存在以下困境：

1. 私人汽车增长带来巨大交通压力

我国城市化进程已经进入加速推进时期，而且人口主要流向大中城市。截至 2019 年年末，我国常住人口城镇化率已达 60.60%，比上年末提高 1.02 个百分点。我国虽人口自然增长率不高，但城镇化的迅速发展，加之我国人口基数庞大，人口总量以及拥挤化的分布不均，为包括交通设施在内的城市基础设施的承载力带来了巨大压力。

同时，随着汽车工业的发展和居民经济水平的提升，以私人汽车为主的机动车数量迅猛增长。以北京为例，截至 2019 年，北京市机动车保有量为 636.5 万辆，比上年末增加 28.1 万辆。机动车的快速增长无疑加剧了城市道路的拥堵，即使是限号限行的主要城市，北京庞大的机动车总量仍对城市路网造成了巨大压力，同时还带来拥挤、尾气污染等附加影响。

2. 公共交通发展相对滞后

城市交通结构是城市综合交通体系中不同交通方式承担交通量的比重，反映了交通需求特点和不同交通方式的功能地位，直接影响着交通资源的配置方式以及向交通需求者提供更优选择的可能性，是决定城市交通系统效率的关键因素之一。

就目前的交通方式而言，主要有以小汽车为主的私人机动化交通方式、以电车和轨道交通为主的公共交通方式，以及以自行车和步行为主的非机动化交通方式。相比之下，运输效率较低、能源消耗大、污染环境的私人机动化交通方式的城市出行分担比例较高，而运输效率较高、有利于节约资源和能源的公共交通方式的出行分担比例较低。

此外，由于其他交通方式对道路交通资源的挤占，绿色环保、有益身心健康的以自行车和步行为主的非机动化交通出行方式逐渐呈现萎缩趋势。目前很多城市都将关注重点放在改善道路系统上，并进行一系列规划（如拓宽机动车道、建设高架桥等）以缓解城市交通压力，却很少考虑自行车和步行者的需求。

3. 管理水平不适应现代交通需求

城市政府的交通管理水平滞后于城市交通发展的现实需要。

在管理理念上，更注重道路交通资源的供给，对于城市交通需求的调控力度不够，管理缺乏前瞻性和引导力，经常处于被动反应的状态，城市交通管理的成本较高。

在管理手段上，过度依赖行政手段，对城市交通管理的法制手段和经济手段运用不足，政策实施的效果不佳。在管理过程中与出行主体之间的沟通协商不足，采取的一些限制和禁止性的交通强制性措施往往备受社会质疑。

在管理体制上，尽管经过大部制的改革，许多城市在道路交通运输方面实施了统一的管理体制，但各地城市对职能的整合力度不一，在城市交通规划、城市土地和空间布局、城市交通设施建设和管理、城市交通运输体系的管理等方面仍然缺乏有效的合作和协调机制，从而导致城市交通管理过程中各个环节之间、各种交通运输方式之间以及城市内外交通之间、城乡交通之间的统筹不足，影响了城市交通管理的系统效能的发挥。

在管理技术上，许多城市的交通系统管理和交通智能化管理水平较低。交通管制设施系统建设水平较低，许多城市停留在节点或者干线的点、线交通管理水平，以面为管理对象的区域交通管理水平较低。从总体上看，我国在交通管理的信息化、智能化方面还存在较大的优化提升空间。

12.3.2 树立现代化城市交通管理的理念

城市交通管理是一项系统工程。从政府职能的角度看，在城市交通综合治理的过程中，应该转变交通发展方式，强化管理，实现建设、养护、管理并重；坚持优先发展公共交通战略，着力推进“公交城市”建设；加大创新力度，提高交通设施承载能力和交通运输服务水平。具体来讲，一个全面协调可持续的交通体系应该贯彻以下理念：

第一，坚持“以人为本”，建设“人文交通”。交通发展应该以为城市居民提供安全、便捷、公平、和谐的交通服务为根本出发点，与经济社会发展相适应，与历史文化风貌相协调；建立与现代交通相适应的规划、建设、运营、管理体制机制，加强交通文明建设，提高现代交通意识，为城市正常运转和市民出行提供良好的交通环境。

第二，突出“技术创新”，建设“科技交通”。充分利用现代互联技术和物联技术，加快构建交通科技创新体系，加大技术研发和成果转化应用力度，推进信息化、智能化、产业化建设，全面提升交通系统科技水平。依靠科技进步，创新管理方式，实现内涵发展、结构优化、产业升级和服务延伸。

第三，突出“节能减排”，建设“绿色交通”。引导交通参与者转变出行方式和消费观念，不断提高绿色出行比重，鼓励生产和使用低能耗低排放汽车，从而建设与人口资源环境承载能力相适应的资源节约型、环境友好型综合交通运输系统。

12.3.3 改善城市交通管理的思路

城市交通管理是一项系统工程。目前我国城市交通所陷入的一系列困境，需要在一定理念的指导下综合治理解决。

1. 引导和调控城市交通发展方向

城市交通规划一般分为两部分：交通发展战略规划和交通规划设计。前者是宏观上确定城市交通的发展方向和目标，大体确定城市交通的结构、方式、网络等。后者是落实交通发展战略的具体规划，包括道路的功能分布、停车场等配套设施的建设以及管理的具体对策等。

规划应当建立在对交通需求进行有效识别的基础上，而且应尽可能地进行量化分析。城市交通的规划应按照系统论要求，不仅要注意城市交通与城市用地、城市经济社会、城市地理环境的关系，还要注意城市内外交通、客运和货运、动静交通建设的协调，更要注意利益和成本之间的比例和分配。

2. 实施交通需求管理

交通供给是为城市交通使用者提供的交通设施和交通工具。交通需求是人和物在社会公共空间以各种方式进行移动的要求。人们一度认为，通过大力加强道路交通设施建设，努力增加交通供给，能够满足人们日益增长的交通需求，但结果经常事与愿违：道路的供给使人们以为出行更加便利了，从而刺激了小汽车等机动车的增加，产生新的交通量，交通需求的增加又使决策者认为应当增加供给，从而形成恶性循环。因此，要解决城市交通拥挤的难题，必须在注重供给的同时，注重对交通需求的控制和引导。

实施交通需求管理，需要将经济杠杆与行政手段相结合。实施各种综合对策，对交通发生源进行调整；优先发展公共交通，提高公共交通的服务水平，促进人们对大容量、快速的公共交通的利用；限制私人交通发展，通过价格机制减少因私人交通造成的拥挤和空气污染；实施错峰上下班、客货分时段出行；向驾驶员提供道路交通信息和拥挤、事故状况，使交通需求在时空上实现分散化等。

专栏 12-1

拥挤定价理论

拥挤定价（congestion pricing），也被称为拥挤收费（congestion charging），这一理论基础是由皮古（Pigou，1920）和奈特（Knight，1924）在 20 世纪 20 年代提出的道路定价（road pricing）原理上发展出来的。

皮古提出了用边际外部成本定价理论来校正负的外部效应，或把外部效应内在化。这一理论被广泛地应用于交通经济领域，逐渐发展成独立的拥挤定价理论。从这个角度看，拥挤定价是将由于道路拥挤而产生的外部效应通过收费形式予以内部化，纠正过度或不经济地使用道路的行为。

具体来讲，拥挤定价就是根据道路的拥挤程度确定一定的通行收费标准，使道路使用者在面临一定的拥挤收费时，不再使用道路或改变行驶路线，从而缓解道路的拥挤程度。拥挤定价的主要目的是减少或消灭拥挤，因此，它的收费不像养路费或执照费那样具有普遍特征，而是只在拥挤地段或交通高峰，当时当地收取。

随着交通拥挤问题的日益严重，拥挤定价理论成为交通经济学研究的热点和前沿。尤其是近年来，随着信息电子技术的飞速发展，电子自动收费系统等智能交通系统的出现使不停车自动收费成为可能。以此为背景，拥挤定价政策引起了众多交通经济学家和交通管理人员的关注，并在这个领域里以不同的方式进行着广泛的研究。

资料来源：刘南，陈达强．城市道路拥挤定价理论、模型与实践．北京：科学出版社，2009；胡欣，江小群．城市经济学．上海：立信会计出版社，2005．有改编。

3. 实行公交优先发展战略

发展城市公交对于改善城市交通具有明显的效果。据测算，城市公交人均占用道路面积是小汽车的 1/10，是自行车的 1/6；污染少，节省能源，大公交的能耗比小汽车能耗低一半以上；客运效率高，其效率是小汽车的 14 倍。优先发展公交，提高其运输效率和服务质量，使其能够吸引大量乘客，降低私人交通的出行量，从而削减交通总量，缓解交通拥挤，提高道路交通效率。

根据世界各国的研究成果和实践经验，优先发展公共交通要做到：在法规上规定公交优先，制定相关的公共交通法规和交通规章制度，保障公共交通对交通资源的优先使用；在经济上采取政府扶持的措施，建设时予以财政支持，优化公交线网，发展快速、大容量、方便、舒适、多样化的公共交通系统，对公共交通经营中的政策性亏损给予财政补贴、专项补偿和减免税收等优惠政策；在运营管理中，突出公交的公益性，提高运营质量、服务质量和安全水平，增强公共交通对于城市出行者的吸引力，提升公共交通的出行分担率，改善城市交通结构。

城市公交属于公益性行业，其经营管理的基本方针应以社会效益为主，而不能单纯地着眼于经济效益。城市公交的行业运营也要注意垄断和竞争关系的平衡，防止过度垄断和无序竞争，在推进城市公交市场化改革的过程中要注意保持行业稳定。

在城市交通资源有限的情况下，优先发展公共交通意味着不仅要对公交采取扶持政策，还要对影响公交运行的私人交通方式予以限制和引导，限制和引导的对象主要包括自行车、摩托车和小汽车等。所谓“限制”主要是对私人交通的使用制造不便，从而对其进行控制。比如在购买私人交通工具时征收额外的税收，提高油价、停车费等，禁止其驶入某些道路等。

4. 深化城市交通的管理体制改革

现行交通管理体制存在许多弊端，难以适应城市交通的发展，对交通拥挤、交通污染、交通事故等问题解决不力。

继续深化城市交通统一管理体制改革的内容包括：全面协调铁路、公路、航空、水运、管道、城市交通运输等各个方面；统一制定规划、交通税收政策，并确定资金的投入方向，调控汽车购置和使用阶段的管理；不应再将公共汽车、电车、出租车、轮渡简单地按公用设施行业进行市政管理，改变条块分割的局面，保证宏观调控的权威性；将大交通系统与各城市内的交通统一管理，以便于协调市与市之间、城市内部交通与外部交通之间、城市与乡村之间，以及同种及不同种运输方式之间的联系和衔接，提高交通运输系统的整体效益。

5. 完善交通政策和法规

首先，要建立完善的交通发展政策和法规体系。应通盘考虑城市交通的发展政策、汽车工业发展政策、城市土地政策、环保政策，以及建设资金投入政策和税收、价格政策等一系列关系国民经济发展和行业发展的重大政策问题，将城市交通发展政策纳入国家政策层面统一考虑，对城市用地布局、规划与设计的一系列的技术设计标准、建设标准、规范和法规进行引导性研究、调整、修改，对与城市交通管理有关的交通法规进行引导性研究，对公共交通发展进行立法保障。

其次，应该建立严格的交通法规监管体系。运用经济、法律和技术等手段，如加大对交通违章者的处罚力度等。建立严格的交通法规监管体系，使人们自觉成为执法、守法、护法的城市交通出行者，自觉地加入城市交通法规的监管队伍，为维护良好的交通秩序贡献力量。

6. 提高交通现代化管理水平

科学化、现代化交通管理手段能充分有效地利用现有路网等设施，最大限度地发挥现有道路交通设施的作用。为此，世界各国纷纷开发和建立智能交通系统，将其作为解决交通拥挤、交通事故、环境污染、交通能源问题和制定加速交通运输产业高科技化的战略决策的有效手段。

智能交通系统，是将先进的信息技术、数据通信传输技术、电子控制技术以及计算机处理技术等综合运用于整个交通管理体系而建立起来的全方位、实时、准确、高效的综合运输管理系统。它包括先进的交通管理系统、先进的驾驶员信息系统、先进的车辆控制及安全系统等。

12.3.4 促进城市交通发展的具体举措

现代城市交通体系既要保障城市的发展，又要为居民提供便利的出行条件。因此，强化公共交通吸引力，建设规模化的物流配送体系，以不断提高人们的出行效率和道路安全水平，就成为众多城市交通发展的重要政策目标。与此相应的具体举措主要有：

1. 建设“公交城市”

“公交城市”是指以社会化公共运输方式为主体、多种交通方式协调运转，路网交通负荷最大限度减少，交通与城市发展相适应并支持和引导城市可持续发展的绿色出行交通系统。它不仅包括公共交通客运系统，还包含换乘系统、步行自行车系统、无障碍出行系统以及货运物流系统等。

打造“公交城市”的重要内容之一是构建高效便捷的快速通勤系统。快速通勤系统以早晚高峰通勤出行为主要服务对象，以加快轨道交通网络发展和提高地面公交运输速度、改善换乘条件为重点，适应城市发展，构建覆盖市区、辐射郊区的常规公交、轨道交通、BRT 一体化的公共交通快速通勤体系，提高公共交通吸引力，提高市民通勤出行效率，提高通勤出行公共交通比例。

2. 提高路网承载能力

将建好路与用好路结合起来，提高路网承载能力和运行效率，以改造道路微循环系统为重点，建成功能完善的综合交通设施网络，使道路交通设施总体承载能力与服务水平明显提升。

在加快交通基础设施建设的同时要更加注重“存量挖潜”，继续深化管理养护体制改革，逐步实现管理、养护的规范化、标准化，实施养护的精细化和科学化管理，全面提高交通基础设施的使用效率；除继续扩充规模以外，注重快速路、主干路、次干路、支路功能衔接匹配，充分挖掘现有道路资源使用效率，最大限度发挥道路网络效应；坚持交通先导的原则，发挥交通系统对城市空间结构调整和区域发展的引导和支持作用，在规划建设新城和服务功能区的同时，规划建设内部道路和对外联络道路。

3. 推进交通信息化建设

整合信息资源，加快新一代智能交通系统建设，提高管理、运输服务水平和运行效率。在智能交通的理念指导下，整合交通信息采集资源，建设一体化的综合交通数据中心。建设智能化交通运行管理决策支持系统，建设路网运行管理和综合交通枢纽管理系统。在公众服务方面，完善公众出行交通信息服务系统，建设动静结合的交互式信息服务平台，为公众提供实时、便捷、人性化的信息服务。

4. 推进交通精细化管理

以科技创新为手段、体制机制创新为载体，寓管理于服务之中，在管理中体现服务，注重管理的人性化、标准化、规范化、信息化、精细化和智能化，保证交通系统安全、有序、顺畅运行。推进交通精细化管理的主要方式有：

（1）优化交通组织。科学设置区域交通单行线系统，研究城市快速路及主干道的高承载率车道和放射线的潮汐车道设置。优化调整城市快速路和主干道出入口，优化道路交叉路口，改善路网功能。

（2）规范交通标识系统。优化复杂交通点段标识的设置，增设预告类和确认类指路标识，增设地面标识，规范交通枢纽、场站的标识设置，完善和提升交通标识系统功能。

（3）规范静态交通。利用经济、法律和必要的行政手段加大停车管理力度，规范停车行为。实施差别化停车泊位供给和分区域、分时段差别化停车收费政策，修订居住区及各类公共建筑停车位配建指标。

（4）保障交通安全。完善现有道路交通安全设施，建立健全交通安全管理体系，开展安全风险评估，建设高效交通应急指挥处理系统。

5. 推进“一案三制”的交通应急管理

城市交通管理应建立并推进“一案三制”的应急管理体系，切实增强城市交通应急预案的制定、执行与反馈，健全并联动交通应急管理体制、机制、法制，并逐步形成预防与应急准备阶段、监测与预警阶段、应急处置与救援阶段、善后恢复与重建阶段的全方位应急管理周期。加强“一案三制”的交通应急管理，既要通过体制化和法制化形成城市交通优化措施的常规流程和规则框定，又要因地制宜地灵活制定和运用应急预案，通过演习、演练及时查找欠缺并进行改进，最终实现应急预案与应急管理体制、机制、法制的联动和互补，切实增强城市交通的应急管理能力。

6. 推进交通文明建设

加大宣传教育力度，增强交通参与者的现代交通意识，营造“改善交通我参与、交通顺畅我快乐”的社会氛围。

加大交通文明宣传，号召市民文明行车、乘车、停车、行路；倡导绿色出行，倡导乘坐公共交通工具、骑自行车和步行等绿色出行方式，倡导使用清洁能源汽车和低排放、低能耗汽车。

关键术语

当斯定律　　智慧交通系统　　交通系统管理　　交通需求管理　　交通应急管理
“公交城市”

复习思考题

1. 请结合城市交通管理的主要理论，谈谈对我国的城市交通管理有何借鉴意义。
2. 你认为在市场经济条件下应如何改善我国城市公共交通管理？
3. 城市公共交通需求管理的内涵是什么？主要采取哪些政策措施？
4. 结合所在城市，谈谈当前城市交通管理面临哪些困境，应如何改进。

延伸阅读

1. 吴兵，李晔．交通管理与控制．6版．北京：人民交通出版社，2020.

该书着重对现有的道路交通设施以及如何科学地采取交通管理与控制的各种交通治理措施来提高其交通效益与交通安全进行探讨。全书分为交通管理与交通控制两篇，共16章，对交通管理的内容、设施，交通控制的原理、技术及设备进行了介绍。该书是交通工程专业用教材、道路桥梁与渡河工程专业选修课教材，也可供相关专业的技术人员参考。

2. 李静．城市交通需求管理：政策叠加效应与群决策视角．北京：清华大学出版社，2020.

该书以交通需求管理政策效果为主要研究对象，系统性地提出了开展中国城市交通需求管理政策效果评估的方法体系，主要有三部分：一是城市交通需求管理政策叠加效应分析——以北京市为例，二是基于结构方程模型的城市交通需求管理效果研究，三是出租车调价视角下居民出行选择群决策仿真研究。该书尽管不足以广泛纳入交通需求管理政策评估理论与方法，但尝试进行了一些探索性研究，如考虑多种交通需求管理政策措施并行实施所产生的叠加效应。解决城市拥堵，平衡实际供需矛盾，实现城市交通供给与需求协调渐进与优化整合是一项大的系统工程，其中需要关注和研究的现实问题仍然在源源不断地涌现着。当前，如何融入移动通信技术、大数据分析技术和人工智能方法，更好地解决城市交通需求管理问题，正在成为新的研究热点，城市交通需求管理研究任重而道远。

3. 宋瑞．城市公共交通．北京：北京交通大学出版社，2014.

该书为“十二五”国家重点出版物出版规划项目“城市交通系列教材”之一，比较详细地介绍了我国城市公共交通的基础设施、运营管理、路线规划、信息调度等基本知识与原理，同时系统地将城市公交服务管理和质量管理融入教材进行讲述，体现了城市公共交通逐渐向重服务、重质量的管理方式转变。

4. 何玉宏，等．城市交通社会学．武汉：华中科技大学出版社，2014.

该书是国内第一部城市交通社会学论著。该书用社会学的理论和方法对城市交通现象进行了全面的剖析，特别是对交通演进与城市社会变迁、交通行为与城市出行方式、社会分层与城市交通需求等进行了深入而系统的研究，比较适合公共管理、社会学的学生对城市交通的基础学习。

5. 理查兹．未来的城市交通．潘海啸，译．上海：同济大学出版社，2006.

世界上的城市正遭受日益严重的交通问题的“摧残”，其中一个重要的原因就是小汽车的持续增长。无视环境和公共健康的问题，仅从个人出行舒适的角度出发，小汽车显然比公共汽车或其他交通方式更具有吸引力。许多大城市采取了改善公共交通、鼓励步行和自行车出行的措施，以减少小汽车的使用，或者至少引导人们以不同方式使用小汽车。该书考察了诸多此类尝试，枚举了世界范围内的案例，对建筑师和规划师设计的“交通建筑”和其他城市规划项目进行了分析。书中探讨了新交通系统的改进方式以及这些方式如何与城市环境相互协调的问题。如同今天的高层建筑必须配备电梯一样，建议今后大规模的城市开发都应提供自动水平移动的系统，从而使未来城市发展可以不依靠私人小汽车。

第13章

城市环境管理

重点问题

环境保护和社会发展是当今人类面临的两大主题。随着工业化和城市化水平不断提高，我国城市的环境保护和可持续发展问题日益突出。良好的环境管理和环卫管理能够协调城市社会、经济发展和城市生态环境之间的矛盾，创造舒适、卫生、安全的高质量城市环境。

那么，城市环境的特点有哪些？城市中主要存在哪些环境问题？我国城市环境管理的基本制度有哪些？加强环境管理、改善城市环境质量的对策有哪些？这些是学习本章需要掌握的内容。通过本章的学习，还需了解和掌握城市环境卫生、市容、绿化管理的内容和体制，从多个层面来把握城市环境管理。

13.1　城市环境管理概述

当前，环境保护与可持续发展问题在世界范围内得到越来越多的重视。城市环境的优劣，在很大程度上影响着一个城市的建设和发展进程，关乎城市的形象和综合竞争力，事关城市的发展速度和兴衰成败。环境在城市经济社会发展中的地位越来越重要，环境管理也成为城市管理中一项重要的内容。

13.1.1 城市环境

1. 城市环境的含义

城市环境是指在城市中与人类活动存在互动关系的各种自然存在以及经过人工改造的人化自然的综合体，包括自然环境和人工环境。自然环境，亦即生态环境，是指对城市居民的生产、生活能够产生直接和间接影响的一切自然物的总体，它是人类生存和发展不可或缺的条件，如阳光、空气、水源、土壤、植被、微生物、地形地貌、气候以及各种资源等。人工环境是人类为了改善自身的生存状态、提高物质文化生活水平而对自然因素进行改造所形成的环境，如城市中的各种构筑物、道路、市政设施、环境卫生及园林绿化等。

城市环境良性循环的基础是城市自然环境的生态平衡，即城市生态系统中的各要素之间存在良性互动。由于城市的人工环境本身就是人类对自然因素加以改造的结果，这使得城市自然环境与人工环境之间呈现出一种辩证关系，人类既可以从改造自然的活动中获益，也可能因过度开发而遭到自然界的报复。

2. 城市环境的特点

（1）城市环境受人类影响巨大。城市是人类居住最集中、活动最频繁的地方，因而也是人类对自然环境干预最强烈的地方。与其他地方相比，城市中除了最基本的地貌环境外，基本上都留下了人工的痕迹。同时，城市自然环境要素的物理和化学性状也在人为干预下发生了变异。如城市路面以硬化地面为主，导致其蓄水功能大大减弱，加剧了城市内涝和地下水源补充不足的问题。城市人口的迅速增长和生产活动的扩大，必然导致城市自然环境的不断后退和人工环境的不断扩大，城市中其他生物的发展将越来越受到压制。

（2）城市环境是一个开放的不完全的生态系统。在城市中，由于在有限的区域范围内集中了大量的生活、生产活动，为保证城市的正常运转，人们必须从城市生态系统以外输入大量的生活资料和生产资料，同时又必须将大量的废物输出城市。由于人类活动强烈地改变着城市的自然条件，必然会对城市生态系统的某些环节造成破坏，这使得城市中人的数量与动植物的数量相比处于绝对优势，城市环境的作用发生了异化，并不是一个完整意义上的生态系统。

（3）城市环境趋于脆弱。城市内部分工的不断细化，导致城市环境系统日趋脆弱。城市系统中的某一部分、某一环节失效，或是比例的失调，都会给城市环境带来严重的后果。同时，随着城市功能的多样化，城市环境污染呈现加剧趋势，由过去的单一生活性污染，变为以交通、工业、声光电为主的多源污染。城市的规模越大，其内部的各个环节之间、城市系统与其他生态系统之间的相互依赖性就越强，城市环境系统就越脆弱。

13. 1. 2　城市环境管理体系

1. 城市环境管理的含义

严格地说，“环境管理”是一个处于不断变化、发展中的概念。20 世纪 70 年代以前，环境管理仅仅被认为是以技术措施来处理因生产发展带来的污染。1972 年斯德哥尔摩第一次“人类环境会议”后，越来越多的国家开始认识到环境管理不仅是一个技术问题，更是一个复杂的、综合性的社会问题和经济问题。城市是人与环境结合起来的空间地域系统，其中，人是主导的方面。所以，城市环境管理的实质，是对人类的活动施加影响，使人类对环境资源进行合理利用，以达到既能够使人类的一切基本需要得到满足，又不超过生态系统的容纳极限，并使城市生活质量不断提高。

结合我国的实际情况，本书认为，所谓城市环境管理，是指城市政府顺应经济规律和生态规律的要求，运用经济、行政、法律和宣传教育等手段，通过全面系统的规划，对城市中的各类组织和个人的社会活动进行监控调节，使城市的经济、社会活动与城市生态环境协调发展，最终实现可持续发展。

2. 我国城市环境管理体系

1983 年，环境保护就被确定为我国的基本国策。我国的环境管理总体上实行的是统一管理与分级管理、分部门管理相结合的体制。经过 2018 年政府机构改革之后，原环境保护部改组为生态环境部，作为我国生态环境管理的主管部门，它对全国生态环境保护工作实施统一监督管理；县级以上地方人民政府的生态环境行政主管部门是分级管理的主体；海洋、公安、交通、民航、土地、矿产、林业、水利等行政主管部门依法分管职责领域内的某一类污染源防治或者某一类自然资源保护管理工作，具体管理体系设置如图 13－1 所示。

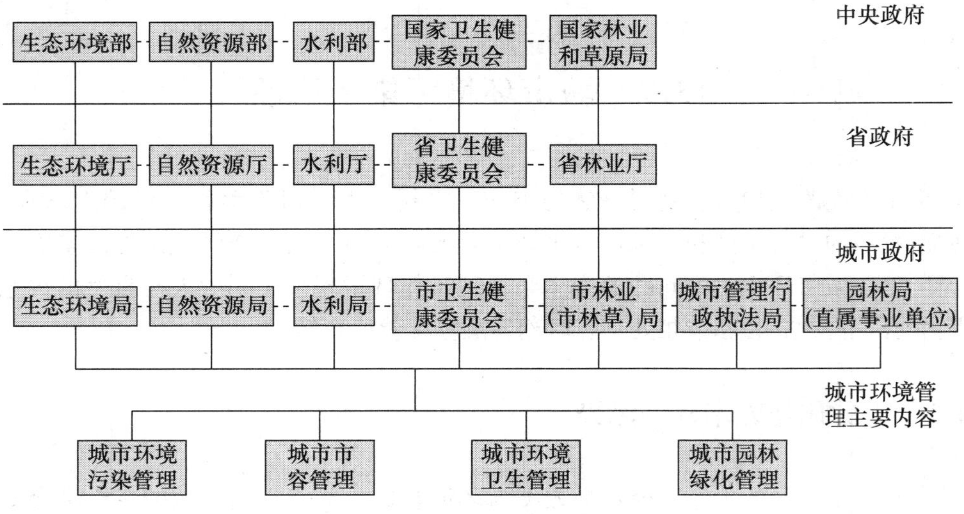

图 13－1　我国的环境管理体系

（1）统一管理体系。

国家环保主管机构的设置经历了一个逐步改革的过程。其最早可追溯到1973年建立的国务院环境保护领导小组办公室，标志着我国环境保护机构建设的起步。1982年，在国务院的机构改革中成立了环境保护局，归属于城乡建设环境保护部，并于1984年更名为国家环境保护局。1988年，环境保护局从城乡建设部中独立出来，升格为国务院直属机构（副部级）。1998年，国家环境保护局升格为国家环境保护总局（正部级），但仍然只是国务院直属单位。2008年3月，国家环境保护总局升格为环境保护部，成为国务院的组成部门，综合决策和统筹协调能力大大增强。2018年3月，根据第十三届全国人民代表大会第一次会议批准的国务院机构改革方案，组建生态环境部，不再保留环境保护部。生态环境部性质的转变、部门级别的升格和职责职能的调整细化，更加说明当今生态环境保护的重要性日益凸显。而我国城市政府的生态环境局及其下属各区、县级市的生态环境机构，是对城市环境保护工作统一实施监督管理的行政机关。

（2）分部门管理体系。

城市的分部门管理体系，主要是指行政主管部门依法分管职责领域内的某一类污染源防治或者某一类自然资源保护管理工作。比如：市林业局承担全市林业及其生态建设、造林绿化、森林资源保护、林业系统自然保护区等方面的监督管理工作；市水利局承担水资源保护和节约用水、水土保持的工作；市自然资源局负责耕地保护、国土空间生态修复等方面的工作；城市管理执法局承担市容管理、环境卫生管理、城市绿化管理等方面的行政执法工作。不同的城市，在具体机构的设置上也有所不同，比如有的城市将执法部门与其他管理部门合并，形成一个综合性的生态环境监管部门。

（3）分级管理体系。

除国家林业和草原局作为国务院直属机构，和省林业厅（也存在省级政府根据自身情况设置为林业局或省林业和草原局）是业务上的指导关系而非行政上的垂直关系外，其他部门从中央政府到城市政府均形成“国家部委—省厅委—市局委”垂直管理的分级管理体系。

13.2 城市环境污染及治理

城市是人类改变自然、利用自然的杰作，寄托着人类对于美好生活的追求和向往。作为城市发展的重要条件和基础，城市环境是影响城市生活质量的决定性因素之一。纵观世界历史，城市环境污染问题的产生与治理正体现了现代文明中人与自然的关系：从屈服到征服，再到二者和谐相处，它时刻警醒世人善待自然。

13.2.1 工业化与城市环境污染

城市是特定意义的生态系统，是人类与环境在这一特定空间地域的有机结合和对立统一。人类通过活动影响和改造自然的程度、范围和能力，受到社会生产力发展水平、自然规律和城市自身发展规律的制约。遵循这些规律，人类与环境就能协调发展、相互促进，保持生态平衡；否则，两者就会发生矛盾和冲突，导致环境问题。这里所说的城市环境问题，是指由于人类在城市的生产生活造成的对环境的污染和对生态的破坏，使城市环境的结构和功能发生变化，这些变化反过来又影响了城市的生存与发展。

1. 工业化带来的城市环境挑战

现代城市的发展与工业化进程密切相连，而工业化进程则使得环境问题日益凸显，可以说，环境问题与现代城市的发展相伴相生。产业革命和现代化大生产促进了工商业、科学技术的发展，同时也带动了城市化的进程。在此过程中，工业和人口大量涌向城市，城市生态系统发生不良变化，出现了所谓的“城市环境综合征”。这不仅给城市建设带来巨大压力，而且会造成严重的社会问题。

在 19 世纪中后期，伦敦就曾发生因水体污染引起的霍乱大流行，造成数万人丧生。进入 20 世纪以后，由于城市中煤、石油、天然气的消耗量不断攀升，化学污染突出，城市环境更加恶化。20 世纪五六十年代，西方工业国家的环境公害泛滥，城市中污染、交通堵塞、街道拥挤、绿地面积减少、采光通风差等一系列问题，使工业革命以来几乎所有因环境问题产生的矛盾都集中到城市并不断累积。惨痛的教训使发达国家认识到了城市环境问题的严重危害，采取了立法、建立专门的环境管理机构和制定环境保护制度等措施对其进行预防和治理，并取得了很大的成效，但是发展中国家的城市环境问题依然比较严重。

城市环境污染是城市环境问题的主要表现形式，一般指由于城市中人类活动所产生的大量有害物质严重影响环境机能，超出环境系统自净化能力，从而使城市的生态系统遭到扰乱和破坏。同时，一切无法再生或无法取代的资源的滥用以及由于固体废物、噪声、地面沉降和景观破坏等所造成的对城市环境和人类的损害，也都可称为城市环境污染。城市环境污染已经成为制约各国城市发展的共同难题，其特征表现为：

（1）污染范围的广泛性。主要包括两个方面的含义：其一是环境污染带有国际性或全球性，全世界几乎每个国家、每个城市都面临环境污染的问题。其二是环境污染具有跨地域性。有些环境污染如酸雨，本身就带有跨地域的特征；而另一些受污染的自然环境因素，如大气、海洋等，虽然常常发生在一个地区，但会流动到其他地区。

（2）污染内容的复杂性。由于城市中人类活动的范围涉及了城市的方方面面，城市生态环境中的各个要素，包括大气、水域、土壤、植被等都不同程度地受到污染。同时，许多现代技术和生产工具在使用过程中带来的污染往往是多方面的，而不是单一的。

（3）污染影响的深远性。人类所依赖的自然环境或生态圈是一个庞大的系统，这个系统本身有其特有的平衡。已有迹象表明，受到近现代人类污染活动加剧的影响，人的活动及其带来的污染正在破坏生态系统的平衡。由于污染物质性状的变化是一个较长期的过程，因而自然环境的绝大多数因素在被污染后，都会对城市生态环境造成长期影响。

（4）污染危害的严重性。现代城市环境污染的一个特点是某些污染物（如辐射等）看不见、闻不到，不容易被人发现，但危害却十分严重。由于城市面积小、人口密度高，城市生产、生活所引起的污染强度大，这也是造成现代城市污染危害严重的一个重要原因。

专栏 13-1

盛世危言:《寂静的春天》与《增长的极限》

1962年9月，美国海洋生物学家蕾切尔·卡逊的《寂静的春天》一书面世，该书主要描写人类因过度使用DDT杀虫剂等化学药品，导致地球生态环境遭受巨大破坏。在此书中，作者向世人发出了警告：生态环境和资源是宝贵而脆弱的，人类沉浸于工业社会的愿景，对自然无节制的开发、利用将会引发极其可怕的后果，提醒人们“环境保护”已经迫在眉睫。这部著作出版时正值世界石油危机爆发，因此该书在当时的美国乃至全世界都造成了轰动性的影响，并催生了《联合国人类环境会议宣言》的发表，成为推动全球环境保护事业的惊世之作。

罗马俱乐部、波托马克学会和麻省理工学院研究小组联合出版于1972年的《增长的极限》一书，以科学的方法分析了当前经济发展模式会带来人口爆炸和经济失控，并会引发和加剧粮食短缺、资源枯竭和环境污染等一系列问题。这给处于“黄金时期”并陶醉于高增长、高消费之中的西方发达国家以当头棒喝，引发了人们对于环境保护的争论和思考，推动了全球化环境保护运动的产生。

2. 城市环境污染的类型及防治

城市环境污染的治理需要从整体出发对城市环境污染问题进行综合分析，在环境质量评价、制定环境质量标准、拟定城市环境规划的基础上，采取防治结合、人工处理与自然净化结合等措施，以技术、经济、法制等手段，制定防治污染的最佳方案，以控制和改善环境质量。

（1）城市水污染治理。水污染是指天然的洁净水由于人类活动而被污染的现象。城市中水污染的主要来源是生活污水和工业废水。城市中水体的污染将会直接危害人体健康，制约工业的发展，并会加速生态环境的退化。城市水污染的综合防治是综合运用各种方法来防治水体的污染，它是人工处理和自然净化、无害化处理和综合利用、工业循环用水和区域循环用水、中水回用、无废水生产工艺等措施的综合运用。

（2）城市大气污染治理。习惯上认为大气污染是空气中的污染物达到一定浓度，并持续足够的时间，从而对公众健康、动植物、大气特性或环境的优良性等产生了可以测量的不利影响。现在，大气污染的含义已有了很大的延伸，人类活动导致大气中某些组成成分发生变化、产生危害，大量能量释放进入大气引起不良影响等都属大气污染的范畴。最为典型的大气污染有煤烟型污染、酸沉降和光化学烟雾污染。大气污染综合防治的措施主要有：通过提高能源效率和节能、推广洁净煤技术、集中供热以及开发清洁能源和可再生能源等方法，降低污染物排放量；控制机动车尾气污染；发展植物净化；等等。

（3）城市固体废物污染防治与综合利用。城市固体废物是在城市的生产、生活过程中产生的，主要可分为生活垃圾、工业固体废物和有害废物（泛指除放射性废物以外，具有毒性、易燃性、腐蚀性、爆炸性，因而可能对人类生活环境产生危害的废物）三种。

城市固体废物往往集终态与污染源头为一体，具有潜在性、长期性和灾难性的特点，占用了大量的土地资源，对城市的大气环境、水环境、土壤环境和卫生景观都造成了严重影响。根据其类别的不同，可以采取不同的方式进行处理。比如，通过发展循环经济实现废气、废水的可再生能源化；利用掩埋、焚化、化学处理等方法对有害固体废弃物进行科学处理；推广垃圾分类、回收从而实现城市垃圾的无害化、减量化和资源化处理。

（4）城市噪声污染防治。随着城市工业、交通的飞速发展，噪声已成为一种重要的环境公害，其主要来源为交通运输、工业生产、建筑施工和日常生活。对城市噪声污染的综合治理既要强调对噪声源的控制，例如，使用消声设备控制噪声辐射、优化操作方法降低噪声频率，又要重视对传声途径的控制，包括制定城市建设中的噪声防治规划、控制噪声源与周围建筑的距离等。

13.2.2 我国城市环境污染的严重挑战

20 世纪 80 年代以来，我国在控制城市环境污染方面做出了很大的努力，也取得了一些成果，但还远没有消除城市生态系统恶化的状况。在许多城市，环境污染和生态破坏问题不仅未得到有效的控制，反而呈现出继续蔓延的态势，城市环境问题已成为影响我国城市向更高层次发展的障碍。

1. 城市大气质量堪忧，大气污染频发

由于人口众多、经济增长快、能源结构和控制不力等原因，我国是世界上排放各种废气量最多的国家之一。近年来，我国城市的大气污染防治工作取得了较快进步，大气环境处于相对稳定的状态。但由于我国长期以来空气质量较差，且目前我国所采用的空气质量评价标准远低于国际标准，所以这种进步只是大气环境质量较低水平上的进步。《2019 中国生态环境状况公报》显示，（可吸入）颗粒物（包括 PM2.5、PM10）作为多年来影响我国空气质量的首要污染物已经呈现下降趋势，而全国各地臭氧（O_3）污染天数的悄然增长却引起了人们的重视。这种污染已成为“十四五”治理的重点，我国明确提出“加强细颗粒物和臭氧协同控制”的要求。

2. 城市水资源短缺，水体污染严重

我国是一个水资源相对短缺的国家，随着我国工业化、城市化进程逐步加快，水资源短缺的形势也越来越严峻。全国 669 个城市中，有 400 多个城市供水不足，其中有 110 个城市严重缺水。工业排放和城市生活污水的不断增加，造成水环境污染严重，使原本就短缺的水资源形势更加严峻。城市水污染问题不能解决，将制约城市经济发展，危害群众健康，影响社会稳定。

3. 城市固体废物污染加剧，成为重大环境隐患

当前，我国已成为世界最大的城市固体废物制造者。从历年中国环境状况公报来看，虽然我国城市固体废物产生量和累计堆存率都大大低于工业产值的增长率，但其绝对数

量仍有较大幅度的增长。城市固体废弃物对城市土壤、水源和空气造成污染，对城市环境的危害极大。更重要的是，这些固体废物中有相当一部分是有毒有害废物，这些有毒有害废物若未得到妥善处置，将成为我国城市环境的重大隐患。

4. 城市噪声污染凸显，发展为城市环境公害

《2019中国生态环境状况公报》显示，全国28.7%的城市区域环境噪声处于轻度污染，1.9%的处于中度污染。一些城市的噪声强度远远超出城市环境噪声的标准。由于城市车辆的持续增加，这种状况在短期内难有大的转变。

我国城市环境这种状况的形成有其历史和现实的原因，但主要是由新中国成立以来我国城市各项事业的发展和建设缺乏城市生态理论的指导、忽视城市生态规律造成的。城市的工业布局、交通网络以及能源、人口超出了城市生态系统的承载能力，造成了城市生态系统的恶性循环。虽然近年来我国城市环境严重恶化的状况有所改善，但经济发展和城市化进程对城市环境的压力仍在加大，我国环境管理部门必须采取切实的措施加以应对，否则我国城市可持续发展的目标将无法实现。

13.2.3 我国城市环境管理的原则与制度

为应对城市环境污染的严峻形势，实现城市的健康发展，我国在理论与实践中不断摸索城市环境的科学管理之道，总结出了符合自身发展阶段与发展要求的管理原则，逐步建立起了一套内容丰富、设计科学的环境管理制度。

1. 我国城市环境管理的原则

我国城市环境管理的原则是我国城市环境污染防治工作的科学总结，是城市环境管理各项政策的依据。我国城市环境管理的原则主要有：

（1）环境保护与经济建设协调发展的原则。这是我国城市环境管理的核心内容和主导原则。环境管理与经济发展密切相关，相互促进、相互制约。既要反对以牺牲环境为代价来发展经济，也要反对以保护环境为理由而不发展经济。针对当前我国的实际情况，要特别强调环境保护在经济发展中的重要性，城市政府在编制和审定经济和社会发展的计划和规划时，要充分考虑环境保护和生态平衡的要求，更要把环境保护同人口、资源、能源等问题有机联系起来统筹安排。

（2）以防为主、防治结合、综合治理的原则。控制城市环境污染，在积极治理过去遗留的环境污染的同时，更要着重预防新污染的发展，变消极被动的应付为积极主动的防治。这就要求城市环境管理部门采取预防措施来阻止城市环境问题的产生，或者是把环境污染或生态破坏控制在维持城市生态平衡及公众健康的限度之内。

（3）全面规划、合理布局的原则。全面规划原则主要包括两个方面：一是城市进行环境保护要有全面合理的规划。应从环境预测、城市环境区划、环境保护目标以及加强城市环境保护的步骤措施诸方面制定具有良好操作性的政策；二是城市环境管理和环境保护的规划要与城市的经济社会发展计划相结合。同时，不论是进行新项目的建设，还

是城市改造抑或工业调整，都应以环境影响评价为重要的参考指标，对现有的不合理布局进行调整，避免或尽量减少对区域环境的污染和破坏。

（4）环境保护责任制原则。根据“谁污染谁治理，谁开发谁保护”的原则，对环境造成污染和其他公害的单位，应当进行相关规划，积极治理，或者报主管部门批准转产、搬迁。在明确污染主体责任的基础上，实行这一原则有利于把环境管理全面纳入经济个体的管理和生产经营活动之中，从而消除和减轻对环境的污染。

（5）环境管理法制化的原则。以法律的形式将城市中不同活动主体在环境保护方面的责任义务等相关问题确定下来，是推动城市环境保护进程、巩固城市环境治理成果的重要保障。环境管理方面的立法在我国主要体现为三个层次：一是国家环境管理的基本法，如《中华人民共和国环境保护法》；二是有关国家环境管理的专门性法律、法规及行政规章，如《水污染防治法》《大气污染防治法》《固体废物污染环境防治法》等；三是国家环境管理的地方性法规和地方行政规章，主要是各地区根据自身的实际情况将国家法律的原则性规定具体化，或者根据当地的实际需要制定的有关法规、规章。

2. 我国城市环境管理的制度

我国城市环境管理制度的体系框架，是由产生于我国环境保护工作的初创时期并于《中华人民共和国环境保护法（试行）》（1979 年）中确立的“老三项”制度（环境影响评价制度、“三同时”制度、排污收费制度）和 1989 年第三次全国环境保护会议出台的“新五项”制度①（环境保护目标责任制、城市环境综合整治定量考核制度、排污许可证制度、污染集中控制制度、污染限期治理制度）组成的。

（1）环境影响评价制度。

环境影响评价制度是防治新污染源产生、实现有效预防的一项重要制度，它要求在一定区域内进行开发和建设时，对建设项目产生的污染或对环境的影响进行评价，并规定防治措施，形成环境影响报告书作为确定环境保护对策的依据。这项制度吸收了西方国家先进的经验方法并结合了我国各城市实际，为区域开发活动奠定了科学的基础。

（2）“三同时”制度。

“三同时”制度是指所有新建、改建、扩建的项目，其防治污染的设施须与主体工程同时设计、同时施工、同时投入运行的制度。这是我国实行预防为主、防止新污染源产生的又一项重要制度。这项制度的实行，强化了建设项目的环境管理，能够有效防止新污染源的产生。但该制度在实际执行中仍然存在一些问题，主要是防治污染的设施与主体工程同时运行效率低下、实际调查的“三同时”执行率低于统计上的执行率等。

（3）排污收费制度。

排污收费制度是国际上普遍采用的环境管理制度，我国从 1982 年开始实施，是世界上第一个在全国范围内对污水、废气、固体废物、噪声等各类污染因子实行排污收费制

---

① 目前普遍公认的是五项制度，但也有学者认为是六项制度，还包括企业升级环保审查制。

度的国家。企业按正常规定缴纳的排污费可以计入生产成本，收取的排污费专款专用，主要用于补助重点污染源治理等内容。

我国的排污收费制度实行的是排污费强制征收原则，排污单位必须在规定的期限内缴纳排污费，逾期不缴的，每天增收应缴纳排污费1‰的滞纳金，拒缴者，环境保护部门可以对其处以罚款，并可申请法院强制执行。

（4）环境保护目标责任制。

1989年召开的第三次全国环境保护会议明确提出了实行环境目标责任制。这是对环境质量从定性管理向定量管理转变的重要制度，规定了地方各级人民政府和排放污染的企事业单位的负责人要对环境质量负责，其主要目的是明确一个区域、一个部门乃至一个企事业单位环境保护的主要责任者、责任目标和责任范围，使环境保护真正进入各级政府和企事业单位的议事日程，从而有效贯彻环境保护这一基本国策。

环境保护目标责任制具有明确的时间和空间界限，有数量化的环境质量目标和可分解的环境质量指标，有定量化的监测和控制手段，有配套的考核奖惩办法，从而具有较强的可操作性。这一制度的实施，激发了地方各部门及其责任者加强环境保护工作的积极性。

（5）城市环境综合整治定量考核制度。

1988年，国务院环境保护委员会在总结各地经验的基础上发布了《关于城市环境综合整治定量考核的决定》。1989年4月，第三次全国环境保护会议将其作为环境保护的重要制度并提出了一些具体要求。这一制度是指对城市环境质量、城市中有关环境保护的各项建设以及实施管理的具体情况和实行城市环境综合整治的成效等制定量化指标进行考核，每年评定一次的制度。考核范围包括大气环境保护、水环境保护、噪声控制、固体废弃物处置和绿化五个方面，共20项指标。

（6）排污许可证制度。

排污许可证制度是我国防治污染源的一项重要制度，它以改善环境质量为目标，以污染物总量控制为基础，规定排污单位可以排放哪些污染物、污染物的排放量和排放去向。这一制度主要包括：排污申报登记、确定污染物总量控制目标和削减指标、核发排污许可证、排污许可证的监督检查和管理。

（7）污染集中控制制度。

这一制度的目的在于充分利用环境治理中的规模经济，降低污染治理的成本，从而使资金产生最大的环保效益。其主要形式是把污染比较严重的企业，建设或迁移到同一地区，以利于集中防治污染、缩小危害的范围。具体形式有企业间污水联合集中处理，特殊污染物废水集中控制、工厂污水预处理后再送城市综合污水处理厂，建设固体废物处理厂、生物工程处理厂等。

（8）污染限期治理制度。

污染限期治理制度是以污染源调查为基础，以环境规划为依据，强制性地要求污染危害严重的污染物、污染源、污染区域在限定的治理时间内完成限定的治理任务，并达到限定的治理效果的制度。环境污染限期治理是一项法律程序，不执行限期治理污染决定、不按期完成治理任务是违法行为，将受到法律的制裁。

13.2.4　提高城市环境管理水平的思路

我国城市环境面临严峻挑战，大气、水体、固体废弃物以及噪声的污染都十分严重。如何采取更为有效的政策，加强我国城市环境管理、控制我国城市环境污染、改善城市环境质量，已经成为一个迫切的战略问题。

1. 转变城市发展理念，加强环境监管

（1）切实转变城市发展理念。近年来，与城市环境保护、可持续发展相关的新理念、新名词不断被引入我国各级城市政府，比如“生态城市”“绿色城市”“低碳城市”等，很多城市提出了相应的目标，并进行了规划和建设试点，这对于加强城市环境管理具有很大的促进作用。但实际上，为数众多的城市政府管理者并没有真正理解这些概念的实际含义，规划和实践大多停留在表面，规划建设中的形式主义比较严重，原有的以 GDP 增长为核心的城市发展惯性一时间很难产生根本的转变。

专栏 13-2

绿色城市指标

每种衡量城市环境质量的方法都有其优缺点。为了更严谨地解决这一问题，可以考虑用下面的“绿色城市指数”（green city index）：

绿色城市指数＝(b_1×与环境相关的发病率)
　　＋(b_2×与环境相关的死亡率)
　　＋(b_3×污染规避支出)
　　＋(b_4×当地的不舒适度)
　　＋(b_5×生态印迹)

式中，b 代表指数的权重。

这一指数较低的城市就是“绿色城市”，这一指数较高的城市我们称为“棕色城市”。该方程中的“与环境相关的发病率”，指的是由于受到城市环境的污染，城市居民人均生病的天数。“与环境相关的死亡率”，指的是由于受到环境的威胁，城市居民人均增加的死亡风险。“污染规避支出”，指的是人均的保护投资量（protective investments），如对瓶装水的投资，该投资量随着污染的加重而增加。“当地的不舒适度”指的是那些降低了当地的环境质量，但不必然增加与环境相关的发病率和死亡率的因素，如人们不方便去公园等。最后，“生态印迹”（ecological footprint）指的是人均二氧化碳的排放量（以吨计）。

遗憾的是，我们尚缺乏构建这一指数的必要数据。实际上，我们不得不面临这样的问题，那就是我们应该赋予这些指标什么样的权重。我们试图用那些可以获得的数据来解决这一问题。尽管如此，构建绿色城市指数的思维过程还是突出了主观判断的重要性。

资料来源：卡恩. 绿色城市：城市发展与环境. 北京：中信出版社，2008：29-31.

（2）重新审视和调整城市经济结构。我国城市经济在20世纪下半叶尤其是80年代的高速增长，很大程度上是依靠资源密集型工业的扩张实现的，并由此形成了高污染型的经济结构模式。因此，我国要对环境进行综合治理，首先就要对这种旧有的经济结构进行重新审视和调整。需要指出的是，这一结构调整不能再沿用原先的办法，将污染严重的一些项目简单地搬迁到人口稀少、环境条件较好的农村地区，而必须立足于工艺技术革新以及污染整治技术的发展，立足于污染工业的区位集中和集中整治。未来的城市环境治理，应该在这种结构调整的框架下寻找政策的着力点。

（3）推进城市环境管理体制改革。应该实行独立而统一的环境监管，健全“统一监管、分工负责”和“国家监察、地方监管、单位负责”的监管体系，有序整合不同领域、不同部门、不同层次的监管力量，有效进行环境监管和行政执法。同时，还应充分规范和发挥非政府组织以及公众在城市环境管理中的作用，更积极地引导公众参与。

2. 注重可操作性，完善环境保护制度

我国现行的八项环境管理制度是我国环境保护工作方针、政策在实际操作过程中的集中体现，是经过长期实践证明的适合我国国情的行之有效的管理制度。因此，应通过进一步完善相关的法律法规，保证环境管理八项制度的权威性和可操作性，继续推行制度的切实落地和进一步完善。具体来说，完善环境保护制度可以从以下方面考虑：

（1）充分体现可持续发展的综合决策性质。现行的环境管理制度虽然都和可持续发展息息相关，但是尚缺一条明确的可持续发展的主线贯穿全部环境制度，特别是可持续发展强调综合决策，强调突出经济、社会与环境之间的联系与协调，在现行的八项制度中尚缺乏实践操作上的依据，使得可持续发展从战略到行动存在一定距离。

（2）调整和完善城市环境综合整治定量考核制度。考核指标的可比性较差，虽然考核指标已经进行了尽可能合理的量化，但毕竟城市的地区不同、气候不同、规模不同、背景不同，用同一标准考核起来可比性较差。因此，应在总结实践经验的基础上加强这一制度的可操作性和有效性。

（3）引进城市环境资源分配制度。应该结合城市社会、经济、环境的特点，引进城市环境资源分配制度。例如，现在许多城市纷纷提高水价，以求利用价格杠杆抑制浪费行为。但是水是必需品，其价格弹性并不大，所以从长远来看，通过提高水价减少水资源浪费的效果不会持续太久。这就需要引入新的水资源分配制度，如阶梯式水价。

（4）推行排污权交易制度。该制度也称可交易许可证制度，是指政府通过无偿授予、公开出售等方式对排污权进行初始分配，拥有排污权的主体可将其排污指标全部或部分地转让给其他现在和将来的排污者，其他排污者支付相应费用的法律制度。这一制度可以通过市场的调节促使企业从自身利益出发减少污染物的排放，将“浓度控制”转为“总量控制”。发达国家的实践证明该制度有借鉴和推广的价值，但是这一制度对市场完善程度要求较高①。我国已经在某些地区实行了排污产权交易制度的试点，并在排污权

① 于良春，黄进军．环境管制目标与管制手段分析．理论学刊，2005（5）．

初始分配、定价机制和二级市场交易建设等方面都取得了较好的效果。随着我国经济体制改革的不断深化，应适时全面推行排污产权交易制度。

(5) 全面稳步推进城市生活垃圾分类回收制度。城市垃圾的处理影响着城市环境的总体质量，而生活垃圾分类则是垃圾管理的重要步骤，垃圾的回收利用、焚烧或有机处理，都应以垃圾分类为前提。2017 年印发的《生活垃圾分类制度实施方案》明确规定全国各直辖市、省会城市和计划单列市必须在“2017 年底前制定出台办法，细化垃圾分类类别、品种、投放、收运、处置等方面要求”，并“到 2020 年底，基本建立垃圾分类相关法律法规和标准体系，形成可复制、可推广的生活垃圾分类模式”。

3. 加大政策创新力度，改进管理手段和方式

(1) 切实加强环境管理法制建设。法律不健全和执法不力是我国目前城市环境保护中存在的基础性问题，制约着环境管理政策和规定执行的现实效果。因此，在灵活运用行政、市场、规划等各种手段的同时，特别要注意完善城市规划建设、土地管理和环境保护的法律制度建设，并加大城市规划、土地管理和环境保护的执法力度。

(2) 加强对城市管理者和市民的环境教育。市民的环保意识和管理者的重视程度是开展城市环保工作的关键性因素之一。目前我国很多城市的管理者仍仅以传统的经济发展为己任，并未真正重视环境保护工作，市民的环境意识和环境道德也亟须加强。因此，要充分利用各种多媒体手段和渠道来加大环保宣传及教育力度，提高城市管理者和市民的环境保护和参与意识，切实把环境保护的基本国策落到城市建设的实处。

(3) 加强跨域环境治理中的地方政府合作。环境问题常常会突破城市的行政管辖区域，如果各城市在环境问题防治上“条块分割”的局面得不到改变，就不能取得预期的效果，反而会使大量的投入付诸东流。因此，我国城市群应该在诸如流域污染管理等问题上进行充分的跨域治理与府际合作。

(4) 培育环保市场。尤其是要培育排污权交易市场和鼓励环保产业的发展。我国的环保产业自 20 世纪 70 年代起步至今，已经初步形成了一个产品种类比较齐全，污染治理技术、自然保护、生态工程基本配套的新兴产业。环保产业的发展，在形成一股强大经济力量的同时，也将有力推动城市环保工作的进展。

(5) 创新和发展环境保护技术。借助技术进步，不仅可以获得可观的经济效益，而且会取得很好的环保效益，使城市环境管理目标的实现得到技术支持。技术创新带来的推动作用，在传统资源利用方式难以为继、现实中不断出现新的环境污染问题以及环境管理的行政手段不能奏效的情境下体现得尤为明显。

13.3　城市生活环境管理

城市生活环境是指城市中与市民生活密切关系的各种自然因素和人为因素的总和，体现着城市的综合实力和形象，也是关系到市民生活质量的关键要素。市容、

环卫和绿化管理是城市环境管理的重要内容。国家建立了相关的制度和机构，在各级卫生城市的创建活动中，对于市容环境卫生和绿化标准及水平也有较为详细具体的规定①。

13.3.1 城市市容管理

城市市容管理，是城市政府的有关部门对城市的建筑外貌、景观灯光、户外广告的整洁规范等依法进行管理的活动。城市市容是一个城市形象的直接体现，也是城市文明程度的重要标志，是市民生活环境的重要组成部分。

1. 我国城市市容管理机构和管理内容

我国的《城市市容和环境卫生管理条例》规定："国务院城市建设行政主管部门主管全国城市市容和环境卫生工作。省、自治区人民政府城市建设行政主管部门负责本行政区域的城市市容和环境卫生管理工作。城市人民政府市容环境卫生行政主管部门负责本行政区域的城市市容和环境卫生管理工作。"在实践中，我国各城市市容管理机构的设置不尽相同。有的城市为市政市容管理委员会，有的为市容管理局，有的为城市管理局，不一而足。

城市管理执法部门依据市容环境卫生管理方面法律、法规和规章的规定，对违反市容环境卫生管理规定的违法行为行使行政处罚权。按照《城市市容和环境卫生管理条例》等相关规定，我国城市市容管理的内容主要有以下几个方面：

（1）城市建设外观应当保持清洁、美观。在市政府规定街道的临街建筑物的阳台和窗外，不得堆放、吊挂有碍市容的物品。搭建或者封闭阳台必须符合城市市容环境卫生行政主管部门的有关规定。

（2）城市户外宣传设施，包括户外广告、标语牌、橱窗、画廊等应当内容健康、外形美观，并要进行及时的维修、油饰或拆除。

（3）市政公用设施，应当与周围环境相协调，并维护和保持设施完好、整洁。

（4）城市工程施工现场应当保持清洁。临街工地要设置护栏或围布遮挡，竣工后要及时清理和平整场地。

（5）任何单位和个人不得在街道两侧和公共场地堆放物料、搭建建筑物。任何单位和个人不得在城市建筑物、市政设施及林木上随意刻画。

（6）建设临街绿色景观。城市主要街道两侧的建筑物前，应根据实际需要选用透景、半透景的围墙、栅栏或者绿篱、花坛、草坪等作为分界，应当保持整洁、美观。

（7）在市区运行的交通工具应当保持外形完好整洁，货车车辆运输的液体或散装货物，应当密封、包扎、覆盖，避免泄漏、遗撒。

---

① 参见《国家卫生城市标准》和《国家卫生城市考核鉴定与监督管理办法（试行）》，全国爱国卫生运动委员会2005年8月4日修订。

2. 我国市容管理中存在的主要问题和对策

在我国，由于城市基础设施建设滞后、大部分中小城市经济发展水平不高以及部分市民的文明素质较低等原因，城市市容管理中存在许多问题，主要表现在以下三个方面：

（1）市容秩序混乱，美化程度较低。市容市貌管理的基本内容在于城市街面两侧的整洁完整，而就当前我国大部分城市的发展情况而言，城市商业街道整体效果经常存在“补丁街”现象，也即水泥路面、柏油路面混合分布，街道人行道青砖丢失，部分街道缺边缺角，城市道路两旁绿化带绿化水平不足。同时，屡禁不止的乱贴乱画和被称为“城市牛皮癣”的小广告屡罚不绝，和城管人员搞游击战的乱摆摊点，屡教不改的占道维修，屡惩不断的乱停乱放，严重影响着城市的整体形象和市容管理效果。

（2）城市容貌杂乱或千篇一律。随着城市化进程的发展，临街商铺数量正在不断增加，加之现代装饰行业的兴盛和市民个性化意识的加强，许多城市店铺在装饰方面使用的材料五花八门、装修风格特立独行，使得临街市貌环境风格混乱。而在近年来政府主导的城市更新和旧城改造中，又出现了街道和建筑物外观设计相同或类似的情况，形成“单质视野”。视觉生态学家认为，这种千篇一律的东西会让人心情不舒畅，甚至会烦躁不安，构成“视觉污染”。风格混乱和千篇一律都无法给人带来美感享受，成为城市容貌建设中存在的一大问题。

（3）法律制度不健全，执法难度大。我国大部分城市的市容管理仍处于行政管理与依法管理并存、人治与法治相连、执法与抗法同在的复杂矛盾冲突中。城市市容管理涉及城市管理的方方面面，需要各个部门的共同配合，但目前缺少相对完善的城市市容管理法律制度，无法为城市管理工作的开展提供支持，导致了城市市容管理的“执法难、难执法”。

针对上述问题，应从以下几方面加强和改进市容管理：

（1）制定科学的规划。目前的市容管理虽然有规范的工作计划，但重点是抓一些突出的问题，管理手段往往主要是开展几项集中整治活动，结果是城市市容时好时坏，反反复复。因此，必须深入研究城市建设发展的整体布局，结合城市规划、建设的目标，将市容管理中一些科学的、长远的设想纳入整体规划目标，通过实施规划来保证城市基础设施的完整性、协调性，从源头上避免市容管理中常出现的“先乱后治”现象。

（2）实行管理标准化。目前国家在市容管理方面主要有两个标准：《城市容貌标准》和《全国卫生城市检查评比标准》。市容管理应该按照有关文件，结合各地的实际情况设定切实可行的管理目标，将市容管理项目细化，并将管理的标准作为“硬指标”，统一纳入各地普遍采用的目标责任管理体系中，以取得实实在在的管理效果。

（3）走管理法制化的道路。只有走法制化的道路，市容管理才能规范、有效。城市市容市貌管理部门在综合考虑城市实际建设布局与城市未来规划、发展目标等多方面综合因素的前提下，需及时制定与我国现行法律法规相符合的市容管理法规，切实提升城市市容管理工作的法制性与规范性[①]。同时，从宣传教育、强化执法力度、规范管理等方面加强市容的法制化管理。

（4）动员全体市民的积极参与。实践证明，市容管理靠少数人不行，靠少数部门也不行，必须确立全员参与的管理思想。要通过爱城市、爱环境、讲文明的宣传，教育和动员广大城市居民参与市容管理活动，使市民自觉地维护城市的整洁，避免违规违章和“二次污染”行为的发生。还可以通过新闻媒体广泛宣传，逐步形成社会舆论氛围，使人们遵守规章规定，自觉加入维护城市市容的行列中来。同时，大力鼓励和创造市民进言纳策的良好环境，提高城市市容管理决策的适应性与科学性。

专栏 13-3

地摊经济的“乱”与“兴”

“地摊经济”一直是备受争议和关注的问题，通常是指城市中以低收入群体为主体的人群通过在城市街道摆设摊点以获取收入的一种低成本的商业经济模式，是城市中的一种边缘经济，因此很多学者把它归纳进灰色经济的范畴。作为一种特殊的经济形式，它通过灵活方便的形式吸纳了部分剩余劳动力就业、满足了多层次消费者的需求、方便了居民的生活，也构成了城市独特的风土人情。但正是因为它未被纳入正规化的发展轨道，所以产生了不可忽视的弊端，例如给城市环境卫生、交通运行秩序、公平竞争环境、治安管理工作等都带来了压力和困难。多年来，城市管理执法者与商贩之间的矛盾冲突也屡见不鲜，既有小贩拒绝配合城管工作、辱骂并踢打执法者，也有城管怒掐摊贩脖子的暴力执法事件，造成了不良的社会影响，因此多年来这一直是城市管理工作的难点。

2017 年 8 月 6 日，李克强总理签署国务院令公布《无证无照经营查处办法》，规定了“在县级以上地方人民政府指定的场所和时间，销售农副产品、日常生活用品，或者个人利用自己的技能从事依法无须取得许可的便民劳务活动”不属于无证无照经营，意味着“地摊”的存在有了依据。2020 年“两会”之后，“地摊经济”又成为全国在新冠肺炎疫情后经济复苏发展的一个热点词，如雨后春笋般得到了蓬勃发展。对此，人民日报也发表了时评报道——《地摊经济，升温不能“发烧”》，认为“该管起来就能够迅速地管起来，该放开又能够有序地放开，收放自如，进退裕如……应奉行这一治理思路，放开不是放手，也不是放松，而是讲究‘有序’二字”。也有学者认为对“地摊经济”的管理思路应从“被动管制型”向“主动引导型”转变，城市管理者不能因为怕麻烦而“一刀切”地排斥“地摊”，应该主动引导、合理规划、消除障碍，推动街头活动更加规范有序地运作。全国多地也纷纷开展了创新实践，比如有的划定固定摊位，有的提出摆摊应有时段限制，有的要求经营食品加工的必须办理健康证……在柔性执法中审慎包容，在审慎包容中柔性执法，探索治理效能最大化，让“地摊经济”和良好的城市治理并驾齐驱。

资料来源：秦川．地摊经济，升温不能“发烧”．人民日报，2020-06-06.

---

① 杨根生．城市市容市貌管理的问题及改进对策．冶金管理，2020（19）．

13.3.2　城市环境卫生管理

城市环境卫生管理是指在城市政府的领导下，有关行政主管部门依法对城市的空间环境卫生实行全方位的管理，其目的是维护城市环境的整洁，使城市环境卫生与城市的经济协调发展，不断满足城市人民对生活、工作环境质量的需要，保护人民身体健康。

1. 城市环境卫生管理的机构和内容

我国城市环境卫生管理的机构主要是城市环境卫生管理局（所）或市建委、市城管局等下属的环境卫生管理处等。城市的环境卫生管理要符合《城市市容和环境卫生管理条例》的规定和国家颁布的城市环境卫生标准。具体而言，内容主要包括：

（1）环境卫生管理规划的制定和实施。城市环境卫生的行政主管部门应制定城市环境卫生事业发展规划，并将其纳入城市规划、城市经济和社会发展计划。

（2）城市环境卫生设施的管理。城市政府在进行新区开发和旧城改造时，应建设生活废弃物的清扫、收集、运输和处理等环卫设施。城市中任何单位或个人不得损坏和盗窃环境卫生公共设施；带有经营性公共场所性质的单位，应自行设置环境卫生公共设施，环卫部门应参与这类设施的规划、设计审核和竣工验收。

（3）环卫责任区划。城市的主要街道、广场和公共水域的环境卫生，要由环卫专门单位负责。居住区、街巷由街道办事处组织专人清扫。公共场所由本单位负责保洁。机关、团体、部队及其他企事业单位，应当按照环卫主管部门的要求组织专人清扫。

（4）环境卫生监督管理。城市环卫部门指导和监督各单位遵守环卫法规，履行环卫义务。环卫部门的环境卫生监察队伍监督检查各单位责任范围内的环境卫生，有权对违反环卫法规的行为予以处罚。

2. 加强城市生活垃圾管理

在城市环境卫生管理中，生活垃圾管理是重中之重。随着经济的发展和城市化进程的加快，城市生活垃圾的总量不断增长，而且垃圾的构成日益复杂化。目前我国城市生活垃圾管理中存在“三化原则”践行不到位、垃圾分类难以切实有效执行、收运和处置方法不科学，以及市场化程度较低等问题，城市垃圾总体处理状况堪忧。因此，城市政府应采取多种措施加强城市生活垃圾的管理。

（1）建立、完善城市垃圾管理法规体系，增强其实用性和可操作性。要制定和完善城市垃圾管理的法规、条令和标准，使垃圾管理的有关部门能够依法加强管理，如制定生活垃圾经营许可证管理规定、商品包装限量管理规定和塑料包装及一次性餐具管理规定等，建立垃圾处理分类回收制度，具体规范生产者、销售者和消费者的行为。

（2）引进市场机制，寻求更多垃圾管理的资金来源和管理方式。例如，实行垃圾处理收费制度，增加垃圾管理资金，并促进市民重视垃圾污染和对垃圾管理的监督，推动垃圾管理工作的多方参与；还可尝试采用保证金、费用分摊、包装规范、征收资源税或垃圾税等措施，规范生产者的行为。同时，探索符合各地实际情况的PPP合作模式，吸引、鼓励和规范企业参与到城市垃圾的分类、清运与处理等各环节工作中来，加快城市垃圾管理、市场化和产业化的进程。

（3）从源头主动防治入手，切实践行“三化原则”。“三化原则”是指垃圾管理的减量化、资源化和无害化，是以循环经济为指导、以产品生命周期为线索对垃圾从未产生前的生产、消费，到产生后的收集、转运、处理与处置等环节进行全过程管理。根据其优先顺序，垃圾管理工作必须注重源头的主动防治。城市应大力推广清洁生产和循环经济理念，结合节约型社会的建设理念，采取措施实现垃圾源头削减。例如，通过改变居民的燃料结构，提高民用燃气的使用比例，降低垃圾中的煤灰含量；提倡包装物和包装材料的回收和重复使用；减少一次性商品的使用，对于必须使用一次性商品的行业，通过经济等手段限制使用量，实行强制回收等。

13.3.3 城市园林绿化管理

城市园林绿化管理是指为保护和美化城市环境，城市政府主管部门依法对城市的各种绿地、林地、公园以及风景游览区和苗圃等的建设、养护和管理，其对于净化空气、减弱噪声、净化污水、调节小气候、监测环境污染等都有十分重要的作用。一般来说，城市园林绿地可以分为公共绿地、居住区绿地、专用绿地、交通绿地和生产防护绿地等。

1. 我国城市园林绿化管理的机构和内容

城市的园林（绿化）局或其他类似机构是我国城市进行园林绿化的主管部门，其在城市其他有关部门以及城市居民的配合下，对城市的林业生产、绿地建设进行监督管理。从总体上来看，城市园林绿化管理的基本内容主要是：

（1）园林绿化的规划管理。城市政府应当将城市绿化建设纳入国民经济和社会发展规划，并应当组织绿化主管部门共同编制城市绿化规划。城市中的绿地、林地不得随意改变。如确需改变，应征得有关部门同意，并落实新的绿地规划。任何单位和个人都不得擅自改变城市绿地规划的用地性质或对规划用地加以破坏。

（2）园林绿化的建设管理。城市政府应在每年的城市建设资金中安排公共绿地建设的经费，并从城市维护事业费中核拨养护经费；城市政府应鼓励单位和个人投资、捐资兴建公共绿地；城市新建、扩建、改建工程项目和开发住宅区项目，一般要配套建设绿地。

（3）园林绿化的监督管理。城市保养公共绿地，须建立责任制，落实到组织和个人；城市中绿地、林木的迁移、砍伐或变更，除城镇居民在住宅院内自费种植的部分外，均需要办理审批手续。

（4）园林绿化的产权管理。城市中任何单位和个人都不得擅自占用城市绿化用地，不得破坏城市绿化带和绿化设施。

2. 提高我国城市园林绿化管理水平

城市园林绿化作为城市人居环境的重要组成部分，既是城市生态平衡的调节器，同时也是居民游憩娱乐的重要场所，是提高市民生活质量的保证。当前我国城市园林绿化管理中存在诸多问题，例如：管理规划缺乏统筹考虑、管理机制尚不健全等。要提高管理水平，重点要从以下几点着手：

（1）坚持“依法治绿”原则。一要健全城市园林绿化管理的法律体系，使园林绿化管理工作有据可依、有章可循；二要完善城市园林绿化管理的执法体系，管理监察队伍，要严格执法、依法办事、敢于管理、善于管理，各级管理园林绿化主管部门要转变以罚代管和以罚代法的倾向，使城市园林绿化走上法制化的良性发展轨道。

（2）理顺管理体制，提高管理水平。在运行机制层面，要将园林绿化工作由应急管理、突击整治转变为长效跟踪管理，切实提高管理质量；在规划机制层面，注重城市建设的生态效益与长期利益，协调各区域进行整体规划建设；在责任机制层面，明确管理责权制，量化和细化绿化目标责任，使职能配置与绩效评估挂钩，建构起统一、高效的管理机制。

（3）加强园林绿化教育，提高园林绿化意识。从城市管理者的角度来看，要改变以往过分重视城市绿化的景观效益，盲目追求覆盖率的片面观点，在美化城市景观的同时，更要重视城市绿化的生态效益，不要以破坏绿色为代价构建人造景观。从市民的角度出发，要培养市民爱护绿地成果、保护城市环境的意识与习惯，形成全民参与园林绿化管理的积极氛围，从而促进绿化工作持续发展。

关键术语

城市环境　城市环境管理　环评制度　“三同时”制度　市容管理　地摊经济　园林绿化

复习思考题

1. 联系实际，谈谈现代城市环境问题的主要表现和特点。

2. 当前，我国大多数城市普遍出现了“垃圾围城”的现象，结合实际谈谈这种现象形成的原因和危害。你认为应该通过哪些途径来解决这一问题？

3. 你所在的城市市容管理状况如何？主要存在哪些问题？你有哪些改进的建议？

4. 在我国很多城市出现了小广告难以清理的问题，被称为“城市牛皮癣”的小广告成为困扰城市环境卫生工作的顽疾。对于这样的问题，你有什么好的建议？

5. 每个城市都应有自己独特的景观，从城市园林绿化的角度出发，你认为怎样做才能创造既有生态效益又具有欣赏价值的城市环境？

延伸阅读

1. 张莉萍. 城市垃圾治理中的公众参与研究. 北京：科学出版社，2019.

该书对城市垃圾治理中的公众参与问题进行了系统的研究。全书聚焦环境保护、城市规划、垃圾治理等具体领域，全面梳理了相关的法律、法规、规章和规范性文件中公众参与城市垃圾治理的规定内容，详细研究和介绍了城市垃圾治理公众参与的国内外经验，并以政策工具、政策过程为研究视角，在对城市垃圾分类、电子废弃物回收处理等具体环节中的公众参与进行分析的基础上，提出了促进公众参与的方向和适合我国当前实际的、具有可操作性的、有针对性的建议，为我国城市垃圾治理“善治”的实现提供了有价值的参考意见。

2. 余敏江. 生态理性的生产与再生产：中国城市环境治理 40 年. 上海：上海交通大学出版社，2019.

该书从生态理性变迁的角度切入，运用规范分析法、历史分析法、文献分析法、个案分析法及多学科交叉法等多种研究方法，将城市环境治理放在改革开放 40 年国家建设的视野中，围绕宏观政治体制、微观运行机制和具体行动策略，对城市环境治理的过程性、阶段性进行了全面、系统的研究，并据此提炼出中国特色城市环境治理的道路特质。在此基础上，推导出迈向新时代的城市环境治理需走向超前式治理、精细化治理、法治化治理。

3. 道格拉斯. 城市环境史. 孙民乐，译. 南京：江苏教育出版社，2016.

21 世纪初，随着城市成为半数以上的世界人口的家园，人们越来越为其无节制的扩张及其对这个星球的不利影响而担忧。在气候变化以及对世界资源不断增加的需求产生作用的同时，这种漫无节制的发展正在影响着地球上的每一个生态系统。从古代世界的城市到今日的特大城市，伊恩·道格拉斯讲述了城市的故事。他运用了众多例证，向我们展示了这些城市因何而存在，它们如何演进，以及它们所遭遇的问题。他还给我们展现了环境治理从一开始就在城市生活中发挥了何等重要的作用，并详细探讨了作为一个生态系统的城市概念在应对 19 世纪城市发展糟糕的后果时，如何引导了规划者、建筑设计师和城市管理者的整体论观念。

4. 瑞吉斯特. 生态城市：重建与自然平衡的城市：修订版. 王如松，于占杰，译. 北京：社会科学文献出版社，2010.

该书提出了城市、城镇及村庄建设和生活的全新方法，这种方法是以从人类悠久历史文化中总结出的基本原理和对并不太平的未来的公正评估为基础的。作者阐述了城市的真谛和生态城市建设的内涵，用大量篇幅描述了将目前的城市建设成为可持续、充满欢乐、令人鼓舞的人居环境的途径，为未来的城市发展提供了可借鉴的智慧，其理念也得到了城市规划师的认可。书中还配有大量的案例，包括令人叹为观止的建筑物、公共交通解决方案以及处理开放的公共空间和自然空间的新思路。

5. 卡逊. 寂静的春天. 吕瑞兰，李长生，译. 上海：上海译文出版社，2008.

该书被认为是 20 世纪最早、最有说服力的呼吁保护生态平衡、拯救地球的开山之作，也被评为近 50 年来最具有影响力的书。《寂静的春天》犹如旷野中的一声呐喊，以它深切的感受、全面的研究和雄辩的论点改变了历史的进程。如果没有这本书，环境运动也许会被延误很长时间，或者现在还没有开始。

第 14 章

城市社会保障管理

重点问题

城市社会保障与农村社会保障相对，作为我国社会保障体系的主体部分，其目的在于保障城市居民基本生活权利和提高人民福祉。党的十九大报告指出“按照兜底线、织密网、建机制的要求，全面建成覆盖全民、城乡统筹、权责清晰、保障适度、可持续的多层次社会保障体系”。

城市社会保障的特征和功能是什么？我国城市社会保障经历了怎样的发展历程，并将走向何方？怎样理解城市社会保障管理的内容？城市社会保障体系的主要内容是什么？社会保障基金的运作环节有哪些？这些问题将是本章学习的重点。

14.1 城市化与社会保障

社会保障是个古老的话题，但现代国家社会保障是伴随着城市化进程产生和发展的，是在城市中建立的一种保障民生和减轻人类苦难的基本社会制度。城市社会保障是国家社会保障的重要组成部分，城市社会保障管理也是市政管理中的重要内容。

14.1.1 我国城市社会保障的发展阶段

社会保障作为国家履行职能的一部分，是一个动态发展的过程，并受到国家政治、经济、文化等环境因素的影响。新中国成立以来，我国的社会保障经历了以下几个阶段①：

（1）以公平为导向的社会保障：1949 年至 20 世纪 70 年代。

新中国成立之初，我国实行高度集中的计划经济体制。在“统包统配、充分就业”的制度安排下，几乎每个有劳动能力的人都能获得一份工作。特别是在城市地区，一个人只要有工作或生产单位就能获得收入和福利。因此，该阶段就业安排和集体福利制度紧密结合，表现为一种基于就业的集体社会福利制度，并在城市和农村地域存在不同的表现形式。

一是基于就业的城市集体福利。国有企业为全体工人所有，工人为企业和国家努力工作，国家和企业则为工人提供福利。因此，当时的城市社会是一种“单位社会”，呈现出“企业办社会”的现象。企业主要承担着福利分房、养老保障、免费医疗以及社会服务等责任②。企业和其他工作单位是中国城市地区最重要的社会福利提供者，职工的大部分需求，包括教育、娱乐、医疗、住房、托育等，都可以在单位内部解决。人们将其形象地描述为一个“从摇篮到坟墓”的“迷你型”福利社会。

二是基于公社的农村集体福利。改革开放以前，社会福利的安排主要由人民公社来提供。集体经济在一定程度上为农民提供了一个铁饭碗，特别是对那些老弱病残者来说，公社制度为其提供了基本生活保障。同时，公社创办了农村合作医疗制度，农村基础设施主要由公社提供。一方面，农民参与公共建设，间接地解决了剩余劳动力的问题；另一方面，公社为农民提供了很多社会服务。

总之，这个阶段由于单位制的发达，政府的功能更多的是为那些被排除在集体福利制度之外的贫困人口提供社会救济。

（2）以发展为导向的社会保障：20 世纪 80 年代至 90 年代。

改革开放后，社会保障也呈现出新的特点，即集体福利的解体和多元福利模式的建立。传统的集体福利制度面临来自国有企业改革以及农村人民公社为乡镇所替代的挑战，我国提出了多元化或混合福利模式。所谓多元化或混合福利模式，是指社会福利非政府“一家之责”，社会各界都应该充分发挥各自的作用；政府应该和市场、社区、志愿组织以及非正规部门进行合作，共同满足社会的需要。具体表现为：

首先，实行以社会保险为主、社会救助为辅的社会保障制度。社会保险面向工作人群，由个人和企业共同供款，强调个人责任、权利与义务相一致；社会救助面向贫困人口，由政府财政拨款，强调社会责任。

其次，在教育、医疗等方面实行“用者自付”的原则，使得教育和医疗机构逐步变成独立经营的实体，并允许和鼓励社会组织或私人投资建立医疗和教育机构。

再次，取消福利房分配，推行住房分配的货币化，建立住房公积金，建立以市场化为主的住房制度。也就是说，改变过去企业福利分房的政策，通过市场购买来满足人们的住房需求，政府的主要责任在于解决中低收入家庭的住房问题。

---

① 黄晨熹．社会政策．上海：华东理工大学出版社，2008：161-185．

② 同①164．

最后，推行福利服务的社会化。将过去政府包办的社会福利服务改为由全社会来共同兴办，以解决政府投入不足和社会需求日益增长的矛盾。

总之，这个阶段社会保障呈现多元化，在以建立市场经济和促进经济增长的指导思想的支配下，政府排斥西方福利国家的路线，尽量控制社会开支，鼓励市民在出现需求时，更多依赖个人、家庭、社区和市场等其他途径，而不是单纯依赖政府。

（3）以民生为导向的社会保障：21 世纪以来。

虽然改革开放以来我国经济发展突飞猛进，但是社会发展严重滞后，社会问题日益凸显，贫富差距不断增大，严重威胁着社会公平、社会稳定与社会安全。

党的十六届四中全会提出和阐述了构建社会主义和谐社会的科学论断，明确地指出将社会建设作为“四位一体”发展的重要方面。其中一项重要内容就是通过建立和完善社会救助体系、社会保障体系和社会保险体系等，实现对社会财富的“第三次分配”，协调社会成员的利益关系。党的十八大报告对中国特色社会主义总体布局有了新构建，由“四位一体”拓展为“五位一体”，即经济建设、政治建设、文化建设、社会建设和生态文明建设。在社会建设方面，要坚持多谋民生之利，多解民生之忧，解决好人民最关心最直接最现实的利益问题，使改革发展成果更多更公平惠及全体人民。

党的十九大报告确定了以人民为中心的发展思想，提出了全面建成覆盖全民、城乡统筹、权责清晰、保障适度、可持续的多层次社会保障体系。在此阶段，要准确把握全面建成多层次社会保障体系的主要任务①：

第一，全面实施全民参保计划。完善全民参保计划和制度，充分利用大数据和信息技术，建立健全全民医保数据库，完善不同人员参保信息，实行全国联网和动态更新。采取有效措施，促进中小微企业和重点群体积极参保、持续缴费，积极引导各类单位和符合条件的人员长期持续参保。

第二，完善城镇职工基本养老保险和城乡居民基本养老保险制度，尽快实现养老保险全国统筹。继续完善社会统筹与个人账户相结合的城镇职工基本养老保险制度，规范职工和城乡居民基本养老保险缴费政策。推进养老保险基金投资运营，努力实现基金保值增值。

第三，完善统一的城乡居民基本医疗保险制度和大病保险制度。统筹城乡居民基本医保制度和管理体制，实行多元化的支付方式，构建统一的国家异地就医管理和费用结算平台；探索建立长期护理保险制度，鼓励发展补充医疗保险、商业健康保险，努力满足人民群众多样化医疗保障需求。

第四，完善失业、工伤保险制度。完善失业保险金标准调整机制，使失业保险费率与经济社会发展水平相适应，放宽申领条件，落实稳岗补贴、技能提升补贴政策。积极实施工伤保险基金省级统筹，促进待遇调整机制科学化、规范化。

第五，建立全国统一的社会保险公共服务平台。构建以社会保障卡为载体的全国一体社会保险信息系统，以实体窗口、互联网平台、电话咨询、自助查询等多种方式为服务手段，为参保单位和参保人员提供全网式、全流程的方便快捷服务，提高社会保险公

---

① 尹蔚民. 全面建成多层次社会保障体系. 人民日报，2018-01-09.

共服务水平。

第六，统筹城乡社会救助体系，完善最低生活保障制度。完善社会救助、社会福利、慈善事业、优抚安置等制度，确保动态管理下的应保尽保；完善扶残助残、儿童妇女福利、优待、抚恤、安置服务体系和水平，激发慈善主体发展活力，规范慈善主体行为。

14.1.2　我国城市社会保障的管理体制

1.　管理体制

社会保障管理体制是指国家为实施社会保障管理而建立的从中央到地方的多种类社会保障管理机构以及规定的管理内容、管理方式的总和。其核心部分是社会保障管理机构。

从纵向机构设置上来看，一是高层行政机构，主要是国务院下设的人力资源和社会保障部、民政部以及财政部的社会保障司、退役军人事务部和国家医疗保障局，它们属于领导和决策层（见图 14-1），而新农合则主要由卫生和计划生育主管部门负责；二是中层行政机构，主要是各省、自治区、直辖市人民政府下设的人力资源和社会保障厅（局）、民政厅（局）、医保局等，它们属于辅助决策、实施领导和传递层；三是基层行政机构，主要是各地级市、区、县人民政府下设的人力资源和社会保障主管部门、民政主管部门和医疗保障部门等，它们属于执行层。值得注意的是，上一层对下一层主要进行政策法规的领导和业务指导，不存在直接的行政隶属关系①。

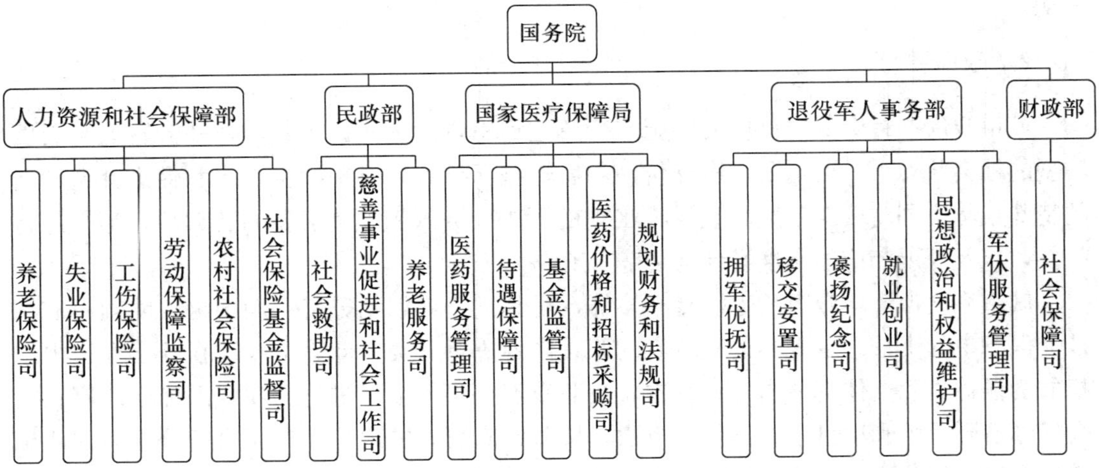

图 14-1　我国社会保障管理机构

资料来源：作者整理。

（1）人力资源和社会保障部。该部门成立于 2008 年 3 月，是在中华人民共和国人事部与中华人民共和国劳动和社会保障部的基础上新组建的国家权力机构，在促进就业和公共部门的人事管理中发挥主要职能。该部门内设机构包括养老保险司、失业保险司、

① 张民省. 社会保障管理学. 北京：光明日报出版社，2010：58. 有改动。

工伤保险司、劳动保障监察司、农村社会保险司、社会保险基金监督司。

（2）民政部。作为国务院正部级机构，其前身是成立于1949年的“中央人民政府内务部”，1954年改称“中华人民共和国内务部”，1978年设立“中华人民共和国民政部”，并延续至今。民政部主要负责贯彻落实党中央关于民政工作的方针政策和决策部署，在履行职责过程中坚持和加强党对民政工作的集中统一领导。该部门内设机构包括社会救助司、慈善事业促进和社会工作司、养老服务司。

（3）国家医疗保障局。该部门成立于2018年3月，是国务院直属机构，副部级单位，主要负责医疗保障及医疗救助等方面的职责。该部门内设机构包括医药服务管理司、待遇保障司、基金监管司、医药价格和招标采购司、规划财务和法规司。

（4）退役军人事务部。该部门成立于2018年，是国务院组成部门，正部级机构，主要负责贯彻落实党中央关于退役军人工作的方针政策和决策部署，在履行职责过程中坚持和加强党对退役军人工作的集中统一领导。该部门内设机构包括拥军优抚司、移交安置司、褒扬纪念司（国际合作司）、就业创业司、思想政治和权益维护司、军休服务管理司。

（5）财政部。作为国务院正部级机构，其前身为1949年10月1日成立的中央人民政府财政部。该部涉及社会保障的机构主要是社会保障司，其主要职能为承担人力资源和社会保障、民政、卫生健康、退役军人事务、医疗保障等方面的部门预算和相关领域预算支出有关工作，提出相关财政政策建议；会同有关方面拟订有关资金（基金）财务管理制度；审核并汇总编制全国社会保险基金预决算草案；承担社会保险基金财政监管工作。

2. 政府责任

城市政府在社会保障制度的实施与变革过程中责无旁贷。尤其是在社会转型与制度转型的社会状态下，就需要政府支付因制度转型而导致的维护社会稳定和促进社会和谐的特殊成本，同时要对制度转型时期出现的历史债务（例如，必要的劳动缺口等）进行补偿，以及开展相应的制度设计与规范等工作。

城市社会保障中政府的责任复杂多样，对其进行详细划分将有助于更加明确政府在社会保障中的责任。首先，按照政府的职责内容进行分类，即确定政府在社会保障中承担的责任种类和具体责任内容；其次，按照政府提供的项目进行分项，即确定政府在社会保障不同系统和项目中的责任；再次，按照政府所处的地位和作用进行分层，即明确政府在社会保障层次、单位保障层次和家庭保障层次中责任有所差别；最后，按照权力等级进行分级，即分别确定中央政府与地方政府在社会保障中的责任（见表14－1）。

表14－1 社会保障中政府责任框架体系

四分法	责任种类	政府责任	说明
分类	财政责任	基础核心	通过固定的财政机制支持社会保障多个项目的支出和运行
	监管责任	突出强化	对社会保障的运行进行高效管理、有力监督
	实施责任	逐渐弱化	承担社会救助的实施责任，其他系统实施逐渐走向社会化

续表

四分法	责任种类	政府责任	说明
分项	社会救助	政府包办	承担全部财政、监管和实施责任
	社会保险	政府主导	承担监管责任、一定的财政补贴和实施责任
	社会福利	政府领衔	承担监管责任、强调官民结合、社会参与
	社会保障	支持引导	通过税收优惠间接提供财政支持
分层	社会保障	政府主导	承担财政支持、监管、实施
	单位保障	政府支持	通过税收优惠间接提供财政支持
	家庭保障	政府倡导	注意社会保障制度与家庭保障相配合
分级	中央政府	监管责任	承担管理、监督、指导责任，承担社会救助方面的财政支出
	地方政府	实施责任	承担执行实施责任及对社会保险、社会福利予以补贴

资料来源：孙光德，董克用．社会保障概论．3版．北京：中国人民大学出版社，2008：137．

以上有关城市社会保障中政府责任的详细分类（或称“四分法”）构成了完整的政府责任框架体系，有助于政府加强财政监管、合理安排社会保障项目等。党的十八大以来，党中央进一步强调以人民为中心的发展思想。因此，城市政府更需要在社会保障中积极履行职责，在保障民生和增进人民福祉方面下功夫。

14.2　城市社会保障体系

社会保障是一个庞大、复杂的系统，社会保障体系是一个多层次、多项目的有机整体。在世界各国的政策、文献和相关论著中，对社会保障体系组成的表述虽不尽相同，但通常包括基本社会保障制度与补充社会保障措施两大类。前者由国家立法统一规范并由政府主导，一般包括社会保险、社会救济、社会福利三个基本组成部分，以及国家针对做出特殊贡献或牺牲的群体所建立的社会优抚制度等；后者则通常是在政府支持下由社会及市场来解决，一般包括企业年金、慈善事业、互助保障等。

14.2.1　我国城市社会保障的体系构成

当前我国的社会保障体系由四大部分组成：社会保险、社会救济、社会福利和社会优抚。这几个部分相互衔接、互相补充，构成了一个相对完善的社会安全网络。我国的社会保障体系结构及其项目构成如图 14-2 所示。

这个体系包含非常丰富的内容，下文将对城市社会保险、城市社会福利和城市社会救济进行专门介绍。另外，城市社会优抚是指对国家和社会有功劳的特殊社会群体给予补偿和褒扬的一种特殊的社会保障，在现实中主要是指军人优抚，本书不再做专门介绍。

社会保障体系的不同项目，在保障层次、保障对象、保障内容等方面都存在较大的差别，表 14-2 展示了城市社会保障体系四个方面内容的异同。

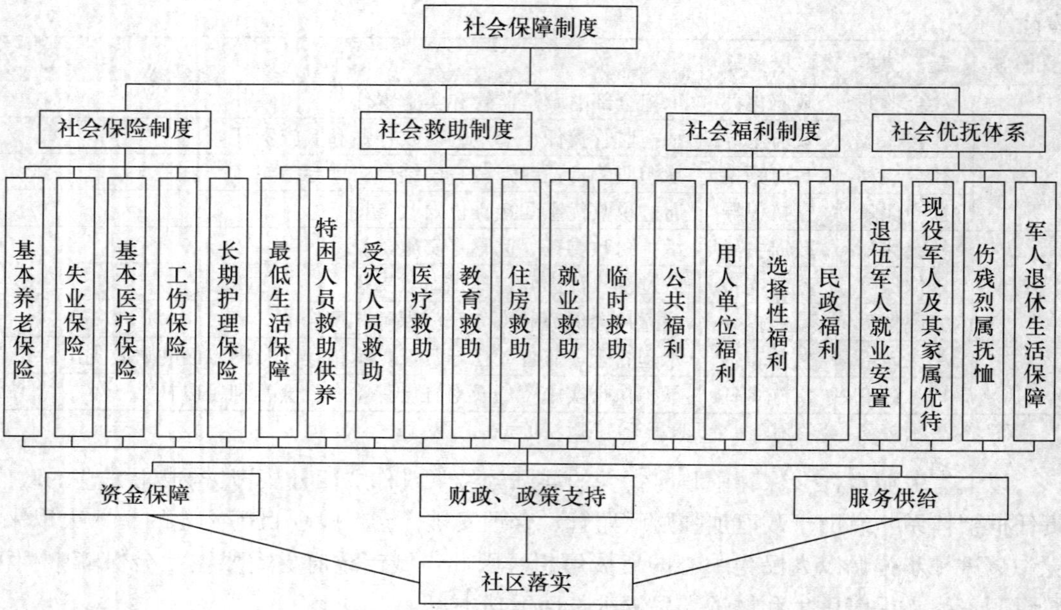

图 14－2　中国社会保障体系结构及其项目构成

注：“社会救助”的概念等同于“社会救济”。

资料来源：赵曼．社会保障学．3 版．北京：高等教育出版社，2018：4.

表 14－2　城市社会保障体系内容的比较

比较项目	城市社会保险	城市社会福利	城市社会救济	城市社会优抚
保障层次	基本保障：保障劳动者因失去劳动能力而失去工资后仍能维持基本生活	高层次社会保障：增进城乡全体居民生活福利	最低层次保障：保障社会成员的生存需要	特殊性质保障：保障为社会做出特殊贡献群体的基本生活
保障对象（目标群体）	通过就业和缴费确定的劳动者	全体社会成员	通过生活调查或需求评估确定无法维持生活的人	为社会做出特殊贡献或牺牲的群体
保障内容	保险金：额度和供款挂钩	现金或物品	救助金或物品，额度取决于家庭规模或收入	现金或物品
资金来源	保险费（税）	多渠道（官和民）	国家财政预算拨款	国家财政拨款
保障手段	“投入—返还”式	普遍性	选择性	选择性

资料来源：盖锐，杨光．社会保障学．北京：清华大学出版社，2009：4；黄晨熹．社会政策．上海：华东理工大学出版社，2008：197.

14.2.2　城市社会保险

1. 概念和特点

城市社会保险是指国家通过立法，多渠道筹集资金，对城镇有工资收入的劳动者在因年老、失业、患病、工伤、生育而减少或丧失劳动收入时给予经济补偿，使他们能够享有基本生活保障，帮助劳动者解除后顾之忧。其资金来源主要是用人单位和劳动者本人，政府给予资助并承担最终责任。社会保险实行权利和义务相对应的原则，劳动者只有履行了缴费义务，才能获得相应的收入补偿权利。

社会保险是社会保障体系的核心部分，与社会救济、社会福利相比，它具有如下特点①：

一是预防性。主要反映在建立社会保障基金方面，即通过多方筹措而建立起来的社会保险基金，可由国家用在每个投保者身上，防范他们一旦发生社会保险立法规定范围内的风险而遭受损失，发挥有备无患、未雨绸缪的作用。

二是补偿性。社会保险给予参加者的物质帮助主要限于收入损失补偿，即劳动者在劳动中断、收入中断时才有权获得给付。社会保险的缴费虽然通常与工资挂钩，但社会保险待遇的给付却不与工资相等。因此，从社会保险那里得到的补偿只能是对受保障者收入损失进行一定程度的补偿，即保障劳动者的基本生活需要。

三是储蓄性。社会保险机构依法收取企业和个人的社会保险费，同时，也吸取来自国民收入的分配与再分配资金，并按立法规定进行积累，然后根据社会保险政策进行分配。只有积累社会保险基金，才能对丧失劳动能力或收入中断的劳动者及其供养的亲属提供必要的物质帮助，才能保证其基本生活需要。因此，社会保障资金在征集与管理过程中具有相应的储蓄性。

四是责任分担。社会保险资金来源于多渠道，不仅由劳动者、企业单位或雇主缴费，政府补贴，还会有相应的投资收益等，三方共同筹资，不仅体现了社会保险责任的分担，而且也保证了资金来源的可靠性。

五是互助共济。参加社会保险者定期缴纳社会保险费，建立社会保险基金，当其中有人遭受特定风险而造成损失时，可以按规定领取一定数量的保险金，从而达到风险分担、互助共济的目的。

2. 基本内容

纵观各国实行的社会保险，社会保险体系主要有老年社会保险、失业社会保险、医疗社会保险和工伤社会保险四个项目。根据我国二元经济结构、社会结构的国情，参考发达国家实行社会保险的经验，我国的城镇社会保险体系由养老保险、医疗保险、失业保险、工伤保险和生育保险五个项目构成（见表 14－3）。

表 14－3　我国城镇社会保险体系的基本架构

险种	覆盖范围	制度模式
养老保险	城镇各类企业和职工，各类从业人员，企业化管理的事业单位及其职工	社会统筹＋个人账户
医疗保险	企业、机关、事业、社会团体、民办非企业单位及其职工	社会统筹＋个人账户
失业保险	城镇各类企业、事业单位的全体职工	现收现付

① 郑功成．社会保障．北京：高等教育出版社，2007：83-85.

续表

险种	覆盖范围	制度模式
工伤保险	城镇各类企业单位的全体职工	现收现付
生育保险	城镇各类机关、企事业单位的全体职工	现收现付

（1）养老保险。包括企业职工养老保险、公务员养老保险、城市自由职业者及其他职业者养老保险等。

（2）医疗保险。包括城镇职工基本医疗保险、大额医疗费用互助、公务员医疗补助等，有条件的企业还为职工建立企业补充医疗保险。

（3）失业保险。包括失业津贴、失业困难补助、转业培训补助等。

（4）工伤保险。包括工伤和职业病医疗待遇、暂时丧失劳动能力津贴、永久完全丧失劳动能力津贴、永久部分丧失劳动能力津贴、供养家属待遇等。

（5）生育保险。包括因生育发生的医疗费用和产假期间按月发放的生育津贴等。

3. 主要模式

按照不同的分类标准，城市社会保险可分为不同的类型。当前得到广泛认可的分类模式一般有以下五种类型：

（1）传统型社会保险模式。

这种模式为德国首相俾斯麦首创，故又称俾斯麦模式。它强调国家责任、雇主责任和个人责任相结合，主张给付、收入及缴费联系，社会保险由个人、单位和政府三方或其中两方负担，统一由国家专门机构进行管理。其特征一方面是突出社会保险制度中权利与义务的关系，筹资方式为三方（国家、企业、个人）负担，政府（国家）一般为最后的保证；另一方面是以维护社会安全和国民经济稳定及均衡发展为目的，虽有公平的内涵，但更强调自助与安全。美国、日本、荷兰、奥地利等均实行该模式①。

（2）福利国家型社会保险模式。

这是在英国的贝弗里奇经济理论基础上建构起来的一种以国家为主的全民保险模式。以普遍性为原则，主要实行“收入均等化、就业充分化、福利普遍化、福利设施体系化”的社会保险制度，总目标是消除贫困。其特点一是保障对象的普遍性和保障项目的全面性，覆盖全民而又无所不包，可谓“从摇篮到坟墓”；二是推崇公平，不惜以牺牲效率为代价；三是保障经费由国家通过国民收入的再分配来实施。

（3）国家保障型社会保险模式。

这是苏联、东欧国家实行的与计划经济体制相配套的社会保险模式。其理论根据来自马克思的《哥达纲领批判》中必要劳动和剩余劳动理论。其主要特点是，社会保险完全由国家包办，社会保险费用全部由国家和企业负担，个人不缴纳任何费用。我国传统的社会保险制度就属于这种模式。

（4）个人储蓄型社会保险模式。

在新加坡、印度尼西亚、马来西亚等东南亚的一些国家和地区，尽管经济发展相当

① 马彦琳，刘建平．现代城市管理学．2版．北京：科学出版社，2005：237-238.

快，但是由于人们在观念上仍然认为家庭在社会保障中起着重要的作用，所以，这些国家和地区就因势利导地实行了以个人（或家庭）储蓄为主的社会保障制度。如新加坡实行的公积金制度，就是国家通过立法，强制劳资双方储蓄，以职工个人名义存入专门管理机构，职工退休、购房等情况发生时，才可动用自己账户上的资金，职工之间没有互助互济，也不共同承担风险，属于自助型的社会保险模式。

（5）雇主责任型社会保险模式。

雇主对其雇员的特定保险事故负全部责任，即保险基金全部由雇主负担。许多国家的工伤保险采用此模式，比利时和德国的疾病保险也采用此模式，其目的是促使雇主关心雇员的人身安全和健康。

14.2.3　城市社会福利

1. 概念和特点

城市社会福利是指政府和社会为城镇全体成员或老人、儿童、残疾人等社会中特别需要关怀的人群，创造物质文化环境或生活保障、援助。费用主要来自国家和地方政府财政支出，以社会筹资为辅。主要包括城镇中残疾人、老年人、儿童、妇女、职工福利，住宅和教育福利，社区服务等。因此，城市社会福利具有以下几方面的特点①：

第一，普遍性。社会福利是由全体社会成员共同享有的，其保障对象具有全民性和无选择性。凡是符合条件的人，不分性别、年龄、职业、信仰、财产状况，都可以享受社会福利的保障待遇。

第二，福利性。社会福利是以提高人们的生活水平、解决人们生活需要为目的的。无论是公共服务设施还是一般的社区服务，都是国家或社会团体为增进群众福利、改善人民的物质文化生活条件所提供的保障措施。因此，它具有非营利性，一般向社会成员免费或者优惠提供。

第三，主体多元性。社会福利的主体可以是政府，也可以是企业或个人。由于我国社会福利的范围较为广泛，加上政府的财力有限，一些涉及在职职工和家属的福利，交给了企业来分担；另外一些特殊人群的福利事业，如残疾人群，鳏寡孤独者，交给了一些社会团体来负责。但总的来说，政府在社会福利事业中还是应该起主导作用的。

第四，公平性。每个社会成员所享受的社会福利是机会均等、份额相同的。需要指出的是，由于收入水平不同，社会福利带给每个人的效用也不尽相同。

第五，高层次性。社会福利是社会保障的最高纲领，其根本目的是改善和提高社会成员的生活质量。国家通过社会福利使社会成员的生活状况得到进一步的改善，并使其生活质量得到提高。从某种意义上说，生活质量的提高往往更能体现福利的内涵②。

---

① 陈树文. 社会保障学. 2 版. 大连：大连理工大学出版社，2007：229-230.

② 郑功成. 社会保障概论. 上海：复旦大学出版社，2020：283.

2. 基本内容

社会福利包含的内容很广，从不同的角度可以对社会福利进行不同层面的划分（见表14-4）。一般而言，一国经济发展水平越高，它的社会福利所包括的内容就越广泛。在我国现阶段，农村社会福利不甚发达，项目少，水平低；而城市社会福利则相对发达，项目众多，水平较高。因而，一般而言，我国的社会福利主要是指城市社会福利。

表14-4 社会福利的划分标准及内容

分类标准	社会福利的内容
按照对象	未成年人福利、老年人福利、残疾人福利、劳动者福利等
按照内容	生活福利、教育福利、医疗卫生福利、文体娱乐福利、住房福利等
按照方式	社会津贴、行业福利、社区服务和家庭服务

3. 主要模式

一般认为，城市社会福利模式主要有以下两种分类方法：

第一种：城乡一体型社会福利和城乡分立型社会福利。

城乡一体型社会福利，即统一适用于城市和乡村的社会福利。其主要特点是对城市居民和乡村居民实行统一的社会福利制度，社会福利的水平、内容没有城乡差别，设立覆盖城乡的社会福利供给系统和社会福利基金。发达国家由于城乡经济差别甚微，城乡经济已实现一体化，因此实行的是城乡一体型社会福利。

城乡分立型社会福利，即在城市和乡村分别实行不同的社会福利。其主要特点是，城市居民和乡村居民分别适用不同的社会福利制度，城乡社会福利的水平和内容都不尽相同，建立两种不同的社会福利供给系统和社会福利基金。这种社会福利模式是以城乡二元经济结构和城乡经济差别为基础的，城市社会福利的水平和完善程度均优于、高于乡村社会福利，在社会福利体系中居于主要地位。发展中国家，特别是城乡差别较大的国家，多采用这种社会福利，我国即其中之一①。

第二种：宏观为主型社会福利和微观为主型社会福利。

宏观层次的社会福利，是以政府为直接责任主体且面向全社会的福利。福利基金主要来源于财政支出并由政府组织，福利待遇的提供具有社会性，即由政府或社会团体设立公共机构直接提供福利待遇，其享受者不受公民所属单位不同的影响。

微观层次的社会福利，是以企业等微观单位为直接责任主体且仅面向本单位劳动者及其家庭的福利。福利基金主要从本单位的收入或经费中提取，福利待遇的提供具有封闭性，即由本单位的福利机构直接向本单位劳动者及其家庭提供。根据宏观、微观层次在社会福利体系中的地位不同，可分为两种社会福利模式，即以宏观福利为主、微观为辅的模式和以微观福利为主、宏观福利为辅的模式，前者是市场经济国家的传统模式，后者是计划经济国家的传统模式。

---

① 马彦琳，刘建平．现代城市管理学．2版．北京：科学出版社，2005：232-233.

14.2.4　城市社会救济

1. 概念和特点

城市社会救济是以城镇中的贫困户、无依无靠和无生活来源的贫困者、城市灾民以及其他不能维持最低生活水平的城镇人员为主要对象，费用主要来自国家财政支出，辅以社会筹资，救助方式包括长期救济、临时救济、扶贫等形式。

城市社会救济是城市基础的、最低层次的社会保障，其目的是保障公民享有最低的生活水平，给付标准低于社会保险。作为社会保障制度的基础，社会救济有其特有属性①：

第一，最低保障性。社会救济面对的是陷入生存困境并迫切需要国家或社会援助的社会成员，其救助水平通常以维持社会成员最低生活需要为标准。这一特征使社会救助成为社会保障制度或社会稳定系统的第一道防线，被称为最低保障制度。

第二，按需分配。一方面，社会救济以一定的贫困线或救助起点为依据，只有生活陷入困境或者遇到特殊困难的社会成员才有资格申请并获得国家或社会的援助；另一方面，国家或社会提供的社会救济一般根据不同社会救助对象的具体需要来提供，如实物救助有食物、衣被救助等，服务救助有医疗、心理咨询、教育培训等。

第三，权利义务单向性。只要符合救济的条件，任何享受社会救济的社会成员都有权利申请救助。对受益者而言，其享受的是单纯的法定权利；而提供社会救济则是国家和社会的职责与法定义务。因此，当需要社会救济而救助者不能提供或者提供救助不足时，便可以视为政府与社会的失职或未尽到应尽义务。

第四，全民性。任何人只要达到了救济门槛均有权申请社会救助，同时对于某些特定事件中的不幸者亦提供救助，而任何人均有可能遭遇自然灾害并成为灾害救助的对象。与其他社会保障类型相比，社会救济的保障范围更加宽泛，因而是面向整个社会所有成员的最低保障机制。

2. 基本内容

社会救济的目标是克服乃至消灭贫困，所以社会成员的贫困现象决定了社会救济的基本内容。现代社会救济包括灾害救助、贫困救助、扶贫救助、失业救助和特殊救助等大项目，每个大项目之下还包括若干具体子项目（如灾害救助包括生活救济、医疗救助、以工代赈等，特殊救助包括孤老救助、孤儿救助、残疾人救助、难民救助等），救助的方式有实物救助、现金救助、服务救助等多种，它们共同构成了社会救济体系。

我国的社会救济大体可分为三部分：一是困难群众的基本生活救助，包括城乡居民最低生活保障、农村的五保户供养和灾民的生活救助、精简职工救济、城市生活无着的流浪乞讨人员救助等。二是专项救助，包括城乡医疗救助、教育救助、住房救助、司法救助、

---

① 郑功成. 社会保障. 北京：高等教育出版社，2007：174.

就业援助等。三是配套救助，包括临时救助、社会互助、慈善救助和政策减免等①。

3. 主要模式

根据城市社会救济主体的不同，可以将社会救济分为以下三种类型：

社会救济，又称为慈善机构救赎或慈善事业，是指在慈善伦理基础上的，以社会捐款为财产来源的，由社会公益团体或机构对生存困难者提供的救助。它最早表现为宗教慈善机构的救助，后来又出现了非宗教性慈善机构的救助。其主要特点是：1）慈善机构由宗教团体或非公益团体直接充当或出资创办；2）救助的财产来源是包括信徒在内的私人或社会团体的自愿救助捐款；3）政府不直接参与和组织救助过程，救助的对象和标准不由国家规定，而由慈善机构自主决定。

官方救济，又称为政府救助，是指由政府直接组织的并以财政支出为主要财产来源的对生存困难者提供的救助。其主要特点有：1）由政府或其有关部门设立救助机构或直接实施救助活动；2）救助的财产来源主要是政府的财政专项支出；3）救助的对象和标准由法律规定；4）救助活动纳入政府的社会发展计划。

官方与社会结合救济，是指由官方救助与社会救助相互补充而构成的对生存困难者提供的救助。其主要特点有：1）救助主体既有政府及其举办的救助机构，又有社会公益团体及其举办的救助机构；2）救助财源既有政府的财政支出，又有社会的捐助；3）救助活动既可以官方和社会分别实施，也可以官方和社会联合实施。根据官方救助和社会救助在社会救济体系中的地位的不同，官方与社会结合救助可以进一步分为官方救助为主、社会救助为辅，社会救助为主、官方救助为辅，官方救助与社会救助并重三种类型②。

14.3 社会保障基金管理

我国城市社会保障制度的贯彻实施离不开社会保障基金这个强大后盾的支持。因此，社会保障基金是实现社会保障制度目标的根本和核心的内容，是社会保障制度得以正常运行的物质基础，是社会消费基金的重要组成部分。

14.3.1 社会保障基金概述

1. 社会保障基金的概念和特点

鉴于社会保障基金内容的广泛性，可以从广义和狭义两个层面对其概念进行解读。广义的社会保障基金是指为实施社会保障制度的各个项目，通过法定的程序，以各种方

---

① 郑功成. 社会保障. 北京：高等教育出版社，2007：174.

② 马彦琳，刘建平. 现代城市管理学. 2版. 北京：科学出版社，2005：242.

式建立起来的用于特定目的的专款专用货币资金①。按其保障内容的不同分为社会福利基金、社会保险基金、社会救济基金和社会优抚基金。狭义的社会保障基金的理念则相对具体，其内容范畴与社会保险基金的内容范畴基本重合。

目前，学界对于社会保障基金含义的理解和应用并没有统一的标准：有时将社会保障基金等同于社会保险基金，有时指专项的用于社会保障项目的基金，有时又指的是全国社会保障基金。2011 年开始实行的《中华人民共和国社会保险法》规定："国家设立全国社会保障基金，由中央财政预算拨款以及国务院批准的其他方式筹集的资金构成，用于社会保障支出的补充、调剂。"可见，在国家的制度设计层面，社会保障基金与社会保险基金也没有明确的界限。所以，在分析现实问题时，我国大部分研究并不对社会保障基金与社会保险基金的概念进行细致的区分。故以下所提社会保障基金侧重于现实应用层面，采用了社会保障基金的狭义内涵，也就是特指社会保险基金。

社会保障基金具有以下特点：

第一，法律强制性。社会保险基金是国家法律法规强制规定的，任何单位和个人都不能按照自己的意愿决定是否参加社会保险。凡属于法律规定范围内的单位和个人，都应当无条件参加社会保险，按规定缴纳社会保险费。为保障劳动者的利益，维护法律严肃性，社会保险基金的管理必须排除各种干扰，严格按照法律法规来管理和运行。

第二，特定目的性。社会保险基金建立的目的是当劳动者遭遇风险时，保证其基本的生活需要，如养老保险基金就可以保证广大劳动者因年老丧失劳动能力后的基本生活，因而这部分款项必须专款专用，任何单位和个人都不可以随意挪作他用。

第三，统筹互济性。在通常情况下，收入高的人要比收入低的人缴纳更多的社会保险费，但是给付时不是根据缴纳保险费的多少给付保险金，而是根据统一标准给付，因而每个人享受的待遇与他们对于社会保险基金的贡献不一定是对等的。社会保险基金是消费基金，由国家统筹使用，所有的劳动者共同承担社会风险，互帮互助、同舟共济，体现了统筹互济性。

第四，储备性。积累性基金是为了应付那些风险概率很高的风险，如人年老之后无法从事工作，其收入就会减少或中断。为避免老年人失去生活来源，保障其基本生活，社会保险机构会以社会保险费的形式，从其在职工作时所创造的价值中扣除一部分缴纳社会保险费，日积月累，当他们不再工作时，再作为经济补偿返还给劳动者。当一个国家面临人口老龄化时，这种积累就显得尤为重要。

2. 社会保障基金的基本内容

随着社会保障的发展，社会保障基金的内容也纷繁复杂，因此，只有根据不同的标准对社会保障基金进行分类，才能全面了解社会保障基金的内容②。

（1）按用途划分。

社会保险基金。社会保险基金是指由雇主与雇员共同缴纳社会保险费的方式形成的，

① 吴中宇. 现代社会保障导论. 武汉：华中科技大学出版社，2009：113.

② 郑功成. 社会保障. 北京：高等教育出版社，2007：294-296.

用于保障劳动者在丧失劳动能力或失去劳动机会时基本需要的基金。

社会救济基金。社会救济基金是指国家经过经常性预算和财政性拨款等形成的，专门用于救助困难群体的社会保障基金。

社会福利基金。社会福利基金是指国家和社会用于提高人民物质和精神文化生活水平而建立的社会保障基金，包括财政性福利基金、社会化福利基金和企业自有的福利基金。

军人保障基金。军人保障基金是为实施军人社会保障而筹集的资金，它包括优抚基金、安置基金、军人保险基金等。

（2）按基金运营管理方式划分。

财政拨款形成的社会保障基金。财政性社会保障基金来源于国家税收，直接体现了政府在社会保障方面的财政责任。一般而言，财政性社会保障基金通过经常性预算和财政拨款形成，其结构与功能通常取决于国家的社会保障规模以及财政体制与相关社会保障制度的结合程度。在对社会保险实行现收现付制的国家，社会保险基金的加入使基金显得非常庞大；在社会保险基金独成系统的国家，财政性社会保障基金的规模通常较小。现阶段中国的社会保险基金在财政系统之外运行，政府直接承担的社会保障拨款责任只限于救灾救济、公务员保险、军人保障及官办福利事业等，其规模在国家财政预算中所占比重与发达国家相比相对较小。

强制性征缴形成的社会保障基金。强制性征缴形成的社会保障基金是指政府依照社会保障的相关法律，强制要求雇主、雇员或规定范围内的国民缴纳社会保障费或税形成的社会保障基金。任何单位和个人都必须无条件地履行法律规定的缴费义务，缴纳标准和待遇给付标准等均由国家法律、法规统一规定，单位和劳动者个人无自由选择与更改的权利。强制性征缴形成的社会保障基金主要是各种社会保险基金和住房公积金，如养老保险基金、医疗保险基金、失业保险基金、工伤保险基金、生育保险基金等。社会保险基金是强制性征缴形成的社会保障基金的典型代表。

多元组合形成的社会保障基金。多元组合形成的社会保障基金是指国家和政府通过多种渠道筹集到的社会保障资金。这些渠道包括国家财政拨款、向受助者收费、接受社会捐赠、发行福利彩票等。其中，社会福利基金是多元组合形成的社会保障基金的典型代表。

（3）按基金所有权划分。

公共基金。公共基金为公共所有，其来源有财政拨款、按法律规定由雇主和雇员缴纳的社会保险费（税）、社会捐赠、国际赠款。例如，养老、医疗、失业、工伤、生育等社会保险基金中属于统筹的部分即为公共基金。

个人基金。个人基金为归个人所有的非财政性社会资金，但它不同于银行存款和各种有价证券的资金。它是按法律、法规、规章缴纳记在个人账户用于专门用途的基金，如个人账户的养老保险基金等。

机构基金。机构基金为单位为职工建立的福利性社会保障基金，所有权归集体或部分所有权归集体，按照国家的政策和单位的规章对符合条件的职工给予补贴的资金，如用人单位的福利基金等。

14.3.2　社会保障基金的运行环节

社会保障基金从资金的运行过程分析，由社会保障基金的筹集、社会保障基金的投资、社会保障基金的支付、社会保障基金的监管四个环节构成。

1. 社会保障基金的筹集

社会保障基金的筹集是指由专业的社会保障机构按照法律规定的比例向计征对象征收社会保障费（税）的行为，它关系到能否建立充足和稳定的社会保障基金这一重大问题，是社会保障制度的核心内容和关键环节。

社会保障基金的来源，即国家依法确定的用于社会保障事业所需专项基金取得和形成的渠道。主要包括：（1）财政拨款，这是社会保障基金的一个固定的、主要的来源；（2）雇主和个人缴费，雇主和个人缴费是各国社会保障基金的重要来源；（3）社会筹资，社会筹资的渠道主要有社会捐赠和发行彩票。除此之外，还包括基金运营增值、社会福利服务收费、发行特种国债、国际援助等。

社会保障基金的筹集模式是依据一定的收支平衡原则，明确一定的收费率，以取得一定的社会保障收入，用以满足社会保障事业及经济稳定发展需要的一项制度。从世界各国社会保障制度的实施情况看，在一般按照单位、个人和国家三方出资的前提下，按社会保障资金储备与否，可将筹资模式分为以下三类①：

（1）现收现付式。这种筹资模式要求以近期内横向收支平衡原则为指导筹集资金。具体的做法是，先做出一年内某项社会保障措施所需支出的费用测算。然后，按照一定比例分摊到参加该保障措施的所有单位和个人，当年提取，当年支付。预先不留储备金，完全靠当年的收入来满足当年的支出，并争取略有节余。这种模式的一个显著特点是，在社会保障计划实施的初期，收费率较低，以后随着受保人年龄结构的变化而逐步提高，几乎需要年年调整。

（2）完全积累式。这种筹资模式也叫完全基金式，是一种以远期纵向收支平衡为原则的筹资模式。它要求在预测未来时期社会保障支出需求的基础上，确定一个可以保证在相当长的时期内收支平衡的总平均收费率，将其分摊到保障对象的整个投保期。这种方式的主要特点是，在初期收费率高、筹资见效快，在较长的时期内，收费率保持相对稳定。在社会保障计划实施初期的若干年份中，社会保障收入大于支出，收大于支的部分形成储备基金，用于弥补以后年度支大于收的差额。这部分基金需要通过具有较高收益率的投资予以保值增值。

（3）部分积累式。这种筹资模式也叫部分基金式，这是一种把近期横向收支平衡原则与远期纵向收支平衡原则结合起来的筹资模式。也就是，在满足现实一定支出需要的前提下，留出一定的储备，以适应未来的支出需求。这种筹资方式规定几年不变，过几年调整一次。收大于支的部分，形成一定数量的基金，通过长期投资取得增值。其特点

---

① 张民省．社会保障学．太原：山西人民出版社，2009：141.

是在初期收费率较低，以后逐年提高，但保持相对稳定。

任何一种筹资模式都不是十全十美的，上述三种筹集模式各具特色，也各有其优缺点。在选择筹资模式时，首先，应当考虑不同社会保障项目的支出特点。社会保障项目按制度期限的长短分为短期支付的项目和长期支付的项目，前者一般选择现收现付式，后者一般选择完全积累式或部分积累式。其次，应考虑人口年龄结构的变化趋势。现收现付式的一个基本约束条件是相对稳定的人口结构比例，在人口老龄化的背景下，完全积累式和部分积累式这两种基金筹资方式具有更大的吸引力。最后，筹资模式的选择还应考虑社会保障基金运行的经济条件以及它对社会经济发展的影响。

2. 社会保障基金的投资

社会保障基金的投资是指社会保障基金管理机构或受其委托的机构，用社会保障基金投资于国家政策和法律许可的金融资产和实际资产，以期获得适当预期收益的基金运营行为，从而使社会保障基金达到保值增值的目的。

由于面临前述风险，加之社会保障基金本身所具有的特殊性，要使社会保障基金在投资运营过程中实现良性循环，就必须遵循下列基本原则：

（1）安全性原则。安全性是社会保障基金进入投资市场的首要原则。社会保障基金承担着保障社会成员基本生活的使命，被称为“活命钱”。因此，在进行投资选择时，首先要考虑它的安全性。

（2）营利性原则。营利是基金投资的目的，社会保障基金的投资，要在符合安全性原则的条件下，保证投资能够获得最大的收益。既可为社会保障基金提供更多的积累，也可减轻国家、企业和个人的社会保障支出负担，保证社会保障基金的良性运行。

（3）可流动性原则。社会保障基金投资不是为了拥有大量流动性差的资产，而是要求其投资的资产具有迅速融通、变现的能力。为了保证社会保障资金随时可以支付现金的需要，在基金的投资过程中，要特别注意资金的流动性，一般而言，应根据不同基金支付期限的规律，选择变现性能与之相适应的投资工具。

（4）多样化原则。投资都存在风险，为了使社会保障基金的投资风险最小，最有效的办法是采取投资组合的方式，即将基金按不同比例同时向多条渠道投资。这样，可以形成以高比例的低风险项目配合低比例的高风险项目，以高比例的稳定收益配合低比例的波动收益的格局，既可以降低基金风险，又可以取得满意的回报。

事实上，上述四项原则在投资运作的过程中常常会出现矛盾，难以同时兼顾。因此，进行社会保障储备基金投资时，应当结合本国的具体情况，制定合理的投资政策，特别应注意投资期限的合理搭配和各项投资比重的合理选择。

从理论上说，社会保障基金的投资方向有多种。当然，各国在进行政策选择时，要充分考虑各种工具的交互作用，按照上述投资原则，从法律上加以规范。从投资内容划分，社保基金可供选择的投资工具包括金融投资和实业投资两类。社会保障基金投资的金融投资工具包括银行存款、债券、公司股票、货款、以资产为基础的证券、衍生证券等。实业投资包括房地产、基础设施等不动产。不动产投资在经济持续发展的情况下有较高的盈利率，安全性也有保证，能在一定程度上防范通货膨胀风险。但不动产投资一般投资周期长，流动性也差。其中，房地产市场受经济周期波动影响，有较大风险，并且由于其具有较强的专业性，投资的管理成本较高。因此，一些国家对社会保障基金投资于房地产的比重有严格规定，多数国家社会保障基金用于不动产投资的比重都比较低。然而，在经济快速发展成长时期，进行实业投资有可能给社会保障基金带来稳定的高收益。

专栏 14-1

全国社会保障基金理事会

全国社会保障基金理事会（National Council for Social Security Fund，SSF），是财政部管理的事业单位。作为基金投资运营机构，其主要职责是：管理运营全国社会保障基金；受国务院委托集中持有管理划转的中央企业国有股权，单独核算，接受考核和监督；经国务院批准，受托管理基本养老保险基金投资运营；根据国务院批准的范围和比例，直接投资运营或选择并委托专业机构运营基金资产；定期向有关部门报告投资运营情况，提交财务会计报告，公布基金收支、管理和投资运营情况，接受有关部门监督；等等。全国社会保障基金理事会的机构设置如图 14-3 所示。

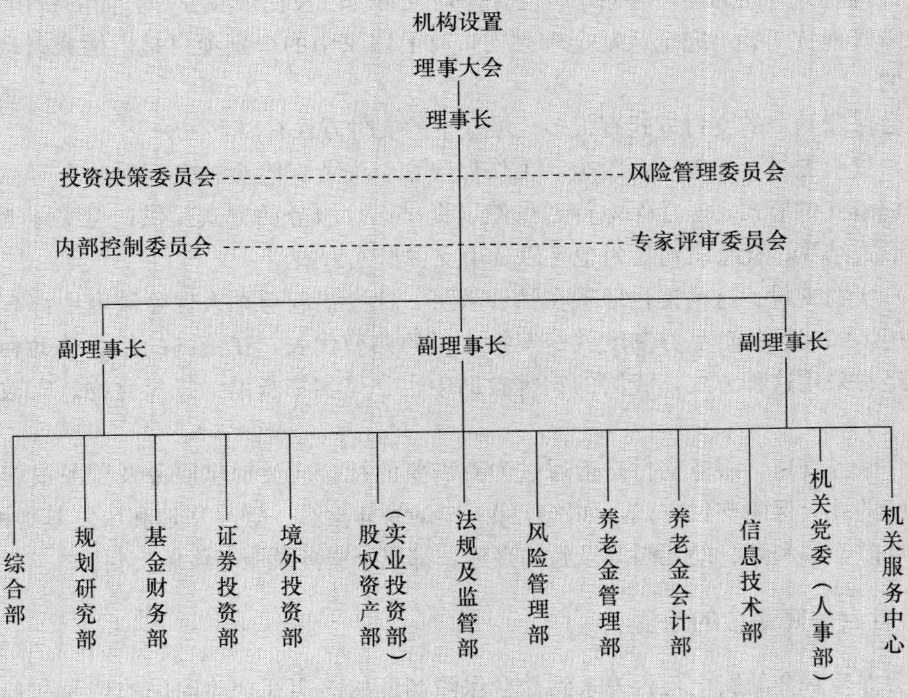

图 14-3　全国社会保障基金理事会的机构设置示意图

资料来源：全国社会保障基金理事会，http://www.ssf.gov.cn.

3. 社会保障基金的支付

社会保障基金的支付是指按社会保障制度规定的条件、项目、标准和方式，给法律范围内的社会保障对象支付社会保障待遇，以保障其基本生活需要的行为。这种行为，从宏观上说，是社会保障基金在各个社会保障项目上的分配运用；从微观上说，是对符合资格的保障对象的待遇给付。社会保障基金支付是社会保障目的和功能得以真正实现和发挥的关键环节。

社会保障基金支付的范围包括以下几方面：一是用于职工的基本生活保障支出，包括用于暂时丧失劳动能力和生活困难的职工补助费和用于永久丧失劳动能力的退休人员的退休金；二是用于符合享受失业保险待遇的失业者在失业期间的基本生活保障及就业培训方面的支出；三是用于国家和单位医疗保障方面的经费开支；四是用于军人保障方面的支出；五是用于社会救济方面的支出；六是用于社会福利事业方面的支出；七是用于社会保障设施方面的支出。

从用途上来看，社会保障基金支出项目基本上可以归为两类，即社会保障待遇支出和社会保障管理费用支出。其中，社会保障待遇支出在基金支出中占绝大部分；社会保障管理费用支出主要包括用于社会保障管理机构及其人员的办公经费、用于办理社会保障基金银行业务方面的经费和用于社会保障对象管理以及提供服务等方面的费用。不过，社会保障管理费用并不完全从基金中列支，有的国家中的个别项目是由国家财政单独拨款解决的。

社会保障基金的支付方式有很多，最基本的支付方式有以下三种①：

(1) 货币支付。如养老保险金、工伤保险金、失业保险金、生育保险金等社会保险均采用货币支付形式，医疗保险待遇虽然以提供医疗服务的方式提供，但实际上仍然是以货币形式结算；社会救济支付也是以货币支付形式为主。

(2) 实物支付。这种支付形式在社会救济、社会福利与军人保障制度中都有不同程度的采用，如美国的食品券制度就是实物支付的典型代表，在美国的住房救助和医疗救助中也经常采用这种方式，我国的灾害救助中也常见实物救助（提供食物、衣被等）的方式。

(3) 服务支付。服务支付是指通过为有需要的社会成员提供服务及服务设施而实现保障目的的社会保障支付方式，如医疗保险中的身体检查、疗养基地和康复基地的建立，以及敬老院、福利院、幼儿园等设施的兴建，都属于服务及服务设施支付。

4. 社会保障基金的监管

社会保障基金的安全与否关系到社会保障制度的落实和全体国民的切身利益，也对政府财政构成了重大影响。因此，对社会保障基金进行监管有重大的意义。

监管是指相关主体为了实现一定的目标而利用各种手段对特定客体所采取的一系列监督和管理活动。社会保障基金监管是国家授权专门机构根据国家法律对社会保障基金

① 张民省．社会保障学．太原：山西人民出版社，2009：145.

征收、投资运行及支付等整个过程进行监督和管理，其目的是确保社会保障基金的正常运行，其首要任务是保证社会保障基金运行的安全，确保社会保障政策最终目标的实现。

社会保障基金监管的内容有两大部分：一是建立和完善社会保障基金投资运营规则、机构资格认定和制定规范运营机构运作的各类准则；二是通过具体监管方式和手段，监督实施各类基金管理规则，实现对社会保障基金运营的有效监管①。

社会保障基金监管的组织体制主要包括政府监管、内部监管和社会监管。政府监管是指政府通过立法和建立具体的监管部门以实施监管。社会保障行政部门对社会保障基金的筹集、运营、支付等实施直接、全方位的监督管理；财政部门通过财政预算、财务会计监管等手段实施监管；审计部门从独立的角度，对社会保障基金的收支、使用、投资等行为进行审计检查。内部监管是指社会保障经办机构和投资运营机构作为独立的主体，自身建立健全各项规章制度，如财务制度、内部审计制度等，加强自我约束，保证社会保障基金规范管理和运营。社会监管是指社会保障基金的直接利益相关方、社会中介机构、新闻媒体等，通过社会舆论和向有关部门反映问题等手段，对社会保障基金进行监管②。

关键术语

城市社会保险　城市社会福利　城市社会救济　福利国家　社会保障基金

复习思考题

1. 城市社会保障的目的在于保障市民的基本生活权利和提高人民福祉，城市政府应该发挥主导作用，谈一谈如何理解城市社会保障中政府责任的划分及履行。

2. 结合国家“十四五”规划中社会保障的有关内容，谈谈今后我国城市社会保障体制的发展方向和思路。

3. 城市人口老龄化问题的加剧对城市社会保险提出了更大的挑战，结合具体案例谈谈如何更好地完善我国城市社会保险体系。

4. 随着经济的发展和人民生活需求的提高，市民满意度成为考量各地政府工作绩效的一项重要指标。思考如何通过城市公共福利的完善来提高市民满意度。

5. 城市社会保障基金是保障城市社会保障有效运行的物质基础，结合社会保障基金的监管体系和类型谈谈如何更好地实现社会保障的基金监管。

延伸阅读

1. 郑功成. 社会保障学：理念、制度、实践与思辨. 北京：商务印书馆，2020.

① 孙光德，董克用. 社会保障概论. 6 版. 北京：中国人民大学出版社，2019：43.

② 潘锦棠. 社会保障学. 大连：东北财经大学出版社，2010：37-38.

该书是作者长期研究社会保障问题的一项重要理论成果。全书从社会保障专业视角出发，对社会保障理念、制度及其实践进行了系统的、理性的概括和思辨。其内容包括对社会保障概念及学科属性的界定，社会保障理论基础与主要流派及其对制度实践影响的分析，社会保障制度的发展进程及其规律、模式、经验教训和改革动态的考察，社会保障与社会、经济、政治及人的发展等宏观关系的探讨，社会保障功能定位与有关国家社会保障制度安排的比较，以及对社会保障基金与融资、社会保障法制与管理、社会保障运行与监控的研究等。

2. 张民省．社会保障管理学新视野．北京：中国书籍出版社，2020.

该书立足中国社会保障的管理实践，较为全面地介绍了社会保障管理的发展脉络。该书既涉及较为全面的理论分析，又有最新的社会保障管理体制、政策的论述，还特别注意解读理论与实操之间的关联，知识体系完整，重点突出，内容精练，具有较高的参考价值。

3. 孙光德，董克用．社会保障概论．6版．北京：中国人民大学出版社，2019.

该书是劳动与社会保障专业的教材，体系完整、内容全面，共分为上下两篇。上篇介绍了社会保障的基本理论，如社会保障制度、基金、管理、水平、法律等专题；下篇介绍了社会保障的具体项目，如老年保障、就业保障、医疗保障等。

4. 王延中．社会保障与社会治理．北京：经济管理出版社，2018.

该书是作者在国家治理现代化背景下讨论社会保障的各个方面，并展望社会保障治理体系的改革与完善。社会保障制度的功能作用和能力状况，是一个国家治理能力的重要体现。推进社会保障治理体系和治理能力现代化，对调节收入分配、维护社会稳定、促进经济社会健康发展具有重大而深远的理论意义和现实意义。

5. 赵曼．社会保障学．3版．北京：高等教育出版社，2017.

该书是国家级精品课程教材。全书分为四个部分共11章：第一部分概述社会保障思想与社会保障制度的历史演变，在逆向选择理论和道德风险理论的基础上讨论政府与市场、公平与效率的关系；第二部分介绍社会保障体系中失业保险、工伤保险、生育保险、医疗保险和养老保险五大类项目；第三部分包括社会救助、社会福利与社会优抚；第四部分包括企业年金制度和社会保障基金运行与管理。

第 15 章

城市公共安全管理

重点问题

现代城市的聚集性使城市在面临各种灾害冲击时，不是更加坚强，而是更加脆弱。城市越发展，城市公共安全的需求就越紧迫。保障城市公共安全，是政府的重要职责，应该充分发挥政府的主导作用，构建综合型、全社会型的公共安全管理系统。

城市公共安全的内涵是什么？它具有哪些基本的特征？城市公共安全管理又应该坚持哪些原则？这些都是本章所涉及的最基本的问题。与城市公共安全管理联系紧密的城市社会治安管理、城市应急管理应该呈现哪些具体形态？韧性城市与城市灾害管理的内在联系如何？这是本章的重要内容。

15.1 城市公共安全管理概述

随着城市的不断发展和进步，城市公共安全的重要性日渐凸显。近些年来，城市公共安全事件频繁发生，地震、海啸、洪涝、爆炸、恐怖袭击不胜枚举，严重威胁着城市居民的生命财产安全。城市公共安全是城市可持续发展的客观要求和基本条件，构建科学合理的公共安全管理体系是城市政府的重要职责，是城市公共安全的根本保障。

城市公共安全是指城市运行以及城市居民、社会、设施的安全，是在城市的构成要素、公众利益、社会秩序、社会价值、行为准则之间形成的一种平衡协调、相对稳定的状态。城市公共安全是城市发展所必需的良好内部秩序和外部环境保证，也反映着自然灾害、生态环境、经济状况和资源供给等社会、政治、经济和文化因素对城市发展的影响。

15.1.1 城市公共安全管理的概念

城市公共安全管理是指以政府为主导的管理主体，为了保护城市居民、社会、设施的安全，而对城市中的灾害问题、人口问题、社会治安问题等进行预防、处理、解决以及进行相关制度建设等。城市公共安全管理的目的是通过预防、处理、解决城市存在和发展中的各种安全问题，加强城市应对各种安全问题的能力，改善城市公共安全状态，提高市民的公共安全意识，保障城市的健康快速发展。城市公共安全管理有两种不同的表现形态，一种是正常状态下的管理形态，一种是应急状态下的管理形态。从内容上看，城市社会治安管理和城市公共安全应急管理分别对应了常态和非常态下的公共安全管理状态。

15.1.2 城市公共安全的特征

（1）复杂性。

城市公共安全的复杂性一方面表现为城市公共安全影响因素的复杂性，城市公共安全影响因素不仅包括城市中的地震、洪水、暴雨、雷电等自然灾害，也包括各种事故灾难、公共卫生事件、社会安全事件等；另一方面还表现为城市公共安全管理所涉及主体的复杂性，城市公共安全管理不仅涉及城市管理中的多方面主体，而且在各个主体之间还存在复杂的关系，各主体、各机构之间的关系会在城市公共安全体系中得到复杂的设计和构建。

（2）动态性。

城市公共安全的动态性突出表现在其内容构成上。一方面，传统的问题，如城市地震、洪水、雷电、火灾、战争会由于时代的改变而产生新的特点，如在发生原因、影响程度、影响范围等方面有着不同的表征。另一方面，随着时代的变化，一些新的公共安全问题会产生，如高新技术的发展和运用给城市在网络、通信、健康等各方面带来了一些安全隐患。

（3）长期性。

一方面，自从城市出现，城市公共安全就一直存在，并且将一直伴随着城市而存在下去。另一方面，城市公共安全一旦出现问题，将会给城市带来长期性的影响，如在市民心理、城市设施、城市发展等方面都会产生长远的影响。另外，城市公共安全管理必须是城市政府长期的职责所在，城市政府必须将保证城市公共安全作为义不容辞的责任。

（4）联动性。

一方面，在城市公共安全内容上，一个构成要素发生问题往往会带来其他构成要素甚至整个城市系统的问题；另一方面，在安全问题发生的区域性上，一个地区的公共安全问题往往会造成城市其他地区甚至是整个城市的问题，一个城市的问题往往会造成一个区域的问题。基于城市公共安全的联动性，城市公共安全体系要善于发现各个要素之间的关系，充分利用联动性能够带来的有利条件，避免联动性带来的问题，保证城市的公共安全。

15.1.3 城市公共安全管理的原则

城市公共安全管理必须坚持以下原则：

（1）以人为本。

城市公共安全管理的最终目的是保护城市居民的根本利益，因此在城市公共安全管理中，要从城市居民的安全需求出发，以保障市民的健康和生命财产为首要任务，摆正局部利益和全局利益、部门利益和群众利益、眼前利益和长远利益的关系，做到权为民所用、情为民所系、利为民所谋。

（2）法律至上。

城市公共安全管理需要强有力的保证，而法律具有至高的权威，应该成为保证城市公共安全管理的载体。一些发达国家应对公共安全问题的成功经验表明，完备的法律体系可以保证城市公共安全管理的有效性、权威性、规范性。

（3）政府主导。

政府是人民的代表，是人民利益的捍卫者，在保证城市公共安全、保护市民生命财产上负有义不容辞的责任。城市公共安全管理强调多元参与，政府、企业、非营利组织、市民等都应该成为有效的参与者，但是政府必须发挥主导作用，也应该义不容辞地承担起这一责任。

（4）防治结合。

对于城市公共安全的管理，应该树立“防治结合，以防为主”的原则。对于城市公共安全的管理来讲，问题的应对固然重要，但是问题的防御更为重要。以防御为主，可以实现有效的、科学的管理，有效、完善的防御准备可以科学有序地应对问题，从而达到减少损失、保证城市公共安全的目的。

（5）整体联动。

城市公共安全具有复杂性的特点，城市公共安全问题绝不是单独某个城市部门就能应对的，必须要实现整体联动。首先，实现多元主体的联动，政府、企业、非营利组织、市民等必须要实现整体的联动；其次，实现政府内部的联动，政府内部各部门在处理公共安全问题时要打破平时状态下的关系，实现有机的、合理的整合；最后，在整体联动中，要充分发挥政府核心的主导作用，保证整体联动的有效性。

15.2 城市社会治安管理

我国城市社会治安管理主要包括以下几个方面的内容：

第一，打击和处理各种违法犯罪活动。

城市社会治安管理的首要任务就是执行和实施国家有关预防、打击违法犯罪活动的法律、法规和方针政策，打击刑事犯罪分子，保护城市人民的利益。

第二，处理各种违反治安管理法律法规的行为。

除了各种犯罪行为以外，城市中更大量存在着没有触犯刑律却违反治安管理法律法规、带有一定社会危害性的行为。根据《治安管理处罚法》，这些行为主要包括：违反治安管理的行为，扰乱公共秩序的行为，妨害公共安全的行为，侵犯人身权利、财产权利的行为，妨害社会管理的行为。打击和处理这些违法行为，是城市社会治安管理的重要内容和首要任务。

2004 年 3 月 14 日的第十届全国人民代表大会第二次会议通过了《中华人民共和国宪法修正案》。此次宪法的修订将“公民的合法的私有财产不受侵犯”写入宪法，突出了对公民合法私有财产的保护，城市社会治安管理也要与时俱进，进一步完善相关细则，切实保障市民的宪法权利。

第三，预防和处理群众性突发事件。

这主要是指由某些利益要求相同或相近的群众或团体、组织，在利益受损或不能满足时，突然爆发的、较大规模的群众性活动，表现为集会、游行、集体上访、围攻冲击党政机关或重点建设工程，集体械斗甚至集体采取打、砸、抢、烧等形式。此类事件往往比较复杂，又涉及公民的民主权利和整个城市的稳定与正常秩序的维持，必须审慎而果断地予以处理。

第四，预防和处理治安灾害事故。

治安灾害事故是指人为原因引起的火灾、车祸、爆炸、中毒等各种事故。对于此类事故的有效预防和及时处理，是社会治安管理中交通、消防、危险物品等管理的内容和任务。

15.2.1 城市社会治安的管理体制

1. 城市社会治安管理机构

城市社会治安管理机构是指国家政权体系中依法行使城市社会治安管理职权的专门机关。这些机构包括城市区划内的各级公安机关、检察机关、审判机关、国家安全机关和司法行政机关。此外，城市中还有一些其他的组织承担着社会治安管理的基础性工作，包括单位内部的保卫部门、治安保卫委员会、治安联防组织、保安服务公司等。

（1）公、检、法等专管机构，尤其是公安机关，是城市社会治安管理的主要机构，承担着城市社会治安管理的绝大部分工作。直辖市和设区的市的公安机关，由市公安局、区公安分局和公安派出所三部分组成，不设区的市的公安机关由市公安局和公安派出所两部分组成。市公安局统一领导全市行政区域内的各级公安机关的工作；区公安分局在市公安局和所在区的区委、区政府领导下工作，业务范围基本与市公安局对应；公安派出所是市公安局或公安分局的派出机关，户口管理和治安管理是其主要工作内容。

（2）单位设立内部保卫部门，称为保卫处或保卫科。它是所在单位的组成部分，业务上接受城市公安机关的监督指导，依法执行城市社会治安管理的一定职权，协助城市社会治安专管机构履行职责，搞好社会治安管理的基础工作。

（3）城市各种经济社会组织中普遍设立的治安保卫委员会，是维护城市社会治安的群众性自防自治组织。一般以行政机关、企事业单位和居民委员会为单位设立，受基层党组织的领导并接受公安派出所的业务指导。

（4）治安联防组织也是在公安机关统一指挥下的群众性治安防范组织，在业务上由公安派出所指导。

（5）保安服务公司是在市公安机关业务领导和支持监督下、经济上自负盈亏的组织，其任务是培训保安人员，为客户提供有偿的保安服务。

2. 城市社会治安管理机构的职责

（1）执行和实施国家有关预防和打击违法犯罪活动的法律法规和方针政策，维护城市社会治安秩序，预防和打击各类违法犯罪活动，保护社会公有财产和其他合法财产，保护公民的合法权益不受侵犯，保卫城市国家政权和社会主义制度。

（2）研究制定城市社会治安管理的政策和法规草案。城市社会治安管理机构肩负着研究制定适合本市特点的政策、使国家法律和政策具体化的责任。同时，还要根据需要负责或参与起草、制定有关城市社会治安管理的法规。

（3）研究制定城市社会治安管理的规划及其实施措施。在城市社会治安管理的实际工作中，城市社会治安管理机构应研究制定科学可行的规划、计划，并以其为指导采取周密的措施，力求实现对有限人力、物力、财力的最佳结合与安排，实现城市社会治安管理的高效化、科学化和现代化。

（4）组织和开展城市社会治安的综合治理。城市违法犯罪现象是多种因素综合作用的结果，其危害也涉及城市社会的各个领域和各个方面。作为城市社会治安管理的主导力量，城市社会治安管理机构应致力于动员社会各方面力量，运用多种手段来预防和打击违法犯罪活动、改造违法犯罪分子。

除了以上职责之外，城市社会治安管理机构还需从事其他与城市社会秩序和社会安全有关的活动，如户籍管理、居民身份证管理、武器管理、公共场所管理等。

15. 2. 2 城市社会治安综合治理

城市社会治安综合治理，是在各级党委、政府的统一领导下，在充分发挥政法部门特别是公安机关骨干作用的同时，组织和依靠各部门、各单位和人民群众的力量，综合运用政治、经济、行政、法律、文化、教育等多种手段，通过加强打击、防范、教育、管理、建设、改造等方面的工作，从根本上实现预防和治理违法犯罪、维护社会治安持续稳定的社会系统工程。加强社会治安综合治理是建立和保持良好的社会治安秩序、维护社会政治稳定的基本方针，是解决我国城市社会治安问题的根本途径。

1. 基本方针和原则

我国在 1981 年 5 月提出了社会治安综合治理的概念。1991 年 2 月，颁布了《中共中央国务院关于加强社会治安综合治理的决定》。同年 3 月，第七届全国人民代表大会常务委员会第十八次会议通过了《全国人民代表大会常务委员会关于加强社会治安综合治理的决定》，这为我国社会治安综合治理提供了纲领性的规定。2001 年 9 月，又颁布了《中共中央国务院关于进一步加强社会治安综合治理的意见》，进一步明确了在新形势下社会治安综合治理工作“打防结合，预防为主”的指导方针，也即“打击与防范并举，治标和治本兼顾，重在防范，重在治本”，既要打击现行违法犯罪活动，又要采取多种措施加强防范；既要解决目前的治安问题，又要针对违法犯罪原因从根本上进行治理，并在治本上下更大功夫。2004 年 9 月，党的十六届四中全会通过了《中共中央关于加强党的执政能力建设的决定》，提出了坚持打防结合、预防为主，专群结合、依靠群众，加强和完善社会治安综合治理工作机制，这是在总结社会治安综合治理多年实践经验的基础上，对社会治安综合治理方针的重要补充。从此，“打防结合、预防为主，专群结合、依靠群众”明确成为社会治安综合治理工作的指导方针。

城市社会治安综合治理的基本原则有：“谁主管，谁负责”原则，即一个地区、一个部门、一个单位的领导，对本地区、本部门、本单位的社会治安综合治理工作负责；属地管理原则，是指按行政区划划分的城市各级党政机关和社会治安综合治理领导机构，依照有关法律或法规性文件，对所管辖区域内的综合治理工作全面负责、全面管理；依法管理原则；依靠群众原则；激励制约原则；等等。

2. 工作机制

城市社会治安综合治理的主体包括参与社会治安综合治理的各党政部门、专门机关、团体、企事业单位、群众组织和公民，其领导机构是城市各级党委、政府和社会治安综合治理委员会。

经过多年的实践，我国城市社会治安综合治理工作已初步形成了城市党政统一领导，综治机构组织协调，各部门各方面各负其责、齐抓共管，广大人民群众积极参与的工作机制。在新的形势下，要进一步健全和完善这一机制。

城市各级社会治安综合治理委员会及其办公室要更积极地做好协调工作，并定期分析研究社会治安形势，针对本地区一个时期的突出治安问题做出部署，指导和监督各部门、各单位落实综合治理各项措施。

城市中的党政军各部门和各人民团体要各负其责，充分发挥职能作用，积极参与社会治安综合治理，主动承担起减少违法犯罪、维护社会治安和社会稳定的责任；认真抓好本系统的综合治理工作，加强内部人员的思想教育和各项安全防范工作，防止发生重大犯罪和重大治安问题，切实做到“管好自己的人，看好自己的门，办好自己的事”，将“谁主管，谁负责”的原则真正落到实处。

城市中的企事业单位，包括非公有制经济组织，在社会治安综合治理工作中，要按照属地管理的原则，自觉服从所在地党委、政府的统一领导，接受社会治安综合治理机构的指导、协调和监督，加强单位内部的治安管理和防范工作，防止违法犯罪案件的发生。同时，要积极参与所在地区的社会治安综合治理工作。

城市社会治安综合治理要加强宣传和理论研究工作。广泛动员人民群众参与社会治安综合治理，建立起广大人民群众同违法犯罪分子做斗争的激励机制和社会保障机制，大力褒奖见义勇为的先进人物，弘扬社会正气。

15.3　城市公共安全应急管理

新中国成立 70 多年来，我国应急管理体系的演变和发展大体经历了三个阶段：单灾种应对为主的应急管理体系（1949—2003 年）、以“一案三制”为核心的应急管理体系（2003—2012 年）、以总体国家安全观为统领的应急管理体系（2012 年之后）①。2018 年国务院在新一轮的机构改革中组建了应急管理部，新部门整合了 11 个部门的 13 项职责（其中包括 5 个国家指挥协调机构的职责），基本完成了自然灾害和事故灾难领域内全灾种管理的职能统一，建立了中国应急管理体系建设的新格局。相应地，城市公共安全应急管理工作也受其影响而发生转变。本节将从管理的原则、组织体系、运行机制三个方面进行介绍。

15.3.1　城市公共安全应急管理的原则

城市公共安全应急管理是指在紧急状态下城市公共安全管理体系所呈现出来的管理状态，是城市公共安全管理的重要组成部分。它体现着政府保障公共安全和处置突发公共事件的能力，要求最大限度地预防和减少城市公共安全事件及其造成的损失，保障市民的生命财产安全，维护城市安全和社会稳定，促进经济社会全面、协调、可持续发展。

在城市公共安全应急管理中，应该坚持以下工作原则：

第一，以人为本，减少危害。切实履行城市政府的社会管理和公共服务职能，把保障公众健康和生命财产安全作为首要任务，最大限度地减少突发公共事件及其造成的人员伤亡和财产危害。

第二，居安思危，预防为主。高度重视城市公共安全工作，常抓不懈，防患于未然。增强忧患意识，坚持预防与应急相结合、常态与非常态相结合，做好应对突发公共事件的各项准备工作。

第三，统一领导，分级负责。在党中央、国务院的统一领导下，建立健全“统一领导、综合协调、分类管理、分级负责、属地管理为主”的应急管理体制，在各级党委领导下，实行城市行政领导责任制，充分发挥专业应急指挥机构的统一领导、统筹协调作用，并且始终坚持“党政同责、一岗双责”。

第四，依法规范，加强管理。依据有关法律和行政法规，加强应急管理，维护公众

---

① 闪淳昌，等. 我国应急管理体系的现状、问题及解决路径. 公共管理评论，2020（2）.

的合法权益，使应对突发公共事件的工作规范化、制度化、法制化。

第五，快速反应，协同应对。加强以城市属地管理为主的应急处置队伍建设，建立联动协调制度，充分动员和发挥社区、企事业单位、社会团体和志愿者队伍的作用，依靠公众力量，形成统一指挥、反应灵敏、功能齐全、协调有序、运转高效的应急管理机制。

第六，依靠科技，提高素质。加强公共安全科学研究和技术开发，采用先进的监测、预测、预警、预防和应急处置技术及设施，充分发挥专家队伍和专业人员的作用，提高应对突发公共事件的科技水平和指挥能力，避免发生次生、衍生事件；加强宣传和培训教育工作，提高公众自救、互救和应对各类突发公共事件的综合素质。

15.3.2 城市公共安全应急管理的组织体系

2018 年，我国应急管理制度发生了重大变革，具体表现为应急管理部的成立，并同时组建了国家综合性消防救援队伍，后者成为我国应急救援的主力军和国家队。应急管理部的组建是党和国家建设服务型政府、优化政府公共服务职能的重要成果，也是顺应现代应急管理客观发展需求的全新实践[①]。这标志着政府应急管理职能由非常态化向常态化的转变，开始构建由一个或多个强有力的核心部门进行总牵头、各方协调配合的全面整合应急资源的应急管理体制。

城市公共安全应急管理的组织体系也依据应急管理制度变革进行了相应设置和调整。城市公共安全应急管理的组织体系是在国家应急管理组织体系的领导下，由领导机构、议事协调机构、办事机构、其他机构等组成的有机系统，并尤为强调权威性、组织性、系统性和联动性。在纵向权责配置方面，从中央总动员转向地方负总责，在继续加强中央统筹指导和协调支持作用的同时，强化地方党委和政府在突发事件应对中的主体作用和责任。在横向上，既要发挥应急管理部门的综合优势以及自然资源、气象、水利、生态环境、交通运输、住房城乡建设、卫生健康、公安等相关部门的专业优势，又要建立健全各级应急管理委员会等议事协调机构，发挥其牵头抓总、统筹协调的作用[②]。

1. 中央机构

2018 年 3 月 17 日，根据十三届全国人大一次会议批准的《国务院机构改革方案》的开启，中华人民共和国应急管理部正式成立。根据中共中央 2018 年 3 月印发的《深化党和国家机构改革方案》，应急管理部的主要职责包括四个方面：一是组织编制国家应急总体预案和规划，指导各地区各部门应对突发事件工作，推动应急预案体系建设和预案演练；二是建立灾情报告系统并统一发布灾情，统筹应急力量建设和物资储备并在救灾时统一调度，组织灾害救助体系建设，指导安全生产类、自然灾害类应急救援，承担国家

---

① 高小平，刘一弘. 中国应急管理制度创新：国家治理现代化视角. 北京：中国人民大学出版社，2020：8.

② 钟开斌. 国家应急管理体系：框架构建、演进历程与完善策略. 改革，2020（6）.

应对特别重大灾害指挥部工作；三是指导火灾、水旱灾害、地质灾害等的防治；四是负责安全生产综合监督管理和工矿商贸行业安全生产监督管理等。由此可见，尽管应急管理部统一面向和统筹应对四大类突发事件（自然灾害、事故灾难、公共卫生事件、社会安全事件），但其重点是集中和有效整合自然灾害与事故灾难的应对职能，而公共卫生事件与社会安全事件的应对职责并不归属应急管理部①。因此，自然灾害、事故灾难发生后，由应急管理部牵头进行协调处置；而公共卫生事件、社会安全事件发生后，由国家卫健委、公安部等牵头分工②。自此，应急管理部、卫健委和公安部共同形成了中国应急管理的“三驾马车”。

应急管理部的组建实现了三个统一：首先，管理对象的统一，统一管理自然灾害和事故灾难等突发公共事件；其次，管理职能的统一，整合先前分散在各个机构中的应急管理职能，既完成了全灾种管理的静态职能统一，也实现了从议事协调机构、部际联席会议、政府办事机构到部门综合管理的从非常态化到常态化的动态职能统一；最后，管理过程的统一，覆盖突发事件事前预防准备、事中响应协调、事后恢复善后的全过程管理职能③。

2. 城市领导机构

城市应急管理局作为指挥领导机构，负责城市公共安全应急管理工作，指导全市各级各部门应对自然灾害、事故灾难等突发事件和综合防灾减灾救灾工作。其主要职能包括：

（1）拟订应急管理、安全生产、防灾减灾等地方规范性文件，组织编制市应急体系建设、安全生产和综合防灾减灾规划，组织制定相关规程和地方标准并监督实施。

（2）指导市应急预案体系建设，建立完善事故灾难和自然灾害分级应对制度，组织编制市总体应急预案和安全生产类、自然灾害类专项预案，综合协调应急预案衔接工作，组织开展预案演练，推动应急避难设施建设。

（3）牵头建立监测预警和灾情报告制度，健全自然灾害信息资源获取和共享机制，依法统一发布灾情。

（4）组织指导协调全市安全生产类、自然灾害类等突发事件应急救援；综合研判突发事件发展态势并提出应对建议，协助市委、市政府组织较大灾害应急处置工作；统一协调指挥各类应急专业队伍，建立应急协调联动机制，推进指挥平台对接。

（5）依法组织指导生产安全事故调查处理，监督事故查处和责任追究落实情况。组织开展自然灾害类突发事件的调查评估工作。

（6）负责应急管理、安全生产宣传教育和培训工作，组织指导应急管理、安全生产的科学技术研究、推广应用和信息化建设工作。

---

① 王宏伟. 提升非常规突发事件的应对能力：应急管理体制改革成败的“试金石”. 公共管理与政策评论，2018（6）.

② 钟开斌. 找回“梁”：中国应急管理机构改革的现实困境及其化解策略. 中国软科学，2021（1）.

③ 高小平，刘一弘. 中国应急管理制度创新：国家治理现代化视角. 北京：中国人民大学出版社，2020：34.

3. 议事协调机构和办事机构

议事协调机构是一种通过建立具体组织实体，专门处理相关事项的协调形式，具有资源密集度高、模糊性小、正式性程度高和成员行为约束性强等特点。议事协调机构往往都会在牵头单位的对口司局中设立相关办公室作为具体办事机构，个别议事协调机构还单独设有办事机构①。尽管城市应急管理局已经成为常态的应急管理指挥领导机构，但由于突发事件的类型差异以及统筹协调的难度差异，不同城市根据其易发的灾害和突发事件类型，会设立专项议事协调机构，负责专业领域常态预防、监测预警，以及非常态下组织领导和应急指挥工作②。

议事协调机构是连接应急管理局和办事机构的中间桥梁。在平时状态，办事机构会根据各自部门职责，对专业事务进行监管、预防准备、风险评估，协助市应急管理局制定相应的公共安全预案；对结束的公共安全问题进行反馈和评估，对公共安全预案进行补充和修改等。在应急状态，议事协调机构会联合办事机构迅速转为应急处置指挥部，启动专项预案，开展应对处置。当事态规模和影响程度较大时，应急管理局将接管突发事件的指挥统筹和协调应对，在应急管理局的统一领导下，有机整合各个部门和各种资源，集中力量应对突发事件，保护公众和社会的最大利益。

4. 其他机构

城市公共安全应急管理的组织体系同时需要专家组等机构发挥相关的咨询和辅助作用，一方面是提供自然科学方面的知识，如自然灾害的相关知识等；另一方面是提供社会科学方面的知识，如公共安全管理专业知识等。同时，随着大数据、人工智能等信息技术的发展，也需要有数据研判、仿真模拟等现代技术手段的加入。此外，企业、非营利组织和社区等也应当被有序地纳入公共安全应急管理组织体系中，从而增强应急管理的社会联动性，取得更好的应对效果。

15.3.3 城市公共安全应急管理的运行机制

城市公共安全事件有着阶段性特征，针对这一特点，城市公共安全应急管理应该存在一定的运行机制，主要包括预测与预警、应急处置、恢复与重建几个阶段，并且信息发布应该成为每个阶段的重要组成部分。同时，应该注重各个阶段之间的衔接，在各个阶段之间形成有效循环的运行机制。

1. 预测与预警

城市要针对各种可能发生的突发公共事件，完善预测预警机制，建立预测预警系统，开展风险分析，做到早发现、早报告、早处置。

---

① 朱春奎，毛万磊．议事协调机构、部际联席会议和部门协议：中国政府部门横向协调机制研究．行政论坛，2015（6）．

② 容志．与城市管理相融合的应急管理体系建设：上海经验及其启示．城市观察，2019（3）．

根据预测分析结果，对可能发生和可以预警的突发公共事件进行预警。预警级别依据突发公共事件可能造成的危害程度、紧急程度和发展势态，一般划分为四级：Ⅰ级（特别严重）、Ⅱ级（严重）、Ⅲ级（较重）和Ⅳ级（一般），依次用红色、橙色、黄色和蓝色表示。

预警信息包括突发公共事件的类别、预警级别、起始时间、可能影响范围、警示事项、应采取的措施和发布机关等。

预警信息的发布、调整和解除可通过广播、电视、报刊、通信、信息网络、警报器、宣传车或组织人员逐户通知等方式进行，对老、幼、病、残、孕等特殊人群以及学校等特殊场所和警报盲区应当采取有针对性的公告方式。

2. 应急处置

第一，信息报告。特别重大或者重大突发公共事件发生后，各地区、各部门要立即报告，最迟不得超过 4 小时，同时通报有关地区和部门。在应急处置过程中，要及时续报有关情况。

第二，先期处置。突发公共事件发生后，事发地的城市政府、省级人民政府或者国务院有关部门在报告特别重大、重大突发公共事件信息的同时，要根据职责和规定的权限启动相关应急预案，及时、有效地进行处置，控制事态。

第三，应急响应。对于先期处置未能有效控制事态的特别重大突发公共事件，要及时启动相关预案，由国务院相关应急指挥机构或国务院工作组统一指挥或指导有关地区、部门开展处置工作。现场应急指挥机构负责现场的应急处置工作。需要多个国务院相关部门共同参与处置的突发公共事件，由该类突发公共事件的业务主管部门牵头，其他部门予以协助。

第四，应急结束。特别重大突发公共事件应急处置工作结束，或者相关危险因素消除后，现场应急指挥机构予以撤销。

3. 恢复与重建

第一，善后处置。要积极稳妥、深入细致地做好善后处置工作。对突发公共事件中的伤亡人员、应急处置工作人员，以及紧急调集、征用有关单位及个人的物资，要按照规定给予抚恤、补助或补偿，并提供心理及司法援助。有关部门要做好疫病防治和环境污染消除工作。保险监管机构督促有关保险机构及时做好有关单位和个人损失的理赔工作。

第二，调查与评估。要对特别重大突发公共事件的起因、性质、影响、责任、经验教训和恢复重建等问题进行调查评估。

第三，恢复重建。根据受灾地区恢复重建计划组织实施恢复重建工作。

4. 信息发布

发生突发公共事件后，及时准确地向公众发布事件信息，是负责任的重要表现。这对于公众了解事件真相，避免误信谣传，从而稳定人心、调动公众积极投身抗灾救灾具有重要意义。突发公共事件的信息发布应当及时、准确、客观、全面，信息发布要积极主动，准确把握，避免猜测性、歪曲性的报道。要在事件发生的第一时间向社会发布简要信息，随后发布初步核实情况、政府应对措施和公众防范措施等，并根据事件处置情况做好后续发布工作。信息发布形式主要包括授权发布、散发新闻稿、组织报道、接受记者采访、举行新闻发布会等。

15.4 风险社会中的韧性城市建设

快速城市化进程的背后，城市面临的风险类型和规模范围正在悄然改变，城市系统的复杂性、风险的不确定性、灾害的联动性都使城市在灾害面前愈加脆弱。“韧性城市”是继“智慧城市”之后出现的一种新的城市治理理念，旨在提高城市自身的“承灾能力”和“自恢复能力”，为城市公共安全管理和灾害应对提供了一种全新思路。

15.4.1 韧性城市的内涵

1. 韧性城市的概念

“韧性”一词最早起源于拉丁语“resilio”，意思是恢复到原先的状态。加拿大生态学家霍林（Holling）界定了它的生态学概念，认为对“稳定性”和“平衡性”的理解差异可以区分工程韧性和生态韧性。其中，“工程韧性”关注单一的终极平衡状态，而“生态韧性”关注系统的进化和稳定发展①，并于2001年将“生态韧性”引入人类社会系统研究中，丰富了韧性研究的内容。

韧性城市（resilient city）是指城市在面对自然或社会的慢性压力或突发事件时，能够凭借其动态平衡、冗余缓冲和自我修复等特性，依然保持抗压、存续、适应和可持续发展的能力，并能够快速分散风险，自动调整恢复至稳定状态②。

与以传统的防灾减灾为主要目标、针对不同主体和不同资源进行管理风险的应对策略不同，以“韧性”为目标的适应途径强调的是培育系统应对冲击和不利影响的预防、恢复和适应能力。韧性城市的手段是“适应性管理”或“适应性规划”，其特点是针对未来风险的复杂性、不确定性和不可预见性，对风险的管理转向为提升整个系统的适应能力和可持续性，在治理手段上强调多部门、多主体、多目标的协同管理，分散化和多样化的决策路径，学习和创新能力，评估和反馈机制，等等③。

2. 韧性城市的特征

根据国内外学者提出的“韧性城市”的评价指标，可将韧性城市的特征概括如下：

（1）社会韧性。

集中表现为城市人口特征、组织结构方式、人力资本要素的结构集成能够为灾害应

① 李彤玥. 韧性城市研究新进展. 国际城市规划，2017（5）.

② 肖文涛，王鹭. 韧性城市：现代城市安全发展的战略选择. 东南学术，2019（2）.

③ 陈振林. 城市气象灾害风险防控. 上海：同济大学出版社，2019：175-176.

对和风险治理提供基础性支撑。一方面要保证大部分人甚至是弱势群体在灾难中继续生存的权利且达到财产损失的最小化；另一方面要充分发挥社会力量在灾难应对中的作用，促进形成“政府-市场-社会”的“三元共治”协同机制。

（2）环境韧性。

生态环境与韧性城市相互影响。要秉持可持续发展理念，城市发展不能以牺牲生态环境为代价。城市生态环境的改善将有助于增强城市韧性，提高城市对人为或自然灾害的防御能力，促进城市的整体可持续发展。同时，城市韧性又能反作用于城市生态环境，有效缓解“城市病”，有助于城市生态环境在灾害应对中的自我缓冲和修复。

（3）工程韧性。

城市工程韧性是指城市基础设施在灾害事件或外界压力下基本功能的保证和保障。城市更新改造和持续发展是一项巨大工程，需要重视基础设施尤其是那些建设周期长、效益慢、投资大的公共安全基础工程的建设。完善的城市基础设施服务水平能够提高城市韧性程度，并在城市发生灾害时发挥重要作用，有效降低社会损失，甚至增强城市的抵抗能力、反应能力和恢复能力。

（4）技术韧性。

“智慧城市”与“韧性城市”共生共存。信息资源和科学技术既是“智慧城市”的基础保证，也是“韧性城市”的重要工具。通过对城市灾难类型、发生频率和影响范围的研判评估和科学预测，可以搭建起涵盖城市应急管理信息共享平台、处理中心、交互终端的智能防灾系统，提升韧性城市的智慧化水平。

（5）制度韧性。

制度韧性体现了城市管理主体在灾难应对中的适应力、号召力和学习力。城市公共安全治理能力和治理体系现代化必须建在制度保障的基石之上，进而助推城市公共安全管理的标准化、规范化和程序化。城市管理者在日常管理中要重视应急管理预案和制度建设，避免临时拼凑改造和纸上谈兵，要充分融入本土化经验、发展特征和历史惯例，真正落细、落小、落实。

15.4.2　韧性城市的建设路径

通常情况下，凡是危害人类生命财产和生存发展环境的各种现象和过程都被称为灾害。城市灾害是指承载区域为城市的灾害，具体来讲，是指由于一些不可控制的要素作用于城市自然系统或社会系统，使城市中正常存在的自然要素、社会要素发生变化，城市功能无法正常实现，甚至影响城市中人们生命财产和生存发展环境的各类现象和过程。

1．城市灾害类型

根据《国家突发公共事件总体应急预案》中的分类，城市灾害有以下四种类型：

（1）城市自然灾害。

城市自然灾害是指因为自然因素的变化而对城市造成的影响和破坏，主要包括水旱灾害、气象灾害、地震灾害、地质灾害、海洋灾害、生物灾害和森林草原火灾等。以城市地震灾害为例，我国地处环太平洋地震带和欧亚地震带之间，特殊的地理位置和地质构造使我国成为世界上地震发生最频繁的国家之一，我国一半以上的大中城市位于地震强度6级以上地区。较大规模的地震一旦发生在城市及其附近，一方面会对城市的建筑物以及人民的生命财产造成直接的破坏；另一方面还可能导致火灾、水灾、爆炸、毒气蔓延以及瘟疫等相关灾害的发生。它可以在短时间内毁灭整个城市或城市区域，造成各个方面巨大的损失，从根本上使城市的社会、经济功能陷入瘫痪。

（2）城市事故灾害。

城市事故灾害是指在城市生产和生活中，由于人为原因或者技术方面的原因而给城市带来的破坏和灾难，主要包括工矿商贸等企业的各类安全灾害、交通运输灾害、公共设施和设备事故、环境污染、生态破坏灾害以及高新技术所引起的各种灾害等。以城市高新技术灾害为例，人们在享受高新技术带来的便捷的同时，往往会忽视高新技术造成的城市灾害隐患。相对于其他种类的城市灾害，高新技术灾害更加隐蔽，会在多个领域形成隐患。如高新技术企业在运行过程中产生的固体废弃物、废气、噪声等污染因素，又如人们在使用高新技术产品时所遭受的辐射、所形成的不良生活习惯等。

（3）城市公共卫生事件。

城市公共卫生事件是指由于公共卫生方面的原因而给城市造成的破坏和灾难，主要包括疫病灾害、群体性不明原因疾病、食品安全和职业危害、动物疫情，以及其他严重影响公众健康和生命安全的事件。以城市疫病灾害为例，瘟疫的产生给城市带来了严重的疫病灾害，其传播速度快、传播途径多、传播面积广，给城市带来了巨大威胁。构成城市疫病灾害的主要有：鼠疫、疯牛病、狂犬病、口蹄疫、出血热、SARS、禽流感等。城市疫病灾害的发生有着多方面的原因，如温室气体、全球变暖等引发的城市环境的变化，城市人口大规模的增加，违背自然和社会规律的人类活动，医药的并发症，微生物和病毒的适应和变异，公共卫生措施和设施的不到位，等等。

（4）城市社会安全事件。

城市社会安全事件是指由于一些特定的活动和因素对城市产生冲击，从而引起城市社会生活方面的事件，主要包括恐怖袭击事件、经济安全事件和涉外突发事件等。例如，恐怖袭击事件给城市公共安全带来了严峻的挑战，在全球范围内引起了强烈的关注，各国政府、各城市政府都在积极探索更好的合作机制和措施来应对恐怖袭击事件。

2. 城市灾害管理中的韧性建设

韧性城市并不是“没有灾害”的城市，而是一种通过总结、反思与学习让城市灾害管理和安全治理系统变得更加坚韧强大的指导理念。根据灾害应对的发展流程，可从以下几方面注重韧性城市的建设①。

（1）城市建设规划中的韧性发展理念。

城市在建设规划时要将韧性发展理念融入其中。一方面要完善避灾的基础设施建设，尤其要重视防灾系统设施和市政基础设施的改造，落实好基本生活配套、安全消防配套

① 肖文涛，王鹭．韧性城市：现代城市安全发展的战略选择．东南学术，2019（2）.

和生存发展配套这“三件套”，政府需要定期和不定期对应急避灾场所的相关设施进行突击检查和联合验收。另一方面，要打破城市规模急剧扩张并陷入“顾量不顾质”的发展怪圈，在重点考察人口密度、地质类型、气候演变、工业分布等代际递变情况的基础之上，做好用地评价和科学选址，实现韧性城市总体布局的合理化。鼓励韧性城市探索一条“绿色经济”的发展道路，提高城市的生态自我修复率和资源环境的承载力。

（2）风险评估和灾害预警中的韧性建设。

大数据时代的到来，为城市风险评估和灾害预警提供了数据资源和信息手段，也为韧性城市建设插上了“智慧之翼”。通过大数据、人工智能、云计算等新技术和新方法，将历年城市风险的发生类型、频率、受灾情况和影响范围等转换为可供趋势追溯、年份对比和数字化存储的数据，建立完整、全面且动态的城市灾害数据库和风险特征库；通过人工智能、数理统计的方式构建风险监测及救援仿真模型，既可以模拟风险的发生概率、演化路径、发展趋势和波及范围，推导不同情境下风险的消长情况，也可以模拟灾后的逃生路线、救援方案、施救策略和损毁情况，提高风险评估的精确性和灾害救援的便利性。通过现代技术手段对灾害成因、发展机理、演变趋势和时空分布等风险问题进行的研究与评估，是科学预警、灾害预防的重要基础，也能让韧性城市更加从容地应对灾害。

（3）多元参与的减灾体系韧性建设。

韧性城市的减灾体系建设应当整合资源、打破壁垒，形成全社会协同的治理合力。以应急管理局或应急指挥中心为核心，建立起分散于城市各处的应急医疗救援中心、应急物资储备中心和灾后信息发布媒体中心，形成广空间、泛资源、多主体、全流程防御的韧性城市治理体系①。一是要大力调动市民个体的参与热情和提高他们的专业技能，组建形成应急志愿服务队，按照地域、专业、经验和特长等指标实行标准化管理；二是深度激发社会组织的自组织动员能力，可以通过政府购买、服务外包等形式，使之成为应急管理和灾后恢复的协作者；三是充分发挥社区基层力量，设置应急服务中心、配备必要应急物资、对接对口帮扶救助人员，落实应急联系人救助措施，发挥减灾“第一战线”的作用。

专栏 15－1

新冠肺炎疫情应对与“韧性城市”建设

因为新冠肺炎疫情的突然来袭，2020 年注定是世界城市发展史上不平凡的一年。面对疫情，我们赖以生存的城市遭遇了前所未有的重创，随着社会经济生活的逐渐恢复，劫后重生的城市最应该做的是理性反思。其中，构建针对重大公共卫生危机的城市韧性是一个重要方向。

城市系统和自然生态系统与人体系统一样，其构成要素和组织结构具有自身的脆弱性，需要长期经受各种突如其来的考验，有的来自地震、洪水这样的自然灾害，有的来自恐怖袭击、金融危机这样的人为因素，有的来自新冠肺炎这样的疫病。当我们评价一个城市有韧性，是希望城市系统能够有效应对冲击，最大限度地减少灾害带来的不利影响，并通过适应和学习为未来做好准备。以 2020 年暴发的新冠肺炎疫情为例，韧性城

① 何继新，荆小莹．城市公共物品韧性治理：学理因由、进展经验及推进方略．理论探讨，2017（5）．

市的特点主要体现在以下三个方面：

第一，韧性城市应当尊重科学，果断决策，迅速反应。这次疫情无论是武汉封城，“一省帮一市”，还是“应收尽收、应治尽治”“外防输入、内防扩散”，以及后期复工复产的各种举措和扶持小微企业的各种信号，都让我们见证了综合决策能力、强大的动员能力和各行各业的执行能力。

然而，最大的教训是在疫情发生初期，没有把科学问题交给专业人士判断，决策相对犹豫，施策相对混乱。由于城市的灾害脆弱性是灾害风险和暴露程度的乘积，所以初期的反应迟滞大大提高了市民面临新冠病毒的暴露程度，导致疫情失控，一方面疫情蔓延至全国各地，另一方面形成对武汉医疗资源的压力，这种情况直到封城之后才逐渐得到控制。

第二，韧性城市应当未雨绸缪，养兵千日，常备无患。提升城市储备能力是对抗不确定性灾害的重要武器，这不仅包括必要充足的物资和设施储备，也包括人力资源储备和行动方案。此次疫情暴露出光鲜亮丽的城市的诸多短板，例如，专业公共卫生人才缺乏、医疗卫生设施覆盖不均衡、医疗卫生器械应急储备不足等，需要在平时就做好部署和预案。

亦有不少规划学者开始反思以往城市空间设计和城镇化政策的得失。同济大学教授诸大建指出：信息传递设施、交通运输设施、公共卫生设施、避险防范设施多管齐下，才能防患于未然。此外，鉴于此次疫情中社区作为基础单元所发挥的重要作用，社区韧性的构建也亟待提上议事日程，这需要我们进一步完善社区组织机构、培训社区工作人员。

第三，韧性城市应当信息共享、多方统筹、横向合作。疫情防控不仅是政府决策者的责任，也是城市中每一位生产者和生活者的共同义务。公开透明的数据和真实权威的信息传播有助于消解民众的恐慌，增长民众的知识，增强民众的信心。此次抗击疫情让我们见识了大数据在统筹调配物资、追索病毒携带者行动轨迹、预测疫情传播方向等方面的强大力量。此外，在面对共同的危机时，我们需要更多地以场景化的形式横向思考问题，打破各自为政的条块化工作切割，消除“筒仓效应”，促成跨部门、跨专业、跨机构协作和信息共享。

疫情之前也许难以想象，看似单纯的呼吸道传染病这一原发灾害，对我们生活各个方面造成的二次灾害竟然有如此深远的影响，跨越医疗卫生、居民生活、工农生产、交通运输、科学技术、教育文化、国际政治、金融股市、文化认同等多个方面，以至于基辛格认为新冠肺炎疫情将永久改变世界秩序。这正是韧性理论给我们上的另一堂课，即如何系统性地看待城市问题。在疫情趋于平静之后，决策者、城市建设者和每一位市民都应该从此次疫情中获得经验教训，共同参与打造未来更有韧性的城市。

资料来源：反思新冠疫情：怎样的城市韧性是我们需要的?. 中国新闻周刊，2020-05-01.

关键术语

城市公共安全　　城市公共安全管理　　城市社会治安综合治理　　应急管理

韧性城市　　城市灾害

复习思考题

1. 谈谈你对城市公共安全的理解，并简述城市公共安全管理的含义及其原则。
2. 你所在的城市社会治安状况如何？存在的主要问题和原因是什么？
3. 请结合城市应急管理的实践案例，谈谈应如何有效实现城市公共安全应急管理。
4. 在城市公共安全管理中，如何充分、有效、科学地发挥公众参与的作用？

延伸阅读

1. 高小平，刘一弘. 中国应急管理制度创新：国家治理现代化视角. 北京：中国人民大学出版社，2020.

应急管理是国家治理体系的重要组成部分，充分发挥中国应急管理制度的优势，是推进应急管理体系和能力现代化的关键所在。该书对新中国成立以来，特别是 2003 年以来政府应急管理领域的制度演化进行了系统梳理，对 2018 年应急管理部成立后的制度创新及其发展趋势进行了深入探讨，并强调中国应急管理体制应处理好整体性治理与专业化管理之间的关系，为全面加强政府应急管理、构建适应新时代要求的中国特色应急管理制度体系提供了重要参考。

2. 王宏伟. 公共危机管理. 修订版. 北京：中国人民大学出版社，2019.

该书分三篇系统阐述了公共危机管理的理论与实践。基础篇阐释了公共危机与危机管理的基本概念和框架，并探讨了公共危机管理体制、社会动员与应急协调两大问题；过程篇按照危机演进和危机管理活动开展的顺序，阐述了公共危机风险管理、应急规划与保障、危机诊断与预警、危机响应与决策、恢复重建与调查评估等五个方面的内容；问题篇则对危机沟通与舆情引导、公共冲突管理、恐怖主义危机管理、公共危机管理的国际合作等公共危机管理中的四个重要问题进行了深入的分析和研究。

3. 容志，王晓楠. 城市应急管理：流程、机制和方法. 上海：复旦大学出版社，2019.

城市是国家经济、政治和文化中心，各类社会要素聚集，公共安全影响巨大，应急管理责任重大。该书围绕现代城市应急管理和城市公共安全这一主题，全面系统地梳理了现代城市面临的公共安全挑战、大城市应急管理的基本特点和任务，并结合应急管理的理论研究和实践应用，从流程、机制、方法等方面全景式介绍了城市应急管理的各个环节、工作内容和操作技术，力图帮助读者了解和掌握城市应急管理的基本概念体系、流程要求和价值判断，并在理论学习基础上，掌握应急管理的基本方法和要求，提高应对各类突发事件并快速有效处置的基础性能力，最终为提高城市公共安全治理水平，保障城市的安全运行和人民生命、财产安全做出贡献。

4. 王佃利，等. 邻避困境：城市治理的挑战与转型. 北京：北京大学出版社，2017.

邻避设施为何会陷入“不建不闹，一建就闹，一闹就停，再建再闹”的怪圈？为了维护公共利益和增进社会整体福利而兴建的邻避设施，为何会遭到公众抵制？该书对邻避设施、邻避情结、邻避决策及邻避冲突每个环节都进行了具体讨论，最后部分提出了邻避冲突治理的理念和转型路径，为邻避治理中如何变“邻避设施”为“邻利设施”，变“邻避效应”为“迎臂效应”，并为实现城市善治提供了具有启发性的建设建议。

5. 林德尔，等. 应急管理概论. 王宏伟，译. 北京：中国人民大学出版社，2011.

该书系统地阐述了应急管理的基本概念与原理。它以界定、区分应急管理的基本概念为出发点，详细分析了应急管理的利益相关者与组织，全面介绍了应急管理所涉及的主要对象，涵盖减缓、准备、响应、恢复等应急管理的四个阶段，并探讨了风险沟通、应急评估、国际应急管理、应急管理职业化、应急管理的未来发展方向等问题，是近年来国际应急管理学界的一部力作。

第16章
城市公共事业管理

重点问题

随着现代社会的不断发展，城市公共事业已成为规模巨大、内容复杂的社会公共空间，成为市政学研究不可忽视的重要领域。城市公共事业，涉及城市教育、科技、文化、卫生、体育等部门，关系到城市全体公众的基本生活质量和共同利益。

通过本章的学习，需了解城市公共事业管理的主体，把握城市公共事业管理现代化的改革趋势，掌握城市教育、科技、文化、卫生等公共事业部门的管理体制及改革方向。

16.1 城市公共事业管理体制

随着现代社会的不断发展，城市公共事业成为市政学研究不可忽视的重要领域。和西方国家所言之公共事务不同，我国的公共事业具有特定的内涵和理论体系，体现出鲜明的中国特色。

16.1.1 城市公共事务与公共事业管理

国际上对公共事务（public affairs）内涵的界定往往与公共物品理论联系在一起。公共物品是指具有消费的非排他性和非竞争性特征的物品，根据公共物品非排他性和非竞争性是否完全，又可分为纯公共物品和准公共物品。西方的公共事务，从对象上看，是指对纯公共物品和准公共物品的提供；从形式上看，包括政府工作和公共服务；从范围上看，既包含国防、法律等全国性的公共物品，也包含公路、路灯等地方公共物品。

我国的公共事业（public service）不同于西方国家的公共事务，既不包括国防、法律、政策等最广泛意义上的纯公共物品，也不包括城市基础设施和市政公用事业。在我国，公共事业是一个专有名词，是与我国特有的事业单位制联系在一起的。我国的公共事业主要是指由事业单位所提供的公共服务，具有非物质性生产的特性，其概念要小于西方国家的公共事务。我国的城市公共事业，就是城市中以满足全体公众的基本需要为目标，不以营利为目的，关系到城市公众基本生活质量和共同利益的特定的城市公共服务。城市公共事业的基本范围，主要是教育、科技、文化、卫生、体育等社会活动及部门。

城市公共事业的公共性，决定了其管理的主体必须是社会公共组织。因此，所谓城市公共事业管理，就是以城市政府为核心的公共组织，为增进城市社会整体利益，使城市协调发展，采取一定的手段和方式，对城市公共事业进行规划、组织、调节、控制的过程。

16.1.2 城市公共事业管理的主体

在我国，随着社会的发展，城市公共事业管理的主体也日趋多元化。政府仍然是公共事业管理最核心的主体，我国特有的事业单位也是公共事业管理的重要主体，除此之外，随着社会力量的壮大和公民参与意识的增强，社会团体、社会服务机构、基金会等社会组织也在公共事业管理中发挥着越来越重要的作用[①]（见图 16－1）。

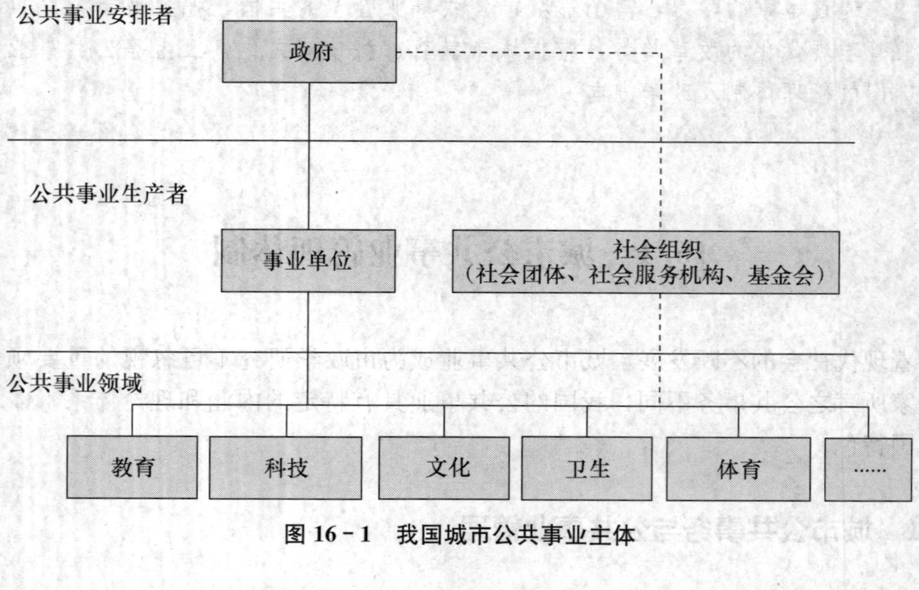

图 16－1 我国城市公共事业主体

① 徐双敏．公共事业管理概论．2 版．北京：北京大学出版社，2013：48-76.

1. 城市公共事业管理主体的类型

改革开放以来，我国城市公共事业管理实践不断发展，形成了以政府为核心，事业单位、社会团体、社会服务机构、基金会多元主体共同参与的城市公共事业管理体系。

政府是公共事业管理最核心的主体，经济和社会管理是其最基本的职能。在现实生活中，政府除了需要制定发展的方针、政策之外，还必须承担大量具体的社会管理事务，包括为社会直接提供公共物品和管理公共物品供给。政府的行政权力来自人民的授权，其最大特点就是具有强制力，即可以在必要的时候动用行政权力进行管理和提供服务。

事业单位是我国在计划经济时期形成的具有典型中国特色的社会组织类型。20 世纪 90 年代末期，随着社会主义市场经济体制的基本建立和政府职能转变改革的全面推进，事业单位的性质和地位得到了更明晰的界定。1998 年颁布的《事业单位登记管理暂行条例》提出，事业单位是国家为了社会公益目的，由国家机关举办或者其他组织利用国有资产举办的，从事教育、科技、文化、卫生等活动的社会服务组织。这是迄今为止我国对事业单位的概念所做的最权威界定。

根据《社会团体登记管理条例》（2016 年 2 月修订版）的规定，社会团体是指中国公民自愿组成，为实现会员共同意愿，按照其章程开展活动的非营利性社会组织。社会团体作为一种公民自组织形式，按照成员共同制定的组织章程活动，组织的资产、活动经费等都由成员筹集，社团在组织目标、活动内容和活动方式的确定上拥有很高的自主权。

根据 1998 年国务院颁布的《民办非企业单位登记管理暂行条例》的规定，民办非企业单位是指企业事业单位、社会团体和其他社会力量以及公民个人利用非国有资产举办的，从事非营利性社会服务活动的社会组织。民办非企业单位的概念是中国特有的，但这种公共组织的类型在其他国家并不鲜见。我国《慈善法》和《民法典》统一使用“社会服务机构”的表述来取代“民办非企业单位”的说法。

广义的基金是指为兴办、维持或发展某种事业而储备的资金或专门拨款，是具有特定用途的资金。基金会是世界各国都比较普遍的公共事业管理主体，基金会的基金专指捐赠的、用于慈善事业的财产的存续形式。我国 2004 年颁布的《基金会管理条例》对基金会做出如下界定：“本条例所称基金会，是指利用自然人、法人或者其他组织捐赠的财产，以从事公益事业为目的，按照本条例的规定成立的非营利性法人。”

2. 城市公共事业管理主体的区分

当前我国在公共事业领域逐渐形成多元主体参与的格局，但对这些主体的理解往往容易产生混淆，下面对这些主体的内涵进行简单的区分。

（1）社会团体和事业单位。

社会团体和事业单位都是非政府组织，但二者在许多方面存在明显区别。从组织目的上看，社会团体是为了实现会员的共同意愿，注重组织会员的互益性；事业单位是为了实现社会公益，注重组织的公益性。从经费来源上看，社会团体的经费主要来自成员交纳的会费及部分社会捐助，事业单位的经费主要来自财政拨款。从经营性质上看，社会团体只能从事非营利性活动；事业单位既可以从事非营利性活动，也可以从事营利性活动，实行独立核算。从登记管理机关上看，社会团体的登记管理机关是民政部门，事业单位的管理机关是机构编制管理机关。

（2）社会服务机构和社会团体。

在非政府组织中，社会服务机构和社会团体都是社会组织，但二者也存在明显区别。从组成方式上看，社会团体的成员是社团会员，社会服务机构的成员是具有相关业务技术和资格的专职工作人员。从组织性质上看，社会团体是互益性组织，社会服务机构是公益性组织。从机构设置上看，社会团体可以自行设置一级分支机构或代理机构，由其所属社团授权开展各项活动；社会服务机构则不允许设立分支机构。

（3）基金会和其他社会公益组织。

基金会和其他社会公益组织都具有独立性、非政府性、非营利性等特征，但基金会和其他社会公益组织也存在明显区别，主要体现在基金会突出的公益性和基金信托性两个方面。基金会突出的公益性体现在：基金来源于公益捐赠，是各种公益捐赠的制度化和组织化形式；有明确的公益宗旨，是捐赠者意图的实现形式；有明确的公益用途，使社会弱势群体受益。基金会的基金信托性体现在：基金会本质上是捐赠人、受托人和受益人之间围绕公益财产达成的公益信托关系，其中组织公信力是基金会的核心价值；基金会在形式上表现为财产结社，通过有效运作实现公益财产的保值增值，提高其经济和社会价值，这是基金会的生命力所在；基金会要依法接受行政机关、捐赠人和社会的监督。

16.1.3 公共事业管理的主要内容

公共事业管理的主要内容，是指政府对承担公共事业生产职能的公共组织在登记管理、税务管理、财产管理、组织机构、决策程序以及监督管理等方面所进行的管理活动①。

登记是指公共组织通过正式程序成为具有民事行为能力的独立的法人实体，登记管理往往要求申请登记的组织在注册资金、业务范围等方面符合相关规定。在我国，国务院民政部门和县级以上地方各级人民政府民政部门是本级人民政府的社会团体登记管理机关；国务院机构编制管理机关和县级以上地方各级人民政府机构编制管理机关，是本级人民政府的事业单位登记管理机关。

在税务管理方面，各国政府往往给予公共组织税收减免方面的优惠。免税一般指免除所得税，“免税组织”常常被当作“公共组织”的同义词。因为免税涉及多个方面，各国政府在制定免税规定时十分慎重，因此免税规定往往非常复杂。

各国相关法律在公共组织财产管理和使用方面也有规定。一些国家通过规定最低年度支出比例的方式，激励公共组织在公共服务方面增加投入，即要求慈善或其他公益性组织每年的收入使用或分配达到总收入的一定比例才能取得免税资格。

一些国家的相关法律还规定了公共组织的组织机构和决策程序。如日本 1996 年颁布

① 徐双敏. 公共事业管理概论. 2版. 北京：北京大学出版社，2013：254-256.

的《内阁指导准则》提出了统一的公共组织指导原则，该指导原则以日本《民法典》为依据，规定了董事会的规模和议事办法、董事的选举程序及其他事宜①。我国《基金会管理条例》也规定了基金会设理事会和监事，以及理事会和监事的产生办法及其权力。

公共组织的监督管理制度，包括年度报告制度、公众审查与信息公布制度、问责与监督制度等。相关法律还对公共组织的变更和注销进行了规定。

16.1.4　我国公共事业管理体制的发展

在计划经济体制下，我国形成了“大政府、小社会”的公共事业管理体制。政府包办公共事业，通过建立对应的事业单位进行对口管理；事业单位内部采取行政化的运作方式，缺乏市场化的竞争与激励机制，导致效率低下。改革开放以来，随着我国经济体制改革的发展，以职能调整和机构改革为线索，公共事业管理体制进入了新的改革阶段。

1. 1978 年以前的计划经济阶段

在计划经济体制下，我国形成了国家统包统管、高度集中统一的公共事业管理体制。在长期的运行过程中，国家成为唯一的公共事业主体，包办一切公共事业，通过国家财政统包各项事业经费，以高度行政化手段控制公共事业发展；同时，成立一系列相应的事业单位，通过制定发展规划、下达指令性计划等手段，直接控制事业单位的运行；各种公共事业自成系统、自我封闭，事业单位行政化与福利化色彩浓厚，效率低下。

2. 1978—1986 年的恢复重建阶段

自 1978 年的十一届三中全会开始，我国逐步恢复或重建“文革”时期遭到破坏或削弱的公共事业管理机构和法律法规，进行教科文卫等部门的体制改革和机构调整。顺应教育、科技体制改革的要求，恢复职称评审，扩大事业单位人事管理自主权，对聘用制进行初步探索，一些事业单位开始探索聘用合同制。

1985 年，各单项事业管理体制改革的政策陆续出台，如中共中央发布了《关于科学技术体制改革的决定》《关于教育体制改革的决定》，国务院出台了《关于艺术表演团体的改革意见》《关于卫生工作改革若干政策问题的报告》等政策文件，体现了放权搞活、多种经营、全社会办事业的思想。

3. 1987—1995 年的试点探索阶段

自 1987 年党的十三大开始，公共事业管理体制改革的主要内容是：下放权力，扩大事业单位管理自主权；进行事业单位人事制度改革，推行聘任制等；建立人才市场，启动公共事业社会化、产业化。

党的十四大明确提出，要按照机关、企业和事业单位的特点，建立分类管理的人事制度。1993 年发布的《中国教育改革和发展纲要》对教育事业发展进行了全面部署。

---

① 娄成武，郑文范．公共事业管理学．北京：高等教育出版社，2002：75.

4. 1996—2002 年的全面推进阶段

1996 年，中共中央办公厅、国务院办公厅出台《中央机构编制委员会关于事业单位机构改革若干问题的意见》，明确了改革的方向：遵循政事分开、推进事业单位社会化，基本思路是推行多样化的分类管理、实行制度化的总量控制。1998 年国务院颁布《事业单位登记管理暂行条例》，建立事业单位法人登记制度，让事业单位获得进入市场、社会的合法凭证。

1998 年的政府机构改革，对公共事业管理机构做了重要调整，国家教委改为教育部、国家科委改为科学技术部、国家体委改为体育总局，同时文化部和卫生部也进行了职能调整，强调政府职能要转变到宏观调控、社会管理和公共服务上来。2000 年《深化干部人事制度改革纲要》出台，明确了以推行聘用制度和岗位管理为重点的事业单位人事制度的改革方向和总体要求。

5. 2003 年以来的深化改革和发展阶段

党的十六大以来，公共事业的发展进入一个新的阶段。政府更加明确其在公共事业中所承担的责任，厘清它与其他事业管理主体的关系，简政放权；对事业单位进行了调整，以调动其积极性，提高服务质量。最为重要的是对 21 世纪我国公共事业的发展进行了总体布局和全面部署。

2005 年 12 月，国务院发布《国家中长期科学和技术发展规划纲要（2006—2020 年）》，以建设创新型国家为奋斗目标，对我国未来 15 年科学和技术的发展做出了全面规划和部署。2006 年，中共中央、国务院发布《关于深化文化体制改革的若干意见》。2009 年 3 月，中共中央、国务院发布《关于深化医药卫生体制改革的意见》，提出了到 2020 年，“建立健全覆盖城乡居民的基本医疗卫生制度”的长远目标。2009 年国务院通过《文化产业振兴规划》，明确了积极发展公益性文化事业、大力发展文化产业的改革。2010 年 7 月，中共中央、国务院发布《国家中长期教育改革和发展规划纲要（2010—2020 年）》，勾勒出教育事业改革的“路线图”。2011 年，我国召开了全国分类推进事业单位改革工作座谈会。2014 年，国务院颁布《事业单位人事管理条例》，这是我国第一部系统规范事业单位人事管理的行政法规，标志着我国事业单位人事管理进入了法制化的新阶段。2018 年的《中共中央关于深化党和国家机构改革的决定》强调党政群所属事业单位是提供公共服务的重要力量，要加快推进事业单位改革，推进社会组织变革，激发社会组织活力，适合由社会组织提供的公共服务和解决的事项，由社会组织依法提供和管理。

16.2 公共事业管理现代化与改革路径

公共事业管理的核心内容是政府如何管理公共事业以及公共事业组织如何提供公共产品与服务。公共事业管理现代化旨在建立与社会主义市场经济相适应的公共事业管理体制，转变政府职能，深化事业单位改革，鼓励发展社会组织，满足公众对公共服务的需求，创造最佳社会效益。

16.2.1　现代化的特征

公共事业管理现代化具有多重含义，具体而言，主要包括管理观念现代化、管理体制现代化和管理手段现代化①。

1. 管理观念现代化

管理观念是指导各项管理决策、管理制度和管理活动的基本原则和基本价值观。管理观念的现代化是公共事业管理现代化的先决条件，为公共事业管理的现代化改革提供方向和动力。具体而言，管理观念的现代化主要体现为公共事业管理的社会化、市场化、法制化和民主化。

公共事业管理的社会化，即从传统的“大政府、小社会”转变为“社会事业社会办”，其含义是打破国家包办公共事业的单一体制，鼓励社会投资和兴办公共事业，实现公共事业主体的多元化。

公共事业管理的市场化，要求改变过去单一的利用行政手段配置公共事业资源的状况，增加利用市场来配置事业资源的手段，其实质是通过竞争提高公共服务的供给效率和服务质量，真正实现公共事业资源的优化配置。

随着改革的深入，我国公共事业的职能范围逐渐明确，政事关系逐步厘清。要保证公共事业管理的稳定发展，就必须加强法治化建设。建立健全公共事业管理法规体系，充分界定各主体的权利义务及相互关系，为公共事业管理现代化提供良好的法治环境。

公共事业管理的民主化包括两方面内容：一方面，民主化要求公共事业管理主体树立为民众服务的观念，从社会需求出发，满足公众对社会公益的多元化需求；另一方面，民主化还要求公共组织必须在法律基础上以民主化方式运行，不仅要在组织内部实行民主决策、民主管理和民主监督，而且也应主动向社会进行信息公开，接受社会监督。

2. 管理体制现代化

管理体制现代化是公共事业管理现代化的本质特征，其内涵是建立与社会主义市场经济体制相适应的公共事业投资体制、组织体制、人事管理体制、财务管理体制及监管体制等。

公共事业投资体制的现代化，是指改变传统的国家包办公共事业的单一投资体制，根据社会化和市场化的要求建立公办、公办民助、民办公助、民办、合资等多种体制相互配合的多元投资体制。充分调动社会办事业的积极性，减少政府财政压力。

公共事业组织体制的现代化，是指采用现代化管理方法和管理手段，建立高效率的人事管理和生产组织形式，建立完善的事业法人制度和事业法人治理结构，通过法律合理规范公共事业组织的设立、运行以及公共事业组织和政府的关系。

---

① 徐双敏. 公共事业管理概论. 2 版. 北京：北京大学出版社，2013：318-324.

人力资源是公共事业组织的核心资源。人事管理体制的现代化，就是在公共组织中建立开放、流动、公平、竞争和富有活力的新型人事管理制度，包括事业组织的用人制度、薪酬制度、考评奖惩制度、社会福利与保障制度等一系列制度。

随着公共事业管理主体多元化发展的深入，公共组织的财务管理问题日益突出。目前，我国事业单位的财务管理体制逐渐向市场化发展，但尚不能完全适应公共事业社会化、市场化改革的需求；社会组织的财务管理体制也很不完善。随着将来事业单位与社会组织在法律地位上的统一，需要建立一套完整的公共事业财务管理体制。

随着以“政事分开、管办分离”为基本原则的事业单位改革的推进，政府在公共事业管理方面的角色正在由投资、兴办、运营向规划、支持、协调和监管转变。监管体制现代化要求监管立法、监管机构设置与改革、监管实施等工作的进一步完善。

3. 管理手段现代化

在深化政府改革、实行政事分开、公共事业管理社会化和市场化的改革过程中，政府和非政府公共组织都必须学习掌握新的管理手段。公共事业管理手段的现代化，意味着除了行政管理手段外，更多地运用经济、法律、教育等手段管理公共事业，并将企业管理的成功经验引入公共服务领域。

（1）战略管理。

近年来，战略管理的理念日益为公共事业组织所认同。在公共事业领域的行政垄断被打破之后，这些领域将逐步向不同性质的公共组织开放。在获得市场准入权之后，公共组织普遍面临选择具体的公共服务领域和运营方法等问题，这些问题都要求公共组织具有战略眼光，从战略高度思考自身的定位并规划长期发展战略。

（2）市场营销。

开放的市场必然是竞争性的市场，如何在市场上获得资源、赢得服务对象的满意就成为攸关公共事业组织生死的问题。市场营销的理念和方法在资源筹划、产品和服务的设计与推广、组织形象、公共关系的宣传等方面的重要作用，已经被越来越多的公共事业组织所认识并加以运用。

（3）目标管理。

目标管理是公共组织提升内部管理水平、增强自身运作能力的重要手段。目标管理通过划分组织目标与个人目标的方法，将许多关键的管理活动结合起来，实现全面、有效的管理。目标管理的特点在于将工作要求和人的需要相统一，在员工实现个人目标的同时，组织目标也随之实现。目标管理虽然起源于企业管理，但目前已成为各类组织普遍使用的管理技术。

（4）标杆管理。

标杆管理是指以提升组织能力和实现组织目标为目的，瞄准一个比自身绩效更高的组织，分析其组织管理模式及业务流程，完成自身组织创新和流程再造，以实现更高组织绩效的管理方法。标杆管理促进了最佳管理实践在各种组织中的传播与扩散，从而推动了社会整体生产率的提高。在公共组织中采用标杆管理的理念和方法，不仅意味着向其他公共事业组织学习，还意味着向优秀的工商企业学习。

（5）管理平台的信息化和网络化。

信息和网络技术的发展及其在管理领域的普遍应用，给公共事业组织管理带来了巨大的影响。公共组织管理手段的现代化，既要求公共组织采用现代化的管理技术装备，又要求公共组织顺应信息化的趋势，构建扁平化组织结构，精简部门，提高管理效率。

16.2.2　政府职能的转变

当前，要适应经济体制改革不断深入和社会发展的需要，就要在调整政府职能的过程中，明确我国城市公共事业管理发展趋势，探索相应的管理方式，充分发挥政府在公共事业管理中的核心作用，并深入推进事业单位体制改革，实现政事分开，最终形成具有中国特色的城市公共事业管理体制。

第一，积极推行政事分开，形成新的公共事业管理体制。

进行事业单位改革，是改革政府社会管理和形成新的公共事业管理体制的客观需要。政府社会管理改革不仅仅是撤并机构和精减人员，更重要的是对政府职能进行正确定位，它涉及政事分开、政社分开和企社分开等问题，核心是正确界定政治权力和社会权力的范围、作用以及管理层次，使政府强制性权力从社会微观领域中有序退出，逐步形成政府与社会的良性互动及建立相应的公共事业管理体制。

第二，加快构建公共事业服务体系，保障公益性事业发展以满足人民需求。

政府必须承担起公共事业目标责任者的职责，确保公共事业领域中公共服务的有效提供和公平分配。按照体现公益性、基本性、均等性、便利性的要求，坚持政府主导，加大投入力度，推进重点公共服务事业发展，加强公共服务事业基础设施建设，促进基本公共服务均等化。当前的重点就是要促进城乡均等化、区域均等化和群体均等化。

第三，建立市场竞争机制，推进城市公共事业经营的产业化和市场化。

经营体制改革是我国城市公共事业管理体制改革的重要环节，而改革经营体制就必须建立竞争机制，实现城市公共事业经营的产业化和市场化。要按照政事分开的原则，有步骤地按条件成熟程度分类，逐步地将竞争引入公共事业领域，应用市场法则来规范行业，尽可能将其推向市场，参与竞争，有效地发挥市场机制的作用。而不应由私人资本介入或私人资本不愿介入的领域，如社会科学联合会、社会科学院、基础理论研究单位、图书馆、博物馆等，应由国家财政支持，同时进行管理方式的改革。

第四，加快城市公共事业管理的法制建设。

政府自身的改革、对事业单位的改革、对非政府组织的培育和管理都要依法进行，新的公共事业管理体制的构建也要依法进行，因而，加快城市公共事业管理法制建设的步伐是政府的重要职责。应通过立法，用最具权威的形式为城市社会事业各产业部门的运营建立规范的制度框架，对政府和城市社会事业管理职能、管理机构和管理方式做出明确的规定，从而使政府对城市社会事业的管理机构的改革有法可依、有章可循。

16.2.3　事业单位的改革

事业单位是中国所特有的一个社会组织概念，也是中国公共服务的主要提供者。推进公共事业管理的现代化，必须深化事业单位改革，实行政事分开、分类管理，建立与社会主义市场经济相适应的、满足社会公众多元化需求的事业单位管理体制。

1. 事业单位的改革目标

2011 年 6 月，中央有关部门在北京召开的全国分类推进事业单位改革工作座谈会上明确了事业单位改革的“时间表”：从 2011 年到 2015 年，用五年时间完成事业单位分类，到 2020 年建立起事业单位管理体制和运行机制。

我国事业单位改革到 2015 年的阶段性目标是：在厘清规范的基础上完成事业单位分类，承担行政职能的事业单位和从事生产经营活动的事业单位的改革基本完成，从事公益服务的事业单位在人事管理、收入分配、社会保险、财税政策和机构编制等方面的改革取得了明显进展，管办分离、完善治理结构等改革取得了较大突破，社会力量兴办公益事业的制度环境进一步优化。

我国事业单位改革到 2020 年的总体目标是：建立起功能明确、运行高效、治理完善、监管有力的事业单位管理体制和运行机制，构建政府主导、社会力量参与的公益服务新格局，形成基本服务优先、供给水平适度、布局结构合理、服务公平公正的中国特色公益服务体系。

2. 事业单位的管办分离

由于我国事业单位体制与政府行政管理体制紧密相连，因此事业单位改革的核心挑战就是要实现事业体制与行政体制的分离，即政事分开、管办分离。具体来说，主要包括以下内容①：

第一，政事职责分开。正确界定和划分政府机构与事业组织各自的职责，政府承担行政管理职能，事业组织依法从事事业经营活动。将政府承担的技术性、服务性社会职能剥离出来由事业单位承担，并将事业单位承担的行政职能转回政府部门手中。

第二，政事产权分开。产权制度是事业单位改革过程中无法回避的难点。产权分开意味着合理界定事业单位的举办者、管理者的权责划分，理顺各事业单位之间的权责关系，在事业单位内部管理机制中引入市场化手段和竞争机制。

第三，政事机构分开和人员编制分开。明确政府机关与事业单位是两类性质不同的机构，改变将事业单位视为政府机关附属物的传统观念，保障事业单位的自主运营权。保障事业单位人员编制的独立性，避免将事业单位作为政府人员分流的承接地。

3. 事业单位的分类改革

分类改革是事业单位改革的重点内容。20 世纪 80 年代以来，事业单位改革就已逐渐展开，主要针对事业单位内部的管理；进入 21 世纪，事业单位分类改革逐渐被提上日程。自 2005 年的政府工作报告首次提出积极稳妥地分类推进事业单位改革以来，事业单位分类改革不断深化。事业单位分类改革就是对现行事业单位按照其承担的职能分类推

---

① 徐双敏．公共事业管理概论．2 版．北京：北京大学出版社，2013：333．

进改革，政事分开、事企分开、管办分离，优化治理体系。当前我国事业单位包括以下几类：

一是承担行政职能的事业单位。此类事业单位直接承担政府行政职能，为政府服务，根据国家法律和法规授权、受政府委托承担具体行政行为或提供行政支持，如从事监管、资质认证、执法监督等活动的事业单位。针对承担行政职能的事业单位，通过分类改革，使其行政职能回归政府，不再设立承担行政职能的事业单位，理顺政事关系，实现政事分开。

二是从事经营活动的事业单位。此类事业单位主要是在计划经济体制下建立起来的，如宾馆、招待所、职业培训机构、社会中介机构、新闻出版机构等。针对从事经营活动的事业单位，通过分类改革，将其转制为企业，参与市场竞争，提升经营效益，实现事企分开。

三是公益类事业单位。事业单位的分类改革最终只保留公益类事业单位，强化其公益属性，逐步取消行政级别。其中，面向社会提供公益服务的事业单位，分类改革的重点在于理顺同主管部门的关系，逐步推进管办分离，强化公益属性，破除逐利机制；为机关提供支持保障的事业单位，优化职能和人员结构，同机关统筹管理。改革后的公益类事业单位又具体分为公益一类和公益二类。承担义务教育、基础性科研、公共文化、公共卫生及基层的基本医疗服务等基本公益服务，不能或不宜由市场配置资源的公益性事业单位，为公益一类，由财政全额拨款；承担高等教育、非营利性医疗等公益服务，可部分由市场配置资源的公益性事业单位，划入公益二类，由财政给予补贴。

16.2.4　社会组织的改革

随着社会力量的壮大和公民参与意识的增强，以社会团体、社会服务机构和基金会为代表的社会组织的力量不断壮大，在公共服务的供给中的地位和作用日益重要，成为我国公共事业管理不可或缺的主体。随着公共事业管理体制改革的深入，社会组织的现代化发展也成为改革关注的焦点。党的十八大明确提出要加快形成“政社分开、权责明确、依法自治的现代社会组织体制”。具体来说，社会组织的改革主要包括监管体制现代化、社会支持体制现代化以及内部运营体制现代化①。

1. 社会组织监管体制现代化

社会组织监管体制是指国家关于社会组织管理的行政机构设置、权限划分、权力运行机制等方面的体系和制度的总称，是国家和社会关系的一种具体表现形式，在本质上是政府对社会组织发展的一种风险控制体制。改革的目标，是努力构建“以组织发展为目标、以规范监管为手段、以风险控制为限度”的现代社会组织的监管体制。

第一，完善统一登记制度。现代社会组织的监管体制要求改变以往简单化的“人口管理”制度和不同政府部门分别负责的“双重管理”体制，取消社会组织准入的高门槛

---

① 王名．社会组织论纲．北京：社会科学文献出版社，2013：390-399.

限制，通过全国统一的登记制度，将所有的社会组织都纳入监管体制中。2013年，《国务院机构改革和职能转变方案》在改革社会组织管理制度方面，提出四种类型的社会组织可以直接向民政部门依法申请登记，即行业协会商会类、科技类、公益慈善类、城乡社区服务类社会组织。

第二，完善分类监管制度。现代社会组织的监管体制要求对社会组织进行更加科学、合理的分类，对于不同类别的社会组织，应按其差别程度和监管要求，形成有针对性的不同的法律规范和相应的制度框架，并采取不同的监管制度。

第三，完善日常行为管理制度。现代社会组织的监管体制要求改变以往以登记准入和年度检查为核心的简单化的管理模式，形成以日常行为为主要监管对象的综合性管理模式。强调日常行为管理，重在对社会组织日常行为及其活动合法性、合规性的事后追惩，而非对社会组织身份、资格的事先预审。

2. 社会组织社会支持体制现代化

社会组织的社会支持体制是指国家关于社会组织培育发展、扶植推动、优惠补贴等各种支持性政策和制度的总和，包括社会组织的培育发展制度、优先参与购买服务等扶植推动制度、优惠税收制度等。现代社会组织的支持体制实质上体现的是国家与社会关系的另一个侧面，即国家行使公权力并动用公共资源培育支持社会发育、推动社会组织健康发展的策略选择。具体体现在以下方面：

第一，探索孵化和培育社会组织。社会组织的自然发育和成长是一个漫长的过程。政府通过建立孵化和培育机制，能够缩短试错的过程，加速社会组织的发育和成长，并在实践中积累经验，逐步建立有效的社会组织培育发展体制。

第二，完善对社会组织的税收优惠政策。通过政府购买服务等方式加大对社会组织的财政资助力度，并逐步建立社会组织的优惠补贴制度。现代社会组织的支持体制要求国家在财政税收上对社会组织予以支持，通过拨款、项目资助、购买服务、贷款或贷款担保等财政资助以及各类税收优惠给社会组织提供财政税收上的支持，提高社会组织享受税收优惠的普惠性。

第三，推进社会组织支持体制的法治化建设。国家对社会组织的支持离不开法律制度的建设，现代社会组织体制要求国家对社会组织的支持具有规范化、程序化、公开化、公正化的特征，这也是法治的要求。因此，要将国家对社会组织的培育、孵化、补贴、税收优惠等措施制度化，纳入法治轨道。

3. 社会组织内部运营体制现代化

现代化的内部运营体制，也是构建现代社会组织体制的重要内容之一。现代社会组织的运行体制要改变传统的行政化的倾向，以公平、透明、问责和高效四大原则为生存之本，构建起科学合理的内部治理结构、透明度高的信息公开制度、专业化的人员项目建设以及市场化运作的企业家精神。

第一，建立科学合理的内部治理结构。现代社会组织的内部治理结构，既不同于政府的行政管理模式，也不同于企业管理模式。社会组织的非营利性、公益性等特点，要求决策机构的组成具有专业化、民主化、高社会资本的特征，监事机构具有专业化、公正化和外部化的特征，执行机构具有专业化、高能化、高效化的特征，工作人员要提高自身能力以实现组织整体能力的提升。

第二，建立透明度高的信息公开制度。现代社会组织的运行体制要求社会组织将组织信息、财务信息和活动信息，以及与公益相关的其他信息，以不损害捐赠人、受益人和合作机构等利益相关方的隐私和商业秘密为限，依法、真实、准确、完整、及时、便捷地进行公开，符合最大透明度的原则。防止在项目运作等过程中不当的关联交易、侵占或私分公益款项等行为，提升组织的社会公信力。

第三，提高社会组织的专业化水平。专业化体现在两个方面：一方面，社会组织的领导人、工作人员都应当具备扎实的专业知识，并能够为公众提供专业化的公共服务；另一方面，从业人员也应当转变观念，将社会组织的管理、运作和服务本身视作一项专门的职业。总之，现代社会组织运行体制要求社会组织在领导人与工作人员选任、项目设置与服务提供等方面都具有专业化的特征，改变以往仅凭兴趣、爱好、热情从事社会公益的观念。

第四，引进现代管理手段和管理方法。现代社会组织的运作体制不仅要求社会组织要学会与政府、市场沟通互动以及合作，而且还要求社会组织具有市场化的眼光，可以以市场化的运作模式，改变公益的提供途径；在组织内部可以借鉴现代企业的成功运营经验，利用现代管理方法和管理手段，创新内部管理机制、提升管理效率。

16.3　我国公共事业的部门管理

我国政府、事业单位和社会组织在教育、科技、文化、卫生事业中所从事的管理活动，构成了我国公共事业管理的基本实践。发展与人民公益需求相符合、与社会主义市场经济相适应的公共事业，需要进一步提升国家在科教文卫等方面的公共服务供给能力。

16.3.1　城市教育事业管理

1. 城市教育事业管理的含义

教育有广义和狭义之分。广义的教育是指所有能增进人们的知识和技能、影响人们思想品德的活动；狭义的教育则主要指学校教育。

城市教育管理也有广义和狭义之分。广义的城市教育管理包含城市教育行政和学校管理，它以整个城市的教育系统作为自己的管理对象，以教育的法律、法规为管理的基本依据，对整个城市的教育行政系统及各级各类学校进行教育投资、监督指导、教育结构等方面的计划、组织、指导和控制。

狭义的城市教育管理则专指学校管理，即以一定类型的学校作为管理对象，对其管理原则、过程、制度、机构及领导人员等进行管理，目的是有效地实现学校的教育目标。

本节主要采用广义的概念。

2. 城市教育管理的内容

城市教育管理的内容主要涉及经费、对象、教育者和教育制度等方面，具体包括：

对教育经费的管理。首先，真正认识教育的战略地位和作用，大力增加教育投资。其次，改变教育经费来源完全由国家和政府包下来的单一形式，鼓励和指导国营企业、社会团体及个人捐资助学，通过各种渠道筹集教育经费，动员全社会的力量来支持和办好教育。最后，理顺教育经费的管理体制，统筹规划城市教育事业的发展，把教育经费的分配和使用结合起来。

从教育对象上看，原则上教育服务应向所有人提供，但由于财政经费限制，政府无法提供市民所需的所有类型的教育项目，只能根据教育服务的重要程度对教育项目进行排序并做出选择。在教育对象的问题上，城市教育管理部门应关心的最核心问题是确保每个适龄学生都能获得均等的受教育机会。

教育者管理（或称人事管理）是关于谁来任教和管理的问题。师资是教育质量的重要保障。要求城市教育管理部门严格对教师资格进行认定；支持师范高等学校的建设，对教师进行职前与在职培训，持续增加其学科知识，提高其教学技巧；设计有效的教师绩效考核制度；等等。

教育制度管理（或称学制管理）要求城市教育管理部门明确各级学校的性质、任务、学生入学条件，正确划分教育阶段，对学生进行正确分流，处理不同阶段的学校之间的衔接与联系①。

3. 城市教育管理体制改革的趋势

2010 年印发的《国家中长期教育改革和发展规划纲要（2010—2020 年）》和《关于开展国家教育体制改革试点的通知》，为改革完善城市教育事业管理体制确定了目标和措施。

具体来说，我国城市教育管理体制改革的目标是转变政府管理部门的职能，重新理顺政府、社会、学校三者之间的关系。围绕这一目标，改革的内容主要是：

（1）健全统筹有力、权责明确的教育管理体制。

以转变政府职能和简政放权为重点，深化教育管理体制改革。地方政府要切实履行统筹规划、政策引导、监督管理和提供公共教育服务的职责，建立健全公共教育服务体系。改变直接管理学校的单一方式，综合应用立法、拨款、规划、信息服务、政策指导和必要的行政措施，减少不必要的行政干预。积极发挥教育中介组织和社会在教育公共治理中的作用，缩小政府管理边界。明确各级政府责任，促进管办评分离，形成政事分开、权责明确、统筹协调、规范有序的教育管理体制。

（2）健全政府主导、社会参与的办学体制。

地方政府应积极鼓励行业、企业等社会力量参与公办学校办学，从实际出发，开展

① 黄晨熹．社会政策．上海：华东理工大学出版社，2008：269.

公办学校联合办学、委托管理等试验，深化公办学校办学体制改革。改进非义务教育公共服务提供方式，完善优惠政策，鼓励公平竞争，引导社会资金以多种方式进入教育领域。大力支持民办教育，促进社会力量以独立举办、共同举办等多种形式兴办教育。形成以政府办学为主体、全社会积极参与、公办教育和民办教育共同发展的格局。

（3）建立政校分开、管办分离的现代学校制度。

建设依法办学、自主管理、民主监督、社会参与的现代学校制度，构建政府、学校、社会之间的新型关系。适应国家行政管理体制改革要求，明确政府管理权限和职责，明确各级各类学校办学权利和责任。政府及其部门要树立服务意识，改进管理方式，完善监管机制，减少和规范对学校的行政审批事项，依法保障学校充分行使办学自主权和承担相应责任。建立高校分类体系，实行分类管理。发挥政策指导和资源配置的作用，引导高校合理定位，克服同质化倾向。

（4）健全以政府投入为主、多渠道筹集的教育经费体制。

各级政府要优化财政支出结构，统筹各项收入，把教育作为财政支出重点领域予以优先保障。严格按照教育法律法规规定，年初预算和预算执行中的超收收入分配都要体现法定增长要求。社会投入是教育投入的重要组成部分。地方政府应充分调动全社会办教育的积极性，增加社会资源进入教育事业的途径，多渠道增加教育投入。完善财政、税收、金融和土地等优惠政策，鼓励和引导社会力量捐资、出资办学。加强经费管理，坚持依法理财，严格执行国家财政资金管理法律制度和财经纪律。

（5）完善督导制度和监督问责机制。

加强教育行政法规建设，探索教育行政执法体制机制改革，落实教育行政执法责任制，及时查处违反教育法律法规的行为。完善教育信息公开制度。探索建立相对独立的教育督导机构，独立行使督导职能，严格落实问责制。

16.3.2　城市科技事业管理

科学技术是第一生产力，是先进生产力的集中体现和主要标志。增强自主创新能力、建设创新型国家是提高国家竞争力的中心环节和面向未来的重大战略选择。做好城市科技管理、推进创新型城市建设是城市发展的重要任务。

1. 城市科技事业管理的含义

科技管理，从狭义上说，是指科研管理，即科研院所、高等院校、企业等对自身的科学研究或技术开发活动的管理。从广义上说，则是指按照科学技术本身发展的规律和社会条件，运用管理科学的理论和方法，对城市科技活动进行的筹划、组织、指挥、协调和控制，从而有效地达到科技发展的目标，并使它与社会经济的发展相协调。这里的科技管理是广义的概念。

2. 城市科技事业管理的内容

作为政府的职能部门，科技局（委）具体负责城市科技管理工作。城市科技管理的内容十分丰富，可以按照不同的标准分为若干类别。从具体工作的性质来划分，科技管理的主要内容包括：

（1）科技规划管理。合理的城市科技规划不仅为城市的科研工作指明方向，而且可以促进科技与城市经济社会的协调。

（2）科研经费和设备使用管理。负责经费和设备资金协调、评估、监管等；会同有关部门提出优化配置科技资源建议，提出科研条件保障的规划和政策建议等；协调管理财政科技计划（专项、基金等）并监督实施。

（3）科技队伍管理。既要保证科技队伍智力结构的最优化，也要做好科技工作人员的选拔与培训工作。

（4）科技信息管理。城市科技信息管理的任务主要是迅速收集、及时分类管理和传播科技信息，建立城市情报网络，为城市政府的科技及全面决策提供咨询服务。

（5）科研成果管理。这要求城市政府或主管部门支持采用新技术和研制新产品的企业，大力推广科学研究合同制，建立科学研究与生产相结合的体制。

3. 城市科技事业管理的改革方向

（1）建立开放的科研经营型体制。

城市科技主管部门要建立适应市场经济发展的管理新模式，由直接管理转向宏观管理，由单纯利用行政手段管理转为以市场手段、法律手段为主，行政手段为辅进行管理，扩大科研机构的自主权，使科研单位逐步转变为既是科学技术研究的实体又是经济实体，使科学技术系统的运行机制具有面向经济建设的活力。对于从事基础性研究和社会公益性研究的科研机构，由于其无法实现产业化和市场化，故应由政府投资并组织实施。

（2）建立多样的拨款制度。

改变拨款制度，是科技体制改革的突破口。对从事各种类型研究工作的机构，分别根据不同情况实行一所两制或三制，即技术合同制、科技基金制和经费包干制。对列入计划的重大科研和技术开发项目，要签订承包合同，并逐步试行向社会公开招标，同时实行对计划项目执行情况的跟踪评估制度。

（3）开拓技术市场。

要改变科研和生产脱节的状况，加强对推动技术成果转化为生产能力的中间环节的建设。积极发展技术有偿转让，开展技术承包、技术咨询、技术服务等多种形式的技术贸易活动，支持技术商品经营机构发展，培养善于经营技术商品的人才。通过立法，保障技术市场中各方的合法权益。此外，要真正从体制上解决科技与经济脱节的状况，加强企业研究开发力量，促进科技与经济的有机结合，实现科技活动向市场化、企业化转变。逐步建立起以企业为主体、以市场为导向、产学研相结合的技术创新体系。

（4）激发科研人员的积极性和创造性。

调整科技组织的结构，改革用人制度和分配制度，实行竞争上岗和聘任制，在科研机构实行绩效工资，使科技人员的收入水平与绩效和业绩挂钩，完善科技奖励政策，对做出重大发明创造或其科研成果产生重大经济效益的科研人员要进行重奖，进一步激发、调动科技人员的积极性和创造性，扭转对科技人员限制和束缚过多、人才不能合理流动、智力与劳动得不到应有报酬的局面，使科技工作者有一个良好的工作生活环境。

专栏 16-1

城市中优先发展的科技课题

为了适应我国快速城市化的发展，加强科技对城市化和城市发展的支持，《国家中长期科学和技术发展规划纲要（2006—2020 年）》首次将城镇化与城市发展领域作为重点领域进行独立部署，设立了“城镇区域规划与动态监测、城市功能提升与空间节约利用、建筑节能与绿色建筑、城市生态居住环境质量保障、城市信息平台”等五个优先主题。

2017 年，科技部下发的《“十三五”城镇化与城市发展科技创新专项规划》提出要推动城镇建设基础理论创新，引领城镇发展方向；突破一批重大关键技术，完成一批重大工程示范；建成一批科技创新人才队伍、创新企业和科研平台。该专项规划还将以下内容列为重点任务：

（1）加强城市发展规律研究，提升城市及区域规划的前瞻性及科学性。

（2）加强关键技术集成研究，提升城市基础设施保障能力与空间效率。

（3）加强新技术应用研究，提升建筑品质及建造水平。

（4）加强大数据平台建设，提升城市智慧管理和社会治理能力。

（5）加强技术转化平台建设，提升科技成果产业化水平。

（6）加强国际合作与人才队伍建设，提升科技创新能力。

16.3.3　城市文化事业管理

1. 城市文化事业管理的含义

城市文化事业既包括各项具体的与城市文化相关的事务，又包括抽象的城市精神文明建设，还包括城市文化的物质设施。城市文化管理，就是城市文化行政部门依据国家和本市的方针、政策、法律、法规，对城市的各项文化事业实行规划、组织、调控、引导和监督的一种行政行为。

2. 城市文化事业管理的内容

城市文化管理的基本任务有两个方面：一是对城市文化事业机构和设施进行管理，二是为城市精神文明建设创造文化条件。随着社会的发展和人们观念的转变，城市文化既包括公益性文化事业，也包括经营性文化产业。因此，城市文化管理也应一手抓公益性文化事业，一手抓经营性文化产业，具体内容主要包括：

（1）制定城市文化发展战略。

城市文化发展战略是城市文化发展的纲领，其实质在于使文化系统与政治、经济等其他社会系统的发展相协调，以促进社会的不断进步。因此，城市政府要把文化发展当作一个系统工程来抓，研究城市文化结构、发展的目标和模式。

（2）管理城市文化事业机构。

城市各专业文化机构和群众业余文化团体，是城市文化活动的主要承担者和推动者。城市政府及其文化主管部门必须对这些机构及其文化活动进行指导和管理，以保证城市文化的健康、繁荣发展。

（3）建设城市文化设施。

文化设施不仅是城市文化活动的载体和物质基础，也是一个城市文化建设的直观反映，体现着一个城市的文明程度。它主要包括图书馆、博物馆、文化馆、影剧院、音乐厅、青少年宫、体育馆、高等院校、园林名胜以及各种游乐场等。由于经济发展的制约和思想上的忽视等原因，目前我国城市文化设施存在数量与人口总量不相适应、布局不合理等问题。为了改变这种现状，城市政府及其文化主管部门要认真研究和解决问题，大力发展城市文化设施。

（4）监管城市文化市场。

随着城市经济体制改革的深入和市场经济的发展，城市文化市场目前已十分活跃，成为城市市场体系的重要组成部分，以商品形式向人们提供精神产品和文化娱乐服务。由于文化产品对社会的影响具有广泛性，城市文化主管部门必须对其生产、经营和活动进行严格、有效的管理和监控。主要方法是根据本市的需要和特点，制定相关的法规、规章和管理细则，把文化市场的管理纳入法制轨道。

3. 城市文化事业管理的改革方向

随着社会历史条件和社会发展要求的变化，城市文化管理面临着新情况、新形势和新挑战，城市文化管理体制的持续改革也势在必行。进一步推进城市文化管理体制改革，要做好以下几方面的工作：

第一，积极推进城市大文化管理体制改革工作。通过文化机构间整合和内设机构调整来打破功能分化、条块分割的困境，切实落实和推进《深化文化体制改革实施方案》，形成大文化管理格局①。

第二，进一步转变城市文化行政管理部门的职能。以加强宏观管理和减少直接控制为原则，由“办文化”转到“社会管理和公共服务”上来，由以微观管理为主转向以宏观管理为主，由以直接管理为主转向以间接管理为主。

第三，推进城市文化事业单位的社会化、市场化转型。按照市场规律和 WTO 规则的要求，将一部分文化活动从“事业体制”中剥离出来，进行产业化运作，面向全社会提供文化产品和服务，在区域经济和社会公益事业发展中最大限度地发挥作用。

第四，继续深化城市文化企事业单位内部改革。经营性文化单位要在正确导向和遵守国家政策法规的前提下，按照建立现代企业制度的要求，健全法人治理结构，继续实行事业单位企业化管理，充分调动职工的积极性和创造性。

第五，城市文化管理机制由单一行政手段转为行政、法律、经济等多种管理手段并

---

① 文娇慧．党的十八大以来中国文化管理体制改革研究进展与趋势．领导科学论坛，2020（7）．

行的综合管理机制。关键是强化文化管理中的经济手段，通过制定相应的文化经济政策，运用价格、税收、信贷、工资、奖励、分配等经济杠杆、经济政策，制约、影响、鼓励城市文化事业朝预定的文化目标发展。

16.3.4 城市卫生事业管理

1. 城市卫生事业管理的含义

城市的卫生体系一般包括公共卫生服务体系、医疗服务体系、医疗保障体系、药品供应保障体系等方面。城市卫生管理，指城市政府依据国家有关的法规和政策，通过计划、组织、实施等环节来协调城市卫生系统的各要素，以保证城市卫生目标的实现，为城市人民创造一个有利身心健康的良好的生活环境和工作环境的活动。

我国城市形成了医疗卫生行政机构、具有管理职能的医疗卫生业务机构、医疗保险管理机构和主要协助管理机构为主体的综合管理体制。

（1）医疗卫生行政机构。

医疗卫生行政机构包括市（区）政府、卫健委、市场监督管理局以及城市出入境检验检疫局。

城市各级政府是城市医疗卫生管理工作的最高组织领导和指挥实施机构，其职责是把城市医疗卫生管理工作纳入国民经济和社会发展规划，建立健全城市医疗卫生管理体制和管理网络，加强城市卫生“软件”和“硬件”的建设。

2018 年根据《国务院机构改革方案》，成立国家卫生健康委员会，组建国家食品药品监督管理总局。卫健委是城市人民政府管理全市医疗卫生事业的职能部门，是通常所说的城市“卫生行政部门”，其主要职责一般包括：起草卫生健康事业发展的地方性法规、政府规章草案，拟定相关政策、规划；协调推进城市深化医药卫生体制改革；制定并落实城市疾病预防控制规划、免疫规划以及严重危害人民健康公共卫生问题的干预措施；组织拟定并协调落实应对人口老龄化政策措施；组织实施国家药物政策；负责职责范围内的职业卫生、放射卫生、环境卫生等公共卫生的监督管理；制定城市医疗机构和医疗服务行业管理办法并监督实施；指导区县卫生健康工作；等等。

城市的出入境检验检疫局不是城市政府组成机构，而是隶属于国家或省级相关机构。但在城市医疗卫生管理方面，它也承担着重要的职责：负责城市行政区域内的出入境检验检疫、鉴定、认证和监督管理等行政执法工作；实施出入境卫生检疫、传染病监测和卫生监督等。

（2）具有管理职能的医疗卫生业务机构。

城市医疗卫生业务机构主要有各类医疗机构、疾病预防与控制机构、妇幼卫生机构、医学教育和科研机构等。

其中，城市疾病预防与控制机构为城市政府卫生防疫工作提供技术保障，它是进行疾病预防控制研究、提供技术服务的公益事业单位，具有疾病预防与控制、监测检验与评价、健康教育与促进、技术管理与服务等职能。

（3）医疗保险管理机构。

城市的医疗保障局是城市医疗保险的管理机构。它负责拟订全市医疗保险和生育保险的药品目录、诊疗项目、医疗服务设施的支付标准；负责拟订定点医疗机构、零售药店的资格标准、管理办法及费用结算办法；负责定点医疗机构、零售药店的资格确认；负责拟订补充医疗保险、大额医疗救助金的政策和管理办法；负责市级公费医疗的政策拟订、管理和监督检查；负责全市医疗、生育保险政策落实情况的监督检查等工作。

（4）主要协助管理机构。

城市医疗卫生管理的协助管理机构主要是爱国卫生运动工作办公室，其主要职责是开展全市爱国卫生运动，负责创建国家卫生城市的组织工作以及城市卫生经常性和常规性检查，制定全市"除四害"工作规划和农村改水改厕规划并指导实施。

2. 城市卫生事业管理的内容

随着社会的发展，城市卫生事业管理的内容越来越广泛和复杂。目前，我国城市卫生事业管理的内容主要包括以下几方面：

（1）城市公共卫生管理。

城市公共卫生服务主要是为社会提供公共服务、改善环境卫生、向人们传授关于个人卫生的知识、防治疾病、延长人们的寿命、改善人们的身体机能等①。城市公共卫生管理主要包括以下几个方面：建立健全疾病预防控制、健康教育、妇幼保健、精神卫生、应急救治、采供血、卫生监督和计划生育等方面的制度。其中，卫生监督包括对食品安全、职业卫生、放射卫生、学校卫生、公共场所和饮用水的卫生安全监督管理等。

（2）城市医疗服务管理。

城市医疗服务管理主要是对非营利性和营利性医疗机构的功能、职责、布局，医院与社区卫生服务机构的分工协作机制等进行宏观管理和优化；对城市医疗机构及其医务人员的全行业监督管理，包括对医疗机构及其从业人员资格、医疗服务质量、医疗服务技术准入和医疗卫生法律、法规、规章及规范、标准执行情况进行监督管理；建立医疗机构医疗服务评价和监督体系。

（3）城市医疗保障管理。

城市医疗保障管理是指对城市医疗保险和生育保险的管理，包括相关政策规划和执行，补充医疗保险、大额医疗救助金的管理，市级公费医疗的政策拟订、管理和监督检查，医疗、生育保险政策落实情况的监督检查，等等。近年来，城镇职工基本医疗保险制度、城镇居民基本医疗保险制度、新型农村合作医疗制度和城乡医疗救助制度之间的衔接问题，解决进城务工的农民工基本医疗保险问题，也成为城市医疗保障管理的重要内容之一。

（4）城市药品供应保障管理。

城市药品供应保障管理包括执行国家基本药物制度，拟订临床用药安全规范，加强

---

① 温来成．现代公共事业管理概论．北京：清华大学出版社，2007：286-287.

城市医疗机构基本用药制度管理，贯彻实施国家中医政策和中西医结合并重的方针，制定全市中医发展规划，推进中医药的继承、创新与发展等。

3. 城市医疗卫生事业管理的改革方向

根据《关于深化医药卫生体制改革的意见》的文件精神，为保障城市医药卫生体系有效规范运转，政府必须努力完善医药卫生的管理、运行、投入、价格与监管体制机制。

第一，建立协调统一的医药卫生管理体制。实施属地化和全行业管理，强化区域卫生规划，推进公立医院管理体制改革，完善基本医疗保险管理体制。

第二，建立高效规范的医药卫生机构运行机制。将公共卫生机构收支全部纳入预算管理，建立严格的人员准入和考核制度，转变基层医疗卫生机构运行机制，增强城市社区服务中心的服务功能，建立规范的公立医院运行机制，健全医疗保险经办机构运行机制。

第三，建立政府主导的多元卫生投入机制。明确政府、社会与个人的卫生投入责任，按照分级负担的原则合理划分中央和地方各级政府的卫生投入责任，完善对公共卫生、基本医疗保障和基层医疗卫生机构的投入机制，鼓励和引导社会资本发展医疗卫生事业。

第四，建立科学合理的医药价格形成机制。规范医疗服务价格管理，改革药品价格形成机制，合理调整政府定价行为，基本医疗服务实行政府指导价，其余由医疗机构自主定价，积极探索建立医疗保险经办机构与医疗机构、药品供应商的谈判机制。

第五，建立严格有效的医药卫生监管体制。强化医疗卫生监管，完善医疗卫生服务质量评价机制，完善医疗保障监管制度，强化政府的药品监管责任，建立信息公开、社会多方参与的监管制度。

关键术语

公共事业　城市公共事业管理　事业单位　社会团体　基金会　公共事业管理现代化　事业单位分类改革

复习思考题

1. 以你所熟悉的某一城市为例，谈谈你对城市公共事业和公共事业管理的认识。

2. 你认为政府在公共事业管理现代化改革中应扮演怎样的角色?

3. 请结合对事业单位、社会服务机构和社会团体的理解，各举几个实例，谈谈这些主体是怎样在实践中发挥作用的。

4. 2020 年上半年，中央深化改革委员会会议审议通过了《关于深化事业单位改革试点工作的指导意见》，在全国 9 个省开展试点工作。请结合国家政策进展和事业单位发展情况，谈谈你对事业单位改革方向、挑战和对策的看法。

5. 作为一名高校学生，请结合自己的学习经历谈谈你对当前我国城市教育管理体制的看法。

6. 城市医疗卫生体制改革几经周折和发展，但是“看病难，看病贵”现象依然存在。你认为当前我国城市医疗卫生体制存在的最大障碍是什么？如何加以完善？

延伸阅读

1. 徐双敏. 公共事业管理概论. 3版. 北京：北京大学出版社，2020.

该书基于公共管理基本原理，以国家相关法律、法规和政府管理文件为定义基本概念的依据，主要研究公共事业管理的基本理论、管理主体和管理对象；结合世界主要国家的经验，具体分析了教育、科技、文化、卫生、体育等领域的管理体制类型，对我国公共事业改革的历程与面临的主要问题进行了系统的研究，最后阐述了公共事业管理的现代化。

2. 朱仁显. 公共事业管理概论. 3版. 北京：中国人民大学出版社，2016.

该书构建了一个系统、完整的公共事业管理知识体系框架，既对公共事业的人力资源管理、财务管理、项目管理、监督管理等职能进行了系统的分析和阐述，又对教育、科技、卫生、文化、体育五个主要的具体公共事业领域的相关问题进行了有针对性的探讨；既介绍了西方国家公共事业管理的情况，又分析了我国当前公共事业管理的状况及其发展趋势。

3. 娄成武，司晓悦，郑文范. 公共事业管理学. 3版. 北京：高等教育出版社，2015.

该书从多学科的视角出发对公共事业管理进行了全面的审视，是公共事业管理方面的代表性教材。基于组织管理的视角，探讨了公共事业组织中的基本管理职能、财务管理和人力资源管理以及具体的管理方法；基于法律视角，分析了公共事业管理的法律制度；基于公共管理的视角，分析了公共事业组织的监督机制和伦理道德，展望了未来的体制改革和社区管理的发展。

4. 崔运武. 公共事业管理概论. 3版. 北京：高等教育出版社，2015.

该书对公共事业和公共事业管理的基本概念进行了界定，分析了我国公共事业管理面临的外部环境，介绍了我国公共事业的管理体制和管理主体，并且从管理过程、管理方法、费用配置、责任伦理、绩效管理等角度讨论了公共事业管理组织的运营，最后介绍了我国主要的公共事业管理活动，兼具理论意义和实践价值。

5. 王名. 社会组织论纲. 北京：社会科学文献出版社，2013.

该书着眼于市场经济发展、基层社会重建和社会公益活动，对伴随改革开放生长并发展起来的社会组织进行了深入的实证调研，努力探寻社会组织在解决市场经济发展、基层社会重建和社会转型中出现的各种社会问题方面的基本功能和作用机制，从而总结和概括出社会组织在构建社会主义和谐社会方面发挥的主要作用。

6. 盖拉特. 21世纪非营利组织管理. 邓国胜，等译. 北京：中国人民大学出版社，2003.

21世纪将是社会部门的世纪，非营利组织正在蓬勃发展。非营利组织应当如何管理？对中国而言，这是一个崭新而富有挑战性的问题。盖拉特教授在美国多家非营利组织担任要职，他的著作正可以解决学者们的疑惑。该书不仅揭示了非营利组织管理的精髓，而且剖析了非营利组织管理面临的问题；不仅指出了非营利组织面临的十大难题，而且通过列举“优秀非营利组织的五大特征”提出了解决之策，深入浅出、通俗易懂，给出了大量案例，既生动活泼又使书中的建议具有可操作性。

第 4 篇

城市未来面向

当前我国城市正在经历深刻的转型变革，打造城市的文化品牌，实施城市更新行动，推进紧凑城市、生态城市、智慧城市、创新城市、包容城市建设，提升城市内涵，建设品质城市。

本篇包含“城市文化与城市更新”“管理城市未来”两章，对城市发展趋势和前沿问题进行回应，阐述如何在深化新型城镇化转型发展中处理好保护和发展的关系，迎接大变革时代的治理要求和治理挑战。

第 17 章

城市文化与城市更新

重点问题

城市更新是城市发展的自我调节机制。西方国家城市更新开始较早，我国的城市更新在城市化进程中也如火如荼地开展起来。城市更新不仅仅包括物质环境的更新，还包括文化氛围、环境条件的维护，旨在实现城市的可持续发展。本章将介绍城市更新管理问题，包括城市文化、城市更新、古城保护。

通过本章的学习，应理解城市文化的构成及其建设内容，把握城市更新的内涵及我国城市更新应着重关注的问题，了解古城特别是历史文化名城的保护现状。

17.1 城市文化

"城市总是有自己的文化，它们创造了别具一格的文化产品、人文景观、建筑及独特的生活方式。甚至我们可以带着文化主义的腔调说，城市中的那些空间构形、建筑物的布局设计，本身恰恰是具体文化符号的表现。"① 城市是人类文明的创造地，是最大的文化容器。城市文化是城市发展的基础，是城市气质的表现。城市文化也是城市现代化的推动力，随着城市物质生活水平的逐步提高，城市居民对精神文化的要求越来越高。从这个意义上来讲，一个没有文化的城市不可能是一个持续发展的城市。

---

① 费瑟斯通. 消费文化与后现代主义. 刘精明，译. 南京：译林出版社，2000：139.

17.1.1 城市文化概述

著名的芬兰建筑师与规划学家伊里尔·沙里宁曾经说，“让我看看你的城市，我就能说出这个城市居民在文化上追求什么”①，“城市是一本打开的书，从中可以看到它的目标和抱负”②。城市文化是人类文化的一种特殊形态，是人类发展到一定阶段的结果。

1. 城市文化的特征

美国社会学家 R. E. 帕克（Robert Ezra Park）认为，城市绝不是各种物质形态的聚合，“城市是一种心理状态，是各种礼俗和传统构成的整体，是这些礼俗中所包含，并随传统而流传的那些统一思想和感情所构成的整体。换言之，城市绝非简单的物质现象，绝非简单的人工构筑物，而尤其是人类属性的产物”③。

从总体上来说，对文化的定义分为广义的和狭义的。狭义的文化限定于精神领域，广义的文化则包括了人类通过后天学习所掌握的各种思想和技巧，以及用这些思想和技巧创造出来的物质文明、制度文明和精神文明。广义的界定同时兼顾了文化的物质方面、制度方面、精神方面和行为方面，具有很大的包容性，本书也就是在此意义上对城市文化进行探讨的。

城市不同于乡村的聚集方式，使得城市文化具有与乡村文化不同的一些特征。

第一，城市文化具有更强的开放性和多样性。城市文化突破了传统乡村孤立和封闭的状态，在城市中，各种不同的文化聚集在一起，并且相互融合。从中外城市发展史看，城市往往成为各种文化聚集的地方，各种生活方式、文化观念共存于城市。城市中多元文化的相互交融，使城市文化无论在水平还是发展速度上都达到了一个新的高度。

第二，城市文化具有更强的集聚性和扩散性。城市的重要特点或本质特点就是集聚。城市不仅是人口集聚的场所，而且也是产业、资金、技术和建筑集聚的场所。高密度的人口、建筑、财富和信息是城市的普遍特征，这同样会导致文化上的集聚。相对于乡村，城市集聚了更多的文化精英和文化资源。同样，城市对区域外的反馈作用和作为中心区域的辐射作用，使得城市文化的影响溢出城市的范围，使城市成为文化辐射和扩散的中心。可见，城市文化的发展水平已经成为衡量区域文化发展水平和文明程度的主要尺度。

第三，城市文化具有利益社会的特征。有学者认为，乡村社会是“共同社会”，人们为了共同利益而共同劳动，把人们联结起来的是具有共同利益、共同目标、共同语言、共同传统以及共同善恶观念的家庭和邻居的纽带；城市社会却是截然不同的“利益社会”，在城市中人们不认可共同的利益，家庭和邻居的纽带也没有什么意义，人们在社会生活中表现出明显的个人主义和自私自利。

尽管城市文化的这些特征并不全面，但可以肯定的是，城市文化是人类适应城市环境的产物，是一种能比乡村文化更有效地开发资源的文化系统。

---

①② 方可．当代北京旧城更新：调查·研究·探索．北京：中国建筑工业出版社，2000：126.

③ 帕克，等．城市社会学．宋俊岭，等译．北京：华夏出版社，1987：1-2.

2. 城市文化的结构

城市文化有其特定的文化系统或体系，它由众多子系统组成。城市文化系统或体系所表现出的不同层次，就是城市文化的结构。从广义上说，城市文化是城市物质文明和精神文明成果的总和，是由众多子系统复杂地结合在一起的多面体，呈现出多层次特征。一般来说，城市文化结构可以分为以下层次：

（1）城市的物质文化。

城市的物质文化是城市文化的表层结构。它由城市中可感知的、有形的各类基础设施构成，包括建筑、道路、通信设施、水源和排水设施、垃圾处理设施、市场上流通的各色商品以及行道树、草地、花卉等人工自然环境。这些物质现象之所以也被纳入城市文化的范围，不仅是因为它们典型地体现了“人化自然”的特征，而且也因为它们本身就是一个城市文化风貌最生动、最直观、最形象的呈现。不仅城市中那些有形的物质实体鲜明地显示出城市的精神风貌，而且城市的布局、城市的空间结构也形象地反映了一个城市的文化特征。

（2）城市的制度文化。

城市的制度文化是城市文化的中层结构。城市制度是城市文化制度化、规范化后的一种结果，是城市文化的一种实体化的表现形式。因此，城市文化的变迁必然会通过城市各种制度的变迁表现出来。城市的制度文化以城市的物质文化为基础，但主要满足城市居民更高层次的需求，即由于人的交往需求而产生的合理地处理个人之间、个人与群体之间关系的需求。在城市的制度文化中，最重要的有家庭制度、经济制度和政治制度。

（3）城市的精神文化。

城市的精神文化是城市文化的内核或深层结构，是相对于城市物质文化、制度文化的城市精神文明的综合，它包括一个城市的知识、信仰、艺术、道德、法律、习俗，以及作为一个城市成员所习得的其他一切能力和习惯。

城市的精神文化又可以分为两部分：一部分是通过一定的物质载体（如印刷媒体、电子媒体以及其他有形媒体）得以记录、表现、保存、传递的文化；另一部分则以思想观念、心理状态等形式存在于市民的意识和行为中。

上述城市文化结构的各个层面，并不是孤立存在的，而是相互影响、相互作用、相互联系的，它们共同形成一个浑然有机的整体。城市的物质文化是城市的“外衣”，城市的发展离不开如房屋、道路、公共设施等物质文化要素；城市的制度文化是城市的“骨架”，它为城市的物质文化和精神文化提供制度保证；城市的精神文化则是城市的“灵魂”，它是城市社会现实在居民头脑中的反映，又反过来影响和改造现实，尤其影响城市物质文化、制度文化的进步速度。

3. 城市的文化风貌

城市不但是人们聚居的场所，而且也是人们精神寄托的载体。每个城市都有其独特的文化风貌，这样的风貌特色主要通过以下几个方面展现出来：

（1）历史文化风貌。

每个城市都有它继承下来的遗产，包括各种文物古迹。历史文化遗产在城市现代化过程中具有强大的魅力与不可替代的文化和社会价值，如联合国1976年在《关于历史地区的保护及其当代作用的建议》（通称《内罗毕建议》）中指出："历史地区是各地人类日常环境的组成部分，它们代表着形成其过去的生动见证，提供了与社会多样化相对应所需的生活背景的多样化，并且基于以上各点，它们获得了自身的价值，又得到了人性的一面。"① 一个城市的历史文化是城市最突出的个性特色。如今，保护城市的历史文化遗产已经成为现代城市的普遍共识。

（2）建筑文化风貌。

建筑艺术是通过与环境相处的建筑的群体、序列、空间等来表现人的意境、审美取向、情感、心理以至哲学、伦理、世界观等，它通过具体形象来折射出人的内心世界。城市通过其建筑艺术来表现人民的文化水准和对建筑审美的追求。因此，城市建筑是可视或有形的城市文化，建筑的历史就表现出文化的历史。我国建筑学家梁思成曾经说过："历史上每一个民族都产生了它自己的建筑，并随着这文化而兴盛衰亡。中华民族的文化是最古老、最长寿的，我们的建筑同样也是最古老、最长寿的体系。"城市建筑是城市社会的时代信仰、艺术、科技、经济等因素的综合体现，它不仅显示了一个城市的政治意识形态、宗教与哲学等精神文化内涵，而且也展现了一个城市的艺术风格。

（3）生态环境风貌。

在生态文明和环境觉醒的时代，城市的生态系统保持得如何，环境是否幽雅、洁净、卫生，已成为体现城市居民生活质量和精神风貌的一个重要方面。如今城市的可持续发展正成为普遍接受的发展战略和模式，因此必须树立关于生态的新文明观。这种观点在关注人与人关系的同时，凸显人与自然的关系，强调人与自然的和谐，坚持科技理性与人文理性并重，主张改变物质消费型生活方式，实现人的全面发展。只有这样，才能构建适合人类持续发展的生态环境风貌。

（4）人文风貌。

相对于城市的历史遗产，其人文风貌更具有鲜活性，它包括地方风情、风俗习惯、道德风尚、人民性格等。其中，有的是民族、地理、历史和社会背景的产物，有的是城市文明的产物。后者主要是指城市的道德风尚，比如城市中人们遵守秩序、讲究公德、待人热情友好、乐于助人、诚实正直等。

总之，城市从一开始就是物质与精神的结晶，代表着人类文化。城市作为社会文化的写照，反映着它所处的时代和社会风貌。城市就是文化的体现，城市文化是城市得以延续的重要内容，没有文化的城市是没有灵魂的城市。如果说世界上的城市是千差万别的，那么它们的根本差别就在于城市文化的不同。

17.1.2 城市文化建设的策略

1. 以城市文化统领城市规划

城市文化建设要坚持"因地制宜，同步发展"的原则，进行统筹规划。要把城市功

---

① 国家文物局法制处. 国际保护文化遗产法律文件选编. 北京：紫禁城出版社，1993：100-113.

能、城市环境与城市文化形象有机地结合起来，大到城市建设的总体风格，小到文化设施建设，如城雕、广场、旅游景点、城区绿化以及广告、街名、店名等，都要搞好文化策划，体现人文内涵，使区域经济与区域文化协调发展。即使暂时无力建设，也要预留空间，待条件成熟后再行建设，避免因城市拆迁造成不必要的浪费。

2. 塑造城市精神

美国著名城市学家斯宾格勒（Spengler）指出，将一个城市和一个乡村区别开来的不是它的范围和尺度，而是它与生俱来的城市精神。城市精神是一个城市的灵魂，城市精神既以观念形态、心理状态等形式存在于城市居民的头脑中，又展现为城市居民的价值取向、精神境界、理想信念、伦理道德、思维方式和文化传统。城市精神建构着城市的成长方向，决定着城市的发展路径。每个城市都拥有反映时代特色和地缘特色的城市精神，打造城市文化的核心是要塑造城市精神。现代城市精神的开发是城市居民提高精神境界的过程，反映着人们积极向上、开拓进取的精神状态。近年来，许多城市积极开展城市精神大讨论，以达到增进共识、凝心聚力、铸造城市之魂的作用，用新的城市精神塑造高素质的市民，充分展现城市的魅力、城市的底气以及城市的文明程度。

3. 重视城市文化活动设计

城市是人类聚集、生活与活动的空间，人们的生活、工作和活动反映了城市的文明程度和城市的个性色彩。城市文化建设要重视文化活动设计，为城市的正常运作输液造血，为城市文明水平的提高强筋壮骨。这些文化行为活动设计包括政府的形象塑造、市民的行为规范、各种社会生活行为引导等内容，具体的表现形式有音乐节、啤酒节、服装节等。

4. 保护与营运历史文化资源

历史文化资源是一个城市文化品位的重要表现，是一个城市文化个性的生动体现，也是一个城市独特的文化优势。城市文化建设就是要从一个城市深层的历史文化与文脉的流动去把握和捕捉城市的灵魂，使城市的文脉与城市的现代性结合，成就城市的历史延续与文化传承。文脉与文化资源利用得好、运作得好，对城市形象的提升、城市文化品位的提高和城市美誉度的塑造有正面的作用，同时可以带来直接的文化经济增长力，产生直接的经济效益。

5. 完善城市公共空间和文化设施

开放空间有利于形成安全祥和的邻里社区氛围，为休闲、交往活动创造条件。城市建设发展要打文化牌，核心问题是要体现对人的关心，贯彻以人为本的思想，创建一流的公共文化空间。城市文化设施是城市文化发展的物质条件，是用以满足市民精神需求的物质条件。这就要求城市不但要有标志性的文化设施，还要有一定规模（通常以人均文化设施数目为统计口径）的文化设施，以满足市民的精神文化需求。政府应随经济的发展，不断增加对文化设施建设的投资，使人均文化设施达到现代城市的规模。

6. 培育市民文化

不同于故步自封的小农文化，市民文化更为强调契约、法制意识，强调个人的自主性和服从市场规律、尊重他人权利等观念。成熟的市民文化有助于实现市场公平竞争，防止特权干预经济，提高公众团体的自主性和自我管理能力，帮助政府减少直接管理的范围和层次。20 世纪 90 年代以来，我国城市经济的发展带动城市文化转型，但真正的市民文化尚未形成。因而，去粗取精、吐故纳新地吸收古今中外的先进文化，不断地自我反省和创新十分必要。只有广大市民不断增强城市意识、开放意识、法制意识，形成良好的社会风气和精神风貌，有浓郁的崇文意识，有健康的心态和良好的行为习惯，进而提升人们的主体意识，城市才能实现现代化。

7. 发展文化产业

所谓文化产业，主要包括文化娱乐产业、影视及音像制品业、新闻出版业、文化旅游业以及一些与文化相关的美食、美容、时装、休闲、美术品产业等。一个功能齐全的文化中心城市，应既是文化的生产中心，也是文化的交流中心，还是文化的消费中心。文化产业作为“朝阳产业”，既可以有力地促进经济发展，也可以极大地提高一个城市的文化品位。现在，法国、英国、日本、韩国等国家的许多城市，都将文化产业作为国民经济的重要支柱产业。我国的一些大城市如北京、上海、广州、深圳等地，也已将文化产业列入国民经济优先发展的重点。

专栏 17-1

西方城市文化产业的发展

历史表明，西方城市市场（包括文化市场）的发展，乃是哈耶克（Hayek）所说的一个“扩展的自然秩序”的过程。按照哈耶克的观点，没有人能从某种基本原则出发精心设计出一种理性的秩序。扩展的市场自然秩序是在长期的竞争和交换过程中形成的，而且只有在市场秩序的形成过程中才能说明市场秩序。

扩展的市场秩序之所以能够产生高效率，其重要原因在于它包含着一套让人们去自由选择的制度，它既是人们自主创新的产物，同时又为人们的自主创新活动提供了广阔的空间。有了这种扩展的自然秩序，不仅大大小小的比尔·盖茨们能够爱财且取之有道，而且成千上万的平民百姓都可以找到自己的谋利之径。扩展的市场自然秩序的形成，必然是一个相对漫长的过程，西方发达国家城市市场（包括文化市场）的发展史充分地证明了这一点。

经过几百年的自然演化过程（扩展的秩序），一个包括文化市场在内的城市市场已经在西方发育成熟。在当代西方发达国家城市中，不仅文化产品市场、文化服务市场十分发达，而且文化要素市场如文化资金市场、文化艺术设施市场、文化艺术人才和劳务市场、文化中介市场、文化产权市场、版权市场等也十分发达。

资料来源：陈立旭. 都市文化与都市精神：中外城市文化比较. 南京：东南大学出版社，2002.

17.2　城市更新

城市发展的过程就是城市不断更新、改造的新陈代谢过程。自城市诞生之日起，城市更新就作为城市的自我调节机制客观存在着，伴随着城市产生发展的全过程，适应着不同时期人们的需要。但真正使城市更新凸显并将其视作一门社会工程学科，则始于 20 世纪 50 年代欧美的一些发达国家。

17.2.1　城市更新的含义

对城市更新概念较早、较权威的界定源于 1958 年 8 月在荷兰海牙市召开的城市更新第一次研讨会，该会议对城市更新做了以下阐述："生活于都市的人，对于自己所住的建筑物、周围环境或通勤、通学、购物、游乐及其他生活有各种不同的希望与不满；对于自己所住房屋的修理改造以及街道、公园、绿地、不良住宅区的清除等环境的改善要求及早施行；尤其对土地利用的形态或地域地区制的改善、大规模都市计划事业的实施以形成舒适的生活与美丽的市容等，都有很大的希望；所有有关这些的都市改善就是都市更新（urban renewal）。"城市更新的主要方式有三种：重建（redevelopment）、整建（rehabilitation）及维护（conservation）①。

彼得·罗伯茨（Peter Roberts）将城市更新定义为"用一种综合的、整体性的观念和行为来解决各种各样的城市问题；应该致力于在经济、社会、物质环境等各个方面对处于变化中的城市地区做出长远的、持续性的改善和提高"。其对城市更新整体性的认识体现在随后提到的城市更新过程中（见图 17－1）。

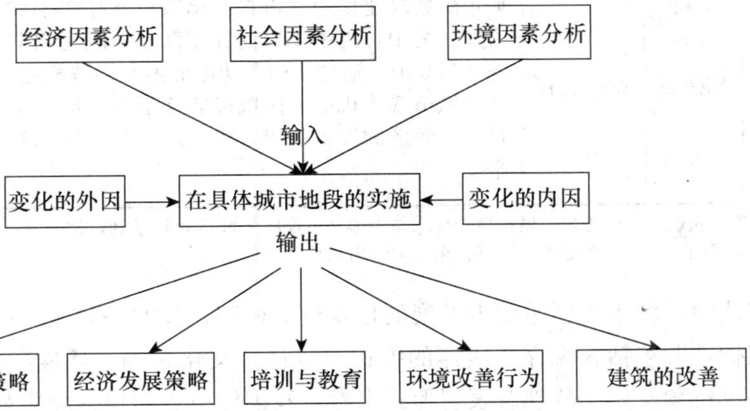

图 17－1　城市更新过程

资料来源：罗伯茨，塞克斯．城市更新手册．叶齐茂，倪晓辉，译．北京：中国建筑工业出版社，2009：18．有改动。

---

① 朱启勋．都市更新：理论与范例．台北：台隆书店，1982：4．

我国学者对城市更新的认识也经过了一个发展变化的过程，比较有代表性的观点如表 17－1 所示。

表 17－1 我国有代表性的城市更新观点

时间	作者	概念	内涵	强调点
1980 年	陈占祥	城市更新	城市更新的目标是振兴大城市中心地区的经济，增强其社会活力，改善其建筑和环境，吸引中、上层居民返回市区，通过低价增值来增加税收，以此达到社会的稳定和环境的改善。城市更新途径包括重建、保护和建筑围护等多方面	强调城市的“新陈代谢”过程，突出经济发展在城市更新中的作用
1994 年	吴良镛	有机更新	即采用适当规模、合适尺度，依据改造的内容与要求，妥善处理目前与将来的关系——不断提高规划设计质量，使每一片的发展达到相对的完整性，这样集无数相对完整性之和，就能促使旧城的整体环境得到改善，达到有机更新的目的	从城市的“保护与发展”出发，当中体现“持续发展”的思想
2007 年	于今	城市更新	是对城市中某一衰落的区域进行拆迁、改造、投资和建设，使之重新发展和繁荣。它包括两方面的内容：一方面是对客观存在实体（建筑物等硬件）的改造；另一方面对各种生态环境、空间环境、文化环境、视觉环境、游憩环境等的改造与延续，包括邻里的社会网络结构、心理定式、情感依恋等软件的延续与更新	强调衰落地区的整体改造与提高，包括物质环境和非物质环境的持续改善
2012 年	阳建强	城市更新	城市更新改建作为城市自我调节机制存在于城市发展之中，其主要目的在于防止、阻止和消除城市衰退，通过结构和功能的不断调节相适，增强城市整体机能，使城市能够不断适应未来社会和经济的发展需求，建立起一种新的动态平衡	强调结构调适和功能调适，建立动态平衡

资料来源：翟斌庆，伍美琴．城市更新理念与中国城市现实．城市规划学刊，2009（2）．略有调整。“阳建强”部分参见：阳建强．西欧城市更新．南京：东南大学出版社，2012：5.

本书认为，城市更新是城市发展的自我调节机制，指的是对城市中衰落地区的重建、整建和维护，既包括客观存在实体的维护，也包括文化氛围、环境条件的维护，旨在实现城市的可持续发展。从现有表现形式来看，我国城市更新包括城中村改造、旧城改造、历史街区复兴三个方面的基本内容。

“城中村”现象是在中国城乡二元体制结构下，城市化推进过程中的特殊产物。“城中村”承担的是过渡作用，城市形态从“农村”向“城市”过渡，人从“村民”向“市民”过渡。城中村改造“不但可以改善城市景观环境，提升城市形象，更能获得城市发展的空间，为经济发展提供重要的空间载体”①。

与西方国家过度郊区化不同，我国当前是集聚城市化和郊区化二元并存，旧城具有特殊的区位优势，仍然具有巨大的经济活力和综合吸引力，超值的商业利润诱惑着城市政府和地产商，旧城改造是城市更新的重要组成部分。

历史街区拥有浓郁的历史文化氛围，“它们营造出特有的场所感和认同感，构成城市魅力与活力的重要部分。这些街区的形象特征和功能品质都与城市整体密不可分”②。但事实上，很多历史文化街区出现了衰败的趋势，并面临着被城市开发蚕食的危险。因此，历史街区复兴本身就构成了城市复兴的重要内容。

17.2.2　中外城市更新实践

1. 中外城市更新差异

西方国家城市更新初期受“形体规划”思想的影响，强调物质性更新，大规模推倒重建和清理贫民窟。20 世纪六七十年代，雅各布斯、刘易斯·芒福德等人强调人本思想，提倡小规模、灵活渐进式的城市更新方式，更加注重人的尺度和人的需要。我国城市更新自 20 世纪 90 年代以来，进入包括物质性更新、空间功能结构调整、人文环境优化等在内的多目标、快速更新阶段。中西方城市形成的历史条件不同，城市更新方面表现出相似性的同时，也表现出显著的差异。

（1）城市更新背景的差异。

西方的城市更新背景是城市中心区衰落，为吸引人口重新返回城市中心，恢复城市中心活力。新中国成立后我国提出要变消费型城市为建设型城市，重视城市新区建设，旧城区则填空补实，城市中心区普遍建筑质量较差、基础设施落后等问题在 20 世纪 80 年代末集中爆发。城市更新重点转向旧城，旨在通过改善旧城区的物质环境和土地使用性质来实现土地经济效益，复兴城市中心区。

（2）市政体制的差异。

西方国家的市政体制和我国的市政体制有很大的差别。一般来说，西方国家虽有不同的地方行政层级，但地方政府之间的隶属关系不明显，市和县、乡、镇都直接受省、州政府领导，属于平等的地方政府。而且城市政府普遍拥有自治权力，市长、市议员、市法官一般由市民选举产生，对选民负责，相互制衡，发展出了市长-议会制、议会-市长制、市议会制、市经理制等市政体制。我国是中央集权的单一制国家，市政体制由中央确定，地方自治权力有限，城市不是独立自治的政治实体。城市发展有明显的行政计划痕迹，城市更新由政府主导。

（3）城市化进程的差异。

二战后西方国家的城市更新是在城市基本走完兴起、发展、成熟历程基础上的自我

---

① 王海龙．构建新型城市化时期包容性城中村改造模式．北京社会科学，2014（3）．

② 蒂耶斯德尔，希思，厄奇．城市历史街区的复兴．北京：中国建筑工业出版社，2006：前言，1．

完善，西方城市更加富有弹性，容易向理性化的小规模、渐进式城市更新发展。我国城市发展历史欠账过多，计划经济时代的城市发展表现为工业主导下的平面扩散，没有为城市埋下“可持续发展的种子”。我国的城市更新更多表现为对以城市空间、人口、经济规模扩大为主要特征的机械化、假性城市“生长更新”的追求。

（4）社会参与、协调机制的差异。

20世纪70年代以来，随着人们对城市更新的反思，公众参与城市规划的思想日益受到重视。自下而上的城市更新开展起来，社区居民主动参与城市更新，以法律为武器与政府和开发商进行谈判，城市更新更加重视人的尺度和人的需要。我国城市政府在城市更新中强有力地位的惯性依然存在，市民参与的意识薄弱、参与能力有限。

2. 我国城市更新的现实困境

随着我国城市化进程的加快，城市更新也进入了一个新的发展阶段，总体呈现出数量庞大、种类繁多、关系复杂的特点。在这一新的阶段中，城市更新也面临着许多挑战和困境。具体来说，表现在以下方面：

（1）房地产开发逐利模式激发社会矛盾。

在西方的城市更新中，市场机制在筹措资金方面发挥了重要的作用。我国的城市更新规模大、拆迁量惊人、总体速度快、更新频率高，需要更大量的资金，自然也离不开房地产企业。房地产开发负担了市政配套和社会配套的责任，并预支了大笔的资金用于土地置换，增加了地方政府的财富。但房地产企业参与城市更新更多的是对利润的追逐，其趋利性是根本的。于是出现了以下现象，如一些开发商压缩补偿单价，对拆迁户补偿不够、安置不理想，甚至出现了严重的拆迁对抗事件。

（2）城市政府注重土地财政，忽视社会公正。

城市政府具有自身的利益，表现为官员的利益、政府部门的利益，以及城市政府整体的利益。在上级经济发展任务重压之下，城市政府领导人既有出让土地获得巨额土地出让金的冲动，也有搞“城市形象工程”获得升迁的冲动。于是，一些城市政府和开发商形成了联盟，甚至纵容开发商的违规拆迁行为，导致商业逻辑和行政逻辑混淆，造成拆迁悖论。

（3）城市更新利益主体博弈机制缺失，主体利益失衡。

城市更新过程是利益相关者博弈的过程，在城市更新中牵涉其中的有城市政府、拆迁人、被拆迁人等。地方政府期望通过土地出让获得暴利，也能够改变城市表面形象。拆迁方包括开发商、评估公司、拆迁公司等希望通过参与这一财富重新分配过程而获利，城中村、旧城和历史文化街区的居民则希望通过城市更新来改善生活境遇，能够享受到城市发展所带来的好处。

（4）忽视城市更新社会成本，社会排斥严重。

城市更新美化了城市生活环境，增加了城市居民人均居住面积，改善了城市基础设施，并拉动了相关产业的发展，带来了显著的社会效益。但不可否认，我国城市更新存在着忽视更新社会成本的问题，社会排斥严重。社会成本具有隐匿性、难测量性和多层次性，包括“居民个体、家庭、社区、单位、政府等，在‘以人为本’为前提下，为实现社会效益而必须承担的除了经济成本以外的所有其他成本"①。社会成本可以划分为个人和家庭层次、组织（邻里）和社区层次、社会结构和社会发展层次等。

城市更新的社会成本，从个人和家庭层次来看，居民回迁率很低，大部分居民被迫到新的地方生活，重新适应新的生活环境，居住地与工作地的距离也发生了改变，还可能造成心理的失衡。从组织（邻里）和社区层次来看，原来熟悉的邻里关系不复存在，社会网络被打破，新的社会网络尚未形成。从社会结构和社会发展层次来看，以历史街区为例，很多有价值的建筑、设施、古木、风貌等被破坏，厚重的文化底蕴被"推土机模式"销毁。从城中村改造、旧城改造来看，居民被迫迁移到边缘地带，原有的有利的位置被开发商占据，继而被消费得起这些住宅、商铺的人们所占据，出现城市空间排斥和住房排斥。

（5）城市更新忽视城市特色，破坏城市历史文脉。

城市更新缺乏规范化、制度化、法治化的更新模式和更新机制。在长官意志、资本的操纵下，造城运动一哄而起，侵蚀了城市作为文化积淀和文化载体的价值，也使城市落入千城一面的尴尬境地。低水平的、低层次的简单城市更新，不注重保护和延续城市的文脉，甚至将保护建筑视为获得眼前利益的障碍，千方百计地恣意蚕食、侵占、破坏和拆毁。在房地产开发模式之下，一些地产商瞄准历史文化街区，而目光短浅的地方政府也与地产商一起蚕食、破坏历史文化街区，大量的古建筑、古街区荡然无存，使城市的文脉受到人为的破坏和割裂。

17.2.3　规范我国城市更新的思路

在未来的若干年，我国仍会保持较高的城市化率，城市化与城市更新交织，问题还会很多。在未来的城市更新中应该着重考虑以下几个问题：

1. 合理规范房地产企业的作用

改变房地产企业在城市更新中的获利模式，不能仅仅通过压缩开发成本和要求优惠条件实现获利，而应通过市场细分和土地细分来挖掘寸土寸金的旧城土地价值；共同培育商业氛围，造城与造市并举，实现房地产企业开发和城市更新的共赢。房地产企业在与开发区域居民打交道时，急于迁走所有的居民并占领待开发区域，这从长远来看是不可取的。一个区域的文化和氛围是长时间形成的，并体现在区域居民的一言一行当中，体现在他们的日常生活当中。迁走了这些居民，区域的生机和活力就没有了。因此，要引导房地产企业在开发中注重人的尺度和人的需要，相关部门在开发中应预先进行详细论证，广泛征求民众意见，制定开发规范，最大限度克服企业在开发中的盲目性，实现经济利益和社会效益的协调发展。

2. 合理定位城市政府的职能

城市政府作为行政层级的一级，受制于整体的行政制度安排，接受以经济发展为主

---

① 白友涛，陈赟畅. 城市更新社会成本研究. 南京：东南大学出版社，2008：33.

要内容的绩效考核，以发展经济成果作为获得升迁的重要指标，并与开发商实现一定程度的结盟。但这种“延期偿付权力支配合法性”① 的政治结构不可能一直被维持着，随着个人-社会关系、国家-社会关系的变化，城市政府的合法性基础不能再唯一地建立在政治系统、行政系统本身的内部认同之上，城市政府需要获得生活于城市中的人们的认同。城市政府的运作逻辑需要调整，在维持政治系统内部认同的同时，要获得更多的市民认同。再则，关于现代化，除了经济发展之外，社会的发展也是重要目标，城市更新不是单纯的拆除旧建筑的行为，还要维持和发展原有的邻里关系、社会网络。城市政府要站在维护公共利益的而不是一己私利的角度，合理定位自身职能，做好城市更新的掌舵者。

3. 完善利益主体博弈机制

“我国的城市更新实质上是各个行为主体之间从自身诉求出发进行利益博弈的过程，需要通过良好的制度设计引导和规范，促进各方利益的整合。”② 政府是博弈平台提供者和博弈规则制定者，政府在维护公共利益的前提下，要为城市更新利益相关者提供博弈机制，并特别要鼓励公民参与，扭转城市更新侵蚀被拆迁居民切身利益的状况。西方国家的城市更新已经步入多维度、多方参与的合作模式，由以房地产开发的市场导向、以物质环境改造为重点的城市美化运动转向注重人居环境的社区综合复兴，注重城市的多样性、历史价值保护和可持续发展。利益相关方通过公共资金的筹集、一致的目标、签署正式纲领或组织结构协议等方式联系起来，并建立不同层次的合作组织，形成政府、私有部门和社区合作的模式。我国城市更新要在借鉴西方国家城市更新制度经验的基础上，结合我国城市更新的实际情况，建构适合我国的城市更新利益整合制度架构（见图 17-2）。其中，城市政府要加大城市社区社会组织的培育力度，增强居民利益表达的组织性，并增强居民利益博弈的能力。

4. 全程控制社会成本

城市更新能够带来显著的经济效益和社会效益，但背后的经济成本和社会成本大多由基层居民承受，而后者本身的抗风险能力是很低的。为切实保障城市居民的权益，在城市更新规划阶段、实施阶段、实施之后都要严格控制社会成本。

在城市更新规划阶段，要严格按照城市更新相关法律法规制定规划，并吸纳公民参与规划制定，考虑城市更新居民社会成本承受力。城市更新的收益应将居民承受的社会成本考虑进去，进行详细论证。

城市更新实施阶段极易引发冲突，因为城市更新收益大多由政府和开发商享有，而成本则由居民来承担。在实施过程中，要规范化操作，并尽可能减少大规模拆迁，保持良好的社区人文环境，坚持可持续发展和节约更新。

在城市更新实施之后，要继续关注搬迁居民问题，根据年龄和特点为这些居民提供再就业培训服务，增强居民的就业能力。同时，还要通过软硬件设施的完善，增强居民的新社区认同感。

---

① 陈映芳．城市中国的逻辑．北京：生活·读书·新知三联书店，2012：36.

② 王佃利，冯贵霞．治理视野下的古城重建策略探析．公共管理与政策评论，2013（3）.

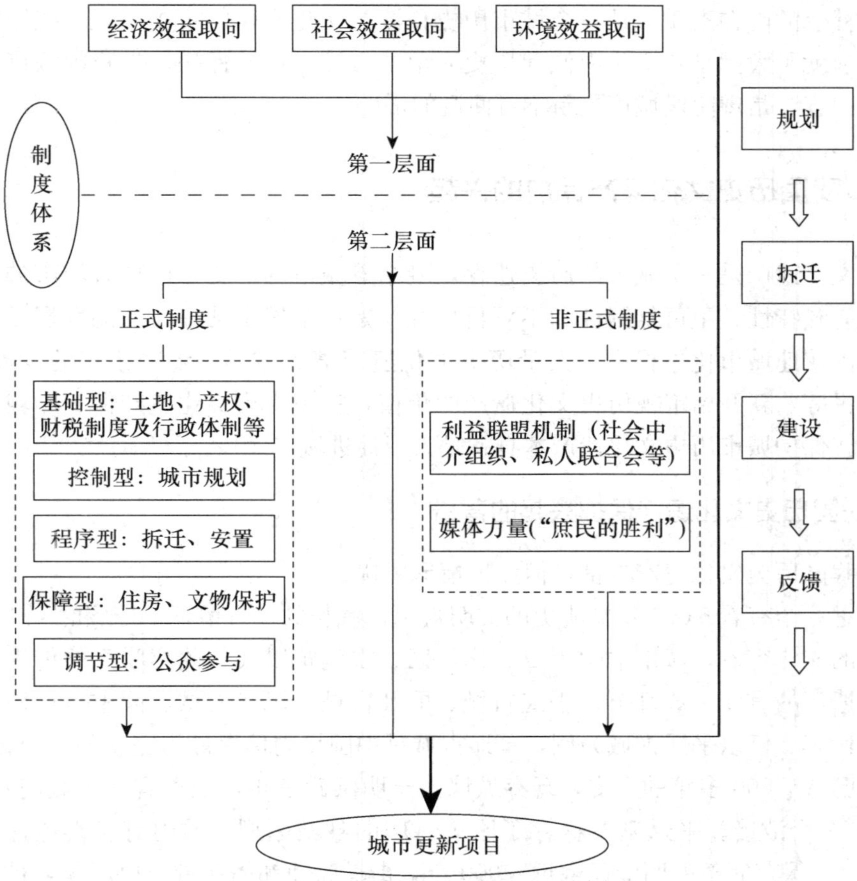

图 17－2　城市更新利益整合制度架构

资料来源：王佃利，冯贵霞．治理视野下的古城重建策略探析．公共管理与政策评论，2013（3）．

5. 完善城市更新法律法规

借鉴西方国家城市更新有完善的法律法规政策做依据的经验，我国要尽快对城市更新进行立法，充实完善有关城市更新的法律条款，为城市更新规范化提供法律依据。要依据城市更新法制定相关的更新政策，抑制城市更新的盲目性和投机性，提高法规的可操作性。

此外，还要逐步完善城市更新规划。要深刻理解城市更新的本质，建立有效的城市更新管治模式，稳妥审慎地进行城市更新。编制规划要因地制宜，应编制比较完备的控制性规划、详细规划、各项专业规划以及城市设计。规划还要能够合理分布产业和人口，优化城市用地布局，保护城市中的重要历史风貌地带和景观地带，把握城市空间的内在质量，强化城市文化内涵。规划一经制定并经过法定程序批准后，就要严格执行，坚持法治化，保持一贯性、连续性。

17.3　古城保护

城市是文化的载体，古城与城市特色一样，与社会生活的历史风貌息息相关。它蕴含着人与社会的内在素质，是一个城市历史积淀与文化底蕴的集中展现。我国漫长的历史积淀，造就了大批具有文化内涵和历史底蕴的古城。古城保护，是我国城市可持续发展的重要内容，是现阶段城市更新不可回避的话题。

17.3.1 我国历史文化遗产保护的兴起

历史文化遗产是一个城市的历史遗存，凝结着城市的历史，体现着城市的性格。文化遗产具有独特性、不可复制性和不可再生性，是一个城市独一无二的发展见证，弥足珍贵。我国快速城市化进程中，大量历史文化遗产遭到破坏。随着经济的发展，政府、专家、市民等重新开始审视历史文化遗产的价值，审视历史文化遗产保护和城市发展之间的关系。保护城市历史文化遗产本身就是为了促进城市发展。

1. 我国历史文化遗产保护兴起的背景

（1）我国历史文化遗产丰富，但保护情形堪忧。

我国是一个有着 5 000 年文明史的文明古国，漫长的岁月留下了璀璨的文化。城市被称为最大的文化容器，城市中的历史文化街区、古建筑以及与此相联系的传统生活样态都是文化遗产的重要组成部分。平遥古城、丽江古城、凤凰古城、阆中古城、襄阳古城等是典型代表。仅以平遥古城为例，平遥古城是中国境内保存最为完整的一个古代县城，建城距今已有 2 700 多年的历史，现存城墙建于明洪武三年，现存有 6 个城门及瓮城、4 个角楼和 72 个敌楼。平遥基本保存了明清时期的县城原型，城内有各类遗址、古建筑 300 多处，有保存完整的明清民宅近 4 000 个，街道商铺都体现着历史原貌，被称作研究中国古代城市的活样本。

但是，中国历史文化遗产的生存状况却不容乐观。“旧城改造”造成“建设性破坏”，“推平头”式拆迁严重破坏了文化遗产和历史环境；“危旧房改造”片面追求基础设施和住宅的统一建设，忽视了历史文化街区的多样性特色；“政绩工程”冲动造成“千城一面”，视文化遗产为城市建设的包袱和障碍；过度的商业化、人工化开发，损害了文化遗产的原生环境；保护资金来源渠道单一，社会资金投入尚未形成规模；文物安全形势严峻等①。大量的文物、古建筑在城市化进程中被破坏，聊城、邯郸、大理等古城重建项目“拆真名城、建假古董”，被住建部和文物局联合发出警告信。

（2）城市化进程与历史文化遗产保护矛盾突出。

历史文化遗产是城市发展的遗留，是城市精神的一部分，城市化进程与历史文化遗产保护原本是并不冲突的。城市越是发展，“人们对于城市在人文精神方面的品位要求就会越高，对于城市历史文化方面的追求就会越突出，文化遗产在城市中的地位就会越重要”②。这是一种趋势，但在整体的趋势之下，城市发展与历史文化遗产保护之间的矛盾仍很突出，全国不断上演着文化遗产被拆除用于房地产建设的一幕。城市文化遗产普遍

---

① 单霁翔．留住城市文化的“根”与“魂”：中国文化遗产保护的探索与实践．北京：科学出版社，2010：6-9.
② 同①10.

占据较好的地理位置，这对于利润至上的开发商来说是个很大的诱惑。一些西方国家 20 世纪 70 年代旧城改造破坏的文物建筑比二战炮火摧毁的还要多。

2. 我国历史文化遗产保护体系

我国历史文化遗产保护经历了形成、发展与完善三个历史阶段，即以文物保护为中心内容的单一体系的形成阶段，增添历史文化名城保护为重要内容的双层次保护体系的发展阶段，以及重心转向历史文化保护区的多层次保护体系的成熟阶段①。新中国成立后的文物保护始于 1950 年政务院颁布的《古文化遗址及古墓葬之调查发掘暂行办法》、《关于保护古文物建筑的指示》以及《禁止珍贵文物图书出口暂行办法》，文物保护在中央和地方都有专门行政机构负责，在中央是文化部。自 1982 年起，国务院分别在 1982 年、1986 年、1994 年公布了三批国家历史文化名城，此后又增补了一些历史文化名城，历史文化遗产保护实现了从点到面的过渡。20 世纪 90 年代中至今，以《黄山市屯溪老街历史文化保护区管理暂行办法》的颁布为标志，我国正式形成了"文物古建—历史街区—历史文化名城"的整体保护格局。中国历史文化遗产保护体系如图 17－3 所示。其中，历史文化名城覆盖面广，保护具有典型性，本章以我国历史文化名城保护为例，介绍保护的内容和保护的制度安排。

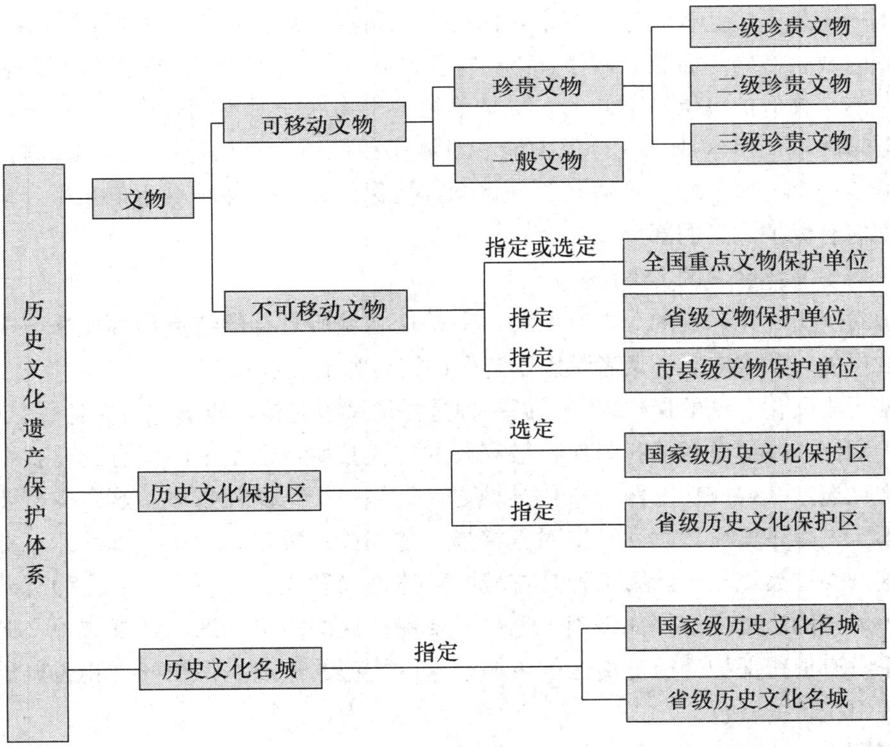

图 17－3　我国历史文化遗产保护体系

资料来源：王景慧，阮仪三，王林．历史文化名城保护理论与规划．上海：同济大学出版社，1999：70.

① 王景慧，阮仪三，王林．历史文化名城保护理论与规划．上海：同济大学出版社，1999：9.

17.3.2 我国历史文化名城保护的内容

历史文化名城是文物保存特别丰富、具有重大历史价值和革命意义的城市，具有不同的类型。保护历史文化名城，既要保护名城物质形态方面的文化遗产，又要保护非物质形态方面的文化遗产。文物古迹、历史地段是基本的保护内容，但保护离不开对周围自然环境和历史环境的保护，在保护中还要继承和发扬历史传统文化，做到形神兼备。

1. 我国历史文化名城概述

（1）历史文化名城的内涵。

尽管我国已经公布了137个历史文化名城，但对于历史文化名城并没有明确的概念界定。1982年年底颁布的《文物保护法》规定："保存文物特别丰富、具有重大历史价值和革命意义的城市，由国家文化行政管理部门会同城乡建设环境保护部门报国务院核定公布为历史文化名城。"这是一个原则性规定。后来，国务院公布第二批历史文化名城文件中提到了历史文化名城的"审定原则"：第一，既要看城市的历史，更要着重看文物古迹保护得是否完好，是否丰富，是否具有重大历史、科学、艺术价值。可见，历史文化名城不一定是历史上有名望的城市，而是今天留存完好需要保护的城市。第二，历史文化名城的现状格局和面貌应该存有历史特色，并具有一定的代表城市传统风貌的街区，这与单一的文物保护单位是不同的，也是单纯的文物保护所不能解决的。第三，文物古迹主要分布在城市市区或郊区，保护能够对城市的性质、布局等产生重要影响①。历史文化名城是一个与城市行政管辖有关的概念，但保护并不是保护城市的全部，而是这一行政范围内有保护意义的部分。

（2）历史文化名城的类型。

我国对历史文化名城的分类有两种：一是从名城所具有的特点和性质来分类，二是从名城的保护现状来分类，两者都以制定保护策略为出发点②。

根据历史文化名城的保护现状，第一种是格局风貌完整，能够进行整体保护的古城，如平遥、丽江。平遥是目前我国保存最完好的古代县城，也是中国仅有的以整个古城申报世界文化遗产获得成功的两个古代县城之一，另一个为丽江古城。这一类型要坚决保护好。第二种是古城风貌犹存，要对其格局、空间关系等进行保护，如北京、苏州、西安等，这一类型名城较多。第三种是古城的整体格局和风貌已不在，但保存有若干体现传统历史风貌的历史街区，如济南、上海。要保护这些历史街区，延续城市文脉。第四种是几乎没有值得保护的历史街区的古城，这一类型的重点是保护好文物古迹周围的环境，体现出城市的特色。

根据历史文化名城所拥有的特点和性质来分，有的以古都风貌取胜，有的则胜在自然风貌，还有的是成群的古建筑，或者具备民族个性以及历史上的某种特殊职能等。

---

① 王景慧．历史文化名城的概念辨析．城市规划，2011（11）．

② 王景慧，阮仪三，王林．历史文化名城保护理论与规划．上海：同济大学出版社，1999：20．

1）古都型。

开封、洛阳、西安、南京属于此类型。古都型历史文化名城在历史上都曾经是一代或者多代王朝的都城所在，都城时代的历史遗存物、风景名胜等突出。作为一代王朝的都城所在，在朝代更替中遭受的破坏也是非常严重的。因此，沧桑巨变之后，留在地面上的遗存是有限的，而地下遗存反而较多。洛阳历史文化名城现有龙门石窟、隋唐洛阳城国家遗址公园等 43 处全国重点文物保护单位。

2）传统城市风貌型。

平遥、丽江属于此类型。丽江古城完好地保存了城镇整体布局和民居形式，以及建筑材料、工艺装饰、施工工艺、环境等。世界遗产评定委员会在推荐丽江古城为世界遗产时这样描述，丽江古城把经济和战略重地与崎岖的地势巧妙地融合在一起，真实、完美地保存和再现了古朴的风貌。平遥古城完整地保留了明清时期的建筑风貌，街道也未拓宽，建筑保存完好。

3）风景名胜型。

苏州属于此种类型。当时中央曾派以吴亮平为首的调查组到苏州进行调查，认为“苏州不愧是当今世界上少有的历史文化风景名城，它的珍贵古典园林、文物古迹和毗连的风景胜地均是国宝，宛如颗颗璀璨的明珠，足为中华民族引以为自豪”①。顾颉刚认为，自春秋时代以来，苏州城址一直未变，古韵悠悠。苏州城内园林众多，城外富有风景胜地，获得了“上有天堂，下有苏杭”的美誉。

4）地方特色及民族文化型。

拉萨属于此种类型。地方特色及民族文化型因为地域差异而形成特色，或者是一个民族长期生活而形成的独特个性。拉萨是藏族的居住区，是藏民族文化的发祥地和藏传佛教的圣地，有布达拉宫、大昭寺等全国重点文物保护单位。

5）近现代史迹型。

延安、重庆属于此种类型。近现代史迹型以历史上的某一特殊时期的建筑物或建筑群为显著特色。比如，延安被称为革命圣地，在新民主主义革命时期，多位党的领导人曾在此工作和生活。重庆曾是国民政府战时首都，远东反法西斯指挥中心，也是中华民国法定之永久陪都，有蒋介石等时国民政府要人官邸、旧居，以及“重庆谈判”、签订“双十协定”旧址等遗迹。

6）特殊职能型。

景德镇、敦煌、山海关等属于此类型。景德镇是瓷都，有历代瓷窑遗迹。敦煌被称为东方艺术的宝库，自古为丝绸之路的交通枢纽，华戎交汇的一大都会，也是举世闻名的佛教圣地。山海关因为“两京锁钥无双地，万里长城第一关”而闻名，自古就是东北与华北的咽喉要冲，有多种防御建筑，是一座防御体系比较完整的城关。

7）一般史迹型。

成都、济南都属于此种类型。一般史迹型历史文化名城的价值体现在散落于城内各处的文物古迹。成都有杜甫草堂、武侯祠、三义庙、文殊院等名胜古迹，济南的老城区

① 陈光明．城市发展与古城保护：以苏州古城保护为例．长沙：湖南人民出版社，2010：4.

和老商埠区保留有诸多的文物古迹。

2. 我国历史文化名城保护的内容

历史文化名城保护的内容为保护文物古迹和历史地段，保护和延续古城的格局和风貌特色，继承和发扬优秀历史文化传统①。

文物古迹和历史地段的保护是城市物质形态方面的保护内容。城市的物质形态是城市得以延续的物质载体，城市所根植的自然环境、城市独特的形态、城市的物质组成要素等构成城市物质形态的主要方面。城市的物质组成要素即城市的历史街区、文物古迹点等。自然环境经过历代的改造又具有了一定的人文内涵，与历史古迹和历史地段浑然一体，如丽江古城就充分体现了人与自然的和谐统一，依托三山而建，古城瓦屋，鳞次栉比，四周苍翠青山，城市与环境融为一体。城市独特的形态主要是指城市有形要素的空间布置形式，如城市的形状、城市的形态演变等。丽江古城不同于我国任何一座王城，未受“方九里，旁三门，国中九经九纬，经涂九轨”的中原建城影响，古城布局三山为屏、一川相连，三河穿城，家家流水，街道布局中的“经络”设置和“曲、幽、窄、达”风格，建筑物的依山傍水、错落有致都体现了丽江古城的独特形态。

古城风貌主要是城市的空间格局、自然环境和建筑风格等方面的内容。保护历史文化名城不是要保护城市的全部，而是要保护格局、风貌、尺度、景观和环境。《历史文化名城名镇名村保护条例》就要求对历史文化名城进行整体性保护，保持传统格局、历史风貌和空间尺度，不得改变与其相互依存的自然景观和环境。因此，历史文化名城保护要保护能够代表城市特色风貌的历史地段和街区，保护城市的空间格局及其城市肌理②。古城空间格局即古城独特的形态，如平遥古城基本保存了明清时期县城的原型，有“龟城”之称，街道格局为“土”字形，建筑布局则遵从八卦的方位。古城自然环境也是城市文化的重要组成部分，在名城保护中要对古城及其郊区的景观特征和生态环境等进行整体性保护。古城建筑风格直接影响古城全貌，建筑的式样、材料、高度、体量、色彩等是重要内容。福州的三坊七巷被称为“里坊制度活化石”，周围建筑风格也要与之保持一致，形成过渡。

历史传统文化的继承和发扬。“保护的基本目的不是要留住时光，而是要敏锐地调适变化的力量。保护是作为历史产物和未来改造者对当代的一种理解。”③ 历史文化名城既有物质形态方面，又有非物质形态方面，非物质形态方面体现为语言、文字、城市的生活方式和文化观念，以及城市的氛围等，是历史文化名城保护的重要内容。与文物古迹、历史街区相伴随，历史文化名城还有丰富的传统艺术、民间工艺、名人逸事等。这些构成历史文化遗产中的无形遗产，是历经数代流传下来的，佐证着历史文化名城的历史，也传递着历史文化名城的信息。在历史文化名城保护中，要通过传承将历史文化遗产发扬光大。历史传统文化是历史文化名城内在的一部分，是历史文化名城能够形成的重要影响因素，失去了历史传统文化，历史文化名城将难以做到“形神兼备”。历史文化名城

---

① 王景慧．历史文化名城的概念辨析．城市规划，2011（11）．

② 阮仪三．历史文化名城保护呼唤“理性回归”．城市观察，2011（3）．

③ 张松．历史城市保护学导论．上海：同济大学出版社，2008：11．

保护应与文脉传承一致，“无形的历史文脉包括了与城市形态最直接关联的演变规律、历史事件、社会结构、社会制度、哲学思想、伦理观念、语言文字、文学艺术、礼仪风俗和地域文化等”①。

17.3.3　我国历史文化名城保护的制度

我国历史文化名城制度在 1982 年公布第一批国家历史文化名城时开始建立，经过 40 年的发展，形成了别具特色的历史文化名城行政管理制度、基本的历史文化名城法律法规体系、基本的历史文化名城保护资金保障制度。三者共同构成了我国历史文化名城保护制度，推动着我国历史文化名城保护事业的发展。

1. 我国历史文化名城行政管理制度

我国历史文化名城制度的设立初始于大规模旧城更新改造对古建筑、文物古迹和周边环境的“建设性破坏”。1982 年，在专家的建议下，实行历史文化名城制度，并公布首批国家历史文化名城，共计 24 个。后经过历次增补，目前共有 137 个国家历史文化名城（见表 17－2），其中，海口市琼山区与海口市根据国务院意见分为两处。

表 17－2　我国历史文化名城一览表

公布批次	公布时间	名城名称
第一批（24 处）	1982 年 2 月	北京、承德、大同、南京、泉州、景德镇、曲阜、洛阳、开封、苏州、扬州、杭州、绍兴、江陵、长沙、广州、桂林、成都、遵义、昆明、大理、拉萨、西安、延安
第二批（38 处）	1986 年 12 月	天津、保定、平遥、呼和浩特、沈阳、上海、镇江、常熟、徐州、淮安、宁波、歙县、寿县、亳州、福州、漳州、南昌、济南、安阳、南阳、商丘、武汉、襄樊、潮州、重庆、阆中、宜宾、自贡、镇远、丽江、日喀则、韩城、榆林、武威、张掖、敦煌、银川、喀什
第三批（37 处）	1994 年 1 月	邹城、正定、邯郸、新绛、代县、祁县、哈尔滨、吉林、集安、衢州、临海、长汀、赣州、青岛、聊城、临淄区、郑州、浚县、随州、钟祥、岳阳、肇庆、佛山、梅州、雷州、柳州、琼山、乐山、都江堰、泸州、建水、巍山、江孜、咸阳、汉中、天水、同仁县
增补（38 处）	2001 年 8 月至 2021 年 6 月	山海关（区）、凤凰县、濮阳市、安庆市、泰安市、海口市（与琼山区合并）、金华市、绩溪县、吐鲁番市、特克斯县、无锡市、南通市、北海市、嘉兴市、宜兴市、中山市、太原市、蓬莱市、会理县、伊宁市、泰州市、会泽县、烟台市、青州市、湖州市、齐齐哈尔市、常州市、瑞金市、惠州市、温州市、高邮市、永州市、长春市、龙泉市、蔚县、辽阳、通海县、黟县

我国历史文化名城根据城市文化遗产价值分为国家级历史文化名城和省（自治区、

① 边宝莲，曹昌智．历史文化名城的形态保护与文脉传承．城市发展研究，2009（11）．

直辖市）级历史文化名城两级。历史文化名城的行政管理实行国家和地方两级管理，在国家级，公布第一批时主管部门为国家基本建设委员会、国家文物事业管理局、国家城市建设总局；公布第二批时主管部门为城乡建设环境保护部、文化部；公布第三批时主管部门为建设部、国家文物局，即现在的住房和城乡建设部、国家文物局，全面负责名城的保护管理、监督及指导工作。另外，住房和建设部向部分国家历史文化名城派驻了城乡规划督察员。

在地方一级，历史文化名城保护管理机构设置比较复杂，由地方城建或规划管理部门、地方文物、文化主管部门共同承担，也有的地方设立专门的名城保护机构。部分省份也向所辖市派驻城乡规划督察员，对包括名城、名镇、名村规划在内的规划制定和落实等问题进行监督。

此外，还存在专门的名城保护机构，如平遥古城的古城保护管理委员会。该委员会作为县人民政府常设机构，与县文物局实行“一套机构、两块牌子”，负责平遥古城保护、利用和管理的日常工作，包括宣传、贯彻文物保护的法律法规，监督实施平遥古城总体发展规划，监督实施保护措施和管理制度，以及古城世界文化遗产保护范围内有关单位的协调工作等。平遥古城保护管理委员会是一个权力集中的综合性管理机构。综合管理体制模式是在较高的政府层级设立专门的综合性管理机构来全面负责古城的保护和开发工作，没有企业介入整体的运营和开发，一般所设立机构的名称为“管理委员会”或“保护管理委员会”。管理委员会一般由政府主要分管领导（也有的由党政一把手）任主任，由规划、城建、园林、旅游、房管等相关部门的负责人任委员①。专门机构还有另外一种形式是保护机构作为行政主管部门，其他相关的部门在各自范围内协助做好名城保护工作，权力分散。

2. 我国历史文化名城法律法规制度

（1）全国性的法律法规。

与历史文化名城保护相关的全国性的法律法规，除了宪法、刑法、城乡规划法、环境保护法的相关条款外，还有相关的法律、行政法规和部门规章（见表 17-3）。

表 17-3 我国历史文化名城保护全国性法律法规

法律	行政法规	规章
1982 年《文物保护法》（2002 年、2007 年、2013 年、2015 年、2017 年修正） 2008 年《城乡规划法》	2003 年《文物保护法实施条例》 2006 年《长城保护条例》 2006 年《风景名胜区条例》 2008 年《历史文化名城名镇名村保护条例》 2010 年《古生物化石保护条例》	2002 年《古生物化石管理办法》（国土资源部） 2003 年《城市紫线管理办法》（建设部） 2003 年《文物保护工程管理办法》（国家文物局） 2006 年《世界文化遗产保护管理办法》（文化部） 2006 年《国家级非物质文化遗产保护与管理暂行办法》（文化部） 2006 年《古人类化石和古脊椎动物化石保护管理办法》（文化部）

资料来源：张松．历史文化名城保护制度建设再议．城市规划，2011（1）．

① 苗红培．城市历史文化遗产保护与发展管理体制选择：基于对现有模式的分析．城市发展研究，2014（3）．

其中，文物保护法、城乡规划法和《历史文化名城名镇名村保护条例》被称为“两法一条例”，是我国历史文化名城保护的基本法律法规体系。再加上《城市紫线管理办法》《长城保护条例》等，我国初步形成了历史文化名城保护的法律法规体系。

（2）地方性法规及规章。

我国目前在历史文化名城保护方面，各地方政府制定了各种类型保护对象的管理法规和规章。概括起来大体分为以下三类：关于历史文化名城及其整体空间环境保护法规及管理规定、关于名城特殊区域或历史文化保护区保护法规及管理规定、关于文物保护单位及其他单项保护法规及管理规定①。

关于历史文化名城及其整体空间环境保护法规及管理规定，如《山西省平遥古城保护条例》《福州市历史文化名城保护条例》等。关于名城特殊区域或历史文化保护区保护法规及管理规定，如《上海市历史文化风貌区和优秀历史建筑保护条例》《北京市人民政府关于严格控制颐和园、圆明园地区建设工程的规定》等。关于文物保护单位及其他单项保护法规及管理规定，如《苏州园林保护条例》《上海市优秀近代建筑保护管理办法》等。

3. 我国历史文化名城资金保障制度

相对英美等国家完善的名城保护资金保障机制，我国历史文化名城资金保障制度还不完善。我国从 1998 年开始设立了国家历史文化名城保护专项资金，《国家历史文化名城保护专项资金管理办法》规定，国家历史文化名城保护专项资金是中央设立的专项用于国家历史文化名城中确有长期保护价值的重点历史街区及文物的保护规划、维修、整治的专项资金。该办法还严格规定了能够申请专项资金的条件，并要求严格按照程序逐级申报，由中央专项拨款。该办法同时提出，因为保护名城资金需要量大，各地人民政府要根据实际情况，在财力可能的情况下，安排一定的配套资金，同时，动员社会力量多渠道筹集资金，并与中央专项资金统筹安排，结合起来使用，充分发挥资金使用效益。专项资金的投入“不仅能促进历史文化名城、名镇、名村的保护，还可增加就业岗位，促进地方经济发展，更重要的是形成可持续发展的动力，并为子孙留下了借鉴历史智慧的场所”②。

关于文物保护经费，《中华人民共和国文物保护法》规定，县级以上人民政府应当将文物保护事业纳入本级国民经济和社会发展规划，所需经费列入本级财政预算。国家用于文物保护的财政拨款随着财政收入增长而增加。申请文物保护经费，按照文物本身的级别，分别由各级政府批准，但国家只提供有限的一部分经费，大部分经费要由地方政府承担。地方政府每年从城市维护费中提取一部分用于文物保护，有些文物单位也自筹经费。

历史文化名城保护的经费有限，而历史文化名城保护又需要大量的资金投入。一些经济相对不发达地区的历史文化名城，因为保护资金投入的限制开始破败，历史建筑、

---

① 王景慧，阮仪三，王林．历史文化名城保护理论与规划．上海：同济大学出版社，1999：77．

② 仇保兴．中国历史文化名城保护形势、问题及对策．中国名城，2012（12）．

传统民居等遗产岌岌可危。“巍山古城街区建筑严重失修，但街道却水泥化，失去了古城风韵；安阳西大街历史文化街区衰败非常严重；海口骑楼年久失修亟待修缮；钟祥历史文化街区基础设施亟待改善；这些都需要及时改正。”① 在进一步的发展中，要借鉴英美等国家的资金保障制度，加大财政投入，并调动社会参与的积极性，鼓励产权人投资，并发挥税收的调节作用，形成一个多元的历史文化名城资金保障体系。

关键术语

城市文化　城市精神　文化产业　城市更新　空间排斥　古城保护　历史文化名城

复习思考题

1. 什么是城市文化？它有哪些特征？
2. 如何理解城市文化结构和城市文化风貌？
3. 城市文化建设的具体内容是什么？
4. 什么是城市更新？中西方城市更新有什么不同？
5. 如何促进我国的城市更新？
6. 如何理解历史文化名城保护的内容和意义？

延伸阅读

1. 王佃利，王玉龙，黄晴，等. 古城更新：空间生产视角下的城市振兴. 北京：北京大学出版社，2019.

该书以山东省济南明府城、即墨古城、台儿庄古城、周村古城、青州古城等为例，通过实地调研，以生动的故事讲述了这些古城更新的成功和失败经验，分析古城更新的内涵实质、推动力量、空间主体的行为特征与互动机制，进而从空间政治的角度揭示古城更新的逻辑和实现路径。

2. 秦虹，苏鑫. 城市更新. 北京：中信出版集团股份有限公司，2018.

该书研究了英国、法国、德国、美国、日本、韩国和中国台湾的城市更新政策演变和著名案例，并从制度层面分析了城市更新的支持政策和保障措施，从金融层面分析了城市更新的融资模式。西方国家提出“城市复兴”或“城市更新”的概念，其重点在于通过对城市资源的调整、整合和更新，提供创新制度并引入金融支持，使城市得到改善和提高，从而实现城市的永续利用。

3. 塔隆. 英国城市更新. 杨帆，译. 上海：同济大学出版社，2017.

该书对英国城市更新进行了既易懂又带有批判性的回顾，并着重分析了关键性城市

① 仇保兴. 中国历史文化名城保护形势、问题及对策. 中国名城，2012 (12).

更新的主要政策、方法、问题和争议。书中将历史和当代语境中的更新一并纳入议题，并将英国中央政府和地方政府在城市更新中的不同角色整合研究，将英国中央政府和各城市采取的措施结合起来运用于城市地区更新，为该领域提供了一个全面的、符合新情况的综合分析。

4. 张杰. 从悖论走向创新：产权制度视野下的旧城更新研究. 北京：中国建筑工业出版社，2010.

该书采用了以问题为导向的方法、比较研究的方法、实证研究与规范研究相结合的方法展开深入的研究与探究，紧紧围绕“产权制度与旧城更新悖论”展开论述，通过对旧城更新规划制度中的拆迁制度、土地制度、住房制度、遗产保护制度、城市规划管理制度的变迁、制度设计内容，以及制度安排进行了深入剖析，揭示了引发悖论的根源，即一方面在于旧城更新规划制度的残缺，另一方面在于现行体制下政府管理效率的低下、组织结构的僵化。

5. 芒福德. 城市文化. 宋俊岭，等译. 北京：中国建筑工业出版社，2009.

该书是美国著名建筑评论家、文学评论家、城市规划思想家、城市规划设计师和历史学家刘易斯·芒福德的成名作，其重要价值是它在工业文明的高速发展时期，从一个全新视角和高度，质疑了这个文明发展的方向以及它所创造的价值理念。该书基于一个核心理论和视点：城市的文化运行产生出人类文明，因而城市是文明社会的孕育所。文化则是城市和新人类间的介质，不同质量的城市产生不同的文化，而不同的文化最终培育出不同的人类。书中提出一系列重大问题：人类与环境的关系、群体之间的关系、技术进步的根本目的、建筑的本质、城镇社区应有的增长极限等。书中警示：方向不正确可能酿成严重后果，作者尝试总结历史经验，构想城市文化的正常秩序。

6. 罗伯茨，塞克斯. 城市更新手册. 叶齐茂，倪晓辉，译. 北京：中国建筑工业出版社，2009.

《城市更新手册》是英国城市更新协会（British Urban Regeneration Association，BURA）组织编写的，由那些在相关工作领域里颇具声望的专家撰写。该书第一次对城市更新做了系统的综述，依据城市更新思维发展的逻辑进程安排整个内容，详细概述和评价了城市更新的关键理论和实际问题，包含了全面理解城市更新所需要的所有基本论题，为从事城市更新实际工作的人士和学生提供了一部综合而完整的参考书。该书比较分析了北美和欧洲大陆城市更新的理论和实践，讨论了未来城市更新的机会和即将面临的挑战。

第18章

管理城市未来

重点问题

城市在日新月异的发展中，呈现出许多新的趋势和态势。空间的扩展、全球化和信息化等城市管理面临的新课题，促使人们把握城市未来的发展趋势，那么如何有效地引导城市未来的良性发展呢？从市政学的角度出发，本章提出并总结了紧凑城市、生态城市、智慧城市、创新城市和包容性城市五个关键理念，它们成为城市未来发展的优先战略选择。

通过本章的学习，应把握相关理论的基本观点和发展逻辑，重点关注这些理论对中国城市发展的推动意义。探讨如何有效解决城市蔓延，如何有效防治城市环境污染，如何打造智慧城市，如何推进科技创新以增强城市竞争力，如何实现成果共享和服务均等化。

18.1 城市蔓延与紧凑城市

“蔓延”正在成为现代城市发展的普遍趋势。城市蔓延所带来的负面问题也引起了广泛关注，人们开始从理论和实践上反思城市发展的路径。在理论上，新城市主义和精明增长成为当代城市研究的重要理论；在实践上，建设紧凑城市的战略则成为城市的未来选择。

18.1.1 郊区化与城市蔓延

20 世纪前半期，在主要西方国家，城市进入郊区化发展阶段①。20 世纪五六十年代，这种郊区化模式带来了耕地减少、中心城衰退、贫富分化、环境污染等一系列问题，引起了人们的广泛关注。1958 年，威廉·怀特（William H. Whyte）提出“城市蔓延”（urban sprawl）的概念，进而成为城市研究的一个重要问题。

1. 城市蔓延的内涵

目前，对于城市蔓延的定义众说纷纭，不同学科从各自的视角描述了城市蔓延的特征和内涵。总的来说，学界对于城市蔓延的内涵主要有两种观点。

第一种观点认为，城市蔓延是一个用来描述城市发展客观现实的中性概念，是指“大都市边缘持续不断的扩张”，并且“大城市边缘总有一个带状的土地处于从乡村向城市的转化过程中”②。持此观点的学者，将郊区化与城市蔓延等同起来，认为城市蔓延与城市的发展相伴随，随着城市化进程的加快，城市低密度和向外扩张的趋势越来越明显③。

第二种观点认为，城市蔓延是一个体现城市发展中出现的各种“负面因素”的消极概念。认为城市蔓延是城市空间在无组织、无事先计划、无视交通和服务设施等需要的情况下的盲目扩展。倾向于这种观点的学者，将城市蔓延与郊区化区分开来，侧重于强调 20 世纪 60 年代以来郊区化所带来的负面影响。

基于为判断我国城市发展现状和寻求未来发展路径的理论借鉴的考虑，本书倾向于第二种观点，即城市蔓延是城市化的一种形式，但跳跃式的、低密度、土地功能分离等过度郊区化带来了一系列负面因素。早期城市蔓延的内涵主要是指城市空间上不连续开发利用的现象，后来逐步涵盖了机动化出行方式、单一功能土地使用和低密度开发行为等。不受控制的城市增长，导致了城市用地无序、贪婪式蔓延，进而引发环境、能源以及经济低效、社会不公、社区文化丧失等问题，危及城市的可持续发展④。

2. 城市蔓延的影响因素

城市蔓延的发展由多重因素决定。奥利弗·吉勒姆（Oliver Gillham）将城市蔓延的

---

① 根据王旭等人的研究，美国城市的发展可以分为两大阶段：第一阶段从殖民地时期到 1920 年，是传统城市化阶段，人口由农村向城市集中，城市由中小城市到中等城市，再发展为大城市，逐级递进；第二阶段是指 1920 年以后，是大都市区化阶段，郊区化成为拉动城市进一步发展的主导力量，构成以多中心、分散化、城市与郊区统筹发展为主要特征的大都市区。（王旭，罗思东．美国新城市化时期的地方政府：区域统筹与地方自治的博弈．厦门：厦门大学出版社，2009：12.）

② 李强，杨开忠．城市蔓延．北京：机械工业出版社，2007：19.

③ 布鲁格曼（Bruegmann）将美国城市蔓延的历史划分为“早期城市蔓延阶段”、“两次世界大战期间繁荣时期的城市蔓延”、“战后迅速发展阶段的城市蔓延”和“20 世纪 70 年代以来的城市蔓延”。（布鲁格曼．城市蔓延简史．北京：中国电力出版社，2009.）

④ 顾朝林，刘佳燕，等．城市社会学．2 版．北京：清华大学出版社，2013：73.

原因总结为四个基本要素，即土地所有制和使用、交通模式、通信技术和政策法规①。

第一，繁荣的土地市场、低廉的土地价格和便利的交通构成了城市蔓延的基础。高度发达的土地市场催生了房地产产业的繁荣，较低的土地价格和便利的交通吸引人们将土地开发向城市外延扩展。

第二，便利的交通模式。便捷的私人交通工具和日益完善的城市交通系统，减少了交通对城市向外扩展的约束，由此增加了郊区对人们的吸引力，减少了城市蔓延在交通上的阻力。

第三，现代通信技术手段的发展减少了企业和个人对城市中心的依赖。企业有条件考虑在土地价格和劳动力成本较低的郊区建厂和办公；居民可以在郊区的家中满足自己的生活、娱乐、购物等需求。

第四，政策法规，特别是土地规划、住宅规划等，是郊区化的另一关键因素。在我国，由政府进行城市开发规划并对房地产的开发进行审批和监督管理，因此，城市规划对于我国城市向外扩展也有着重要的影响力。

3. 城市蔓延的后果

如何看待城市蔓延，是学术界争论的一个重要问题，也由此引发过城市蔓延赞同派与反对派之间的论战。但城市蔓延在环境、文化、生态等众多方面带来的问题是无法忽视的。

第一，城市蔓延所带来的最大问题是耕地迅速减少。农业用地向建设用地的转化给农业生产乃至国家粮食安全带来潜在的风险。有生物学家表示，城市蔓延带来湿地和其他栖息地的丧失，许多濒危物种和稀有生物种群数将有实质性的减少甚至灭绝。

第二，城市蔓延推动了私人汽车出行，导致严重的交通拥堵和大量的能源消耗。美国在1982—1996年，因交通拥堵而造成的延迟增加了150%。我国必须防范可能存在的能源安全隐患。

第三，汽车的增加、能源的消耗所带来的污染物，以及导致全球变暖的温室气体，都加剧了城市乃至全球的环境问题。此外，过量汽车也会造成缺乏锻炼、交通安全事故伤亡以及有毒气体引起的疾病，威胁人类健康。

第四，城市蔓延导致了中心城区的衰退。城市内部的基础设施建设以及社会公共事业的发展，面临因资金投入减少而衰退的困境。经济社会地位较高的群体向郊区移动，而贫困人口则留在衰退的市中心，形成社会分化。

18.1.2 新城市主义理论和精明增长理论

城市蔓延带来的一系列问题引发了人们的关注，自20世纪60年代后，城市蔓延逐渐被认作是一种不受欢迎的城市发展方式，许多学者开始探索城市蔓延的治理路径，形成了新的关于城市发展趋势的理论，其中最具代表性的理论流派是新城市主义理论

① 吉勒姆．无边的城市：论战城市蔓延．北京：中国建筑工业出版社，2007：9-26.

(new urbanism）和精明增长理论（smart growth)。

1. 新城市主义理论

（1）新城市主义理论的提出。

城市蔓延所带来的交通拥堵、空气污染、能源消耗、土地资源浪费、城市中心区域衰退和社区个性丧失等一系列问题，引起了学者的广泛关注。自 20 世纪 80 年代以来，在城市规划和建筑领域开始倡导用紧凑的发展模式来防止蔓延式发展，进而逐步形成新城市主义的城市发展理论。1993 年在美国召开的第一次新城市主义大会（congress for the new urbanism，CNU）标志着新城市主义运动的正式确立和理论体系的成熟。其核心人物是彼得·考尔索普（Peter Calthorpe)。

1996 年的第四次新城市主义大会通过的《新城市主义宪章》（Charter of New Urbanism)，集中体现了新城市主义学者的理论主张："新城市主义是建立在第二次世界大战前的发展模式基础之上的，它寻求把现代生活的要素——住宅、工作场所、购物和娱乐，重新整合到一个紧凑的、适宜步行的、由公共交通连接起来的社区里，这些社区处于区域性大型开放空间网络之中。"①

（2）治理城市蔓延的思路。

在《新城市主义宪章》中，新城市主义学者分析了城市蔓延所带来的城市发展困境，主要有：城市中心区投资的缺乏、蔓延式城市扩张、日益增加的种族和不同收入群体之间的隔离、农业土地和荒地的不断减少，以及对现存社会遗产的侵蚀。

新城市主义将城市蔓延的成因归结于五大因素：区域规划的缺失、邻里设计的缺失、分区制和政府政策的后果、城市开发的专门化和标准化、小汽车和高速公路的发展。为此，新城市主义学者强调从规划和设计层面解决城市蔓延问题。紧凑的发展和土地的混合利用是新城市主义解决城市蔓延的主要思路，主要强调两个方面：一是进行土地综合利用，打破传统的、纯化的功能分区，利用较少的土地进行建设；二是追求步行和公共交通友好的社区建设模式。

（3）新城市主义的主要策略。

基于以上思路，新城市主义的代表学者在美国掀起了一场轰轰烈烈的新城市主义运动，对城市社区规划和建设理念进行了根本性变革。在实践中，新城市主义形成了两种开发模式，这两种开发模式成为新城市主义的主要策略和经典范式。

一是安德烈斯·杜安伊（Andres Duany）提出的传统邻里开发模式（traditional neighborhood development，TND)。该模式基于 20 世纪 20—30 年代的"邻里单位"社区规划模式，并进行了根本性的变革。传统邻里开发模式的主要内容有：第一，小学位于社区的边缘，从而可以为几个相邻街区共享，减轻单个社区学龄人口数量波动对学校造成的冲击；第二，强调步行尺度在决定街区规模方面的重要性，认为 400 米（步行约 5 分钟）是最理想的街区半径；第三，公共设施也应布置在街区边缘，作为区域性公共设施；第四，交通路口周围布置停车场，停车场域和主要街道相连，便于实现从小汽车向

① 吉勒姆. 无边的城市：论战城市蔓延. 北京：中国建筑工业出版社，2007：192.

步行的转换；第五，强调建立步行及公交友好的交通模式，努力实现步行、私人汽车和公共交通共享城市空间的平等性；第六，设计更多巷道，通过在巷道路边停车来满足日益增长的停车需要；第七，在街区内沿快速干道一边布置办公与商务建筑，提供就业机会以努力实现居住、工作和日常生活活动的平衡①。

二是彼得·考尔索普提出的公共交通导向的邻里开发模式（transit-oriented development，TOD)。这一模式强调将各种功能的空间合并在一个适于步行的环境中，使在当地居住或工作的人可以通过搭乘便利的公共交通系统、骑自行车、步行或是驾驶汽车等方式到达出行目的地。其主要内容有：第一，从区域层面看，这一模式以区域公共交通系统为基础；第二，以街区的公共交通车站为焦点，通过车站连接区域公共交通系统；第三，TOD 范围集中在距离公共交通车站 600 米范围内，步行 5～10 分钟；第四，公共空间以及商业土地布置于公共交通车站附近，商业区和办公区布置在干道与位于中心的公共交通车站之间；第五，TOD 是将各种空间进行综合安排的土地混合利用区；第六，坚持步行友好的设计；第七，弱化街道分级，建立连接式网络化而非等级化的街道网络系统；第八，具有相对较高的建设密度（平均 18 户/英亩②）；第九，提供单家庭住房、双家庭住房、联排住宅、低级公寓、高层公寓等多样化住宅，满足不同收入人群的居住需求③。

纵观这两种开发模式，可以看出新城市主义试图通过市场的力量引导人们生活习惯的转变，进而自下而上地带动城市发展方式的变革。

2. 精明增长理论

（1）精明增长理论的提出。

随着城市不断外扩，人们逐渐意识到其郊区化发展带来的问题：低密度的城市无序蔓延，人口涌向郊区建房，“吃”掉大量农田，城市越“跑”越远，导致能耗过多、上班路程太长等“城市病”。针对这些问题，20 世纪 60—70 年代，人们提出了精明增长的概念，主张通过规划和行政管理方式支持和协调开发过程。换句话说，精明增长已经逐步成为指导社区开发的大纲，而不仅仅是简单限制开发的一种方法。

（2）精明增长理论的内涵。

自精明增长提出以来，尽管有人质疑这只是一个文字技巧，但更多的学者和公众支持精明增长，认为其阐述了一种新的发展理念。美国自然资源保护理事会认为，精明增长包括重新研究我们的城市，为我们的后代创造一个紧凑的、可以步行的、公共交通导向的、保护好最宝贵景观的新城市；美国城市土地研究所认为，精明增长“不是阻止发展或限制发展，而是把发展与增加经济实力、保护环境和保护或改善社区生活质量协调起来”。总而言之，精明增长试图使用规划、政策和规定的方式来自上而下地影响规划区内新开发项目的分布，在保护社区特征、环境资源、开放空间以及闲置新的基础投资的条件下，进行新的开发。

---

① 李强，杨开忠．城市蔓延．北京：机械工业出版社，2007：69-70.

② 1 英亩等于 4 046.856 4 平方米。

③ 同①70-72.

(3) 精明增长的原则。

实现城市的精明增长，需要遵循一系列主要原则：(1) 混合多样的土地使用；(2) 垂直紧凑的建筑设计；(3) 创造一系列住房机会和选择；(4) 创建带有强烈居住场所感的、富有个性和吸引力的社区；(5) 保护空地、农田、风景区和生态敏感区；(6) 加强利用和发展现有社区；(7) 提供多种交通工具以供选择；(8) 做出可预测的、公平的和能够产生效益的发展决定；(9) 鼓励社区和利益相关者一起合作参与发展决策①。

(4) 精明增长的策略。

美国城市学家奥利弗·吉勒姆在其著作《无边的城市：论战城市蔓延》中总结了精明增长的策略，分别是②：

第一，保护开放空间。保护土地是精明增长措施之首，有助于保护社区特征，提供共享的公共开放空间和保护自然动植物。

第二，划定边界以限制发展向外扩张。鼓励紧凑式发展和设定发展边界，有助于保护开放空间，包括农田和森林。

第三，紧凑式开发和土地的混合使用、适于步行和公共交通。紧凑型社区使用较少的土地，进而有助于保护开放空间。通过使用现成的基础设施，回收城市资源，缓解老城镇周边的开发压力。

第四，更新旧城镇中心、近郊区和濒临倒闭的商业区。更新老城镇中心和近郊区，有助于推动区域经济健康发展。

第五，发展可靠的公共交通以减少对私家车的依赖和支持其他开发模式。建设可靠的公共交通，有助于减少道路拥挤，减少道路扩张进而保护开放空间，同时公共交通将支持紧凑型开发和旧城更新。土地的混合使用和步行环境可以引导社区减少对私家车的依赖，支持公共交通的发展。

第六，区域的规划协调。在区域层面上协调土地使用和交通规划有助于使公共交通运行得更加有效，协调的重点在于现存的市中心，与公共交通系统相联系的紧凑型开发，而不是单独依赖新建道路。

第七，公平分配公共财政和负担税赋，包括大都市区域内的经济住宅。这有助于培育健康的区域经济，因为人们可以居住在他们工作的附近，以减少区域的不平等。

18.1.3 紧凑城市的实现战略

同样是对城市蔓延问题的回应，新城市主义和精明增长在实现途径上有所差异，新城市主义发展理念主要通过市场的运作实现，引导人们选择更加健康、环保的出行方式和生活方式；精明增长则主要是通过政府的引导性、限制性政策法规实施，保障城市的健康发展③。新城市主义和精明增长在城市发展的理念上是一致的，都认为紧凑城市 (compact city) 是城市未来可持续发展的形态选择。

---

① 塔隆. 英国城市更新. 杨帆，译. 上海：同济大学出版社，2007：217.

② 吉勒姆. 无边的城市：论战城市蔓延. 北京：中国建筑工业出版社，2007：169.

③ 王丹，王士君. 美国“新城市主义”与“精明增长”发展观解读. 国际城市规划，2007 (2).

1. 紧凑城市的内涵

与城市蔓延相反，紧凑城市是一种高密度的、功能混用的城市形态。紧凑城市强调土地混合使用和密集开发的策略，主张人们居住在更靠近工作地点和日常生活所必需的服务设施的地方，是一种基于土地资源高效利用和城市精致发展的新思维，包含城市功能紧凑、城市规模紧凑和城市结构紧凑。

紧凑城市理念的优势在于：有助于对乡村的保护；转变出行方式，较少依靠小汽车出行，减少对能源的消耗；支持公共交通的发展，鼓励自行车出行；通过公共交通网络的完善和公共服务设施的建设理念转型，增强公共服务设施的可及性；强调市政设施和基础设施供给的有效利用；推动城市中心的重生和复兴。

2. 紧凑城市的策略

紧凑城市有两种实现的策略模式：一是以步行和公共交通为导向的紧凑和功能混合的开发模式，二是市中心、近郊区和濒临倒闭的商业区更新模式。紧凑型开发将会减少对非建设用地的占用（那些农村地区没有开发的土地），旧城和旧郊区的更新能够把新的开发引导到基础设施已经建立的地区，包括城市中那些褐色和灰色的场地。最后，只要把公共交通作为这些发展模式的一个部分来考虑，这些发展模式就能使未来的发展减少对私人汽车的依赖。

（1）紧凑和功能混合的开发模式。

紧凑和功能混合的开发模式所要实现的两个基本目标是，使用较少的建设用地和允许选择其他的交通方式。使用较少的建设用地并不意味着降低建筑总量或减少每个建筑的使用面积，相反，这一目标强调的是提高空间利用效率，用较少的土地实现相同的建筑总量，以留出更多的开放空间。

紧凑型开发的观念最早可以追溯到霍华德的“田园城市”理念。他在 20 世纪早期完成的《明日的田园城市》一书中，提出用分散布局的模式替代 19 世纪末所形成的那些蔓延式的大工业城市布局模式，主张用一系列基本自给自足的城市取代在发展上失去控制的工业城市。

传统邻里开发模式和公共交通导向的邻里开发模式是两种主要类型。

传统邻里开发模式主张，人们的日常活动应该在约 5 分钟步行便能到达的范围内（不超过 400 米的距离），而且在这个范围内混合使用土地，修建住宅、商业、公共设施和开放空间等。①

公共交通导向的邻里开发模式不同于传统邻里开发模式。公共交通导向的邻里开发模式以公共交通建设为重点，并试图在整个区域范围内发挥其功能。典型的公共交通导向的邻里开发模式表现为：在以公交站点为中心，以 400～800 米（适合居民步行）为半径的空间范围内，综合布置核心商业区、办公区、公共开放空间、住宅区等多样化功能

---

① 刘晓霞，王兴中．中国城市社区体系演化研究．西安：西安地图出版社，2017：53.

区，从而实现多功能、高密度的土地利用①。

（2）市中心和近郊区的复苏。

紧凑型开发明显与城市核心区和近郊区的复苏直接相关。在现存的城市和郊区进行开发，有助于降低城市向外扩张的需求，从而保护开放空间，减少郊区化所带来的交通堵塞、环境污染等负面影响。

市中心和近郊区的复苏有其自身优势。这些地区一般都具有良好的公共交通和铁路系统，还有丰富的传统建筑和良好的生活环境，许多东西都是现在郊区所不能比拟的。此外，老城市日益成为富裕的不同社会团体混合的地方，大部分市中心都拥有商店、博物馆、公园、剧场等完备的生活娱乐设施，这些都在步行距离之内。

市中心和近郊区的复苏也面临有利的外部环境。随着社会的发展和对传统的关注，人们逐渐重视并尊重旧城市的历史特征和文化特征，在现有的完备的基础设施和公共服务设施基础上，旧城中心最有可能创造出紧凑型的、可以步行的、功能混合的、公共交通导向的社区。

市中心和近郊区的复苏主要包括三种地区：市中心、褐色地区和灰色地区。市中心涉及城区、小城市、村庄的主要街道，这里面临着街区功能的转型，通过实现功能的混合和便捷的公共交通以吸引更多的人口。褐色地区是指原来的工业区或者一些没有被充分利用的场地或者废弃的场地，这些褐色地区往往具有自备的基础设施，从而减轻了建造新的公共工程设施和通信设施的投资压力。灰色地区往往是以前的郊区商业中心，目前可能是空闲土地，没有被充分利用或是正在被重新定位，通常地处主要的交通走廊，有可能在一个居住区之中占据了大量的土地，这为开发高密度、可以步行和使用公共交通的功能混合中心提供了机会。

18.2 可持续发展与生态城市

随着全球化进程的加快、人类社会的发展和科学技术的进步，在全球范围内城市化进程迅猛发展，城市人口不断增加，城市规模不断扩大。与之相伴的交通拥堵、环境污染等一系列的“城市病”使人们不得不重新思考人与自然、城市与自然的关系。在这一过程中，出现了生态城市的理念及相关理论，这是对解决城市生态问题、转变城市发展模式所进行的新探索。

18.2.1 城市发展的生态觉醒

20世纪以来，工业化浪潮席卷全球，人口迅速向城市集中，人类对于自然资源的获取和利用在全球范围内引发了一系列的环境问题。热带雨林面积锐减、温室效应加剧、海平面上升、臭氧层空洞扩大、生物多样性急剧下降、环境污染日益严重、沙尘暴肆虐

---

① 陆化普．城市交通规划与管理．北京：中国城市出版社，2012：137.

等，这一系列的生态危机①引发了人们对维护生态平衡、保护生态环境的重视。同时，由工业化带来的城市化也引发了一系列的“城市病”，比如城市大气污染、固体废弃物污染、水资源枯竭，以及由此产生的社会治安混乱等纷繁复杂的社会问题。城市生态问题成为人类城市生活迫切需要解决的问题，也给城市的发展带来了严峻的考验。

正是在这样的形势下，可持续发展的理念逐渐产生并成为各国发展的共识。1980年，国际自然保护同盟在其发表的《世界自然资源保护大纲》中，将对自然资源的管理战略与人类社会的持续发展联系起来，首次使用“可持续发展”（sustainable development）的概念。1987年，联合国环境与发展委员会在《我们共同的未来》报告中，将“可持续发展”解释为“既满足当代人的需要，又不对后代人满足其需要的能力构成危害的发展”。1992年，联合国环境与发展大会通过的《环境与发展宣言》和《21世纪议程》，将可持续发展列为全球的发展战略，可持续发展思想作为人类社会发展的战略选择，被世界各国普遍接受。

可持续发展包括两个基本观点：一是人类需要发展，尤其是世界上贫困人口要发展，并且应把这点放在特别优先的地位来考虑；二是发展要有限度，发展要在环境、资源能够承受的前提下发展，不能影响到子孙后代②。从城市可持续发展的角度来讲，在经济增长的同时，应考虑经济增长的方式，实现经济增长同社会发展和生态改善的有机结合；承认并体现环境资源的价值，以合理利用自然资源为基础，同时与环境承载能力相协调，实现人和自然的和谐发展。

二战结束以来，全球发展观经历了由“增长理论”到“发展理论”再到“可持续发展理论”的变迁，也体现了人们对于人类社会发展和人与自然关系认识的不断深化。人与自然的和谐相处、人类社会的可持续发展成为世界性的共识。在这样的思潮影响下，绿色技术与绿色经济兴起，在强调经济效益的同时，注重生态效益，产生了诸如“生态农业”“生态建筑”等技术，也为生态城市的规划和发展奠定了技术基础。

18.2.2 生态城市的愿景

21世纪以来出现的城市生态学理论的发展高潮极大地推动了人们环境意识的提高和城市生态研究的发展，人与自然的关系问题在现代社会背景下得到重新认识和反思。

1. 生态城市的内涵

生态城市（ecological city）的概念在20世纪70年代初由联合国教科文组织在其发起的“人与生物圈计划”（MAB）中首次提出。该计划指出，生态城市是“从自然生态和社会心理两方面去创造一种能充分融合技术和自然的人类活动的最优环境，诱发人的创造性和生产力，提供高水平的物质和生活方式”。作为城市发展的新概念，生态城市的理念得到了迅速发展，人们从城市生态学、建筑学、城市规划、经济学、复合系统等不

---

① 生态危机是指人类赖以生存和发展的自然环境或生态系统结构或功能由于人为的不合理开发、利用而引起的生态环境退化和生态系统的严重失衡过程。

② 王彦鑫. 生态城市建设：理论与实证. 北京：中国致公出版社，2011：13.

同的角度对生态城市进行了研究。

美国生态学家理查德·雷吉斯特（Richard Register）认为，生态城市即生态健康的城市（ecologically healthy city），是低污染、紧凑节能、充满活力并与自然和谐共存的聚居地，生态城市追求的是人类与自然的健康和活力，并认为每个城市都有可能利用其自然禀赋。

综合学者的观点，我们认为，生态城市是以生态学原理为指导，利用绿色技术等科技手段促进城市生态系统的低碳高效增长，符合生态规律，独具生态特色，最终实现人与人，人与自然，社会、经济与环境的协调、和谐、可持续发展的城市理想形态。生态城市作为人类对于城市发展的最终理想，展现了人们对于未来美好城市生活的愿景，随着社会的不断进步，生态城市的内涵将不断得到充实和丰富。

2. 生态城市的特征

生态城市是对传统城市发展规划的批判与否定，以生态文明为基础，在要素结构关系、社会组织形式、城市发展运行模式等方面显著区别于传统城市发展思路，具有鲜明的和谐性、高效性、可持续性和整体性。

（1）和谐性。

和谐性是生态城市的核心内容，包含了人与人的和谐、人与自然的和谐、自然系统的和谐，强调了人与自然的关系、人与社会的关系、人与其他物种的关系、社会各群体之间的关系、人的精神等各方面是和谐有序的。在生态城市的发展模式之下，人回归自然、贴近自然，自然融于城市，城市回归自然。通过营造满足人类自身进化需求的环境，实现人与自然共生共荣。

（2）高效性。

传统城市的社会生产采用的是高能耗、低效率、高污染、非循环的直链型运行机制，不仅造成资源浪费，而且加重了环境污染。生态城市是通过绿色技术和循环经济等手段，建立以知识经济为依托的科学发展、循环利用的新机制。在不断推进技术进步的基础上，科学高效地利用各种资源，提高一切资源的利用效率，实现物尽其用，人尽其才。

（3）可持续性。

生态城市以可持续发展为根本原则，着眼未来，兼顾不同时间、空间，充分体现自然资源与人力资源的合理配置和可持续的开发利用，公平地满足当代与后代在发展和环境方面的需求，不因眼前利益而用“掠夺”的方式追求城市的暂时“繁荣”，保证其健康、持续、协调的发展。生态城市既要实现经济的超越式增长和质的优化，同时也要保障社会分配的公平，让每个人都能享受发展的成果。在人与社会发展的同时，注重生态环境的良性持续循环，不以环境作为发展的代价。

（4）整体性。

生态城市的发展理念是将城市作为生态系统来看待，并非单一地追求系统中某一个方面的发展。它不仅重视经济的发展与生态环境的协调，更注重文化的繁荣和社会的进步，是在整体协调的新秩序下寻求发展，实现人类生活品质的根本提高。因此，生态城市是以人为主体，兼顾社会、政治、经济、文化和环境五者的整体效益的复合生态系统。

18.2.3 从理论到实践的生态城市建设

从最初霍华德提出的田园城市到近年来世界范围内各类生态城市的建设，生态城市的理论创新与实践建设相互促进，形成了具有代表性的建设模式，成为推动生态城市理论不断发展和完善的重要源泉。

1. 交通导向的建设模式

以交通为导向的生态城市建设模式重点在于将改善城市交通运输结构和土地综合开发利用相结合，从而实现节约资源、减少污染、保护环境的生态城市建设目标。巴西的库里蒂巴（Curitiba）是该模式的成功典范。

库里蒂巴市在城市交通的空间规划上，以城市公交线路所在的道路为中心，对所有的土地利用和开发密度进行分区和改造，政府仅仅鼓励对公交线路附近两个街区的交通走廊的集中高密度开发，并严格限制两个街区以外的土地开发；在城市交通的需求规划上，优先发展公共交通而不是私人汽车，优先发展步行交通而不是机动车交通①。目前，该市每年减少私家车出行 2 700 万次，节约燃油 700 万加仑。不仅保证了城市 2/3 的市民每天使用公共汽车，而且提高了土地综合利用率，有效实现了生态城市的建设目标。

2. 社区驱动导向的建设模式

这种模式与公众参与密切相关，强化了公众是城市的生产者、建设者、消费者和保护者的重要作用。典型代表是澳大利亚哈利法克斯（Halifax）生态城建设。

1997 年，在哈利法克斯生态城规划中提出了以社区为主导的社区驱动开发项目，该项目采取了鼓励社区居民参与生态开发的一系列措施，包括将生态意识贯穿生态社区发展、建设、维护的各个方面。具体来说，就是社区的规划、设计、建设、管理和维护全过程都有社区居民参与，借此提高公众的生态意识，促进了生态城市的合理建设和健康发展。同时，哈利法克斯还积极组织非营利组织等社会力量参与城市建设，比如作为知名的非营利机构——澳大利亚生态城市委员会，凭借其丰厚的专业知识、先进的理念和高超的组织能力，将来自政界、建筑、森林、采矿和能源组织，自然保护组织等社会各方的力量都凝聚到生态城市的建设活动中②。

3. 绿色技术导向的建设模式

国外在生态城市建设中始终将加强生态环境方面的科技研究置于重要地位，重视关键领域的科研攻关，并尽快使之产业化，形成以技术为依托的生态产业链条和循环发展模式，从而推动生态城市的发展建设。在这方面具有代表性的城市当属日本北九

---

① 侯爱敏，袁中金．国外生态城市建设成功经验．城市发展研究，2006（3）．
② 陈勇．哈利法克斯生态城开发模式及规划．国外城市规划，2001（3）．

州市。

1990 年，日本北九州市开始了以减少垃圾、实现循环型社会为主要内容的生态城市建设，并重点提出“地区废弃物零排放”的设想。为此，1997 年，北九州市专门成立了废弃物回收处理和再利用技术研究中心，并通过加大政策鼓励和支持，加快其产业化进程，成为第一个开展生态工业园区建设的区域。随后，日本通商产业省投入大量的资金，建设回收再利用综合环境产业区。通过生态技术的产业化使北九州市生态城市的建设步伐加快，迅速实现了由重工业城市向生态城市的转型。

4. 紧凑城市空间导向的建设模式

紧凑型城市强调的是高密度居住、对汽车的低依赖、城乡边界和景观明显、混合土地利用和生活多样化等。美国的伯克利市（Berkeley）在城市建设中就采取了这种模式。

在空间规划上，伯克利在中心城区及其周边增加居住建筑，令中心城区为数不多的商业和贸易保持可持续发展。依据生态城市原理建设少量高层建筑，最大限度保留城市建设基地的自然特征，比如，通过规划疏通区内溪流，解决水系的废弃物污染问题，将码头区建设为独特的岛屿社区①。按照分区规划导则（ecocity zoning guide）确定基础设施，在中心商业区及其周边合理减少办公空间，增加居住空间，处理好建筑、街道、公园和停车场的关系。基于社区步行的尺度，发展慢行交通，比如，对中心区和城西、城南两个较大的次级中心采用 400 米的服务半径，对邻里社区采用 200 米的服务半径水平，增强社区邻里感，降低对私人汽车的依赖。

以上生态城市建设模式体现了目前世界范围内生态城市建设实践的一个突出特点，即建设的问题导向性。在生态城市的理论构建过程中，往往要做到面面俱到，但在实际建设生态城时并不总是在城市中全面铺开，而是要结合实际对症下药、抓住重点逐步推进，针对城市发展中面临的突出问题，如交通拥挤、地面硬化、垃圾污染等问题，集中力量推动一两个问题的解决，并在解决问题的过程中积累经验、培养人才、教育公众、树立形象、凝聚人心，逐渐扩展到对其他问题的解决，从而实现具有自身特色的城市发展。

18.2.4　我国建设生态城市的政策引导

我国目前正处于社会转型的关键时期，城镇化与工业化都在飞速推进，城市的发展规划面临着多重挑战。与发达国家长达百年的城市化历程相比，我国的经济发展状况与城市发展水平都还有一定的差距，这也导致了我国生态城市建设在实践中存在诸多问题。针对这些问题，政府可以通过制定政策引导生态城市的建设。

1. 低碳经济的政策引导

发展低碳经济是建立生态城市的重要环节，要实现生态产业化发展：一要采取强有

---

① 刘媛媛，张睿智．生态城市建设实践：以伯克利为例．城市，2014（6）．

力的经济政策构建低碳财政、税收、产业政策体系，并研究与择机推出气候变化税、碳信托基金等多项经济政策；二要加大对技术升级和产品研发的资金投入和财政倾斜，鼓励企业积极投入低碳技术的开发、设备制造和低碳能源的生产；三要转变经济发展方式，调整产业结构，转变我国"高能耗、高排放"的经济发展方式，着力构建低碳发展产业，改变我国经济增长主要依靠增加物质资源消耗的局面，加快发展第三产业，逐步淘汰落后产能，努力开发和生产高附加值、低能耗产品，实现整个产业结构的低碳化。

2. 能源发展的政策引导

绿色能源的利用是实现城市低碳化、生态化的核心之一，通过政策引导建立一系列互相协调、互相配合的以市场需求为驱动的长期稳定的绿色能源政策，并以此推进生态城市的建设和发展。这就要求我们：一要从战略高度重视可再生能源研发，加大研发投入，形成产、学、研结合的可持续激励体系。二要实行绿色营销与绿色采购制度，引导消费者的绿色消费。在政府选购中倾向于无污染、有利于健康及循环经济发展的产品和服务，从而有利于节约能源、保护生态环境。三要完善针对绿色能源的补贴政策和税收政策，利用市场和商品货币关系调节能源消费模式，鼓励企业发展绿色能源技术。

3. 可持续交通的政策引导

生态城市应当积极推进可持续交通政策，用合理的交通方式引导城市高效节能运行，从城市运转系统的层面出发，以全方位可持续交通系统入手，引导合理的居民出行方式和提供便捷高效的交通设施，从而减少城市交通系统中的碳排放量。一方面，大力发展公共交通，构建符合城市规模、空间布局的一体化公共交通体系，加强公共交通基础设施建设，加强城市政府对公共交通客流运输、服务相关基础设施的规划、建设和控制；另一方面，要调控交通总量，倡导低碳高效的出行方式，如P＋R出行模式等。

4. 绿色建筑的政策引导

城市建筑的低碳环保是生态城市建设的重要内容。从法律层面来看，要进一步完善绿色建筑相关的政策法规和评价体系，规范绿色建筑发展。既要制定符合我国特点和我国实际的绿色建筑发展规划，增强地区协调性；又要采用规范的评价标准，实现绿色建筑的优质发展。从经济层面来看，一是通过财政政策调节绿色建筑的市场，加大对发展绿色建筑的资金投入；二是通过税收政策的调节降低绿色建筑的成本，激励绿色建筑的推广与革新。从技术层面来看，通过制定政策积极引进、消化、吸收国外先进适用的绿色建筑技术，鼓励技术创新，加快具有自主知识产权的绿色建筑关键技术的研发以及产业化进程。从管理层面来看，需要进一步探索有效的绿色建筑开发与管理模式，明确政府各部门的管理职责，理顺管理思路，为绿色建筑的发展构建良好的政府服务体系。

5. 公众参与的政策引导

公众是城市的生产者、建设者、消费者、保护者。无论是对规划方案的制订、实际的建设推进过程来说，还是对后续的监督监控来说，鼓励广泛的公众参与是生态城市建设得以成功的一个重要保证。推动生态城市的建设，从公民参与的合法性基础来看，要从法律和制度层面上赋予公民环境知情权、环境立法参与权、环境行政执法参与权，给公民参与环境事务创造更加广阔的空间；从公民参与的效果来看，要通过政策实施的机制设计切实保障公民参与环境影响评价的权利，不仅要有公民参与的形式，更要发挥公民参与的作用，将公民意见作为影响决策的重要因素，在城市建设政策中反映公众意见；从公民参与的主体来看，要更加重视环保类的非营利组织的作用，利用政策及资金投入对其进行鼓励和支持；从公民参与的质量来看，要利用各种宣传教育的方式提高公民的参与能力，增强公民的参与意识，提升公民的生态意识，增强公民节约资源、保护环境的自觉性和参与生态城市建设的积极性。

18.3 信息化与智慧城市

科学技术的每一次重大突破，都会带来生产力的深刻变革和人类社会的巨大进步，以物联网、云计算、下一代互联网技术为代表的新一轮信息技术革命，为城市运行和产业发展水平的提升带来了机遇。城市信息化管理已成为21世纪城市管理的重要趋向。随着城镇化和工业化的不断发展，城市发展面临诸如人口、交通、环境、安全、城市更新等一系列难题，而这些问题可以通过加深信息化管理、构建智慧城市得到解决。

18.3.1 城市信息化的发展浪潮

城市信息化是指在城市的经济、政治、文化和社会生活的各个方面广泛应用现代信息技术，深入开发和充分利用城市信息资源，完善城市信息服务功能，增强城市集聚辐射功能和综合竞争力，加速实现城市现代化的过程①。城市信息化的实质是信息化在人类所居住的城市的全面实现，是城市经济社会形态发生重大转变的动态过程，这一过程不仅是城市经济结构和经济增长方式的转变，而且是整个社会结构的全面变革。

随着信息化水平的发展，城市管理的信息化程度在不断提高，信息化管理的重点也在逐渐演变。20世纪70年代，城市信息化带来了城市管理的办公自动化，利用信息和通信技术，进行文字处理及文件的制作、传送和贮存。80年代，城市管理信息系统又成为人们关注的焦点，它可以支持决策和满足政府管理职能对适时、准确、相关信息的需求，是部门内部的信息集成。90年代以后，随着国际互联网技术的发展及其在政府管理中的应用，人们又提出电子化或网络化的政府管理这一概念，即在政府内部行政电子化与自动化的基础上，利用网络等信息与通信技术，连接政府各单位以及各资料库，并建立起电子化、数字化以及网络化的政府信息系统②。

---

① 姜爱林．城市信息化：城市化与信息化协调发展的有机范式．南方经济，2003（1）．

② 陈群民，白庆华．新世纪中国城市信息化管理的探索．现代城市研究，2001（4）．

从信息化发展的角度来看，城市的发展历经传统城市、数字城市阶段，而最终将进入智慧城市阶段。传统城市强调传统的规划和设计。数字城市以电脑技术、多媒体技术和大规模存储技术为基础，以网络为纽带，实现资料的信息化，运用遥感、全球定位系统、地理信息系统等信息技术手段实现城市的数字化。智慧城市是数字城市的下一个发展方向，是城市发展的深层次状态，强调应用导向、用户导向、产业升级导向，把新一代 IT 技术充分应用在各行各业，并通过超级电脑和云计算将物联网整合起来，实现人类社会与物理系统的整合，同时通过商业智能（business intelligence）的技术，以更加精细和动态的方式管理生产和生活，从而达到“智慧”状态。城市信息化的发展阶段如图 18－1 所示。

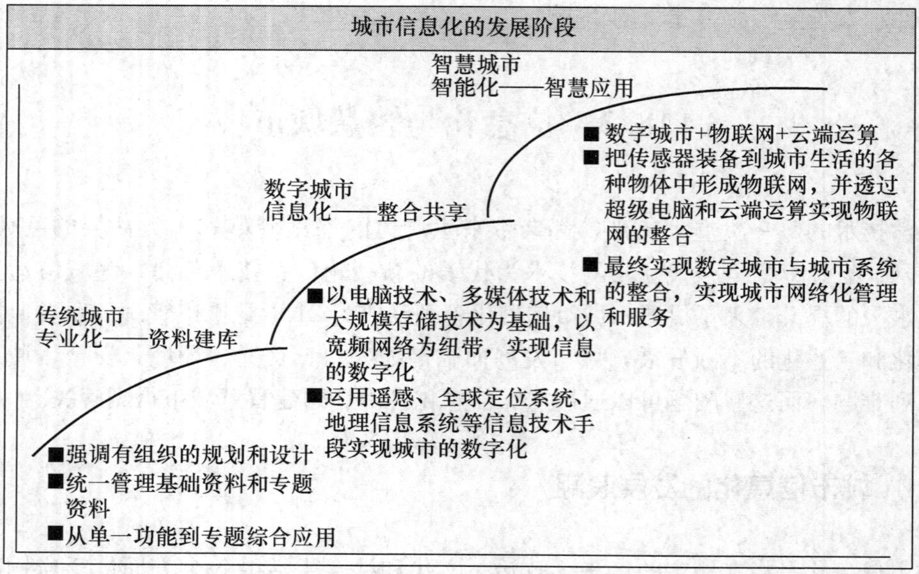

图 18－1　城市信息化的发展阶段

资料来源：岳梅樱．智慧城市：IBM 全球经验分享，提升台湾城市竞争力．新北：博硕文化股份有限公司，2012．有改动。

18.3.2　智慧城市的大时代

城市信息化和智慧城市的内容密切关联（见图 18－2）。要实现透彻的感知和全面的互联互通，就必须做好城市网络等基础设施建设；要使收集到的数据信息能够有效整合并得到更加智能化的处理，就需要建设各类信息资源数据库和信息系统。只有当城市管理和运行的感知水平、互联互通水平和智能化水平都达到一定程度，并具体应用于各个领域时，才能创造出支撑电子政务、电子商务和信息产业发展的大环境。

在城市信息化和信息化管理迅猛发展的同时，我国正处于城镇化、工业化与信息化深度融合的阶段。智慧城市是新一轮信息技术变革和知识经济进一步发展的产物，是工业化、城市化与信息化深度融合，并向更高阶段迈进的表现。

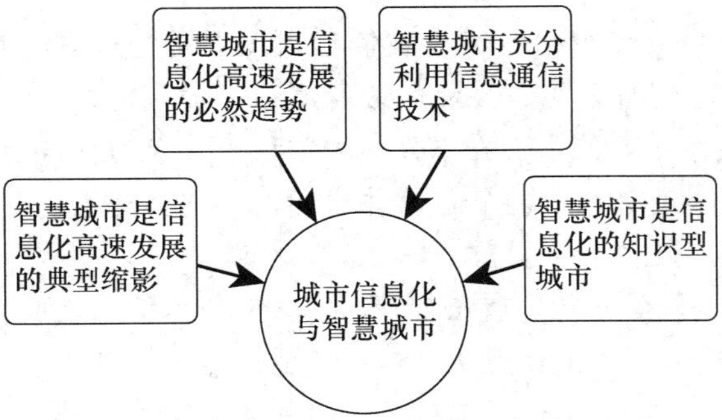

图 18－2 城市信息化与智慧城市

资料来源：芦效峰，程大章．智慧城市与社会及经济信息化．智能建筑与城市信息，2013（4）．有改动。

1. 智慧城市的含义

目前，对于智慧城市的理解有许多种，对智慧城市并没有一个公认的定义。

率先提出智慧城市理念的国际商业机器公司（IBM 公司）认为，智慧城市是有意识地、主动地驾驭城市化这一趋势，运用先进的信息和通信技术，将人、商业、运输、通信、水和能源等城市运行所需的各个核心系统整合起来，从而使整个城市作为一个宏大的“系统之系统”，以一种更智慧的方式运行，进而为城市中的人创造更美好的生活，促进城市的和谐、可持续成长①。

我国国家发展和改革委员会等部门在 2014 年的《关于促进智慧城市健康发展的指导意见》中指出，智慧城市是当今世界城市发展的新理念和新模式，是城市可持续发展需求与新一代信息技术应用相结合的产物。

以上观点虽然各有侧重，对于实现智慧城市的发展思路也不尽相同，但对于智慧城市促进社会全面协调可持续发展的目标的认识是一致的。总之，智慧城市是指以物联网和云计算信息技术为依托，通过整合信息资源，统筹业务应用系统，促进城市在规划、建设、管理、运行和服务上实现全面、协调、科学发展的城市发展生态。

专栏 18－1

物联网和云计算

国际电信联盟对物联网的定义为：物联网实现物到物（thing to thing，T2T）、人到物（human to thing，H2T）和人到人（human to human，H2H）的互联。这里人与物的互联指人使用传感器等设备后与物体的互联，而人与人的互联指人使用传感系统而不是现在的电脑实现人与人之间的互联。物联网的核心是实现物体（包含人）之间的互联，从而能够实现物体与物体之间的信息交换和通信。物体信息通过网络传输到信息处理中心后可实现各种信息服务和应用。

① 张韬，王晓华．IBM 世博会上实践“智慧的城市”．上海证券报，2010-08-25.

物联网的主要作用是缩小物理世界和信息系统之间的距离，它可以通过射频识别（RFID）传感器、全球定位系统、移动电话等设备，按约定的协议，将世界上的所有物体全部连接到信息网络中，使它们在事件处理中成为积极的参与者，体现了物理空间和信息空间的融合。服务可以和这些智能物体通过网络进行交互，获得与这些物体相关的任何信息。

美国国家标准与技术研究院将云计算定义为一种利用互联网实现随时随地、按需、便捷地访问共享资源池（如计算设施、存储设备、应用程序等）的计算模式。计算机资源服务化是云计算重要的表现形式，它为用户屏蔽了数据中心管理、大规模数据处理、应用程序部署等问题。通过云计算，用户可以根据其业务负载快速申请或释放资源，并以按需支付的方式对所使用的资源付费，在提高服务质量的同时降低了运维成本。

资料来源：朱洪波，杨龙祥，朱琦．物联网技术进展与应用．南京邮电大学学报（自然科学版），2011（2）；罗军舟，金嘉晖，宋爱波，等．云计算：体系架构与关键技术．通信学报，2011（7）．

2. 智慧城市的特征

虽然目前关于智慧城市的内涵存在多种说法，但是我们不难总结出这些定义中所蕴含的共同特征①：

（1）广泛应用现代信息技术。

从技术角度看，智慧城市是新一代信息技术的高度集成应用。智慧城市的建设广泛采用物联网、云计算、人工智能、数据挖掘、知识管理等传统和新兴的信息技术，尤其是借助新一代的物联网、云计算、决策分析优化等信息技术，通过感知化、互联化、智能化的方式，将城市中的物理基础设施、信息基础设施、社会基础设施和商业基础设施联结起来，成为新一代的智慧化基础设施，使城市中各领域、各子系统之间的关系显化。

（2）建立城市要素统一管理模式。

从发展角度来看，智慧城市是城市管理与发展的新模式。通过智慧城市的建设，让城市决策者在对人的管理、对财的管理、对物的管理、对事的管理方面的决策和执行变得更科学、更智慧、更人性化。智慧城市不仅可以让城市中每个人的需求都迅速得到响应，而且可以实现城市资源消耗的控制、环境的协调平衡和社会经济的循环发展。

（3）重视体制机制的改革创新。

从创新角度来看，智慧城市是体制与机制的创新和改革。首先，智慧城市通过技术创新，促进数据信息的集成与共享应用，构建部门间数据集成与信息共享机制。其次，通过技术创新，构建部门间的协同工作机制，创新政府管理方式。再次，为切实推进智慧城市建设，必须依赖体制机制创新、领导与监管模式的创新，积极探索管用、实用的商业模式和运作方式。最后，智慧城市的建设，将极大带动创新社会管理方式，促进“管制型政府”向“服务型政府”转变，提供及时、适用、科学、智慧的城市管理与

① 仇保兴．中国智慧城市发展研究报告：2012—2013年度．北京：中国建筑工业出版社，2013：5-6．

服务。

（4）强调城市系统发展的新理念。

从理念角度来看，“智慧城市”是一种看待城市的新角度，是一种发展城市的新思维。它要求城市的管理者和运营者把城市本身看成一个生命体，要求人们认识到，城市本身不是若干功能的简单叠加，城市是一个系统，城市中的人、交通、资源、能源、商业、通信等过去被分别考虑、分别建设的领域，实际上是普遍联系、相互促进、彼此影响的整体。

18.3.3 精细化管理与智慧城市构建

1. 城市精细化管理的内涵

精细化管理发端于 20 世纪 50 年代日本企业的管理理念和管理技术，随后被逐步推广应用于各类社会组织。城市精细化管理，就是将精细化管理理念引入城市管理中，综合应用现代管理理论和现代信息技术，按照精确、细致、深入的要求，对城市管理各个工作环节实施信息化指挥、网格化管理、精量化定责、精准化操作；并采取合理调配资源、优化工作流程、细化管理标准、完善考核体系等措施，建立与之相配套的一系列规章制度，实现城市管理数字化、标准化、常态化、无缝隙、全覆盖、零缺陷管理。

城市精细化管理强调从细微入手，采用防微杜渐的管理方式，适应城市发展需要、强化城市管理工作、满足高层次高标准管理的必然要求。城市精细化管理的主要特点：

一是精细化。精细化管理要求管理者重视过程管理、流程优化和细节管理，追求高质量、高效益的管理效果。

二是制度化。实施精细化管理要有一套自上而下的精细化管理制度，制定细致量化的管理标准，实现管理过程的高效。

三是规范化。精细化管理是在制度框架中按照相应的流程规范运作。规范化的管理能适时地检验制度的前瞻性和适宜性，使制度更加规范、科学。

四是科学化。精细化管理靠的是先进的管理手段和科学的流程设计，并不时地对其加以优化和改进，从而使管理更切合组织的运作实际和发展要求。

2. 智慧城市的管理路径

通过精细化管理，可摒弃传统的粗放式管理模式，改变经验式的管理模式，引入现代精细化管理手段，对管理进程进行导引、调节、控制，从而及时发现问题，及时矫正管理行为，有效提升管理效率，实现城市发展的智能化。以精细化管理来建设智慧城市要从三个方面展开，即城市事务协同合作、城市事务智能处理和城市管理服务预测①。

（1）城市事务协同合作。

城市事务协同合作就是在面对政务、公众服务、交通、环境等诸多方面的问题时，

① 仇保兴. 中国智慧城市发展研究报告：2012—2013 年度. 北京：中国建筑工业出版社，2013：45-50.

打破“信息孤岛”，实现城市级的信息共享，加强数据的统一管理，实现数据的准确性和及时性，加强挖掘分析，实现数据从部门级到城市级的提升。通过基础能力、服务于流程的全面集成，统一整合城市运营和产业，实现城市一体化运营。同时，基于应用聚合门户，提供统一的智能应用服务，实现整个智能城市运营产业链的高效协同。

城市事务协同合作主要强调两个方面：第一，基于治理理论，在公共生活过程中，政府、非政府组织、企业、公民个人等子系统构成开放的整体系统，在整个系统的基础上共同处理社会公共事务，最终达到最大限度地维护和增进公共利益的目的。第二，在协同治理的过程中，逐步实现公共事务管理的多元化，即公共管理主体运用现代的多种治理理念，通过多种方式对城市与区域经济发展中的公共事务进行协调与管理。

（2）城市事务智能处理。

城市事务的智能处理主要是面对繁杂的城市事务，以物联网和云计算等技术为基础，构建体系完整的事务智能处理系统和可操作的智能处理模型，实现高效便捷的信息处理与反馈，从而提高城市管理和公共服务的效能。

其一是城市事务智能处理业务系统。该系统有两方面的含义：一方面是城市管理，一方面是信息技术的应用。总体而言，它是在城市应用强力推动下产生的跨管理与信息技术领域的典型管理系统。从管理的角度看，它是业务流程再造所带来的以业务流程为中心的管理思想的延续与发展；从城市应用角度看，它是在技术基础上发展起来的，支持业务流程的分析、优化、协同与监控等功能的新一代城市应用系统。

其二是城市事务智能处理模型。城市事务的智能处理来自各类数据及案例的积累。城市事务智能处理的建立依托长期信息处理的累计及分析。建设阶段分为：结合城市发展现状及自然、社会资源，明确政府定位；引入城市运营商，配合政府建立城市管理运营模式；根据运营模式需求，确定城市管理运用所需的关键资源和能力，分别是数据及保护数据安全的综合信息安全部署及保密机制的建立；通过对数据的需求及事件管理的需要，调整政务系统工作流程及信息交换的安全机制；根据市场化运作，保障城市管理服务的日常开支及运行，并通过市场引导的方式促进城市健康、和谐发展。

（3）城市管理服务预测。

城市管理服务预测的内容分为两个方面：一方面是根据城市已经建成的设施系统提供的数据进行分析，对相应的紧急事务提出预防服务措施；另一方面是随着城市经济化、信息化的快速发展，预测城市管理以后面临的新的服务，并提供应对的措施系统及解决方案。

城市管理服务预测在具体城市事务当中的应用主要体现在以下两个方面：

一是在城市基础设施服务领域，当前的智慧化通过物联网和自动控制技术对城市能源、交通、环保等设施的运行过程进行动态监测、预警，能够有效提高城市管理效率，保障城市及市民的安全。未来，智慧城市将在城市服务领域发挥更显著的效果。在动态监测数据的基础上，智慧城市能够提供更为精准的服务改革措施，从而满足城市高效运行的发展需要。

二是在保障城市安全领域，城市管理服务预测也会起到至关重要的作用。通过运用数据分析等科学方法，依据现有的犯罪数据和资料以及对可能影响犯罪的各种相关因素的分析、研究，对未来特定时空范围内可能出现的犯罪现象的状况、结构、发展趋势等做出判断，提前做出犯罪预测，同时对犯罪嫌疑人进行重点监控、提前预警，从而保障社会安定，维护社会安全。

18.4　全球化与创新城市

在全球化背景下，作为发展中心和经济节点的城市正面临日益激烈的竞争。城市致力于打造自身优势，吸引城市发展资源，在城市竞争中占据一席之地。当前，全球化和信息化浪潮使创新能力成为城市竞争力的核心，建设“创新城市”也成为城市竞争战略的不二选择。

18.4.1　全球化中的城市竞争

1. 全球化的内涵

全球化是 20 世纪末世界范围内最典型的，也是影响面最广的社会经济现象。所谓全球化，通常是指世界各国之间在经济上越来越相互依存，各种发展资源（如信息、技术、资金和人力）的跨国流动规模越来越大，世界贸易所涉及的商品和服务越来越多①。

在经济全球化的影响下，各国的经济体系日益开放；原料、信息、技术、资金、人力等发展资源的跨国流动规模不断增加；信息技术、通信技术和交通技术不断发展，使资源跨国流动的成本逐渐降低，为经济全球化提供了强有力的技术支持；跨国公司在世界经济中的主导地位越来越突出，并直接影响了所涉及的具体国家和地方的经济状况。

2. 城市对全球化的影响

面对全球化的浪潮，城市并不只是随波逐流的顺从者，至少能够在三个领域有效地发挥作用，来操控全球化的力量。

在经济方面，城市可以通过管理地方“场域”（habitat），提供满足经济生产力的基础条件和基础设施，提升城市劳动力的整体素质和工作效率，进而提升经济效率和竞争力。

在文化方面，城市在推动多种族间社会文化整合方面发挥了重要作用。在全球化背景下，城市聚集了来自不同国家和文化背景的人群，而城市通过有效的整合力量可以实现多元文化的平衡。

在政治方面，城市是进行政治表达和政治管理的重要场所。和民族国家相比，城市在为市民代言时，有更强的说服力；在具体运作中，城市有更高的灵活性和更多游刃有

① 孙施文．现代城市规划理论．北京：中国建筑工业出版社，2007：521.

余的空间。因此，城市能够成为更有亲和力的政治活动舞台。

18.4.2 以城市创新为核心的城市竞争力

1. 城市竞争力的含义

作为一个新的研究领域，关于城市竞争力的内涵尚未达成共识，多从企业竞争力和国家竞争力引申而来。综合众家之说，我们认为：所谓城市竞争力，就是城市在竞争过程中获取和创造价值收益并保持其增长的能力。

具体来说，城市竞争力是一个城市在经济全球化和区域经济一体化的背景下，在资源要素流动过程中，与其他城市相比较所拥有的抗衡乃至超越现实和潜在竞争对手，以获取持续竞争优势，最终实现城市价值的系统合力。

在全球化背景下，城市竞争力具有以下特征：

第一，复合性。城市竞争力不是城市某一方面的优势和能力，而是城市多要素、多层次、多领域组成部分的综合集成。无论是评价还是打造一个城市的竞争力，必须考虑城市各要素的贡献以及要素之间的相互作用。

第二，动态性。城市竞争力并非指规模、发展水平等静态状况，而是城市在优化配置现有资源过程中或者在城市运转过程中所体现出来的潜力、能力和发展趋势。

第三，相对性。城市竞争力是城市在与其他城市竞争过程中体现出来的力量。相对性要求城市必须树立竞争意识，打造具有自身特色的竞争优势。

2. 城市竞争力的要素

城市竞争力的影响因素是多方面的。而且不同的城市，其影响因素的重要程度的排列顺序也会有所不同。一般而言，具有竞争力的城市意味着：高质量的人力资本、物质资本和社会资本条件；高比重的技术密集型和资金密集型产业，以及非农产业的高产值；新科技的开发、创新和广泛应用，以及科研成果向生产能力的快速转化；完善的基础设施；保护产权、公平竞争的市场制度，公开透明、体现法治的政府制度，鼓励创新、规范竞争的政策引导；政府、市场、社会有机结合的城市治理体系；战略明确、管理规范、技术先进的城市企业；开放、包容的城市文化；全方位的城市开放；良好的地理、行政区位。

以上十个方面，既体现了城市竞争力的主要因素，也表明了提升城市竞争力的方向和举措。

3. 如何提升城市竞争力

制定城市竞争战略时，必须从长远性、全局性、系统性角度出发，实现城市的可持续、全方位发展。当前，我国城市在制定城市竞争战略时，必须处理好以下关系：

（1）竞争与合作的关系。

城市竞争并不意味着没有合作，合作是为了更好地竞争。事实证明，如果片面强调城市的竞争力，而忽视城市的合作力或亲和力，则可能适得其反。随着市场化和全球化的发展，生产要素在国内国际市场的快速流动促使我国城市之间激烈竞争，吸引域外资本和人才的流入。但同时，一些港口城市与腹地中心城市构成的“双头型”城市区域，如北京-天津、济南-青岛、沈阳-大连，只有进行项目合作、技术合作、引资合作，实行产业互补，才能实现双赢。

当前，我国城市竞争进入了区域性集团化的新阶段。城市群和城市联盟对于城市竞争力的提升意义越来越大，借助市场空间和资源要素的流动与整合，形成资源关联度和经济一体化的协作系统与资源配置机制，能够提升抗衡和超越竞争对手集团的竞争力。此外，一个城市不仅需要与其他城市进行合作，还需要与乡村、区域、国家、世界进行合作与协调。只有通过多方的合作，彼此互通有无，相互支撑，才能快速提升城市竞争力。

（2）共性与个性的关系。

每个城市在提升竞争力时都要面临多元因素的影响，但是具体到每个城市，由于历史传统、资源条件和地理环境等存在差异，各个因素对城市影响的重要程度大不一样。许多城市却忽略了这一点，不顾自身的条件限制，一味地求大求全，结果造成产业结构雷同，基建投资浪费，运营效益低下，形成恶性竞争。这非但没有提升城市竞争力，反而降低了城市可持续发展的能力。因此，城市政府一方面要综合考虑、统筹安排，防止出现“木桶效应”，即某一方面的因素表现较差而影响城市竞争力的整体提升；另一方面要结合城市的实际情况，找准城市自身不同于其他城市的优势所在，充分利用好比较优势，采取差异化发展战略，打造城市的核心竞争力。

提高城市竞争力的关键就在于一个城市能否把资源特色尽快转化为经济特色、产业特色、市场特色以及经济效益和财政、居民收入，最终转化成为城市的竞争优势。要把城市放在一个更广阔的背景下去比较，分析其优势所在，充分利用现有资源特色打造特色城市，发挥城市的功能特色、地缘特色、产业特色、形象特色以及服务特色、文化特色等，提升城市竞争力。

18.4.3　创新城市的实现途径

美国学者波特（Porter）认为，根据城市发展的推动力量，可以将城市发展划分为要素推动、投资推动、创新推动和财富推动四个阶段，当前城市发展正处于创新推动阶段。随着科学技术的发展，知识和创新不断创造出能直接影响经济增长的产品和服务，同时对原有的生产方式进行融入新知识的创新改进，经济边际增长的主要因素由投资转变为创新行为。在城市发展中，建设创新城市就成为一种新兴理念。

1. 创新城市的内涵

随着知识和技术在经济发展中的地位日益突出，很多学者专注于对城市创新的研究，并对创新城市的特征进行了总结和归纳。霍尔（Hall）认为，城市历来是创新最主要的场所，这种创造力的形成与城市的规模、地位、区位无关，完全是依赖于某一个时期某一个城市中的某一群人，他们在城市中聚集并相互交流，形成特定的创新氛围，不断地创造着新事物①。兰德里（Landry）在《创造性城市》一书中认为，创新城市一方面应当具有充满想象力的人们、创造性的组织、目标清晰且达成共识的政治文化，另一方面应当具备丰富的文化资源。

2. 塑造创新城市的策略

从塑造创新城市的战略出发，不同城市采用了不同的规划手段，由此也形成了城市创新实践中的不同策略组合，具体来说主要有以下策略②：

（1）建立高科技园区，发展高科技产业。

科学技术和产业创新是创新的重要内容之一。当前，各类城市都在积极地推进高科技产业的发展。建设高科技园区是其中一项重要举措。高科技园区主要有四种类型：第一类是高科技企业聚集区，与所在地区的科技创新环境紧密相关，有助于促进科技发展和产业创新；第二类是科技城，作为科学研究中心，主要从事基础理论的研究，为创新提供条件；第三类是技术园区，由政府提供优惠条件吸引高科技企业在此投资，主要从事高科技产品的生产；第四类是完整的科技都会，作为区域发展和产业布局的一项计划。

（2）城市中央商务区重塑。

在经济全球化和信息化时期，经济中心城市的新型办公楼供不应求，推动了城市中央商务区的大规模改造和大型工程的建设。有的城市延续了 20 世纪 70 年代以后城市中心改造的趋势，增加符合信息化办公条件的办公楼，完善各项辅助性设施，强化城市中心的功能；有的城市将大量的文化、休闲、娱乐设施建在办公楼区，从而形成多样性的公共活动方式；还有的城市选择合适的位置重新建设新的商务中心，将原先的城市边缘转变为城市中心地带。

（3）城市更新以及再开发。

在城市创新中，结合城市工业外迁不断加速的趋势，利用已经衰退的工业区、仓储区等地全面实施城市更新策略，一方面消除城市衰败地区所带来的负面影响，另一方面则通过创造新的吸引点，提升城市聚集能力。在更新后的这些地区，集中着能够满足全球经济参与者要求的生活居住设施以及以娱乐、文化、时尚为核心的各类设施。

（4）文化设施建设和传统文化特色的发扬光大。

大量城市尤其是中小城市通过城市特色的提炼和重新组织，以创造宜人的环境和文化气息为手段，来提升城市的地位。有些城市通过文化设施的建设，尤其是博物馆的建设，配置区域性的文化高地。有些历史名城则充分利用历史文化的遗存，融合当代文化要素和商业手段，形成地区性的甚至国际性的旅游和商业零售业中心。有些城市则通过组织文化活动，提升城市的影响力和吸引力。

城市创新中所有发展策略选择，都致力于以城市经营为手段，打造城市特色，进而

---

① 孙施文. 现代城市规划理论. 北京：中国建筑工业出版社，2007：549.

② 同①549-550.

起到吸引投资、吸引游客、吸引定居者的目的，并在此基础上鼓励多元文化的共融，从而在发展经济的同时，培植城市的创新气氛，直至推动创意产业的形成。

18.5 多元共享与包容性城市

城市化的迅猛进程一方面带来了中国经济的规模增长奇迹，另一方面也带来了聚集效应和城乡鸿沟的扩大。这不仅影响了经济社会的可持续发展，也成为民生福祉共享和构建和谐社会的隐患，为此，“包容性”发展理念应运而生。如何在城市转型发展中，从非平衡和非均衡的发展现状转变为包容性发展，将成为城市未来发展的重要战略任务。

18.5.1 城市化转型的内在要求

新中国成立初期，我国城镇化率仅为 10.64%。根据第七次人口普查结果，2020 年我国常住人口城镇化率已达到 63.89%。据 2017 年国务院发布的《国家人口发展规划（2016—2030 年）》，到 2030 年我国常住人口城镇化率预期将达到 70%。城市的发展需要从根本上转变传统的粗放型模式，“包容性”便是城市转型发展的内在要求。

改革开放以来，我国逐渐进入一个转型的时代。这个转型一方面意味着经济体制从计划向市场转变，另一方面也意味着社会结构从城乡对峙向城乡交融转变。人口和资源急速向城市流动和集中，为城市发展带来了活力和机遇，这是我国经济快速增长和城市化率急剧提升的一个重要原因。但发展至今，转型所释放的“体制变革红利”“要素充裕红利”“技术后发红利”等积极要素正在逐渐衰退和消失，有学者认为现在我国已经陷入了“改革悖论”的困局。所谓“改革悖论”，是指在政治体制和经济体制的改革过程中，最初的推动者由于已经从改革中获益成为既得利益群体（包括一些地方政府），因此可能会退化成为下一步改革的阻碍者，使改革停滞不前，甚至越改越难①。

随着城市化发展的深入推进，城市发展肩负着更多民生建设、城乡统筹等责任，改革奇迹和城市化成绩是不同阶层人们共同努力的成果。如果任凭既得利益群体独享发展成果，弱势群体日益边缘化，则会导致社会分化日益明显。只有成果共享和包容发展才能让人民过上一种幸福的、有尊严的生活，因此，破除“改革悖论”离不开包容性的支持和保障。

18.5.2 包容性城市的发展内涵

“包容性城市”最早是在 2000 年联合国人居署《世界城市报告》中被提出，其强调城市中的每个人，无论年龄、性别、种族、宗教信仰、财富阶层，都可以利用城市提供

---

① 陈秋玲，祝影，叶明确，等. 城市包容性发展与中国新型城市化. 南京理工大学学报（社会科学版），2012（5）.

的机会参与到生产性活动中来，并共享城市发展成果，其实质是“所有人的城市”。该理念要求城市在发展中要致力于做到经济、社会、治理、文化和空间等领域的均衡与统一，强调公平与效率的内在一致，并逐渐发展成为世界城市发展的新目标。

为了践行“包容性城市”的发展理念，2007 年亚洲发展银行就城市经济、空间和生态等方面的发展不均衡问题提出了“包容性增长”概念，并逐渐拓展延伸成为包含更多领域的“包容性发展”概念，关注的问题也逐渐扩展到重视弱势群体、解决民生问题和增加基础建设等内容。其内涵主要包括以下几方面：

（1）广泛公平，机会均等。

强调通过经济的可持续增长创造更多的就业机会以及其他机会，同时也强调通过减少和消除各种不平等来促进机会平等，尤其是消除由个人背景差异所造成的收入不均等，最终实现社会公平。

（2）以人为本，成果共享。

包容要求“参与”和“共享”必须同时在场、不可缺位，与政府提出的民生目标不谋而合，这就意味着必须进一步坚持把保障和改善民生作为加快转变经济发展方式的根本出发点和落脚点，继续推进和完善基本公共服务均等化，要求将改革和发展的成果合理分配给每一位社会成员，是“国富而民亦富”的共享式发展，只有在所有的社会成员都能够“参与”和“共享”时，经济增长和改革成果才具有积极意义。

（3）关注弱势群体。

包容性要求必须关注弱势群体，让弱势群体有足够的生存空间，能够有尊严地生活。亚洲银行在 2007 年的报告中强调保证增长创造的经济机会要尽最大可能为所有人可得——特别是穷人。中国发展研究基金会副秘书长汤敏在 2010 年也指出“包容性增长”最核心的含义就是经济增长让低收入人群受益，最好是让其多受点益。

（4）坚持可持续发展。

包容性城市所涉及的内容不是城市生存和发展的某一方面，而是涉及城市全面协调与可持续发展的方方面面，需要兼顾城市系统内外部要素的全面均衡发展。既需要促进人的全面发展，又要确保生物多样性和生态服务功能的可持续发展，要在满足当代城市发展需要的同时，不对城市的未来发展构成危害，实现城市资源合理地永续利用。

18.5.3 包容性城市的实现路径

包容性城市的实现路径主要有以下几种：

1. 积极打造多元共治格局

通过政府、社会和公众等多方参与实现城市规划的高效性与民主性。城市规划和发展项目涉及多方利益，包括政府部门、非政府组织、私营部门、企业、社区、居民、媒体等多个利益相关者。传统的“政府决策—部门执行—公众被动接受”单向模式，已经无法有效应对多方主体的利益诉求。近年来各地频频发生的“邻避冲突”就为政府规划和管理部门敲响了警钟。基于此，应拓宽公众参与渠道，通过座谈会、论证会等方式拓宽公众意愿的表达渠道，明确规划建设中的公众参与阶段，重点需要对公众的参与时机进行明确，提高规划审批前的多元参与。同时，通过社区赋权构建以社区为基本单位的社会规划格局，将房屋更新、环境治理方案等决策权下放，政府需要适当放宽对社会组织的干预，凝聚各个主体的力量，为城市包容性发展纳入更多元的参与力量和不同的利益诉求考量。

2. 以人为本，构建包容性社区

通过公共设施空间布局的优化，提升城市活动场所的出行便捷性，满足弱势群体的生活需求。我国城市缺乏适合老年人、孕妇、残障人士等面向特殊群体的设施建设与服务供给，为此，空间规划应将车权优先、管理者为本、执行效率至上的思想向以人为本理念转变。一是明晰老年人、儿童、孕妇以及行动和感知等存在障碍的群体的社会需求，通过政府和社会合作等模式引入社会资本，完善城市交通体系和基本设施建设；增添休闲、无障碍设施，如将出入阶梯改为缓坡等。二是提高无障碍设施的使用效率，制定法规防止设施不合理占用等问题；改善运行管理体系，保障设施后期整修维护；规范设施建设标准，规避设施建设因修建高度、长度等指标不合理而导致无法使用等问题①。

3. 进一步推动公共服务均等化

基于中国长期存在的城乡二元社会结构，党的十六大提出了统筹城乡发展的目标，其宗旨是缩小城乡差距，实现社会的公平正义。这与包容性城市的发展内涵不谋而合，意味着在包容性城市构建发展中，为了实现以人为本和成果共享，必须进一步推动公共服务均等化。这一方面要求今后城市的发展重点应该逐渐从速度和规模转变为质量水平，着力解决农民工市民化问题；另一方面要求合理进行城乡统筹规划，避免造成水土不服或者巨大浪费，同时也要避免实施以提高效益为目的而大规模地强制性迁村并点等工程。

关键术语

城市蔓延　　精明增长理论　　紧凑城市　　生态城市　　精细化管理　　智慧城市
城市竞争力　　包容性城市

复习思考题

1. 目前学界对城市蔓延所带来的影响持截然不同的两种观点，请结合你所熟悉的某一城市，谈谈你如何评判城市蔓延所带来的影响。

2. 新城市主义理论和精明增长理论是针对城市蔓延所提出的两大理论，请谈谈这两

① 王振坡，刘茂金，王丽艳．转变城市发展方式之包容性城市建设：基于德国经验借鉴．城市，2020（8）．

种理论对中国城市发展所带来的启示。

3. 可持续发展思想已经成为城市发展的共识，请从城市管理者的角度谈谈如何促进生态城市的建设。

4. 智慧城市建设可以从技术和管理两个层面展开，请思考智慧城市对现代城市管理产生的影响。

5. 目前，我国城市间经常出现产业结构雷同、“千城一面”等现象，你认为应如何提升我国城市的竞争力。

6. 包容性发展理念已经成为城市发展的共识，请从城市管理者的角度谈谈如何推动包容性城市的建设。

延伸阅读

1. 王世军. 迈向包容性发展的全球城市. 上海：同济大学出版社，2019.

该书的主题是上海如何建设为一个更具包容性的全球城市。全书分为两部分：一是从全球城市治理角度讨论如何建设一个中国的上海、世界的上海和人民的上海，以及政府为此进行的改革和努力。二是从社会发展角度讨论与民生密切相关的各种公共政策的制定与演变，以及这些重要政策日益增长的包容性。该书内容丰富、充实，叙述简明扼要。

2. 洪世键，张京祥. 城市蔓延机理与治理：基于经济与制度的分析. 南京：东南大学出版社，2012.

作为城市社会、经济活动的空间投影，剧烈的体制转型及其相应的复杂影响必然在城市空间结构与演化上得以显化。改革开放以来，中国在政治、经济和社会等方面剧烈的体制转型，从根本上改变了城市空间增长的动力基础，蔓延式增长成为当前中国城市空间增长的主要模式。中国体制转型背景下的城市空间增长与演化，已经成为国内外城市地理和城市规划学界理论研究的前沿问题。该书以改革开放以来中国政治、经济、社会体制转型为基本背景，基于城市经济和城市规划比较分析的视角，全面深刻地分析、理解中国城市空间增长环境的根本性转变，以及这些深层次制度变迁对城市空间增长特别是城市蔓延的巨大影响，提示和把握体制转型背景下中国城市蔓延的微观和宏观机理，进而构建弹性、集约、高效的城市空间增长管理政策工具体系，为实现中国城市空间协调发展提供理论依据和政策支撑。

3. 戈德史密斯，克劳福德. 数据驱动的智能城市. 车品觉，译. 杭州：浙江人民出版社，2019.

在智能商业迅速发展的今天，政府与企业如何紧跟时代，运用大数据优化城市资源、提供更多便民服务以及促进产业发展？如何改进城市的运作方式，使其更具响应力、更宜居？该书为城市指明了前进的方向——建立智能城市，打造城市快速响应、数据共享、高效服务的核心竞争力，同时为构建智能城市提供了一个清晰的框架，围绕六大方面——智慧市民、智慧环境、智慧经济、智慧人才、智慧政府、智慧理念，阐述了政府与企业应该如何运用数据改进自身的工作模式和城市的运作方式，建立智能城市，为智能城市的建设和运营提供了真知灼见。

4. 巴蒂. 创造未来城市. 北京：中信出版集团，2019.

从探究未来城的问题出发，作者为我们介绍了城市人口增长模型、城市人口规模分布、城市的层级结构、城市的形态与功能、城市的“脉搏”、城市向外的蔓延及向上的延伸、走向智慧城市的大转变等方面的内容。作者以“预测未来城市”这一不可能实现的目标为名，实际上概览了城市科学研究的思想、手段、难题和前景，并列出了所有城市可能有的几大类别，深入研究了城市的发展进程。城市的布局和分区变得越来越基于功能，信息网络重塑了城市的传统功能，城市成为一个交换和创新的场所。作者认为，到21 世纪末，世界上的绝大多数人口都会居住在城市里，无论城市是大还是小，是否邻近，它们都是一直联系在一起的。在城市化的世界中，以物理边界对城市下定义将会变得越来越难。

5. 吉勒姆. 无边的城市：论战城市蔓延. 北京：中国建筑工业出版社，2007.

城市越来越多，越来越大。高楼林立，车水马龙，我们正对城市蔓延习以为常。有的人认为城市蔓延是一种必然，也有的人认为城市蔓延本身就意味着混乱。该书堪称最综合、最具思想性也是最公正的有关城市蔓延的著作。每一个关注汽车文明对环境和经济影响的读者，都可以从中获得裨益。

参考文献

蔡昉，都阳，杨开忠，等. 新中国城镇化发展 70 年. 北京：人民出版社，2019.

曹海军. 城市政治理论. 北京：北京大学出版社，2017.

曹海军. 国外城市治理理论研究. 天津：天津人民出版社，2017.

曹现强. 合作治理：市政公用事业发展模式研究. 济南：山东人民出版社，2017.

陈共. 财政学. 10 版. 北京：中国人民大学出版社，2020.

陈易. 转型时代的空间治理变革. 南京：东南大学出版社，2019.

单霁翔. 从“文物保护”走向“文化遗产保护”. 天津：天津大学出版社，2020.

单霁翔. 城市化发展与文化遗产保护. 天津：天津大学出版社，2020.

单耀晓. 城市生态环境风险防控. 上海：同济大学出版社，2018.

丁成日，等. 城市经济学：实证研究与方法. 北京：社会科学文献出版社，2020.

丁向阳. 城市基础设施投融资理论与实践. 北京：中国建筑工业出版社，2015.

杜素娟. 市民之路：文学中的中国城市伦理. 北京：北京大学出版社，2014.

顾朝林，武廷海，刘宛. 国土空间规划经典. 北京：商务印书馆，2019.

顾朝林. 中国城镇化. 北京：科学出版社，2021.

顾哲，侯青. 基于公共选择视角的城市更新机制研究. 杭州：浙江大学出版社，2014.

郭华巍. 城市创新能力评价体系构建与分析. 北京：中国社会科学出版社，2018.

郝凤霞. 公共财政学. 2 版. 北京：清华大学出版社，2018.

何李. 中国市制改革的理论研究. 北京：中国社会科学出版社，2019.

何显明，等. 城市治理创新的逻辑与路径：基于杭州上城区城市复合联动治理模式的个案研究. 北京：中国社会科学出版社，2015.

洪世键，张京祥. 城市蔓延机理与治理：基于经济与制度的分析. 南京：东南大学出版社，2012.

胡晓义. 新中国社会保障发展史. 北京：中国劳动社会保障出版社，2019.

黄晴. 旧城改造：理性转型与权力重构. 北京：中国社会科学出版社，2019.

贾彩彦. 近代中国城市化中城市土地管理制度的构建及思想演变. 上海：上海三联书店，2018.

姜晓萍. 建设服务型政府与完善地方公共服务体系. 北京：中央编译出版社，2015.

姜晓萍，等. 城乡基本公共服务均等化的实现机制与监测体系. 北京：人民出版社，2020.

蒋贵国，何伟. 城市土地管理. 2版. 北京：科学出版社，2019.

句华. 政府购买服务与事业单位改革衔接机制研究. 北京：人民出版社，2017.

李强. 地方事业单位分类改革：缘起、方向和路径. 南京：江苏人民出版社，2017.

李顺成. 紧凑城市的中国化范式：理论、测度方法与实证研究. 北京：中国社会科学出版社，2019.

李志刚，何深静，刘玉亭，等. 中国城市社会空间. 北京：科学出版社，2021.

梁鹤年，等. 以人为本规划的思维范式和价值取向：国土空间规划方法导论. 北京：商务印书馆，2019.

林芳莹，等. 城市发展新方向：从城市化到世界城市群. 北京：中国社会科学出版社，2018.

林闽钢. 社会保障国际比较. 2版. 北京：科学出版社，2015.

刘建军. 社区中国. 天津：天津人民出版社，2020.

刘君德，范金朝. 中国市制的历史演变与当代改革. 南京：东南大学出版社，2015.

刘学华. 中国城市体系规模结构：特征事实与经验阐释. 北京：经济科学出版社，2020.

刘兆鑫. 空间政治：城市公共空间的生成逻辑与治理政策. 北京：中央编译出版社，2019.

陆丹，包雅钧. 城市治理的理论与实践2019—2020. 北京：社会科学文献出版社，2020.

陆军，等. 城市治理：重塑我们向往的发展. 北京：北京大学出版社，2020.

陆军，等. 营建新型共同体：中国城市社区治理研究. 北京：北京大学出版社，2019.

陆铭. 大国大城. 上海：上海人民出版社，2016.

陆铭. 空间的力量：地理、政治与城市发展. 2版. 上海：格致出版社，2017.

马彦琳，孙春霞，刘建平. 现代城市管理学. 3版. 北京：科学出版社，2019.

秦虹，苏鑫. 城市更新的目标及关键路径. 北京：中国社会科学出版社，2020.

秦朔. 大国之城：中国城市经济与治理现代化. 杭州：浙江大学出版社，2021.

容志，王晓楠. 城市应急管理：流程、机制和方法. 上海：复旦大学出版社，2019.

容志，等. 公共服务需求分析：理论与实践的逻辑. 北京：人民出版社，2019.

闪淳昌，薛澜. 应急管理概论：理论与实践. 2版. 北京：高等教育出版社，2020.

邵春福，等. 城市交通概论. 北京：北京交通大学出版社，2016.

沈世勇. 特大型城市公共服务资源配置. 上海：上海交通大学出版社，2019.

沈体雁，劳昕，等．城市治理研究前沿：理论、方法与实践．北京：中国社会科学出版社，2020.

苏竣，彭国超，黄萃．智慧治理．北京：清华大学出版社，2016.

孙柏瑛，杜英歌．地方治理中的有序公民参与．北京：中国人民大学出版社，2013.

孙柏瑛．城市基层政府社会治理体制机制的现代转型．北京：中国社会科学出版社，2020.

孙光德，董克用．社会保障概论．6版．北京：中国人民大学出版社，2019.

孙建平．城市安全风险防控概论．上海：同济大学出版社，2018.

孙施文．现代城市规划理论．北京：中国建筑工业出版社，2005.

唐亚林，等．社区治理的逻辑：城市社区营造的实践创新与理论模式．上海：复旦大学出版社，2020.

唐燕，杨东，祝贺．城市更新制度建设：广州、深圳、上海的比较．北京：清华大学出版社，2019.

童明，高捷，李凌月．城市政策分析．北京：中国建筑工业出版社，2019.

王佃利，曹现强．城市管理学．北京：首都经济贸易大学出版社，2007.

王佃利，王玉龙，黄晴，等．古城更新：空间生产视角下的城市振兴．北京：北京大学出版社，2019.

王佃利，等．邻避困境：城市治理的挑战与转型．北京：北京大学出版社，2017.

王佃利，万筠，等．走向均衡可持续的发展之路：中国城市公共服务变革40年．上海：上海交通大学出版社，2019.

王天义，等．PPP：从理论到实践．北京：中信出版社，2018.

王秀云．城市基础设施投融资体制改革比较研究．北京：中国金融出版社，2019.

王郁．城市管理概论．上海：上海交通大学出版社，2020.

温国胜．城市生态学．北京：中国林业出版社，2019.

吴兵，李晔．交通管理与控制．6版．北京：人民交通出版社，2020.

吴永娇，何洪鸣，李宇．城市发展、土地利用与管理．北京：科学出版社，2020.

吴志强，李德华．城市规划原理．4版．北京：中国建筑工业出版社，2010.

夏书章．市政学引论．广州：中山大学出版社，2017.

谢岳．城之国治：城市政治的中国叙事．北京：北京大学出版社，2018.

徐双敏．公共事业管理概论．3版．北京：北京大学出版社，2020.

许宁，胡伟光．环境管理．4版．北京：化学工业出版社，2020.

颜咏华．中国人口流动对城市化进程的影响．北京：经济社会科学出版社，2017.

杨宏山．城市管理学．3版．北京：中国人民大学出版社，2019.

杨宏山．转型中的城市治理．北京：中国人民大学出版社，2017.

姚尚建．城市权利：公共治理的历史演进与角色回归．北京：北京大学出版社，2019.

姚尚建．城市政治：正义的供给与权利的捍卫．北京：北京大学出版社，2015.

叶林，等．中国新型城镇化发展与城市区域治理创新．北京：中央编译出版社，2017.

叶裕民. 城市经济学. 北京：中国人民大学出版社，2019.

俞可平. 中国城市治理创新案例研究报告. 北京：社会科学文献出版社，2021.

俞云峰. 新型城市化的实现路径与制度创新研究：城乡统筹的视角. 北京：中国社会科学出版社，2017.

郁鸿胜. 城市化研究国际理论前沿. 上海：上海社会科学院出版社，2017.

张本效. 城市治理现代化：杭州样本. 北京：社会科学文献出版社，2021.

张鸿雁，等. 城市化理论重构与城市化战略研究. 北京：经济科学出版社，2012.

张良. 从管控到服务：城市治理中的“城管”转型. 上海：华东理工大学出版社，2016.

张敏莉. 城市土地管理. 北京：化学工业出版社，2010.

张慰慈. 市政制度. 芜湖：安徽师范大学出版社，2018.

张文宏，等. 特大城市“城市病”研究. 北京：社会科学文献出版社，2021.

张雯. 城市更新实践与文化空间生产. 上海：上海交通大学出版社，2019.

张旭霞. 市政学. 2版. 北京：中国人民大学出版社，2020.

张学良，陆铭，潘英丽. 空间的聚集：中国的城市群与都市圈发展. 上海：格致出版社，2020.

张玥. 城市碎片：北京、芝加哥、巴黎城市保护中的政治. 北京：北京大学出版社，2018.

张占斌，冯俏彬，黄锟，等. 我国新型城镇化进程中的城市行政体制创新. 北京：国家行政学院出版社，2010.

赵蔚，赵民. 城市规划中的社会研究：从规划支持到规划本体的演进. 上海：同济大学出版社，2020.

郑功成. 社会保障概论. 上海：复旦大学出版社，2018.

郑荣华. 城市的兴衰：基于经济、社会、制度的逻辑. 桂林：广西师范大学出版社，2021.

钟顺昌. 城市土地利用与城市化：结构与效应. 北京：中国社会科学出版社，2019.

钟晓敏. 地方财政学. 4版. 北京：中国人民大学出版社，2017.

周小林，等. 公共财政管理. 北京：北京大学出版社，2018.

踪家峰. 区域与城市经济学. 上海：上海财经大学出版社，2020.

卢曼. 风险社会学. 孙一洲，译. 南宁：广西人民出版社，2020.

贝克. 风险社会：新的现代性之路. 张文杰，何博闻，译. 南京：译林出版社，2018.

列斐伏尔. 都市革命. 杨生平，强乃社，译. 北京：首都师范大学出版社，2017.

贝淡宁，艾维纳. 城市的精神：全球化时代，城市何以安顿我们：修订本. 吴万伟，译. 重庆：重庆出版社，2018.

贝淡宁，艾维纳. 城市的精神2：包容与认同. 刘勇军，译. 重庆：重庆出版社，2017.

格莱泽. 城市的胜利. 刘润泉，译. 上海：上海社会科学院出版社，2012.

奥沙利文. 城市经济学：第8版. 周京奎，译. 北京：北京大学出版社，2015.

贝利. 比较城市化：20世纪的不同道路. 顾朝林，等译. 北京：商务印书馆，2017.

摩根，英格兰，佩利塞罗. 城市管理学：美国视角：第六版·中文修订版. 杨宏山，陈建国，译. 北京：中国人民大学出版社，2016.

哈维. 叛逆的城市：从城市权利到城市革命. 叶齐茂，倪晓晖，译. 北京：商务印书馆，2014.

贾德，斯旺斯特罗姆. 美国的城市政治. 于杰，译. 上海：上海社会科学院出版社，2017.

丘吉尔. 城市即人民. 吴家琦，译. 武汉：华中科技大学出版社，2016.

马库斯，弗朗西斯. 人性场所：城市开放空间设计导则. 俞孔坚，王志芳，孙鹏，等译. 北京：北京科学技术出版社，2020.

佛罗里达. 新城市危机. 吴楠，译. 北京：中信出版社，2019.

芒福德. 城市发展史：起源、演变与前景. 宋俊岭，宋一然，译. 上海：上海三联书店，2018.

斯彭斯，安妮兹，巴克利. 城镇化与增长：城市是发展中国家繁荣和发展的发动机吗?. 陈新，译. 北京：中国人民大学出版社，2016.

博任纳. 新国家空间：城市治理与国家形态的尺度重构. 王晓阳，译. 南京：江苏凤凰教育出版社，2020.

米克塞尔. 公共财政管理：分析与应用：第九版. 苟燕楠，马蔡琛，译. 北京：中国人民大学出版社，2020.

哈丁，布劳克兰德. 城市理论：对21世纪权力、城市和城市主义的批判性介绍. 王岩，译. 北京：社会科学文献出版社，2016.

塔隆. 英国城市更新. 杨帆，译. 上海：同济大学出版社，2016.

霍尔，沃德. 社会城市：再造21世纪花园城市. 吴家琦，译. 武汉：华中科技大学出版社，2016.

霍尔. 明日之城：1880年以来城市规划与设计的思想史. 童明，译. 上海：同济大学出版社，2017.

肖特. 城市秩序：城市、文化与权力导论. 郑娟，梁捷，译. 上海：上海人民出版社，2019.

Andersen，Niels Åkerstrøm，and Inger Sand. Hybrid Forms of Governance：Self-Suspension of Power. Springer，2011.

CASTELLS M. The Urban Question：A Marxist Approach. Hodder Education，1977.

FLINT A. This Land：The Battle Over Sprawl and The Future of America. JHU Press，2006.

LEFEBVRE H. Selected，Translated and Introduced by Eleonore Kofman and Elizabeth Lebas. Writings on Cities. Blackwell，1996.

LEFEBVRE H. Translated by Donald Nicholson-Smith. The Production of Space.

Blackwell，1991.

HUNTER F. Community Power Structure：A Study of Decision Makers. University of North Carolina Press，1953.

JOHN M. Levy. Contemporary Urban Planning. Prentice-Hall，2000.

JOHN P. Pelissero（ed. ）. Cities，Politics and Policy：A Comparative Analysis. Washington，CQ Press，2003.

KENNETH T. Jackson. Crabgrass Frontier：The Suburbanization of the United States. Oxford University，1985.

OLIVER E. Williamson. Economics Organization：Firms，Markets and Policy Control. Wheatsheaf，1986.

OSTROM V，BISH F P. Comparing Urban Service Delivery Systems：Structure and Performance. Sage Publications，1977.

PIERRE J. The Politics of Urban Governance. Macmillan International Higher Education，2011.

ROSS B H，Levine M A. Urban Politics：Cities and Suburbs in a Global Age. Routledge，2015.

人大版公共管理类教材

公共管理类专业教材——学科基础课教材

书名	作者
现代管理学原理（第三版）（“十一五”国家级规划教材）	娄成武　魏淑艳
一般管理学原理（第四版）	张康之　周　军
管理学基础（第三版）	方振邦
管理学教程	方振邦
政治学原理（第三版）	景跃进　张小劲
现代政治学原理（第四版）	石永义　刘玉萼　张　璋
公共管理学（第二版）	陈振明
公共管理学——一种不同于传统行政学的研究途径（第二版）	陈振明
公共管理学（第三版）（数字教材版）（“十二五”国家级规划教材）	蔡立辉　王乐夫
公共管理学（精编版）	王乐夫　蔡立辉
公共管理学（第二版）	张康之　郑家昊
公共管理概论（第二版）	朱立言　谢　明
公共政策导论（第五版）（数字教材版）	谢　明
公共政策概论（第二版）	谢　明
公共政策学——政策分析的理论、方法和技术（“十一五”国家级规划教材）	陈振明
公共政策学	杨宏山
政策科学——公共政策分析导论（第二版）	陈振明
公共政策案例	中国人民大学公共管理学院
公共经济学（第三版）（“十二五”国家级规划教材）	高培勇
公共经济学教程	秦立建
政府经济学（第四版）（“十一五”国家级规划教材）	郭小聪
政府经济学（第四版）	潘明星　韩丽华

公共管理类专业教材——方法课教材

书名	作者
行政学研究方法与应用案例	萧鸣政　等
管理定量分析：方法与技术（第二版）	刘兰剑　李　玲
公共管理的方法与技术（第二版）	魏　娜

公共管理类专业教材——行政管理、公共事业管理专业教材

书名	作者
行政法学导论	姜晓萍
行政法学	朱新立　唐明良　李春燕
公共部门人力资源管理（第四版）	孙柏瑛　祁凡骅
公共部门人力资源开发与管理（第五版）（“十二五”国家级规划教材）	孙柏瑛　祁凡骅
公共部门人力资源开发与管理（第三版）	孙柏瑛
公共部门人力资源管理（第三版）	滕玉成　于　萍
公共部门人力资源管理	方振邦
公共部门人力资源管理概论	方振邦
公共部门人力资源管理案例	周均旭
行政管理学（第五版）（数字教材版）	郭小聪

书名	作者
公共行政学（第五版）	彭和平
公共行政学	张康之　张乾友
行政学导论（第三版）	齐明山
行政管理学导引与案例	陈季修
管理心理学（第二版）	范逢春
公共组织行为学（第三版）（“十一五”国家级规划教材）	孙　萍　张　平
公共组织学（第三版）	李传军
行政组织学（第二版）	张　昕　李　泉
公共组织理论	陆明远　冯　楠
公共事业管理概论（第三版）	朱仁显
公共事业管理概论（“十一五”国家级规划教材）	娄成武　李　坚
公共组织财务管理（第三版）（“十一五”国家级规划教材）	王为民
国家公务员制度（第四版）（数字教材版）（“十二五”国家级规划教材）	舒　放　王克良
国家公务员制度概论（第二版）	刘碧强　郗永勤
公务员制度概论	李如海
公务员制度导论	孙德超
行政领导学（第三版）	朱立言　李国梁
领导学（第五版）	邱霈恩
领导学	王自亮
领导学：理念、行为与艺术	祁凡骅
领导学	孙　健
现代市政学（第五版）（数字教材版）	王佃利
市政管理学（第五版）（“十一五”国家级规划教材）	杨宏山
市政学导引与案例（第二版）	李燕凌
社区管理（第四版）	汪大海　魏　娜　郇建立
社区管理原理与案例	魏　娜
电子政务教程（第三版）（“十一五”国家级规划教材）	赵国俊
电子政府与电子政务（第二版）（“十一五”国家级规划教材）	张锐昕
电子政府概论（第二版）	张锐昕
行政伦理学教程（第三版）（“十二五”国家级规划教材）	张康之　李传军
公共危机管理导论（“十一五”国家级规划教材）	肖鹏军
公共危机管理概论（第二版）	王宏伟
公共危机管理	唐　钧
公共危机与应急管理：原理与案例	王宏伟
非营利组织管理	吴东民　等
非营利组织管理导引与案例	崔向华　张　婷
当代中国政府与政治	景跃进　陈明明　肖　滨
当代中国政府与行政（第三版）	魏　娜　吴爱明
当代中国政府（第二版）（“十一五”国家级规划教材）	吴爱明
地方政府学概论（第二版）	方　雷
地方政府管理（第二版）	陈瑞莲　张紧跟
管理秘书实务（第三版）	赵锁龙

书名	作者
行政秘书学	唐　钧
公文写作与处理	赵国俊
机关管理的原理与方法（第三版）	赵国俊　陈幽泓
公共部门绩效管理	方振邦
政府绩效管理	方振邦　葛蕾蕾
政府绩效评估	蔡立辉
公共关系概论（第二版）	邹正方
政府公共关系（第二版）（“十一五”国家级规划教材）	廖为建　张　宁
社会管理	汪大海
西方行政学理论概要（第二版）（“十一五”国家级规划教材）	丁　煌
公共行政学史（第二版）	何艳玲
西方公共管理名著导读	汪大海
管理思想史教程	方振邦　葛蕾蕾
文化管理学（第三版）（“十二五”国家级规划教材）	孙　萍
文化创意产业导论	魏鹏举
卫生事业管理（第二版）（“十一五”国家级规划教材）	李　鲁
教育经济与管理（第二版）（“十一五”国家级规划教材）	娄成武　史万兵
现代公用事业管理	崔运武

公共管理类专业教材——劳动与社会保障专业教材

书名	作者
社会保障概论（第六版）（数字教材版）	孙光德　董克用
劳动经济学（“十一五”国家级规划教材）	董克用　刘　昕
劳动法与社会保障法	黎建飞　李　静
人力资源管理	彭剑锋
社会保险学（第三版）	孙树菡　朱丽敏
社会保障基金管理	李春根
社会保险精算原理与实务	王晓军
社会保障国际比较	仇雨临
员工福利概论（第二版）（“十一五”国家级规划教材）	仇雨临

公共管理类专业教材——土地资源管理专业教材

书名	作者
土地经济学（第八版）（“十一五”国家级规划教材）	毕宝德
土地法学（中国人民大学“十三五”规划教材）	严金明
土地法学	王守智　吴春岐
土地资源学	张正峰　赵文武
土地科学导论	叶剑平
土地资源管理学（第二版）	张正峰
国土空间规划学	张占录　张正峰
土地利用规划学	张占录　张正峰
不动产估价（第二版）（“十一五”国家级规划教材）	叶剑平　曲卫东
土地信息系统	曲卫东　韩　琼
地籍管理（第五版）（“十一五”国家级规划教材）	谭　峻　林增杰

公共管理类专业教材——城市管理专业教材

书名	作者
城市管理学（第三版）	杨宏山
城市管理学：公共视角	陆　军 等
城市管理法	王丛虎
城市总体规划原理	郤艳丽　田　莉

公共管理硕士（MPA）教材——核心课教材

书名	作者
全国公共管理硕士（MPA）核心课程教学指导纲要	全国公共管理专业学位研究生教育指导委员会
社会主义建设理论与实践（第三版）	李景治　蒲国良
公共管理英语（修订版）	顾建光
公共管理学（第三版）	张成福　党秀云
公共管理学原理（修订版）	陈振明
公共管理导论	竺乾威　朱春奎　李瑞昌
公共政策分析	陈振明
公共政策分析导论	陈振明
公共政策分析概论（修订版）	谢　明
政治学：基本理论与中国视角	任剑涛
公共部门经济学（第三版）	高培勇　崔　军
公共经济学	唐任伍
行政法学（修订版）	皮纯协　张成福
行政法学概论（第三版）	胡锦光
非营利组织管理概论（修订版）	王　名
非营利组织管理	王　名　王　超
公共管理伦理学（修订版）	张康之
社会研究方法	陈振明
定量分析方法（第三版）	谭跃进
电子政务理论与方法（第五版）	金江军
电子政务	吴爱明　何　滨
公文写作概论	高永贵
信息技术及其应用（第三版）	张维明

公共管理硕士（MPA）教材——专业方向必修课、选修课教材

书名	作者
公务员制度教程（第六版）	舒　放　王克良
比较政府与政治（修订版）	卓　越
当代中国政府与政治（第三版）	吴爱明　朱国斌　林　震
公共部门人力资源管理及案例教程（第三版）	陈天祥
领导学	祁凡骅　刘　颖
领导学教程	常　健
领导理论与实践	邱霈恩
西方公共行政管理理论精要	丁　煌
社会管理概论	唐　钧
公共部门绩效评估（修订版）	卓　越
公共危机管理（修订版）	王宏伟
公共部门危机管理（第三版）	张小明
公共部门战略管理（修订版）	陈振明
城市管理理论与实务	杨宏山
MPA 学位论文写作指南	汪大海

图书在版编目（CIP）数据

现代市政学 / 王佃利主编；楼苏萍，王玉龙副主编
. --5版. --北京：中国人民大学出版社，2022.1
新编21世纪公共管理系列教材
ISBN 978-7-300-30203-4

Ⅰ.①现… Ⅱ.①王…②楼…③王… Ⅲ.①市政学-高等学校-教材 Ⅳ.①D035.5

中国版本图书馆CIP数据核字（2021）第281074号

新编21世纪公共管理系列教材
现代市政学（第五版）
主　编　王佃利
副主编　楼苏萍　王玉龙
Xiandai Shizhengxue

出版发行　中国人民大学出版社
社　　址　北京中关村大街31号　　**邮政编码**　100080
电　　话　010－62511242（总编室）　010－62511770（质管部）
　　　　　010－82501766（邮购部）　010－62514148（门市部）
　　　　　010－62515195（发行公司）　010－62515275（盗版举报）
网　　址　http://www.crup.com.cn
经　　销　新华书店
印　　刷　天津鑫丰华印务有限公司
规　　格　185 mm×260 mm　16开本　　**版　　次**　2004年4月第1版
　　　　　　　　　　　　　　　　　　　2022年1月第5版
印　　张　25.5 插页1　　**印　　次**　2022年11月第2次印刷
字　　数　576 000　　**定　　价**　65.00元

教学支持说明

（教学课件）

中国人民大学出版社政治与公共管理出版分社秉承“出教材学术精品，育人文社科英才”的出版宗旨，多年来，出版了大批高质量的公共管理、教育学、政治学、政治理论公共课教材和学术著作。

我们为本教材制作了相应的PPT教学课件，任何一位采用本书作为授课教材的教师均可免费获得该课件。为了确保该课件仅为授课教师获得，烦请您填写如下材料，并将相关信息通过E-mail发送给我们，我们将在收到相关信息后通过E-mail给您发送该课件。欢迎您加入我们的QQ群（全国政管教师交流群，群号为236159213），或登录我社官方网站（www.crup.com.cn），注册并认证成为教师会员，以获得更好的服务。

我们的联系方式：

地址：（100872）北京市中关村大街甲59号文化大厦1202室

中国人民大学出版社政治与公共管理出版分社

电话：（010）82502724　62514775（传真）

E-mail：ggglcbfs@vip.163.com

QQ群：236159213

兹证明______________大学/学院____________院/系____________专业____________学年第____________学期开设的__________________课程，采用中国人民大学出版社出版的____（书名、作者）作为本课程教材。授课教师为______________，授课班级共________个、学生________人。授课教师需要与本书配套的教学课件。

联 系 人：______________________________

通信地址：______________________________

邮　　编：______________________________

电　　话：______________________________

E-mail：________________________________

系/院主任：____________（签字）

（系/院办公室章）

________年______月______日